魏承思 著

解荀
读子

人生修养
的
儒家宝典

上海人民出版社

第五讲　荀子论修身

第六讲　荀子论思想修养

第九讲　荀子论治国之道

第十讲　荀子论天人关系

缘　起

从讲《管子》《中庸》到这次讲《荀子》，都是为了纪念南怀瑾先生。怀师五年前辞世，临走前嘱托我要继续弘扬中国传统文化。记得他最后一次开班讲课是讲《资治通鉴》。我说："老师，你讲，我来当你的助教。"他却执意要把我的名字和他挂在一起招生。他说："我是给你铺一条路，搭一座桥。以后我走了，你来讲。"所以这就成了我的一项使命。我原先是有一个设计的：第一步是讲国学入门，有关国学的一些基本知识，到处做公开讲演，煽风点火，希望吸引更多的人一起来学国学。几年下来，来听的人不少，最后下决心读书的人不多，大部分是来凑热闹的。第二步是讲国学经典导论，分十二次讲一年，每次从经史子集里选一部有代表性的经典做介绍，让大家像进一个超级市场浏览货品一样，先了解一下国学——这个老祖宗留下来的思想库里有些什么东西。最后一步就是专门讲一部经典，这就是研究班的程度了。在这个研究班里，你要坐下来自己读，我领个路而已，教你读经典的方法。

开研究班，选什么经典来讲呢？我的基本原则：第一，容易的不讲，你自己可以去看，比如《论语》，外面各种各样的讲稿读本多得很。所以我要讲就讲难的，一般人讲不了的。确实《中庸》是四书里最难的。《荀子》和《管子》一样是子部最难的。难在什么地方呢？一是内容广泛，哲学、伦理、政治、法律、经济、军事、教育、文学、逻辑各个领域的东西都有。如果知识面不广就不容易读懂。你上网查一查目录，研究《荀子》的论著也不少，但大多只是研究荀子思想的一个方面、一篇文章或者一句话，很少有人能把整部书打通了，来解读荀子完整的思想体系。这和我们现时的学术训练方法有关，只培养专家，鄙薄通才，所以就通不起来。结果就造成瞎子摸象，各说各话。其次，古代经典都不容易读，好在大部分儒家经典都有前人的注释。如《论语》《大学》和《孟子》极为流行，你也注，我也讲，每一朝代都有十多种注释本留下来，大家就容易读。先秦的词汇难懂，但有秦汉的学者注释；秦汉的注释也看不懂了，又有唐宋的学者注释；明清的人又注释唐宋的版本。民国的人可以参考清代的，现在的人又可以看民国的。抄来抄去都可以拿着去骗学位、骗职称。《荀子》不一样，流传下来的只有唐代的注本，此后长期没有人整理过。到了清代才开始有人关注。因此，《荀子》相对四书来说，前人留下的研究成果不多，水平也不高。现在能看到最早的注本是唐代杨倞的，注得很不好。做学问最忌先有个思想在作祟。杨倞注释时不是忠于荀子的原意，而是削足适履，什么都往他自己的思想上去靠。因此，很多解释和荀子原意相去甚远，给后人阅读造成障碍。所以，这本书难就难在这里。

　　第二，讲重要的。有些经典也很难，但不是那么重要，因此也不是我选择要讲的范围。第三，是对现代人生活有用的。有些也难，也重要，但可能跟我们现代生活距离比较远了。比如《尚书》很难，也很重要，但相对来讲，《尚书》在现代生活中用得到的就比较少了。可以从保存古代文化的角度，留给专家们去研究。出于这样的考虑，我原先准备两年讲一部书。先讲了《管子》，隔了两年讲《中庸》。现在又是两年过去了，这次就给大家讲《荀子》。

第一讲

绪　论

1. 为什么要讲《荀子》?

　　我为什么要挑《荀子》来讲呢？因为讲儒学不讲《荀子》，你了解的儒学就不是真儒学，或者说不是儒学的全貌。我过去在讲国学入门的时候就讲过，要分清什么叫孔学，什么叫儒学，什么叫经学。在做任何学问之前，先要把概念搞得很清楚，不能混在一起。"儒"作为一个学派起于孔子。孔子以六艺教育他的学生。他不仅传授知识，而且有许多自己的见解。孔子是站在平民儒生的立场上批评那些贵族不守礼，不按照礼去做，导致礼崩乐坏。所以他提出纠正的方法就是"克己复礼"。应该克制自己的欲望，包括对财富、权力、享受的欲望，恢复到传统的礼制上面来。孔子的这些见解大都保存在《论语》一书中。研究孔子本人的思想学说，那是孔学。自从孔子去世后，他的弟子立刻发生分化。子夏、子游、子张、曾参等各立门户，互相攻讦。史书上有孔子死后"儒分为八"的记载。秦汉时代也有自称儒家的十五派。这些学派各执一端，行为也不相同，但都自命为儒学，因为他们都还是以"克己复礼"为宗旨的，还是延续了孔子思想这个路子走的。

到了汉武帝"独尊儒术"后，设立了五经博士的官职，钦定这些人才能拥有对儒家经典的解释权。儒学变成国家意识形态后，儒学就向经学转化。什么叫经学？经学特指西汉以后，作为历朝历代国家理论基础和行为准则的学说。因而，假如一种学术要称得上经学，必须满足三个条件：第一，它曾经支配中国的思想文化领域；第二，它以当时政府所承认并颁行标准解说的经典作为理论依据；第三，它具有国定宗教的特征，即在实践领域中，只许信仰，不许怀疑。因此，儒家学派尊崇的、孔子亲授的五经，且得到在位君主认可的解释就成为经学。其范畴较孔子本来的学说——孔学为宽，但较儒学为窄。所以我们讲国学，不能孔学与儒学不分，或者儒学与经学不分，乃至把三者混为一谈。

因为儒学成了经学，学术和政治权力结合在一起了。于是就出现了经学的今古文之争。今文经学和古文经学，表面上和文字有关。秦汉时期是中国文字的一个重要演变时期，在这之前通行一种文字叫做"籀书"，就是我们平时讲的大篆。后来秦统一六国，以秦国的文字"小篆"作基础，统一了文字。秦始皇焚书坑儒时，法令很严格。如果被发现私藏禁书，在限期之内不把它们烧掉，一律要被杀头的。所以当时五经在民间没有文字流传的，被烧得很彻底。汉初虽然没有取消禁书令，但对于民间讲学，睁一只眼，闭一只眼，政府也没有去干涉。所以民间就慢慢有一些秦代幸存下来的儒生开始讲学。因为秦朝统治历史很短嘛，以前六国留下来的儒生可以靠记忆，把五经背诵出来，将它一一恢复。到了汉惠帝废除"挟书律"以后，他们就用当时通用的隶书，把这些经典重新记载下来，继续流传。汉武帝批准设立博士官传授的五经，都是用隶书这种通行的"今文"写成，就叫做"今文经学"。过了一段时间，有人说，在孔府的墙壁里面找到了一批以前隐藏下来的儒家经典，这些经典用的是先秦的籀书。这些书被贡献出来了，就是古文的五经。共同尊崇孔子的儒家各派，对于五经不仅各有诠释，而且各有传本。即使今文经典都与不同师承的诠释相附丽，往往一经有数传。民间的"古文"经典出来后，与官定的今文经典不仅诠释大不相同，就是内容也有出入。例如《尚书》的古文本，篇目文字都与今文本有很大差异。于是儒学内部，以今古文争立学官为开端，出现冲突便是不可避免的了。到了汉哀帝时，有个叫做刘歆的贵族，开始建议朝廷设立古文经典的学官。既然有今文的五经博士，那么也应该有古文的五经博士。古文经书的诠释和传承就称为"古文经学"。读书人其实都是跟着名利走的。当时如果你当上了五经博士，那可是比现在北大、清华校长还要高的地位。过去只有今文博士，我读古文也没有用。那么读古文经典的人就比较少，因为大家读书的目的都是想当五经博士。现在有了古文五经博士，所以古文经学也开始兴起来了。

　　经学古今文之争，从汉代一直争到清末民初。有的朝代是古文经学占上风，有的时代是今文经学主导。近代研究经学的专家周予同教授把经学归纳为三大派：西汉今文学，东汉古文学，宋学。"这三派的不同，简明些说，就是今文学以孔子为政治家，以六经为孔子致治之说，所以偏重微言大义，其特色为功利的，而其流弊为狂妄。古文学以孔子为史学家，以六经为孔子整理古代史料之书，所以偏重于名物训诂，其特色为考证的，而其流弊为烦琐。宋学以孔子为哲学家，以六经为孔子载道之具，所以偏重于心性理气，其特色为玄想的，而其流弊为空疏"。这些话都说得很有道理。宋学就是指程朱理学。从隋唐有了科举制度之后，那更是要争经学地位了。为什么呢？科举考试规定要用哪一种解释才能够录取。就像现在的应试教育，考试答案必须照老师的解释，不然就是零分。宋元以后就只能照朱熹对四书的解释了，到了清代就更死板了，规定了八股文。不但思想要统一，文章的写法都要统一了。所以灿烂的中国传统文化到后来路越走越窄。到了1905年新政，废科举，兴学校。为什么？发现我们中国落后了，落后就要挨打。为什么落后？其中一个原因就是经学束缚了中国人的思想，扼杀了中国人的创造力。

到五四新文化运动时，提倡民主和科学。这本来是不错的，但有些过激了，提倡民主和科学，没有必要全部否定我们的传统文化。鲁迅说"礼教吃人"，礼教发展到后来是吃人的，"君要臣死，臣不得不死；父要子死，子不得不死。"但这不是儒学，更不是孔学，这是后来的宋明理学发展到极端。况且，"君要臣死，臣不得不死；父要子死，子不得不死"，这是明代小说家言，儒家经典上是找不到的。很多人分不清孔学、儒学和经学，提倡的是宋明理学，是传统文化走到末路的那些东西，是五四运动反对的那些束缚中国人心灵的东西。所以怀师一直强调要从传统文化的源头学起，要读先秦的经典。讲到先秦儒家，就要讲到荀子了。

我们今天对儒家有个刻板印象。一提儒家，你们脑子里肯定就是孔孟之道；一提儒家思想，就是孟夫子"人之初，性本善"的那套人性论，或者是理学家"存天理，灭人欲"的观点。其实不然，孟子思想不能代表儒家的全部，也未得孔子真传。我所以选择讲《荀子》，就是要颠覆今天的儒家观，让你们了解统治过去两千多年思想的儒家本来面目是什么。我不像现在人那样喜欢做翻案文章。你们讲白的，我一定要讲黑，哗众取宠。说荀子之学才是儒家主流，不是我讲的话。《四库全书总目·子部·儒家类》评荀子说："况之著书，主于明周孔之教，崇礼而劝学。其中最为口实者，莫过于《非十二子》及《性恶》两篇。……平心而论，卿之学源出孔门，在诸子之中最为近正，是其所长；主持太甚，词义或至于过当，是其所短。韩愈'大醇小疵'之说，要为定论，余皆好恶之词也。"梁启超说："汉代经师，不问为今文家古文家皆出荀卿。二千年间，宗派屡变，壹皆盘旋荀学肘下。"两千年间儒家宗派屡变，变来变去，一直都是在荀子学派的门下打转。梁启超对荀子是既肯定又否定的。有一个人是完全否定荀子的，就是谭嗣同。在他的《仁学》中也这样说："（中国）二千年来之学，荀学也，皆乡愿也。"中国两千年来做学问的人学的都是荀子的东西，都是乡愿。他是在骂人啊！尽管是骂人，但他也承认两千年来的儒家思想实际上是荀子的学问。

荀子对儒家经典的传授，功劳是非常大的。我们今天接触到的《诗》《书》《礼》《周易》《春秋》五经能够流传下来，几乎完全出自荀子的学生。孟子的学生，包括公孙丑和万章两个大弟子，一个字都没留下来。到了唐代韩愈突然提出一个"道统说"，说中国的文化传统，从尧、舜、禹、汤、周文王、武王、周公，然后传到孔子，再传到孟子就中断了，是我韩愈接上去的。为什么能接上去？靠心心相印，我的心跟孟子沟通了，所以能把孟子的思想继承下来。到了宋代程颢、程颐兄弟和朱熹干脆把韩愈都扔掉了。他们的道统说是从孟子一直传到二程，再到朱熹。从此以后的经学家就是这样吹捧程朱的。学术都有一个传承发展的脉络，不可能消失了又突然一下子冒出来。除非是宗教，那又是另外一回事了。所以宋明以后的儒学已经宗教化了。

我们说，儒家经典都是荀子学派传下来的，那是有详细严格考证的。清代有一个大学者汪中写了一本《荀卿子通论》，对每一部经典的流传做了详细的考证。据其考证，毛、鲁、韩三家《诗》《左传》《谷梁传》、大小戴《礼记》《周易》等传授均与荀氏有关。这些考证为后来的经学史研究者所基本同意。皮锡瑞在《经学历史》第二章说："荀子能传《周易》、《诗》、《礼》、《乐》、《春秋》，汉初传其学者极盛。"冯友兰的分析更细密："荀子为战国末年之儒学大师，后来儒者，多出其门。荀子又多言礼，故大小《礼记》中诸篇大半皆从荀学之观点言礼。其言学者，《大戴礼》中直抄《荀子·劝学篇》，《小戴礼》中之《学记》亦自荀子之观点以言学。盖当随荀学之势力，固较汉以后人所想象者大多多也。"最后汪中得出结论说："荀子之学，出于孔氏，而尤有功于诸经。盖自七十子之徒既殁，汉诸儒未兴，中更战国，暴秦之乱，六艺之传赖以不绝者，荀卿也。周公作之，孔子述之，荀卿传之，其揆一也。"孔子的弟子七十贤徒去世之后，汉代的董仲舒这些大儒还没有出来，当中经过了战国，又经过了秦始皇焚书坑儒，六经的流传赖以不绝的人就是荀子啊。周公是原创，孔子进行解读，荀卿把它传下来，那个传统是一以贯之的。

梁启超在《中国学术思想变迁之大势》一书里说："孟子既没，公孙丑、万章之徒，不克负荷，其道无传。荀子身虽不见用，而其弟子韩非、李斯等大显于秦。秦人之政，壹宗非斯。汉世六经家法，强半为荀子所传，而传经诸老师，又多故秦博士。故自汉以后，名虽为昌明孔学，实则所传者，仅荀学一支派而已。此真孔学之大不幸也。"孟子死了以后，他两大弟子公孙丑和万章，只会在那里开开纪念会，搞搞什么孔子故居游，没有本事把他的思想传下去，所以其道无传。荀子虽然没有人重用他，一辈子也就做个小县官，但他的弟子韩非、李斯不得了。韩非是集先秦法家之大成者。他的法家思想指导了帝制中国两千年的政治。李斯是秦朝丞相，帮助秦始皇统一天下，所有秦王朝的制度都是他建立的。其实还漏了一个人。韩非和李斯还有一个同窗叫张苍，在秦朝时曾经当过御史。刘邦起义后，他就弃官去投奔起义军。西汉王朝建立之后，他先后担任过代相、赵相等官职。因为他帮助刘邦清除燕王臧荼叛乱有功，被汉高祖晋封为北平侯。汉文帝时，灌婴去世后，他接任丞相一职。身为名相还不算太重要，他更是中国历史上的大科学家。《九章算术》就是张苍校正的，他还制定了历法。不但是大科学家，他还培养了一个大弟子贾谊，那是历史上很有名的大文学家。一个人一生能培养出这样的两三个学生，可能在历史上是空前绝后的。梁启超说，自汉以后，虽然名义上提倡孔学，实际所传授的只是荀学一支派而已。"此真孔学之大不幸也。"梁启超仍然摆脱不了理学的正统立场，因为传下来的是荀学，而不是孟学，所以他说是孔学的一大不幸。梁启超骂是骂，但正因为他骂荀学，更能够证明他讲的是客观的。如果是吹捧的话，有时候反而不大好相信。由此可见荀子对中国人思想的影响之大，对传播儒学的功劳之大。

其实，在唐代以前一直是孟子和荀子并称，甚至荀子在前，孟子在后的。据谢墉《荀子序》记载，荀子"最为战国老师。太史公作传，论次诸子，独以孟子荀卿相提并论……盖自周末历秦汉以来，孟荀并称久矣"。除了司马迁之外，从汉代至唐代，一直有文献将荀子排序在孟子之前的记载。例如，东汉王充《论衡》称："董仲舒览孙（荀子）、孟之书，作情性之说"；北齐颜之推《颜氏家训》称："自子游、子夏、荀况、孟轲、枚乘……"；《北史》记，"孔、墨、荀、孟禀圣贤之资，弘正道以励其俗"；唐卢照邻《南阳公集序》称："游、夏之门，时有荀卿、孟子；"权德舆称："自孔门偃、商之后，荀况、孟轲宪章六籍，"均是先荀后孟，荀子的影响一直超过孟子。即使司马迁本人在《史记·十二诸侯年表》里也是称："及如荀卿、孟子、公孙固、韩非之徒。"中国历史上最强盛的汉唐盛世，其治国核心思想主要是荀子思想。唐代著名宰相魏征借用《荀子》中的"君者，舟也；庶人者，水也。水则载舟，水则覆舟"等诸多名言，和唐太宗讨论治国之道，成为千古美谈。

那么到了什么时候，荀子的地位才出现转折，开始下降了呢？我们了解任何一种学说命运的变化，离不开社会历史背景，离不开当时的文化氛围和思想潮流。上世纪 80 年代的时候，中国封闭多年的大门一打开，那个时候最时髦的是什么？西学，西方哲学。没几个人读得懂，但是大家好奇，所以西学很火，过几年就销声匿迹了，因为社会并不需要。然后是管理学热，人人谈管理学。这时候，如果我讲《荀子》，谁要听？所以要了解一种思想潮流的兴衰，必须要学历史，了解其历史背景。这就是南怀瑾先生讲的"经史合参"的做学问的方法，经是代表思想，史是历史。我从他那里学到这个方法，受用无穷。现在回到正题。中唐时期，儒学和佛教发生激烈冲突，韩愈为对抗佛教，写了一篇文章叫《原道》。其中提出了儒家道统说，把周公、孔子和孟子视为儒家传道的正统。韩愈认为，孟子死后，道统中断，才使佛教学说乘虚而入。他以继承孟子自居，倡导恢复儒家道统。韩愈为什么要捧孟子，而将荀子排除在儒家道统之外呢？因为印度传入的佛教思想是谈玄说妙的，必须找到与其契合的才能打擂台。不然，人家谈天，你说地，擂台是打不起来的。孟子学说谈玄说妙，天马行空，和佛教思想有很多契合之处。而荀子思想和孟子相比，则更接地气，偏向于人的实际生活和经验，反对神秘主义的思想，重视人为的努力。这和当时思想界的风气显得格格不入。不过，韩愈还没有完全抹煞荀子的地位，只是说荀子"大醇而小疵"，有点小小的不足而已。佛教思想和思孟学派的儒学，这两股思想在韩愈的时代对抗，打得不亦乐乎，打到最后就融合了，你中有我，我中有你。用一句平常话，就是不打不相识。你在印度，我在中国，你走你的路，我走我的路。佛教传到了中国，和儒学打起来了，互相不分高下就融合了。融合的结果就产生了宋明理学。于是宋代二程和朱熹就掀起了孟子升格运动，将《孟子》和《论语》《大学》《中庸》并列为"四书"，官方也将孟子钦定为儒家经典著作，科举考试的必读之书。其实，此时的儒学已经不是单纯的儒学，而是融合了佛道的思想。程朱理学、陆王心学透露出一股浓浓的以佛家辨禅的方式来解决自己问题的思路。尤其是陆王心学追求内心的反省，倡言心外无物的思想，无疑就是受到佛家的影响。所以说，宋明理学是佛学化的儒学，儒学化的佛学。

孟子正统地位的建立，势必会冲击荀子的地位。二程说："荀子极偏狭，只一句性恶，大本已失。""荀卿才高学陋，以礼为伪，以性为恶，不见圣贤，虽曰尊子弓，然而时相去甚远，圣人之道至卿不传。"朱熹说得更武断："不须理会荀卿，且理会孟子性善。如天下之物，有黑有白，此是黑，彼是白，又何须辨？荀、杨不惟说性不是，从头到底皆不识。当时未有明道之士，被他说用于世千余年。"（《朱子语类》卷一三七）苏轼也说："荀卿者，喜为异说而不让，敢为高论而不顾者也。其言愚人之所惊，小人之所喜也。子思、孟轲，世之所谓贤人君子也。荀卿独曰：乱天下者，子思、孟轲也。天下之人，如此其众也；仁人义士，如此其多也。荀卿独曰：'人性恶。桀、纣，性也。尧、舜，伪也。'由是观之，意其为人必也刚复不逊，而自许太过。"(《荀卿论》)简直是掀起了一场反荀大合唱。朝野极力排斥荀学，将其视为儒家异端。在北宋的时候，还不好意思完全否定荀子。元丰年间订立孔庙从祀制度时，荀子还跻身其间。到了明代嘉靖年间，荀子甚至被赶出了孔庙。如今我们所说的儒家思想，其实是思孟学派的一家之言。读荀子以后，你会完全颠覆以往对儒家的印象。

2. 荀子其人其书

荀子是什么样的一个人呢？关于荀子的生平事迹，史书记载都很简略。我们可从司马迁写的《史记·孟子荀卿列传》、刘向《孙卿书录》、应劭《风俗通义》、清代谢墉《风俗通》等书略知他的生平。关于他的生卒时间、家世，甚至姓氏都有很多说法和考据。可以确定的是此人姓荀，名况，生活的年代已经是战国末期了。他去世后没多久秦始皇就统一天下了。他本身是赵国人，就是现在山西一带的人。当时人尊称他为荀卿，有时候书上也写成孙卿。这是因为汉宣帝的名字叫刘询，写书的人避讳而改的。中国古代有避讳制度，皇帝的名字是不能随便叫的，哪怕音同字不同也不行。所以荀子的姓也不得不改。为什么尊称他"卿"呢？公卿的卿是很高级别了。因为荀子三度当过齐国稷下学宫的祭酒，相当于今天的社科院院长吧。那就是部级待遇了。尽管祭酒不是一个实际官职。

司马迁写《孟子荀卿列传》，孟子在前，荀卿在后，不是因为褒孟贬荀，而是因为孟子生活的年代比荀子早了很多年。写历史必须按照时代顺序这样排列啊。司马迁写道：

> 荀卿，赵人。年五十始来游学于齐。邹（邹）衍之术迂
> 大而闳辩；奭也文具难施；淳于髡久与处，时有得善言。故
> 齐人颂曰："谈天衍，雕龙奭，炙毂过髡。"田骈之属皆已
> 死齐襄王时，而荀卿最为老师。齐尚备列大夫之缺，而荀卿
> 三为祭酒焉。齐人或谗荀卿，荀卿乃适楚，而春申君以为兰
> 陵令。春申君死而荀卿废，因家兰陵。李斯尝为弟子，已而
> 相秦。荀卿嫉浊世之政，亡国乱君相属，不遂大道而营于巫
> 祝，信禨祥，鄙儒小拘，如庄周等又猾稽乱俗，于是推儒、
> 墨、道德之行事兴坏，序列著数万言而卒。因葬兰陵。

这篇文章是有关荀子生平最早的比较完整的记载。他生在赵国，
出名是在齐国。司马迁说他"年五十始来游学于齐"。《风俗通义·穷
通》则记载："齐威王之时，聚天下贤士于稷下……孙卿有秀才，年
十五始来游学。"哪一种说法有道理呢？《史记·六国年表》记载春申
君之死，距离齐宣王之末已经八十七年。如果说荀子五十岁才到齐国
的话，则春申君去世那年，荀子应该有一百三十七岁了。道理上似乎
说不通。因此，《史记》所说的"年五十"应该是"年十五"之笔误。
为什么荀子到齐国有那么重要呢？他去过秦国、楚国，也回过赵国。
齐国所以特别重要，是因为当时中国的文化中心在那里。齐国有个稷
下学宫，有点像今天的社会科学院，始建于齐桓公。稷下在齐国都城

临淄的稷门附近。齐宣王时，稷下学宫达到鼎盛阶段，齐襄王时再度中兴。在兴盛时期，曾容纳了当时诸子百家中的几乎各个学派，汇集了天下贤士多达千人。凡到稷下学宫的文人学者，无论其学术派别、思想观点、政治倾向，以及国别、年龄、资历如何，都可以自由发表自己的学术见解。他们享有一定的爵位和俸养，允许他们"不治而议论"，"不任职而论国事"。这些学者们互相争辩、诘难、吸收，真正体现了战国百家争鸣的局面。

那么稷下学宫里有些什么著名人物呢？最著名的三个人：一个叫邹衍，是阴阳家。《孟子》里讲到孟子去魏国，梁惠王毫不客气地称呼一声："叟！不远千里而来。"满不在乎的味道。邹衍到了则不得了，梁惠王亲自到郊外去迎接他。相当于现代，一个国家的领袖亲自到机场去迎接他一样隆重。而且梁惠王以国宾的大礼接待邹衍，所谓"惠王郊迎，执宾主之礼"，就是当时现场实况的记录。他还到过燕国，受到燕昭王无比的崇敬。到了赵国，"平原君侧行撇席"。有名的权贵豪门平原君，不敢和邹先生并排走路，只是小心翼翼地侧着半个身子在后侍从。到了行馆以后，平原君用自己的衣裳亲自把那个座位打扫清洁，请邹先生坐下，表示恭敬。在齐国更是极受尊重。为什么邹衍的声望那么高呢？孟子讲的这套是学问。邹衍讲的不是学问，是算命，看相，讲风水的，所以在诸侯那里才吃香。现在揭露出来的大贪官，哪个身边不养着几个这种人物？中国人两千年前也是这样的，所以你不要觉得奇怪。司马迁评论这个邹衍"迂大而闳辩"，口才很好，滔滔不绝，但他讲的东西是没有办法验证的。他谈的都是天上的事情，你怎么验证呢？第二个吃香的人物也姓邹，名"奭"，"文具难施"，能说会道，文章也写得漂亮，但他那一套也是没有办法施行的。第三个人物叫淳于髡，你刚刚跟他接触会觉得这个人蛮刻板无味的，时间久了以后，"时有得善言"，经常能够得到几句很有用的话。这样三个人物，齐国的老百姓编了一个段子："谈天衍"，邹衍是谈天的。"雕龙奭"，邹奭这个人会"雕龙"。雕龙是形容他善言词，说话滴水不漏，像雕刻龙的纹路一样精细。有部南朝文学理论专著叫《文心雕龙》，典故即出自于此，就是讲文辞的精细。淳于髡"炙毂过"，"过"和"辋"通，"毂辋"是一种油脂，这种油脂烧尽了，还会留下一点东西。"炙毂过"，烧不尽嘛，形容淳于髡这个人的智慧不是一下子能看得到的，多智难尽，深藏不露。只有跟他久处之后才能够从他身上学到智慧。那么为什么写荀卿要谈到这三个人呢？齐襄王时，这些人都死了，而荀卿"最为老师"。这些人物俱往矣，荀子是最厉害的一个。这个写作手法，要说这个人厉害，你不知道他厉害到什么程度，先铺垫一下。有三个非常厉害的，他比他们还厉害，"最为老师"。"荀卿三为祭酒焉"，当过三次社科院院长。

公元前286年，齐国灭了宋国。《盐铁论·论儒》谈到齐闵王骄傲自大，"诸儒谏不从，各分散。"这时，荀子向齐国相进言"处胜人之势，会胜人之道"。他指出：当今巨楚在我们前面牵系着，大燕在我们后边威逼着，劲魏在我们右边钩取着。我们有任何动静，这三国必然乘机进犯。这样，齐国必然四分五裂，国家将有灭亡的危险。因为有人在齐王耳朵边打小报告，他的意见未被采纳。于是荀子离开齐国，到了楚国。当时楚国掌权的是一个贵族叫春申君。春申君任命荀子为兰陵令，官虽不大，但很重要，因为兰陵是春申君的封地。春秋战国是分封制，天子分封诸侯，诸侯再把自己的土地分封给下面的贵族。兰陵在春申君自己封地之内，当然要用有本事的人把后院看管好。但荀子也没当太久，因为有人认为他对楚国来讲是个危险。《战国策·楚策四》载，客说春申君："汤以亳，武王以鄗，皆不过百里，以有天下。今孙子，天下贤人也，君藉之以百里势，臣窃以为不便于君，何如？"春申君曰："善。"于是使人谢荀子。过去商汤起家的时候，根据地只有亳这个很小的地方，最后夺了夏桀的天下。周武王最早起来的时候，根据地是鄗这个地方，不过百里，最后也有了天下。荀子这个人可是本事很大的，你现在让他有百里之地的权势，我暗自以为对你是一种威胁。春申君一听，对啊，就客气地把荀子礼送出境了。可见一个人有点本事也是麻烦，太有才就容易遭人排挤，叫做智慧的痛苦。所谓"木秀于林，风必摧之"。所以有才的人还是要低调一点，不要太张扬。

荀子离开楚国，先是回了老家赵国，赵国拜他为上卿。《荀子》里有一篇文章记载，他跟临武君在赵孝成王面前谈论军事。那时候最吃香的是军事家。荀子提出："用兵攻战之本在乎壹民"，"善附民者，是乃善用兵者也。"这大概是毛泽东人民战争思想的来源吧。书里有《议兵》这篇文章，具体的就不多展开说了。不知什么原因，他在赵国待了不久，又去了秦国。当时秦国是正在崛起的一个强国。丞相范雎向秦昭王推荐说有这么一个人才。秦昭王就把荀子找来面试。秦王上来就很傲慢地问："儒无益于人之国?"这个儒,不是儒家之儒,而是泛指读书人。"儒"是会意字,左边人,右边需,治国所需之人。但秦王看不起读书人,说读书人对国家是没有什么用的,是不是这样啊?荀子回答说:"儒者在本朝则美政,在下位则美俗,儒之为人下如是矣。"读书人如被见用,在朝廷上可以使你实行良政,在民间教书育人,可以使社会风气向善。读书人作为臣下的作用就是这样!那时有权的人不大会听无权人的话。这就叫权力的傲慢。话不投机,荀子决定还是离开秦国。临行前,范雎就问荀子:"入秦何见?"你到我们秦国来有什么观感?荀子回答说:"形胜"、"百姓朴"、"百吏肃然"、士大夫"明通而公",朝廷"听决百事不留","治之至"。秦国什么都好,地理位置非常优越,可攻可守;百姓纯朴,百官廉洁,士大夫思想开明,一心为公;朝廷办事效率很高,什么事到了最高层马上就批示下去执行。治理已经到了很高水平。接下去一句话,然而"殆无儒"是"秦之所短"。你们的毛病在于没有读书人,没有文化。为什么要讲这是"秦之所短"?荀子认为,政治有三种:王、霸和乱。你们秦国至多能称霸,不可能实现王道,因为你们不信儒家的政治理念。由于秦国实行法治,荀子以儒治国的思想就行不通了。

此时,正好楚国又有人向春申君进言请荀子回楚:"昔伊尹去夏入殷,殷王而夏亡;管仲去鲁入齐,鲁弱而齐强。夫贤者之所在,其君未尝不尊,国未尝不荣也。今孙子,天下贤人也,君何辞之?"历史上,伊尹离开夏朝去了殷商,殷商称王而夏朝灭亡;管仲离开鲁国去了齐国,鲁国衰弱而齐国强盛。有能人的国家,国君无不显贵,国家无不繁荣。荀子是当今大能人，你为什么要辞退他呢？春申君想想赶走这个人确实有点可惜，又把荀子招回来，仍然做兰陵令。他是二度入楚做兰陵令。司马迁的记载有误。过了几年，春申君被杀害，荀子的官也没得做了。做官有做官的好处，做个小官，公务也不忙，有一份固定收入，可以好好做学问。我跟很多朋友讲，你要真正做学问，首先要财务自由，财务不自由，你没办法。这是我十多年前悟出来的。过去从来不看重钱，有没有钱无所谓，后来发现如果还要苦哈哈地去赚钱养家糊口的时候，就不要谈学问，做不好的啦。今天要开这个评议会，明天要填那个表格，后天又要干什么，怎么做学问呢？西方人很聪明，发明了一个 tenure（终身教职）制度。一百多年前，美国人发现，做科学研究的人还要到处去赚钱谋生，学问只能是业余的，不利于科学进步。他们就在大学里设立 tenure 制度，在大学教满六年书，这个期间有一定的学术研究成果，就评定终身教职，一辈子生活无忧无虑了，就可以专心做学问。当然这个生活不是很富裕，只是有个温饱的生活，可以保证安心做学问。这是题外话。荀子被辞官后，就在兰陵定居下来，传道授业，教书育人，最后老死于楚国兰陵。那时候，庄子和孟子也都是这样，年轻时壮志凌云，退休了带一批学生讲课。不过荀子成就更大，带出了两大弟子——战国末期最著名的政治家李斯和思想家韩非。

李斯是楚国人，早年为郡小吏，地方政府的小公务员。后来跟从荀子学帝王之术，相当于今天的政治学或者管理学吧。学得差不多了就去了秦国。秦国在当时是偏远之地，并不热门，但有发展前途。可见李斯的眼光与众不同。最初，他只是被实际掌权的吕不韦任命为郎，小公务员。后来有机会劝说年轻的秦王嬴政，也就是后来的秦始皇，如何灭诸侯、成帝业，被提升为长史。就像清末的康有为上书游说年轻的光绪帝，被任命为总理衙门章京，官位不高，但职务重要，相当于皇帝的政治顾问。有可能康有为是想重演李斯和秦始皇的故事，但他的命运远不及李斯。秦王嬴政采纳李斯的计谋，派遣谋士拿着金玉财宝游说关东六国，离间各国君臣，破坏六国的反秦统一战线。李斯被任命为客卿。秦王政十年（前237年）由于韩国派间谍郑国入秦被发现，秦王一怒之下下令驱逐六国的客卿。本来秦国招募天下人才，韩国、赵国或楚国，不管哪个地方来的专家都被聘用，享受卿的优厚待遇。此时，打开的国门又可能被重新关闭。李斯急了，上《谏逐客书》，劝秦王不能这么做。这篇文章写得好，文采飞扬，说服力很强，成为千古名篇。秦始皇所以能够成大业，重要一条是听得进不同意见。他采纳了李斯的建议，所以天下英雄都为秦所用。李斯的地位也节节高升，被任命为丞相，协助秦王灭掉六国。秦统一天下后，他与王绾、冯劫尊嬴政为皇帝，并制定有关的礼仪制度。他建议拆除郡县城墙，销毁民间的兵器；反对分封制，坚持郡县制；又主张焚烧民间收藏的《诗》《书》等百家语，禁止私学，以加强中央集权的统治。还参与制定了法律，统一车轨、文字、度量衡制度。李斯政治主张的实施，奠定了中国两千多年政治制度的基本格局。因此，司马迁特别写明"李斯尝为弟子，已而相秦"。学生有成就，老师面上也有光，但老师也会为学生背黑锅的。因为李斯焚书坑儒，大变古代圣王之法，遭后世儒家痛骂。学生是坏人，老师荀子自然也是异端了。

韩非是韩国王子，李斯的同学。韩非将商鞅的"法"，申不害的"术"和慎到的"势"融为一体，是先秦法家思想的集大成者。他著有《韩非子》一书，共五十五篇，十万余字。在先秦诸子散文中独树一帜。《史记》记载：秦王见《孤愤》《五蠹》之书，曰："嗟乎，寡人得见此人与之游，死不得恨矣！"他以为作者是古人，不知道这个人还活着。后来听说作者就是邻国的韩非，于是为了得到韩非而出兵攻打韩国。韩王被迫用韩非换取秦军撤兵，韩非就这样到了秦国。他深爱自己的祖国，上书秦王，台面上是为秦国献策，实际上是想保全韩国，所以秦王虽然爱才，但始终没有重用他。后来韩非因弹劾大臣姚贾，而招致姚贾报复，被诬为暗通韩国而锒铛入狱。李斯怕韩非会东山再起而威胁到自己的地位，于是骗韩非吃了毒药。韩非人虽死，但是他的法家思想却被秦王嬴政所重用，奉《韩非子》为秦国治国经要，帮助秦国富国强兵，最终统一六国。韩非的法家思想也一直影响着两千多年来中国历代帝王的政治，也就是我们常说的"外儒内法"或"儒表法里"。

荀子晚年在兰陵定居下来以后，除了传道授业之外，就是著书立说。按照司马迁的说法，他是痛恨当时那个乱世，亡国昏君层出不穷，上上下下都不去追求正道，反而相信装神弄鬼那一套。信機祥，機祥就是吉凶之先兆，比如什么地方发生地震了，或者天上落下了陨石，就会有大祸临头啦。儒生呢？都是些不入流的家伙，为了一点点蝇头小利，跟在当官的发财的后面屁颠屁颠的。而像庄子那类人则又讲些莫名其妙的话，败坏学界风气。他实在看不惯这个世界，于是评判儒家、墨家和道家的所作所为，最后留下了一部数万言的著作，在兰陵终老。

荀子的著作，在汉代流传的有三百多篇。刘向《校书序录》称："孙卿书凡三百二十三篇，以相校除重复二百九十篇，定著三十三篇，为十二卷，题曰《新书》。"刘向根据民间流传的三百多篇荀子的文章一一整理校对，删除了重复出现的二百九十篇，最后审定三十三篇。为什么会有那么多重复？古代没有印刷厂，书是老师讲，学生记，一代代传下来的。学生的记录会有不同，加上很多代以后，有的用山西话记录，有的用山东话记录，有的是用湖南话记录，就出现了不同的版本。所以刘向要拿几个不同的版本互校，然后确定一个版本。考证说三十三篇是误传，应该就是今天的三十二篇。校书的刘向是西汉贵族，汉成帝时负责整理从各地搜集来的图书，长达十九年的时间。每一种书经过校勘、整理、缮写出定本后，刘向都会撰写一篇叙录，介绍书的名目、校勘经过和主要内容。这些叙录被辑集在一起，名为《别录》，共二十卷。《别录》全书已失传，现仅存《战国策》《管子》等八篇。刘向死后，他的小儿子刘歆继承父业，根据《别录》撮要编出第一部反映当时国家藏书的分类目录《七略》，共七卷。《七略》所收图书，按类分列，大类称为"略"，小类称为"种"。七略包括：辑略、六艺略、诸子略、诗赋略、兵书略、术数略、方技略。辑略是目录的总说明。其余六略共著录图书六百零三家，一万三千二百十九卷，《七略》也已失传。刘氏父子长期精心校勘整理图书，使先秦的许多古籍得以流传。有时候，真是非富即贵才能做学问的，因为财务上没压力，不用为稻粱谋，才可以好好做学问。如果诸位已经财务自由了，就不要像有些富豪那样赚一辈子的钱，其他什么兴趣爱好都没有，那样人生是很无聊的。不如去钻一门学问，像刘氏父子那样为中国文化的传承做点贡献。

刘向整理定稿的《孙卿新书》一直传到了唐代，杨倞这个人把它编为二十卷，并且加以注，更名为《荀子》，就是我们今天看到的这个本子。根据专家的研究，一般认为从刘向整理出来的《新书》到杨倞的注本，文本没有明显差异，但文章的排列次序有变化。看古籍的时候，一定要有个观念，次序不是作者自己定的，而是反映了整理者的观点。所以你们读古籍，不要以为文章的排列次序，也像现在的书那样，从第一章开始，一章接一章是有逻辑联系的。你必须通读全书后才能找到荀子思想体系的内在联系。这就是学者要做的工作，也是最不容易的。

在这三十二篇中，杨倞等判断《大略》《宥坐》《子道》《法行》《哀公》《尧问》六篇，不是荀子自己的著作，而是他的门人弟子所记，所以放在最后。前五篇记孔子言行，不要小看这五篇，都是《论语》里没有的。《论语》是曾子的学生编的，所以他们在《论语》里记下来的孔子言行都是曾子传下来的。荀子师从子弓一系，子弓也会传授他了解的孔子言行，经荀子再传到了荀子的学生。所以要了解孔子思想，也就是孔学，当然主要的依据是《论语》，但这五篇文章也是很有价值的补充。2011 年，南昌西汉海昏侯刘贺墓出土有竹书《论语·知道》篇。以前说《论语》有三个版本：《古论》《鲁论》和《齐论》。大家今天看到的《论语》是综合《鲁论》和《古论》形成的版本，《齐论》到汉魏时就失传了。《齐论》要多出两篇，一篇叫《知道》，一篇叫《问王》。海昏侯墓里发现的《知道》篇，应该就是失传一千八百年的《齐论》。据说出土的还有孔子临终遗言《子寿终录》。这在世界学术界是一个非常重大的发现。最后一篇《尧问》是弟子赞颂荀子。尽管这六篇文章明显不是荀子写的，但到现在为止，对《荀子》倒是没有人争议有伪作的问题。大概是因为《荀子》这本书流传的版本少，注释的人少，后人加进去的私货也就少了。故《荀子》一书，是考证与诠释荀子思想最可靠之文本。因为孟子思想成为儒家正宗，荀子受宋明以来学者的抨击，故为其注释者不多。仅唐代杨倞为其作注，直至清代考据学兴盛，注释校订者才有所增加。其中包括明末清初傅山的《荀子评注》，清代王先谦的《荀子集解》，民国梁启雄的《荀子柬释》。我们都可以拿来参考。

《荀子》全书论说方面极广，足以为先秦一大思想宝库。我会在以后的几讲详细介绍这部书的内容。以荀子的文章而论，在先秦诸子中也是别具一格的，其特色在于说理透彻清晰、结构严谨，逻辑严密、理论系统，语言丰富多彩，善于比喻，排比偶句很多。他的文章已从语录体发展成为标题论文，标志着我国古代说理文趋于成熟。对后世的论说文有一定影响。

3. 荀子思想学术的特点

　　如今一提儒家思想就是子思、孟子"人之初，性本善"的那套人性论，经王阳明进一步提出"良知即天理"，"至善者，心之本体"，性善论已经深入人心。其实，这只是儒家其中的一种说法。荀子思想走的完全是另一条路子。荀子要比孟子晚生了近半个世纪，时代的变化已经很大了。荀子思想的特点，最重要的是四条：一是博学深思。他涉及的知识面非常广。看了《荀子》一书就会知道，大凡哲学、伦理、政治、经济、军事、教育，乃至语言学、文学皆有涉猎，且不是一般的泛泛而谈，大多有精辟的见解。过去人做学问讲究由博返约，只有知识面很广，慢慢集中到一个点上，这样学问才能做得深。我谈教育的时候曾经说过，教育小孩不要很早就去规定他们的学习范围。各种知识都要学，爱学什么就学什么。知识面尽量拓宽，然后对某一领域真有兴趣了，再深挖井，很多学问是通的。现在到中学就开始分文理科，很多科学家朋友跟我说，现在培养的博士出来后连一篇论文都写不像样，因为他很早就选择学理科，文科不学了，中文程度较差，他研究的结果自己都说不清楚，没有办法用文字完整表达出来。当然，博学还要深思。你听了很多课，读了很多书，自己不动脑筋去思考，这些东西还不是你的。我们现在说要提倡创造性思维，要搞创新。创新的前提是博学，然后深思，动脑筋。不然脑子空空的，没有知识基础，只能做白日梦，怎么去创造性思维？

二是具有学术批判精神。《荀子》书里有一篇《非十二子》，对到战国为止，思想界影响最大的十二个学派及其代表人物一一进行了批判。他不仅批判了墨家、名家、法家，也痛斥儒家的子思、孟子一派。批判得对不对，我们先不去说它，至少他有那种批判精神，不是盲目地去骂人，也不是盲目地去赞扬一个人，这个非常重要。做学问，没有这种批判精神，是深入不下去的。很多人讲国学，讲传统文化，要么是全盘否定，把传统文化讲得一无是处，都是糟粕和垃圾，阻碍了中国的进步；要么走另外一个极端，全盘肯定，似乎今天中国只有靠四书五经、靠儒学才能复兴，甚至还宣扬什么儒家社会主义。古代思想是一个资料库，到这个资料库中去，不可能把什么都全部搬出来用。这就要有批判精神，区分哪些是精华，到今天还用得到的；哪些是糟粕，今天这个时代已经不可能用了。这样学了才有价值。很多人问我，你为什么去搞国学？似乎我身上的自由精神和传统文化应该是格格不入的。其实不然，在传统思想资料库中，诚然其政治观和社会观是建立在农业社会基础上的，到了今天这个工业社会可以借鉴的已经不多，也许对管理学有点用吧。但是其中讲修身养性，完善人生的部分，使我受益很大。中国传统的大学之道"在于明明德，在于亲民，在止于至善"，教人完善人生。我们现在缺的就是有关善的学问。就像我的老师金耀基教授所说的，今天的大学之道已经变成"在于明明理，在于新知，在于止于至真"。因为一百年前，我们接受了西方输入的科学主义，把科学与知识画等号。不是科学的东西好像就不是知识。其实，本来科学只是知识的一部分，有些知识科学是不能涵盖的，例如道德伦理，审美问题等，人生的价值是什么？什么是幸福？西湖黄山为什么是美的？这能用科学，能用数学来解答吗？在科学主义张扬的今天，这些知识已经很缺失了，但古代经典中有大量这方面的思想资料，儒佛道里都有，所以要批判地继承。

荀子思想的第三个特点是兼容并包。仔细看《荀子》全书，就可以发现荀子的思想学说虽以孔子的儒家思想为本，但是也吸收了道、法、名、墨、兵诸家之长。对当时他能够了解到的各派思想学说，一方面批判，另一方面认为合理的也吸收进了自己的思想著述里面。做学问一定要兼容并包。谁有学问，就跟着谁去学一点，不是说要全部相信，也不是说跟自己想法不同的就统统排斥，这就会犯片面性的毛病。我们今天谈陈寅恪的"独立之精神，自由之思想"，不仅是针对教条主义，也是针对学术帮派。什么自由派啦，新左派啦，我一派也不站，但两边都有好朋友，因为我做学问从来是独来独往。介入派别会有两个问题：一方面，因为你是派中人就会掺杂感情因素，派别讲得不对的地方，也得去维护；另一方面，每一种学说都有合理的部分，也都有不合理的部分。因为你是派中人就容易有偏见，只看到对方不合理的部分，看不到合理部分，你的思想学说就不可能全面。所以兼容并包是很重要的，到今天这个时代特别还要学贯中西。古代中国的知识只是在中原的范围内。现在全球化了，人们的眼界更宽了。你说只学国学，不看西方的书，那么中国的学问也做不深的。只有把西学作为一个参照系，才能更好地把握国学的特点，知道什么是我们传统文化的优势，什么是缺失。

最后一点，与思孟、程朱一派儒学大师相比，荀子思想更接地气。他的全部学说都是围绕着当时政治展开的。关注社会现实，面对社会矛盾，力图解决社会问题，以达到国治民安的实效。荀子不务空谈，很具体地提出了如何成就帝王大业，包括外交政策、军事谋略、用人方针、听政方法、管理制度、官吏职事等，也论述了使国家富足之道，提出了一系列发展经济的政治原则和方针策略。如"明分使群"、"裕民以政"，用政治手段使社会安定，促使经济发展；"尚贤使能"、"严明赏罚"，用来刺激劳动积极性；"强本抑末"、"开源节流"、"节用裕民"，用来调整生产、消费结构，以保证经济的良性发展。荀子不讲玄妙虚幻，难以捉摸的心性灵修，而是从人的实际生活和社会经验出发，教你脚踏实地的人生修养方法：怎么读书？怎么思维？怎么说话？怎么交友？怎么待人接物？怎么对待荣辱？

一般认为，经世致用思想是明末清初，黄宗羲、顾炎武、王夫之等思想家提出的。其实不然，经世致用思想的源头至少可以追溯到先秦思想家管子。到了孔子的儒家思想更是一种"入世哲学"。孔子不遗余力地传播他的思想，就是要扭转春秋末年礼崩乐坏的动乱局面，恢复他理想中的社会秩序。作为一种思想体系的儒家，其特点就是不尚思辨。不像其他哲学思想那样，用极强的思辨性去解释诸如世界的本原问题，今生与来世的问题，或是人间与鬼神的关系等问题，儒家很实在地教人们如何做人，如何行事，教统治者如何治国。荀子正是秉承了早期儒家的传统，讲求功利、求实、务实以及抱持"以天下为己任"的情怀。只是到了宋代以后，程朱理学兴起，走上了"穷理"之途，才改变了儒家经世致用的传统。自明中叶以后，随着理学的没落，陆王心学崛起。王阳明强调"知行合一"，这并不是新发明，只是用另一套词汇表达回到经世致用的传统。但心学也很快走到了"心外无物"，脱离现实，抛弃经世精神，专注于"致良知"的绝境。明末清初黄宗羲等人提倡的"实学"正是对宋明理学的纠偏，主张重新回到先秦儒学传统。荀子思想所达到的高度，除了他个人的天才之外，更重要的是他所处的时代已经到了战国末期，战国百家争鸣的潮流已经走到了学术交融的趋势了。

4. 不一样的儒学大师

讲完荀子思想学术的特点，就要介绍他的思想体系了。我前面曾提到，荀子之学才是儒家主流，是以孔子思想为本。"（荀子）之学源出孔门，在诸子之中最为近正。"人们习惯上常把儒家称为"礼教"或"名教"，因为儒家着重建构礼义制度与人伦秩序。司马谈称儒家要旨是"序君臣父子之礼，列夫妇长幼之别"。礼乐制度在古代中国具有举足轻重的地位，但到了春秋时期已经出现了礼崩乐坏的局面。孔子提出的儒家思想，根本上说是要"复礼"，重建礼乐制度。但是孔子把礼崩乐坏，"天下之无道也久矣"的原因归结于人心变坏，私欲膨胀，对礼乐制度的信仰危机。因此，他开出的救世药方是"克己"，遏制人过分的欲望，唤醒人们内心对礼乐秩序的自觉。这样天下人才会互相友爱，终止你争我夺的局面。所谓"一日克己复礼，天下归仁焉"。其实，思孟学派走的路线注重的是"克己"而不是"复礼"，并发展出一套内圣的学说，把"仁政"的政治理想建立在"正人心"，"存其心，养其性"的基础上。荀子则不然，他的思想基本主题是继承了孔子的"复礼"。据郭沫若统计，《荀子》一书中共出现三百七十五个"礼"字，礼在荀子学说中处于核心地位，因而隆礼为荀子学说的特色乃是学界共识。然而，他对孔子思想是有所损益的。荀子不再是追求简单地"复礼"，而是要重构礼乐制度；不是把重建社会秩序的希望寄托于要求人们"克己"或"正人心"，而是用外在的礼制来规范人们的行为。

在荀子所处的战国末年，和孔子的春秋时期相比，更是天下大乱。明末清初的学者王夫之这样说："战国者，古今一大变革之会也。侯王分土，各自为政，而皆以放恣渔猎之情，听耕战刑名殃民之说，与《尚书》、孔子之言背道而驰，勿暇论其存主之敬怠仁暴；而所行者，一令出而生民即趋入于死亡。"顾炎武比较春秋与战国的差异说："如春秋时，犹尊礼重信，而七国则绝不言礼与信矣；春秋时犹宗周王，而七国则绝不言王矣；春秋时犹严祭祀，重聘享，而七国则无其事矣；春秋时犹论宗姓氏族，而七国则无一言及之矣；春秋时犹宴会赋诗，而七国则不闻矣；春秋时犹有赴告策书，而七国则无有矣。邦无定交，士无定主，此皆变于一百三十三年之间，史之阙文，而后人可以意推者也，不待始皇之并天下，而文武之道尽矣！"如果说，孔子生活的春秋时期"礼崩乐坏"的乱象还只是初现端倪的话，此时已病入膏肓了。在这种情况下，要重建政治社会秩序，仅靠人们内心的自觉显然已不太可能，因而必须借助外在的刚性的制度来规范人们行为，而不是像孟子那样空泛地谈论个人的道德修养。到了这个时候，无论是孔子，还是孟子的那一套几乎已经没有人理会了。因此，荀子发展了孔子的礼学，在孔孟的礼乐合一之外，又创造性地提出礼法并举。法度比起礼制来是更具刚性更具强制性的，由此导向了法家的趋势。他的学生韩非和李斯走得更远，正是从礼法并举中片面强调法的作用，吸收以往的法家思想，如商鞅的法、慎到的势和申不害的术，成为著名的法家代表人物。

荀子的礼法并举开创了汉代儒法合流的先河。韩非、李斯又都是他的入室弟子。于是历代都有人怀疑荀子是否属于儒家，荀子甚至被归入法家。"文革""批林批孔运动"中，荀子这个"法家"的言论还被拿来当作批判儒家的武器。那时候《人民日报》等报刊开列了一大串法家人物的名单，儒家都是坏的，法家都是好的，荀子就算在法家里面。"文革"期间是荀子日子最好过的时候。"文革"一过，大家又把他忘了。其实，荀子重法是以礼、以道德教化为前提。这是他和法家思想最大的区别。法家是否定礼教的，觉得有法就行了，国家要靠法来统治。如果认为韩非和李斯是法家代表人物而责难荀子，说他也是法家一派，这未免过于牵强了。事实上，荀子在《非十二子》一文中就曾严厉批判过慎到这样的法家人物："尚法而无法，下修而好作，上则取听于上，下则取从于俗，终日言成文典，反纠察之，则偶然无所归宿，不可以经国定分；然而其持之有故，其言之成理，足以欺惑愚众，是慎到、田骈也。"推崇法治但又没有法度，鄙视贤能的人而喜欢另搞一套，上则听从君主，下则依从世俗，整天谈论制定法典，但反复考察这些典制，就会发现它们迂远得没有一个着落点，不可以用来治理国家、确定名分；但是他们立论时却有根有据，解说时又有条有理，足以用来欺骗蒙蔽愚昧的民众。慎到、田骈就是这种人。

荀子固然也批判了儒家的子思和孟子，说他们"略法先王而不知其统，犹然而犹材剧志大，闻见杂博。案往旧造说，谓之五行，甚僻违而无类，幽隐而无说，闭约而无解。案饰其辞而只敬之，曰：此真先君子之言也。子思唱之，孟轲和之。世俗之沟犹瞀儒，嚾嚾然不知其所非也，遂受而传之，以为仲尼、子弓为兹厚于后世，是则子思孟轲之罪也"。说他们大致上效法古代圣王却不知道他们的纲领，还自以为才气横溢、志向远大、见闻博大。根据以往旧说来臆造新论，称为"五行"，非常乖僻悖理而不合礼法，幽深隐微而难以论说，晦涩缠结而无从解释，却粉饰自己的言论而郑重其事地说："这才是先师孔子真正的言论啊。"子思倡导，孟轲附和，社会上那些愚昧无知的儒生七嘴八舌地呼应，分辨不了他们的错误，于是就接受了这种学说并传播开去，以为是孔子、子弓立此学说来嘉惠于后代。

荀子批判思孟是为了维护孔子正统，他以孔子为圣人，十分推崇孔子的思想，认为子贡和他自己才是真正继承了孔子思想。他说："若夫总方略，齐言行，壹统类，而群天下之英杰，而告之以大道，教之以至顺；奥窔之间，簟席之上，敛然圣王之文章具焉，佛然平世之俗起焉；则六说者不能入也，十二子者不能亲也。无置锥之地，而王公不能与之争名；在一大夫之位，则一君不能独畜，一国不能独容，成名况乎诸侯，莫不愿以为臣。是圣人之不得势者也，仲尼、子弓是也。"荀子认为孔子、子弓之学说，总括一切治国方针，整齐一切言论行为，统一一切事理纲要，能聚集天下英杰，告诉他们古代圣王事迹，教育他们治国之道。"奥窔之间"，奥是房间的西北角，窔是东南角；"簟席之上"，簟是竹子，竹席之上。古代没有桌椅板凳的，人们都坐在席子上，这是指普通老百姓的居所。在民间教授天下英杰，圣王的典章制度完备，太平盛世的风俗勃然兴起。这都是孔子、子弓学术独到之处，是六家学派无法企及，十二子思想不能接近的优点。孔子是荀子理想中的圣王形象，纵使无立锥之地，王侯诸公亦不能与他争名；即便仅有大夫之位，也不是为一君一国所用，而是为天下人的。因此他们的名声盛于诸侯，诸侯个个无不希望他们来为自己做事。孔子与子弓乃是不得权势的圣人。至于得势的圣人，如舜、禹者，便可以统一天下，管理天地万物，养育人民，兼善天下，使普天之下莫不服从。两种圣人路子虽有不同，但道德理想是一样的。儒家的理想人格就是圣人。古代士大夫讲立德、立言、立业。成功人士不是说一定要钱赚得多，官做得大，历史长河中做到皇帝也是一刹那。立言也好，立业也好，前提都是立德，只有成为圣人才是人生的成功。他认为，孔子、子弓的言行就是圣王的模范，孔子、子弓的学说就是君主迈向圣王境界的蓝图。

荀子是以子弓的学生自居的。一般认为，子弓就是《论语》里提到的孔子的学生仲弓，也有人考证说子弓是另一个叫做"馯臂子弓"的人，那都是无事生非。子弓没有留下思想资料。但近年上海博物馆藏战国楚简中有一篇关于仲弓的简文，共存二十八简，约五百二十字。由于简文残损严重，很多宝贵信息已经无法获知。不过就以现存简文来看，也能从中一窥仲弓之儒的思想特色和荀子有共同之处。

从文本来说，《荀子》三十二篇的大部分内容，《诗》《书》《春秋》乃至礼、乐等儒家经典都是他主要学说的原材料和教学生的教材，由此也可以看出荀子和儒家的关系。战国末年，诸子之学都处于快速变化的情势之中，然而荀子之学却能独树一帜，并以综贯百家异说之势，在当时的思想潮流中别开生面地提出自己的见解，而形成极其精粹的理论体系。冯友兰曾经这样说："孟子以后，儒者无杰出之士，至荀卿而儒家壁垒始又一新。"只要我们仔细阅读荀子著作就不难发现：中国历史上所实践的儒家政治理念，具体而微的部分都来自荀子；而且与周公、孔子一脉相承，不是法家的东西，也不是所谓儒表法里。周公"制礼作乐"，孔子释礼乐之义，荀子继承了儒家礼治思想，以五经作为论学论治的依据，更发挥"外王"的治道，整理出一套"为万世开太平"的儒家政治经济思想。

在政治思想方面，他分了三类政权：王道，霸道和亡国乱君："义立而王，信立而霸，权谋立而亡。"王道是最理想的政治，要实行王道就要用礼义治国，君主要以身作则，"隆礼至法"，"尚贤使能"。如果做不到义，至少也得讲信用。只要讲信用，即使不能王天下，不可能统一天下，也可以成为春秋五霸那样的霸主。"信立而霸"，就是要有法必依，有令必行，不能朝令夕改，让老百姓无所适从。如果既没有义，又没有信，只是靠权谋来治国，那就早晚要灭亡。霸道相当于法家讲的法，权谋则是法家讲的术。荀子的政治思想还是把儒家的礼义放在第一位的，而法家则讲究赏罚分明。我们现在讲管理学，赏罚分明几乎已成金科玉律。但荀子认为"赏不用而民劝，罚不用而威行"，这才是最高层次的管理学。如果管一个企业完全靠赏罚刺激，很容易导致弄虚作假和只顾短期效应。我短期内不择手段地把效益做得很高，不顾企业的长期发展，讨你老板欢喜。至于离开后，这个企业的元气已经大伤，就和我没有半毛钱的关系了。这样的企业文化是要不得的。只有用礼乐教化百姓，提高企业员工的文化素质，即使没有奖赏，人们也很努力地为企业打拼，为大家的共同利益工作；即使没有惩罚，管理层仍有权威，因为这种权威是靠以身作则，靠爱护员工，重视人才建立起来的道德权威。这样的企业才是真正的"五百强"；这样的国家才是荀子心目中的强国。荀子在《君道》中讲到人治和法治的得失。我们有时候不讲法治，有时候又全盘否定人治，好像只要有法治，国家就可以富强了。改革开放四十年来立了不计其数的法。法最后是要由人去执行的，立法立得再多，司法不跟上去，法官的素质不高，如果地方首长还要干预司法，仍旧是不行的。所以荀子认为人治和法治不能偏废。因此，他无论如何算不了法家。

在经济思想方面，荀子有一篇文章《富国》讲国家富足之道，怎么使一个国家富足起来，他提出了一系列发展经济的政治原则和方针策略。例如，"裕民以政"，用政策手段使社会安定，促使经济发展；"严明赏罚"，用来刺激劳动积极性；"强本抑末"、"开源节流"、"节用裕民"，用来调整生产、消费结构，以保证经济的良性发展等等。梁启超对这篇文章的评价说，"全部皆极精"，整篇文章全部都非常精辟。我们现在的经济学家，一会儿学西方的这个学派，一会儿又讲那个学派，就是没有自己的经济哲学。我们现在叫哲学，古人来讲就叫做"道"，通俗点讲就是基本原理。医有医道，商有商道，盗还有道呢？我们现在做什么都缺少一个道。学的尽是这个办法，那个办法；这里给你讲什么市场营销课，那里给你上什么人事管理课，这些都是术。不是说不要，这些术要有一个道把它们统起来，才能无往而不胜。我们今天缺的就是这个道，百行百业都没有道。比如，曾经有一个医药生意做得很大的老板，跟我说想研究中医哲学。我说这是好事呀，如果真能把中医理论背后的哲学发掘出来，人家再要攻击中医就难了。中医现在没有道，人家可以攻击，因为中医讲来讲去只是术，只是经验层面的东西。只有术的话，别人可以用西医理论、现代科学去质疑。如果把中医之道、中医哲学发掘出来，就不容易用西医的术去否定了。当然他没有做下去，因为生意第一，赚钱第一。本身做人的人道都还没有建立，怎么可能去发现医道呢？总而言之，就像王先谦《荀子集解》序说："荀子论学论治，皆以礼为宗，反复推详，务明其旨趣。"礼是其学术思想的根本。可见荀子千真万确是儒家，不过是一个和你们想象中不一样的儒家大师。

荀子重构礼乐制度的理论基础是性恶论，这是和孟子学说最大的区别，也是最遭受后世儒家诟病的。既然事实已经证明：孟子的那套"内圣"学说无法重建政治社会秩序，那么荀子就需要回答其中的道理，才能让人们信服他的学说。孟子"存其心，养其性"的内圣学说是性善论为前提的："人之所不学而能者，其良能也；所不虑而知者，其良知也。"荀子恰巧认为孟子的这个理论前提就是站不住脚的，所以没有办法靠"养心"来救世，依赖个人的道德修养来恢复礼治。荀子针锋相对地提出了性恶论，作为他全部学说的前提和起点。在道德修养方面，他说，就人的先天本性而言，"尧舜之与桀跖，其性一也，君子之与小人，其性一也"，先天的本性没有什么君子和小人之分。为什么后来有君子与小人、能人和笨蛋的差别呢？那是由于"注错习俗之所积耳"。注错即举止行为，差别来自行为、习俗长期影响的结果。后天的环境和经验对人性的改造是起决定作用的。这和孔子思想是一脉相承的。孔子在《论语》里讲"性相近、习相远"，不过没有再发挥而已。孔子没有讲性相近的性是善还是恶。人性本善是子思、孟子一派的说法，从《论语》里是找不到的。所以我一开始就要求你们先把孔学、儒学、经学搞清楚。因为后天的环境和经验造成了人性的差别，所以荀子特别强调学习的作用，当然这里的学习不等于读书，包括学做事，学做人，各种各样的学习。他认为人通过学习可以转化性格。"涂之人可以为禹"，在路上走的每一个人都有可能成为禹这样的圣人。"善"不是像孟子说的那样与生俱来，而是后天环境和教化学习的结果。

性恶论也是荀子社会政治观的前提和起点。按荀子的说法，因为人们天然禀赋的性情是欲望无穷。人生下来就开始有欲望，这种欲望是永远满足不了的。荀子是在这个意义上讲性恶的。如果任凭欲望发展，必将引起人与人的争夺和残杀，因为天下的资源是有限的，无法满足每个人无限的欲望。你争我夺，杀来杀去，势必导致社会的混乱。用他的话说，"从人之性，顺人之情，必出于争夺，合于犯纷乱理而归于暴。"但人与动物的不同，而且优于动物的地方，就是人能群，人能组织成社会。人所以能"群"者，在于社会内部建立了一套秩序。这套秩序的基础就是"分"。什么叫做"分"呢？就是建立社会等级，从事不同的社会分工，按照不同等级和分工来分配资源，从而将社会协同为一个统一的整体，以面对自然、战胜自然。那么依据什么原则来分呢？"分莫大于礼"。分的标准就在于礼。圣人制礼作乐，将社会分为上下有序的等级，社会内部成员就按照各自所处的等级取得资源，以消弭因争夺资源而引起的争斗，以确保公共秩序的正常运转。礼的作用就是限制人对利欲的无限追求。为了礼的实施不免要诉诸一种强制性。由此，礼转为法。荀子常有"礼法之枢要"、"礼法之大分"的提法。但是礼法并称不等于礼法并重。在荀子那里，礼还是高于法的，礼义是立法的精神。他认为，如果人们爱好礼义，其行为就会自然合法，甚至不用刑罚，百姓也能自然为善。

荀子除了从人性的角度论证礼乐制度的合理性，还从天人关系的角度来说明为什么要重构礼乐秩序。先秦时的思想家一般都主张"先天前定"、"天人感应"。人间发生的事，上天是会有所反应的。人间是太平盛世，自然会风调雨顺。相反，出了个坏皇帝，就会又是地震，又是水灾，或者天上落下了陨石，这是上天在发出警告。天人感应的社会意义是什么？古代皇权是至高无上的，"溥天之下，莫非王土；率土之滨，莫非王臣。"但是皇帝做坏事怎么办？既然人间没有人管得了，就让上天来管你，皇权还是有个约束。皇帝做了坏事，天会报应，天会警告，叫做天谴。所以皇帝还是有惧怕，遇到水灾，地震，陨石什么的，就会下罪己诏，或者大赦天下。这是先天前定、天人感应思想的积极意义，但也有消极作用。既然一切都是天命，一切都由上天预先安排好的，还要圣王干什么？还要圣王出来制礼作乐有什么用？所以荀子主张由礼的实践来达成圣王教化天下的目的，就需要建立一种不一样的天人关系说。他在《天论》篇中批判了先天前定的说法，提出"天行有常"，不以人的意志为转移；认为天是天，人是人，决定社会治乱与人间祸福的是"人"而不是"天"，所以必须"明于天人之分"。当然，天人相分不等于天和人完全不搭界，人类可以"制天命而用之"。礼乐秩序就是符合天命的，是圣人"积思虑，习伪故"的结果。

荀子的学说具有很强的论辩性，把当时流行的诸子百家学说作为自己的论敌。在论证自己的学说时，必然要遵循一定的论证规则，所以荀子探讨了逻辑问题。他的《正名》篇批判当时的名家。名家是专门玩概念的，用今天的话说就是逻辑学。荀子批驳公孙龙子、惠施等名家"用名以乱实"的各种论说，例如说白马非马，事实上白马就是马嘛，他偏要搞出一套理论来证明白马不是马。在批判的同时，荀子论述了名称与它所反映的实际内容之间的关系以及如何制定名称的问题。他认为，事物的名称是"约定俗成"的，但这种"约定俗成"又是以客观事物的实际内容为基础的，所以确定名称时要"稽实"。另一方面，名称虽然受制于实际内容，但它一经确定，又能对实际内容发生影响，即"名定而实辨"；而在社会政治领域内，"正名"能"明贵贱"、"辨同异"、"率民而一"，这也就是荀子强调"正名"的政治内涵。这篇《正名》是孔子正名思想的发展。《论语·子路》篇里有一段孔子与子路的对话："子路曰：'卫君待子而为政，子将奚先？'子曰：'必也正名乎！'子路曰：'有是哉，子之迂也！奚其正？'子曰：'野哉，由也！君子于其所不知，盖阙如也。名不正，则言不顺；言不顺，则事不成；事不成，则礼乐不兴；礼乐不兴，则刑罚不中；刑罚不中，则民无所措手足。'"子路问他，老师如果现在卫国君主叫你出来当政，你首先要做的事情是什么。孔子说，一定是正名。子路就说，这样啊？老师是不是讲得太远了，我问你的是怎么管理一个国家，你怎么讲到要去正名了？孔子接下去就说，概念不正确，道理就说不清楚；道理说不清，事情就办不成；事情办不成，礼乐制度就建立不起来；制度不建立，刑罚就会不恰当；刑罚不恰当，民众就会左右为难，不知如何是好。把人的思想搞混乱了，一会儿这样，一会儿那样，让底下的人怎么办？所以孔子讲的是不错的，但他只讲到"必也正名乎"，具体怎么去正名却没讲。荀子就专门写一篇正名，讲怎么去正名。所以说荀子思想很接地气，很有操作性。

其实，《正名》这篇文章是蛮有现实意义的。中国人现在名称词汇多得不得了，动不动创造一个新名称，把人都搞糊涂了。其实，名称是约定俗成的，是以客观事物的实际内容为基础的，所以"名"一定要符合"实"。另一方面，名称虽然受制于实际内容，但一经确定以后，又能对实际内容发生影响，用荀子的话就叫做"名定而实辨"。规定名称的目的是什么？是为了区别事物之间的大同小异或小异大同。我刚才说过要区别孔学，儒学和经学，就是为了更准确地把握它们不同的内涵，以便使研究深入。我在国外留学最深刻的印象，是他们的学者讨论一个问题，首先会把相关的概念讨论清楚，大家对同一个概念的定义，它的内涵和外延取得共识。例如，什么叫现代化，什么叫现代性，什么叫工业化，大家的理解相对一致了，再来讨论中国的现代化是从什么时候开始的。国内学界朋友开讨论会，往往对同一个概念有各自不同的理解，结果争论了半天才发现大家谈的不是一回事。这样的交流讨论是没有多少意义的。所以与其创造许多含含糊糊的新名称、新词汇，不如脚踏实地地做点实事。

5. 怎样读《荀子》?

　　我解读每一本书之前都会讲一讲怎么读的问题。读书有方法，方法很重要，方法不对，浪费时间。我读了大半辈子书，现在无非是把自己体会到的有用的读书方法告诉你们。"授人以鱼，不如授人以渔"。首先要知道不同的书有不同的读法。你用读小说的方法来读学术书；用读西方哲学的方法来读中国古代经典；或用读儒家典籍的方法来读道家老庄著作，都会功倍事半。其次，有些书是要反复读的，有些书浏览一遍就可以了。所有的书都去一字一句地读是不必要，也不可能的。反之，所有的书都是泛泛而读，那就等于不读，在你的脑子里留不下多少东西。什么书该反复读，什么书泛读就可以了，这是因人而异的。很多人要求我开一张古代经典的书单，我只能划定一个大致的范围。其实，那些书是不可能都读完的。大家可以根据自己的需要选择。再次，即使是同一本书，你在不同的年龄段，因为人生阅历的不同，也应该用不同的方法去读。比如《论语》是值得读一辈子的，但少年时候背诵下来就可以了，不必去弄懂；青年时候读至少把文义都弄顺读懂。中年时候读已经有了一定的社会阅历，头脑里也有了很多人生的疑惑。这时候读《论语》就要细细品味每句话的哲理了。到了老年再读，也许就是对照孔老夫子讲的道理，总结自己的人生啦。另一方面，因为读书的出发点不同，对同一本书的读法也会有不同。拿《荀子》来说，梁启超就以目的为区分，向我们介绍了两种读法：一是为了修养应用，二是为了学术研究。

做学术研究的当然就要尽量多地搜集前人的研究论著。在前人研究的基础上推进一步，提出自己的新见解。现在有些学者很自卑，认为古人已经把先秦典籍研究透了，我们不可能再有什么新创见，除非等到地下挖出什么新材料来。我们千万不能泥古，认为古人讲的不会错。其实不然，古时候形容一个人有学问说是"学富五车"。其实，古代的书是刻在木简竹简上的，一部书就是一大捆木板竹片，五辆牛车能装得下多少部书啊？今天社会在发展，技术在进步，人的视野和知识面都在在扩大。这和古人是不可同日而语的。清代学者研究《荀子》的话，他能看到两三个注释本就不错了。那时候没有公共图书馆，都是私人藏书，你能借到多少？现在不要说版本，上电脑一查，各种研究成果都有了，你可以拿来做比较。一个人最简单的思维方法是做比较吧？几个不同说法放在面前，比较一下，找出最正确的一种说法。这还是比较容易做到的。所以不要盲目迷信古人前人。在讲课中，我会给你们找出许多古代大学者的错误，有些是信口开河，胡说八道。我讲出来之后，大家一定会认同的：他是在胡说八道。所以读古书一样要深思。

当然，我们这里大部分人读《荀子》是为了修养应用，提高自己的人生修养。所以我会着重讲人生修养的部分，当然也会涉及荀子学说的理论基础——人性论和天人关系说，以及他的社会思想和政治思想。梁启超这样说："读《孟子》之益处在发扬志气，读《荀子》之益处在锻炼心能，二者不可偏废。"（《要籍解题及其读法》）应该注意的是我这次讲《荀子》，不是要褒荀子而贬孟子，只是讲他们两人不同的地方。因为《荀子》大家接触不多，所以比较多地讲《荀子》的优点，可以吸取的地方。《孟子》要读，读《孟子》是让你养浩然之气。什么叫浩然之气？孟子说："吾善养吾浩然之气。其为气也，至大至刚，以直养而无害，则塞于天地之间。"这是一股充满在天地之间，十分浩大刚强的气。具体来说，浩然之气也就是"富贵不能淫，贫贱不能移，威武不能屈"的大丈夫气概。读《荀子》就很难有浩然之气，因为荀子学说太务实，太接地气了。太接地气也就会少了那股浩然之气。但读《荀子》的益处是在于锻炼你的心能。荀子学说最大的特点是提出了性恶论，而性恶论的旨趣，在于看重后起的人为作用，也就是后天的学习教育熏染。《劝学》一篇就强调了教育和学习的重要性。在荀子看来，通过后天的学习教育熏染，可以达到善的境界、崇高的道德境界。"故木受绳则直，金就砺则利，君子博学而日参省乎己，则知明而行无过矣。"你要改变心性就要通过后天的学习，要通过后天的磨炼。梁启超说"读《荀子》最能唤起吾辈之自治力，常常检束自己，不至于松弛堕落"。自治力也就是自我约束的能力。所以梁启超讲，《孟子》和《荀子》两者不可偏废。

这次讲《荀子》的方法，是每次围绕一个主题，有时是一篇为主，杂以相关篇章的某些段落；有时是若干篇合在一起讲；有时是把书里的段落集中在一起讲。讲完十次，大致把《荀子》的全貌呈现给大家。

第二讲

荀子学说的起点：性恶论

6. 人性究竟是善，是恶？

我在上一讲已经说过，《性恶》篇既是荀子思想的特色，也是后人指责他是儒家异端的主要依据，甚至被后世经学家视为洪水猛兽。性恶论是荀子全部学说的起点。无论是他对人生修养的论述，还是对政治社会的主张，都是建立在对人性的认识和观察之上的。这不是我一个人的看法。梁启超也说过："本篇为荀子哲学之出发点，最为精读。"那么这篇文章究竟讲了些什么？怎样理解荀子的"性恶论"？是这一讲要解决的问题。

人性究竟是善的，还是恶的。无论是东方，还是西方的思想和宗教，对这个问题都是回避不了，必须要回答的。如果对人性没有一个基本的估计，整个理论体系是站不住脚的。不仅是学术，其实搞政治、搞经济、搞管理都离不开对人性的认识，否则就是空中楼阁。我过去说过，你真在管理一个企业的时候，有多少是根据西方那套管理科学来管的？读什么 MBA，什么 EMBA，那是文化美容，给你脸上涂一层金。真要管好一个企业就必须对人性有深入了解。管理是管人，管人和管动物不一样。人是有性格，有思想，有精神世界的。不了解人性就无法激励员工的积极性，无法处理好上下内外左右的人际关系。所以了解人性是一切学问和事业的出发点。

对人性是善是恶，自古以来东西方都有种种说法。先看西方人怎么说的。犹太—基督教是现代西方文化的源头之一。古代希腊、罗马对当今西方文化的影响，在艺术和建筑等方面比较大，思想上的影响则远不如犹太—基督教。这一西方的主要宗教是建立在性恶论上的，认为人的天性是恶的。旧约《圣经·创世记》上说，上帝按照自己的形象创造了最初的人亚当和夏娃，把他们安置在伊甸园中，但禁止他们碰园中智慧树上的果子。然而，亚当和夏娃并没有遵守上帝的诫命。他们在蛇（魔鬼的化身）的引诱下偷吃了禁果，被上帝逐出了伊甸园，到大地上来生活，繁衍子孙。人类始祖的这一罪过传给了子孙后代，成为人类的原罪，代代相传，绵延不绝。因此，每一个人生来就是有罪的。《圣经》说："因为众人都犯了罪，我们若说自己无罪，便是自欺。"意思是人的原罪是与生俱来的。宗教改革后的新教在这一点上也没有什么不同。加尔文教派的理论鼻祖、中世纪的天主教思想家奥古斯丁对《圣经》进一步阐释和发挥说："天主，请你俯听我，人们的罪恶真可恨！在你面前没有一个人是纯洁无罪的，即使是出生一天的婴孩亦然如此。""我们都是生来有罪的，我们又加上罪恶自己的生活，所以全世界都变为邪恶了。"尽管基督教也宣称：人是神的创造物，具有神的属性。善良、公义、仁爱等神性是人的本质。人性之中的恶源于人类始祖的堕落，使人丧失了上帝赋予的最初的神性。

只要信仰上帝，人类就可以赎罪，就可以得救。这看上去好像是矛盾的。其实，这里讲的神性是形而上的。对于现实中的人来说，毕竟原罪、恶才是他的本性。

后来欧洲先后发生了文艺复兴运动和启蒙运动，西方文化逐渐摆脱宗教的主导，开始世俗化。但西方人对人性的看法基本上没有改变，还是相信人性本恶。例如，18 到 19 世纪德国最著名的哲学家叔本华对人性就有一系列的叙述，我选几段："在骨子里，人就是丑陋、野蛮的动物。我们所见的人只是被绑上了绳索，被驯服了，这种情形就叫做文明教化。"你们等一下会发现，这一说法和荀子的性恶论很相似。叔本华还说："我们看见人们偶尔爆发其本性时会感到震惊。一旦解除了法律、秩序的束缚，一旦出现了无政府状态，人就会显现出本来的样子。""与人性中这种无限的'自我'结伴而行的，还有我们每一个人心中多多少少都有的憎恨、愤怒、嫉慕、怨恨而已。这些东西郁积在胸中，就像储存在毒蛇牙泡里的毒液，时机一到就会喷发而出。到了这个时候，那就是一个挣脱了镣铐、肆无忌惮地咆哮发作的魔鬼。""每个人的内心都确实有着某种野蛮的兽性——有机会它就张牙舞爪、肆意咆哮，就会伤害他人，甚至会毁灭那些妨碍自己发威作恶的人。""我对人的一个特性的解释是：由于生存意欲越来越厉害地感受到生存中没完没了的痛苦折磨，所以它就试图通过在别人身上制造痛苦来减轻自己的痛苦；久而久之，这种做法就发展成为真正的恶毒和残忍。""一旦我们看清楚人的劣性，并为这些劣性而感到震惊，那我们就必须马上把目光投向人类生存的苦难；对后者感到惊愕的话，则又必须回头审视人的劣性——这样，我们就会发现这两者互相平衡；我们也就会意识到这里有着某种永恒的正义。我们会发现这一世界本身就是一个巨大的审判庭；我们就会开始明白为何一切有生命的东西都必须为其生存而赎罪，首先在其活着的时候，然后在其死亡的时分。"叔本华的看法虽然有点极端，但也是代表了很多西方人的思想。因为西方文化的主流是建立在性恶论上的，所以比较早的走上了法治的道路。相信只有依靠法律和秩序才能束缚人类内心中"某种野蛮的兽性"。这就是我前面讲的，对人性的基本看法会影响到政治制度和社会秩序。

这是说西方，再回过头来看东方，先看印度传进来的佛教。佛教宣称"诸法无我、诸行无常"、"万法皆空"，认为包括人类在内的一切事物和现象都是因缘和合的结果，缘具则生，缘散则灭，没有"自性"，不存在恒定不变的本质，当然也就不存在恒定不变的人性。这跟基督教一样，是形而上的说法。在现实人生的层面上，佛教又认为，由于"无明"，人们不可能认识到世间万物的本来面目是空，从而执著于世俗欲望，产生贪嗔痴等烦恼，导致种种错误的思想和行为。生命是由无明而导致的，无明必然产生烦恼，所以人生来就有烦恼，就有恶的倾向。从这个意义上来说，佛教同样认为人的现实本性是恶。不过，佛教到了中国就不一样了。中国人最后接受的是在印度后起的大乘佛教，他们把原始佛教贬低为小乘佛教。我是研究佛教的，我认为佛教是印度古代思想文化的集大成者。所以印度佛教里既有释迦牟尼原创的思想，也有后来的佛教学者的思想，大乘思想就是这些人的思想。大乘佛教提出，人具有某种先天不变的本性，就是佛性，是众生赖以成佛的先天根据。佛是至善的象征，因此佛性也意味着善性。从这个意义上说，大乘佛教的人性论是性善论。这和儒家孟子一派的性善论是吻合的。魏晋南北朝时期大规模传入中国的是大乘佛教。经过隋唐五代数百年全民信佛的历史过程后，性善论已经深入人心。儒家重新兴起，士大夫和一般民众选择思孟学派的性善论也就是可以理解的了。而且思孟学派又吸收了许多大乘佛教的思想理论。到了宋明理学起来后，这一套性善论的东西就更完整、更成体系了。

先秦时期中国本土思想的主流是儒、墨、道三家。儒家的孔子并没有直接谈人性的善恶问题，只是指出"性相近，习相远"。孟子的性善论暂时不专门介绍，放在后面和荀子的学说对照。那么墨家怎么看人性的呢？据《墨子·所染》记载，有一次，墨子看见有人在染丝："染于苍则苍，染于黄则黄。所入者变，其色亦变……故染不可不慎也。（他由此联想到）非独染丝然也，国亦有染……非独国有染，士亦有染。"人性如本色的丝，所染之丝的颜色完全取决于所染的颜色。人性和本色的丝相似，人性本来并没有善，也没有恶的区别。善恶都是后天的环境影响所致。墨家的说法和荀子的十分相似。

那么道家又是怎么讲的呢？道家认为人的本性是"素朴"，也就是无知无欲，无争无斗的蒙昧时代。人类应该追求"复归于朴"，使生命和精神都回归顺应自然。庄子认为，"性者，人之质也。"人性乃人的自然之资质。人和万物一样都是道派生的气结合而成。人性是自然、天然的，是生命的常然状态，既不善也不恶。人就应该按照这种常然状态去生存发展。后天的仁义道德造成了人的真实本性的丧失，阻碍了人自然本性的发展，是违反人性的。道家是反对教化的，和儒家的孔子、孟子、荀子针锋相对。

在讲荀子的性恶论前，我先让大家对中外哲人对人性的看法大致有个了解。在这个背景下，再来看荀子的性恶论，就比较容易把握其特点了。我说过做学问一定要会通，要由博返约。如果就一个人的思想去孤立地研究他的思想，是研究不深不透的。西方做学问的毛病也就在这里，不讲会通，讲分科，专业分得越细越好，攻其一点不及其余。这样的结果往往是瞎子摸象，离事实很远。接下去我们来看文本，看荀子对人性是怎样一层一层分析的这样我们才能真正理解他的性恶论究竟讲了些什么。

7. 善不是与生俱来的

人之性恶，其善者伪也。

荀子开门见山地提出了全文的中心思想。人的本性是恶的，那些善良的行为是人为的。他依人类外在的行为表现，区分出"性"与"伪"二种概念。"生之所以然者谓之性。"性是与生俱来的，是指人生存的本能和欲望。最重要的是这个"伪"字，它是理解荀子性恶论的关键。杨倞的注释说："伪，为也。矫也，矫其本性也。凡非天性而人作为之者，皆谓之伪。故伪字人旁加为，亦会意字也。"显然这个"伪"字是人为的意思，可以理解为人的社会活动，包括在社会实践活动中长期积累的经验。清代大考据家钱大昕也说："此伪字即作为之为，非诈伪之伪。"(《荀子笺释跋》)可是理学家朱熹、二程把它解释成是伪善的伪。二程说："荀子极偏驳，只一句性恶，大本已失。"那么他们是怎样解释"伪"字的呢？"荀卿才高学陋，以礼为伪，以性为恶，不见圣贤。虽曰尊子弓，然而时相去甚远。圣人之道，至卿不传。"（《二程集·河南程氏遗书》卷19）你们看一个字的理解不同，意思的差别就大了。所以我以前说过，研究国学必须由小学入手，也就是要有文字学、训诂学、音韵学的知识。清代有一个大学者叫做戴震。他说的研究方法是"由声音文字以求诂训，由训诂以寻义理"。这是非常有道理的。如果字义都弄不清楚，怎么去理解作者要表达的思想？程朱理学对古籍的态度就是"六经注我"。二程、朱熹就是弄不懂小学，大而化之地讲义理，对这个"伪"字明显是望文生义。这不是我一个人的看法。王先谦的《荀子集解》开宗明义就这样说："余谓性恶之说，非荀子本意也。后人昧于训诂，误以为真伪之伪，遂哗然掊击，谓卿蔑视礼义，如老、庄之所言。是非惟未睹其全书，即性恶一篇自篇首二句以外，亦未竟读矣。"你们讲的那个性恶论并不是荀子讲的。"后人昧于训诂"，意思是你们根本不懂训诂。荀子讲的是人为之伪，你们自己误以为是真伪之伪。一帮人就一哄而起骂他，说荀子蔑视礼义。其实，这些人不但没有看过《荀子》全书，即使连《性恶》一篇，除了篇首两句之外也没有读完，就匆忙下结论。这个后人不好点名，因为当时二程、朱子名气太大了，惹不起，其实骂的就是他们。朱熹说得更武断："不须理会荀卿，且理会孟子性善。渠分明不识道理。荀、扬（雄）不惟说性不是，从头到底皆不识。当时未有明道之士，被他说用于世千余年。"（《朱子语类》卷一三七）你们不用去看荀子的书，看孟子的书，认准性善就可以了。荀子不但说不清人性，他从头到底就是什么都不懂的。因为以前没有精通圣王之道的人，被他骗了一千多年。言下之意，是直到我朱熹出来才接上孟子的道统。你看这个朱熹多狂妄！这哪里是做学问的态度？其实，这种恶劣学风一直延续到今天的学界，自封为真理，不允许有第二种声音出现。所以我再三说不要迷信古人名人。究竟"其善者伪也"是什么意思？你们要接下去看。如果像程朱那样看到这两句话为止了，当然会觉得荀子是异端邪说，怎么能说每个人做的善行都是假的，都是虚伪的呢？看下去就可以发现其实荀子是讲得清清楚楚，明明白白的。

> 今人之性，生而有好利焉，顺是，故争夺生而辞让亡焉；生而有疾恶焉，顺是，故残贼生而忠信亡焉；生而有耳目之欲，有好声色焉，顺是，故淫乱生而礼义文理亡焉。然则从人之性，顺人之情，必出于争夺，合于犯分（文）乱理而归于暴。故必将有师法之化，礼义之道，然后出于辞让，合于文理，而归于治。用此观之，然则人之性恶明矣，其善者伪也。

人的本性，从一生下来就喜欢对自己有利的事，顺从着这种本性，人与人之间就会发生争夺，而不会有谦让。趋利避害，这是人的本性。刚生下来不久的婴儿，半夜三更尿布湿了不舒服，他就哇哇大哭，不会顾及妈妈爬起来换尿布，睡不成觉很辛苦。他只知道换了尿布自己舒服。舒服就是有利于自己的事，这是人的本性。什么情况下会变成恶呢？"顺是"，这个"是"是代词，指"好利"的本性。如果顺从这种本性，任其发展下去。从做小皇帝开始，一直到成年，都没有人去改变他这种趋利避害的本性。什么事都是先想到自己，有好处的就争取，没有好处的就躲避，就变成恶了。为什么是恶？因为"争夺生而辞让亡"了。小时候，孩子看见梨子都喜欢挑大的。如果家长不教育，孩子稍稍长大了，兄弟俩就会去争那个大一点的梨，不会有孔融让梨的故事发生。等到成年以后，兄弟俩更可能会因为争夺家产而闹上法庭。

"生而有疾恶焉，顺是，故残贼生而忠信亡焉。"人一生下来就会有嫉妒和厌恶，顺从着这种本性任其发展，人与人之间就会互相残害暗算，而不会有忠诚和信任。人天生会嫉妒，小孩子看见父母抱妹妹抱得多一点了，肯定不高兴。她甚至会因此厌恶妹妹，趁父母不在的时候去掐妹妹的小脸蛋。如果父母不及时教育，听任她的这种嫉妒和厌恶发展。这个小孩长大了，心理会扭曲，与人相处不懂得忠诚，不会信任任何人，甚至会因为嫉妒而加害他人。近年来，这样的事例发生过好几起。平白无故地就把同学害死了，只因为那位同学比自己优秀，或者家庭比自己的富裕。

"生而有耳目之欲，有好声色焉，顺是，故淫乱生而礼义文理亡焉。"人生来就有欲望，耳朵喜欢听好听的，眼睛喜欢看好看的，顺从着这种本性，任其发展，就会做出淫乱的行为，就会丧失礼义和道德伦理。耳朵想听好听的，很自然。如果耳朵不喜欢听好听的，做妈妈的不用给婴儿唱摇篮曲，在他耳朵边按汽车喇叭好了。眼睛总是喜欢看好看。男人走在大街上看见漂亮的女孩子，总喜欢多看一眼。这本身没有什么错，是人的本能。其实女孩子也喜欢看漂亮的男孩子。但是这种欲望不加约束和节制，不但喜欢好看的，还想去占有。于是男人就出轨了，有了一个不够，还要有两个，两个不够还要有五个、十个。"淫乱生"，什么荒淫无耻的事情都干得出来。这些年你们看到很多落马的高官，几乎都养好几个情妇，吃喝嫖赌样样都来。什么原因？就是不受任何约束，放纵自己的欲望。荀子这里讲了人的三种本性：一种是生而好利，一种是生而嫉恶，一种是生而有耳目之欲。耳目之欲只是代表人的欲望。欲望包括生存欲、占有欲和享受欲。

荀子归纳说：顺从人的本性，放纵人的情欲，就一定会发生争夺，违犯道德、扰乱伦理，从而导致暴行。伦理指什么？是处理人和人关系的行为准则和规范。如中国传统上讲五伦，就是父子、君臣、夫妻、兄弟、朋友五种人伦关系。用忠、孝、悌、忍、善为关系准则。如果放任欲望，就会"君不君，臣不臣；父不父，子不子"，为了争权夺利，大臣谋杀君主，儿子暗算父亲，兄弟之间互相残杀。翻开一部中国史，这样的故事层出不穷。这里要特别注意"顺是"二字，人的本性情欲本来无所谓善恶，只有"顺"，顺从、放任其膨胀，才会导致恶的后果。因此，一定要有道统的教化、礼义的引导，然后才能有谦让的行为，符合道德伦理，使社会得到治理。由此可见，人性本恶的道理已经很明显了，那些善行是人为的。"师法之化，礼义之道"就是人为的"伪"，都是人在社会实践活动中积累的经验。

什么叫师法之化？"师法"在荀子的很多文章里都提到，非常重要，也是到现在为止没有人讲清过的。一般人讲"师法"是指老师传给学生的技艺。用在这里并不恰当。"师法"是指师承和家法，这是中国古代思想传播的主要方式。师是什么？最早的出典，"教人以道者称之师"。师最初不是教人技术的，是教你做人处世的道理。老师授人以道，然后一代接一代的学生继承老师去授道，叫做师承。师承并不一定严守师道，有继承，也有发展，但一定有思想渊源关系。学问上的"家"是指父传之子，师传之徒。法的意思是模仿、仿效、效法。老师授道，一大批弟子听讲，弟子再给再传弟子去讲，只是复述老师学说的就叫做家法。例如，先秦文献传到汉代，讲授《春秋》的就有三家：左氏、公羊、谷梁；讲授《诗经》的也是三家：齐诗、鲁诗、韩诗，都有家法。这些上古的文献，如果没有这样一代一代传承的话，到后面的理解就会出现偏差，所以古人非常讲究家法。除非学生别树一帜，扬弃了老师学说的核心，就另成一家了。例如，韩非是荀子的学生，但他扬弃了荀子学说中最重要的礼学部分，只讲法学，他已经不守荀子家法了，所以叫他法家。因此，同样是师承某人学说，其间有成家者，有不成家者。这是师承和家法的异同，统称为"师法"。不过，荀子在这里讲的"师法"就更宏观了，相当于我们通常说的道统。道统是什么？就是古代先哲建立的一套价值体系，两千多年一以贯之地被一代代中国人传承下来，为全民族所认同的一些基本价值，是中华文化区别于其他文化的核心价值。现在这个道统某种程度上被打断了，新的道统又没建立起来。道统、师法有什么作用？师法之化的"化"，教化、感化老百姓。没有道统，就没有办法凝聚整个民族，各种社会问题就出来。以前老百姓觉得有气节的是好人，没有气节的是坏人；忠的是好人，奸的、出卖民族的是坏人，分得很清楚。老百姓不是天生下来就懂忠奸之辨的。这是"化"的结果，师法之化。道统不是一个抽象的空洞的东西。它要落实到人的日常生活、人的行为举止、人的言谈思想当中去的。怎么把它具体化？"礼义之道"，礼是很具体的东西，有了礼义的引导，老百姓才懂得辞让、牺牲、殉道等一系列基本价值。小孩子生下来趋利避害，因为有父母师长的教化，教他守礼义，所以他大一点了就知道把大苹果让给哥哥吃，懂得辞让了。孟子说辞让是人的本性，荀子认为不是人的本性，是教化的结果，是人为的结果。

　　这一段里，要注意"顺人之情"的"情"字。《荀子》一书往往是"性情"或"情性"合称或并举的，多达20余例。那么性和情是什么关系呢？《正名》篇里说："性之好、恶、喜、怒、哀、乐谓之情。情者，性之质也。"人性表现出来的喜欢、厌恶、开心、愤怒、悲哀、快乐就叫做情。情是"性之质也"，这个"质"的意思是"实"。性难以捉摸，情是实实在在可以捉摸的，是人性对应外在事物所产生"好、恶、喜、怒、哀、乐"的具体反应。比如前面说到人性趋利避害，你怎么知道啊？总要在外在事物刺激下，通过人的情感、表情才知道。说人有耳目之欲，一定得有外物刺激，小孩子听到妈妈唱摇篮曲就笑嘻嘻地很开心，安然地睡着了；听到按汽车喇叭就很烦躁，就哭起来了。哦，于是我们知道原来人性"好声色焉"。

8. 自然人与社会人

　　故枸木必将待檃栝、烝、矫然后直；钝金必将待砻，厉
然后利。今人之性恶，必将待师法然后正，得礼义然后治。
今人无师法则偏险而不正，无礼义则悖乱而不治。古者圣王
以人性恶，以为偏险而不正，悖乱而不治，是以为之起礼
义、制法度，以矫饰人之情性而正之，以扰化人之情性而导
之也。始皆出于治，合于道者也。今之人，化师法、积文
学、道礼义者为君子；纵性情、安恣睢而违礼义者为小人。
用此观之，人之性恶明矣，其善者伪也。

　　在这一段里，荀子开始具体说明"性"与"伪"的区别。他先用
了两个比喻。弯曲的木头，一定要有檃栝这种工具，加热后用它来矫
正，然后才会挺直。钝的兵器一定要有磨刀石，用它来打磨后才会锋
利。然后引出一个论断：人性本恶，一定要有道统，然后才能纠正人
性；一定要有礼义才能管治民众。如果没有道统的教化，人性就会偏

邪险恶而不端正；没有礼义的推行，民众就会犯上作乱而无法管治。古代的圣王鉴于人性的险恶、偏邪而不端正，民众犯上作乱而无法管治，所以特地制定了礼义和法度，"以矫饰人之情性而正之，以扰化人之情性而导之也。"用礼义法度来矫正和净化人性，驯服和教化人性，并引导他们向善。自此社会才得到治理，人的行为才合乎道德规范。前面说到人生而有好利、嫉恶和贪欲的本性，顺从这些本性发展，势必造成恶的社会后果。人们无法靠自己来扭转这种趋势，必须有一种人为的干预才能矫正人性向恶发展的趋势。人类社会才能摆脱野蛮状态，进入天下大治的文明时代。在文明社会里，一个人只要接受道统的教化，积累学识，遵循礼义，就是君子。相反，如果他放纵性情，胡作非为，违背礼义，就是小人。

孟子曰："今之学者，其性善。"

曰：是不然。是不及知人之性，而不察乎人之性、伪之分者也。凡性者，天之就也，不可学、不可事。礼义者，圣人之所生也，人之所学而能、所事而成者也。不可学、不可事而在人者谓之性；可学而能、可事而成之在人者，谓之伪。是性、伪之分也。今人之性，目可以见，耳可以听。夫可以见之明不离目，可以听之聪不离耳，目明而耳聪，不可学明矣。

这一段开始批驳孟子的说法。孟子说："人所以向学、愿意学习礼义，是因为他的本性是善的。"这句话听起来也有道理，如果人性不善怎么可能去学习礼义呢？荀子说：这种说法不对！为什么呢？"是不及知人之性，而不察乎人之性、伪之分者也。"这是因为孟子的认知水平达不到真正了解人性。"不及知"的意思是达不到、够不上知道。这个批评严重了，几乎是蔑视孟老夫子了。难怪后世孟子的信徒会对荀子恨得咬牙切齿。但荀子骂得是有理由的，他认为孟子的问题出在不能察觉人有"性"与"伪"的区别，把人为改造后的人性当作人先天的本性。也就是说，把人的社会性当成了自然性。

接下去，他就具体解释了两者的区别。"凡性者，天之就也，不可学，不可事。"所谓的"性"是天生的，是上天造就的，是学不来，也造不出来的。眼睛喜欢看美丽的风景，耳朵喜欢听悦耳的声音，这都是天生的，不是学习的结果。当然，什么样的风景是美丽的，什么样的声音是悦耳的，其标准便和后天的学习有关。但这已不是欲望，而是文化了。"礼义者，圣人之所生也，人之所学而能，所事而成者也。"礼义则不然，它不是天生的，是圣人创立的。人们只要去学习就能掌握的，去实践、去遵循就能做到的。所以说，"不可学，不可事而在人者，谓之性"，人身上天生就有的，没有办法学来，也没有办法造就的，就叫做"性"。"可学而能，可事而成之在人者，谓之伪。"人身上有些才能、有些本事是后天学来的。你天生不会数学吧？但学了以后就懂数学了。你天生不会开汽车吧？但学了以后就会开汽车了。人们可以通过学习掌握，可以通过实践就能做到的，就叫做"伪"。这就是性与伪的区别。人的本性，眼睛可以看，耳朵可以听，要看得清楚离不开眼睛，要听得明白离不开耳朵。可见眼明耳聪是人固有的本性，不是可以学得的，这个道理很明显啊。再回过头去，看看二程、朱熹是不是在胡说八道？这个"伪"根本不是伪善的伪，真伪的伪。荀子解释得清清楚楚。我们中国人做学问的这个传统真的很不好。一个问题不去弄清就做结论。人家讲的根本不是这回事，上来就把人家批一通。其实，自己并没有搞懂，甚至看也没看过。

这三段都是讲何谓"性"？何谓"伪"？两者的区别在哪里？用现在的语言来解读，可以说：人是社会性动物，既是自然人，又是社会人。既有动物的自然属性，又有区别与一般动物的社会属性。人是从自然界的某一种动物进化过来的，所以人的身上有动物的自然属性。一般动物，如狮子老虎也是耳聪目明。今天的人类眼睛看得清楚，耳朵听得明白，十万年前的人类也有同样的功能，所以这是自然属性。但是人之所以为人，又有其社会属性，如伦理道德，如会使用机器，那是狮子老虎没有的，也是十万年前的人类不懂的。荀子所谓的"性"，讲的是一种客观存在的既有事实，是指每一个人与生俱来的生理本能，属于自然属性。它是人先天生就的，不是后天的人为所能代替的。"凡性者，天之就也，不可学，不可事。不可学，不可事而在人者，谓之性。"天赋究竟有没有？我相信是有的。有些小孩子生下来听觉就特别敏感，将来有可能成为音乐家。当然可能，但未必一定会成为音乐家。如果不去培养他，就成不了音乐家。有的小孩生下来听觉就比较迟钝。这是天生的，人的自然属性肯定是有区别的嘛。不同的狗，自然属性也不一样的。有的狗嗅觉特别敏感，教它做缉毒犬，一教就会；有的狗再教也教不会。可见自然属性是客观存在的。《正名》篇说："不事而自然谓之性。"没有经过任何人为加工与社会改造的，自然天成的叫做性。《礼论》篇也说："性者，本始材朴也。"本始，后天人为活动的起点。材朴，按朱熹的解释："材，木中用者也。朴，未斫之质也"，也就是指没有经过雕饰的材质。材质为性，人欲为性。"欲"包括生存欲，"饥而欲食，寒而欲衣"；也包括占有欲和享受欲。可见荀子这里说的"性"并无道德价值的判断，无所谓善与恶。人类天生趋利避害，牛群也会趋利避害的。在非洲草原上，被狮子吃了一个同伴的野牛群就会绕开同伴被吃的地方走，它们知道这个地方有危险，这就是避害。什么地方有大片水草，再远的路，牛群也会去，这就是趋利。你说这有没有价值判断？没有的，天生的嘛。一条狗，一只猫，它的行为能做价值判断吗？说这是善，那是恶，行吗？说这条狗是义犬，那是因为人把自己的道德价值投射在狗身上了。狗在战场上救人，或者引导盲人，不是它自己有价值判断，而是人类训练它的结果。所以价值判断只存在于人身上，只有进入了社会性的范畴才有道德判断。什么情况下人性才是恶的？"顺是"，放任人"好利"、"贪欲"的自然属性。用一句俗语"兽性大发"的时候才是恶的。人的自然属性也可以理解成兽性。兽性大发就是"顺是"嘛。一个恶霸看见良家妇女就不顾一切地抢来奸淫。你说他是人性，还是兽性？一个人的"兽性"大发肯定是恶的。为什么是恶的？因为人生活在群体中，生活在社会中，如果放纵欲望，就会影响到周围的人，会对群体、对社会产生影响。这时候才有价值判断，我们说这种人性是恶的。如果是孤零零的一个人就没有这个问题。但人一生下来，"本始质朴"就没有了，就是一个社会的人了。我们要从这个意义上去理解荀子的性恶论。

荀子所谓的"伪"，不是人的善行都是假的，而是指社会属性。"可学而能、可事而成之在人者，谓之伪"。伪是指人在生理本能的自然属性之外，还有一种后天的教育与学习能力，具体化便是一切礼义法度。作为社会规范与制度的礼仪法度可"矫饰人之情性而正之，扰化人之情性而导之"，所以说"伪"者善也。可见"伪"根本上讲具有社会性的特征，从而与自然的"性"相区别开来。或者说，荀子是用"伪"把社会人与自然人区别开来。

9. 针锋相对批孟子

孟子曰:"今人之性善,将(恶)皆失丧其性故也。"

曰:若是,则过矣。今人之性,生而离其朴、离其资,必失而丧之。用此观之,然则人之性恶明矣,(其善者伪也)。

所谓性善者,不离其朴而美之,不离其资而利之也。使夫资朴之于美,心意之于善,若夫可以见之明不离目,可以听之聪不离耳。故曰目明而耳聪也。

今人之性,饥而欲饱,寒而欲暖,劳而欲休,此人之情性也。今人饥,见长而不敢先食者,将有所让也;劳而不敢求息者,将有所代也。夫子之让乎父,弟之让乎兄;子之代乎父,弟之代乎兄;此二行者,皆反于性而悖于情也。然而孝子之道、礼义之文理也。故顺情性则不辞让矣,辞让则悖于情性矣。用此观之,人之性恶明矣,其善者伪也。

荀子继续批驳孟子的性善论。世界上有很多恶人恶行,孟子不能闭起眼睛来说个个都是好人,一定也有恶的。那么他怎么解释恶呢?人的本性是善的。有人做坏事,变成坏人,是由于丧失了善良本性的缘故。荀子一针见血地指出:这种说法是错误的。他说:"今人之性,生而离其朴、离其资,必失而丧之。"人一生下来就已经脱离了固有的质朴和资材,也就是原先没有雕琢过的那个自然本性就丧失了。这种自然本性是无善无恶的。人一生下来就是社会的人,不再是自然的人了。为什么这样说呢?因为人不会自觉地约束自己的欲望。如果没有人为的干预,每个人顺从自己的欲望是必然的。家长是不是节制小孩的欲望,这已经是社会性的问题了。婴儿一哭就去抱,他知道要满足欲望就要大哭。相反,家长不理睬他,他就知道不能靠哭闹来满足欲望的。这两种不同的教育方法显然是社会性的。由此看来,人性本恶就是很明显的,善只是后天人为干预的结果。

"所谓性善者,不离其朴而美之,不离其资而利之也。"孟子所谓的性善,是说人生下来就没有脱离过质朴和资材,一直保留着自然本性,而这种人性天然就是美好的。"使夫资朴之于美、心意之于善若夫可以见之明不离目,可以听之聪不离耳。"假使照孟子的话去理解,那么本性与美、人心与善,就应该像看清楚离不开眼睛、听明白离不开耳朵一样,都是不可分离的。"故曰目明而耳聪也。"人们所以说目明耳聪,是因为看得清就是眼睛的本性,听得明就是耳朵的本性,两者是不会分离的。言下之意,如果美与善是人的本性,那么美善和人也是不会分离的。但事实上人性与美,人心与善并不是不能分离的。如果真的不能分离,那么孟子"恶,皆失丧其性故也"的说法就不能成立了。可见善不是人的本性。

荀子认为，孟子是把美善这种人的社会属性混同于人的自然属性了。与生俱来的应该是人的自然属性，而不是社会属性。他接下去说："饥而欲饱，寒而欲暖，劳而欲休，此人之情性也。"饿了想吃饭，冷了想穿衣，累了想休息，这才是与生俱来的人性，跟目明耳聪才是同一个层次的东西，都是自然属性。人的本性既包括目明耳聪这样的"质朴资材"、身体的官能，也包括了"饥而欲饱，寒而欲暖，劳而欲休"这样的欲求。《正名》篇说："欲者，情之应也。……欲不可去，性之具也。"《礼论》篇也说："人生而有欲。"欲既受之于天，是人生而有之的，又是"性之具"、"情之应"，所以也是人性的一种具体表现。现实生活中，很多人明明自己肚子饿了，但看见年长的不敢抢先吃，儿子对父亲谦让，弟弟对哥哥谦让。很多人明明干活干得很累了，但不敢停下来休息，想到父亲兄长一定也很累，要让他们先休息，代他们把活做完。儿子代替父亲辛劳，弟弟代替哥哥辛劳。饿而不吃，劳而不休，对他人谦让，是背离人本来的性情的。那么为什么会出现这种现象呢？"孝子之道，礼义之文理也"。这是出于孝子遵循的道德原则，是受礼义规范的教化啊！所以说，依从人的本性就不会有谦让，谦让就是背离本性的。由此可见，人性本恶的道理是很明显的，那些善行是人为的。现在的小孩子看见好吃的，绝对跟你们做父母爷爷奶奶的抢着吃。你们在一旁还看得高高兴兴。什么道理？"孝子之道，礼义之文理"都荡然无存了，大部分家长让小孩从生下来开始就一直"顺是"，没有人为地去教育他们，所以他们根本不懂这些礼节。他们觉得自己肚子饿就吃是天经地义的，至于父母饿不饿不关自己什么事。他们从来不会用脑子想一想。如果你们从小教育孩子，他们就会想一想的。肚子饿了要吃，本来没有什么坏。在自然属性范畴内没有什么好坏善恶之分。但这个小孩有教养，那个小孩没有教养，别人会做评判，进入社会属性范畴就有善恶之分了。

　　前面这两段都是荀子批驳孟子"性善论"。从思孟学派到程朱理学、陆王心学一路下来，都是假设人性是善的，是建立在性善论基础上的。那么孟子是怎么讲的呢？我给你们简单介绍一下。孟子认为，人性是人之为人的本质，是人之所以异于禽兽者。这句话是不错的。人如果没有人性，那就和猪狗畜生一样了。他又说：人生而有良知良能："人之所不学而能者，其良能也。所不虑而知者，其良知也。孩提之童，无不知爱其亲也；及其长也，无不知敬其兄也。亲亲，仁也；敬长，义也。无他，达之天下也。"（《尽心上》）人身上的良能，做好事的能力是不学就会的。人们的良知，对是非善恶的认知是用不着思索考虑，天生就有的。为什么这么讲呢？每个小孩都知道爱他的父母亲，长大了没有一个小孩不知道要尊敬自己的哥哥。爱自己的亲人就是仁；尊敬长辈就是义。没有其他东西可以像仁义那样通行天下了。人生下来就有这种良知良能。所以良知良能就是人天生所固有的善性。这种善性具体表现为"四心"："恻隐之心，人皆有之；羞恶之心，人皆有之；恭敬之心，人皆有心；是非之心，人皆有之。"恻隐之心就是同情之心；羞恶之心就是对坏事会感到羞耻；恭敬之心，也就是敬畏之心。现在社会最缺乏的就是敬畏之心，对父母不敬畏，对老师不敬畏，对知识不敬畏，对道德不敬畏，对大自然不敬畏。最后是分辨对错、善恶的是非之心。这"四心"是仁、义、礼、智"四德"的发端，所以又称为"四端"。"恻隐之心，仁也；羞恶之心，义也；恭敬之心，礼也；是非之心，智也。仁义礼智，非也外铄我也，我固有之也，弗思耳矣。"仁者爱人，因为有同情心，所以就会去爱人，不仅爱自己的亲人，而且爱天下人。"老吾老，以及人之老；幼吾幼，以及人之幼"。这也就是西方人的博爱。因为对自己或他人的恶行会感到羞耻，眼睛里容不得一粒砂子，所以就会去追求正义。因为有恭敬之心，敬畏之心，就会去遵守礼义、遵守道德规范。因为能分辨是非，所以就有智慧。如果是非不分，颠倒黑白，还自以为得计，那就是个不折不扣的蠢货！这些德行不是由外在因素影响我，而是我天生固有的。这是不用考虑的。

孟子为了加强说服力还举了一个例子："所谓人皆有不忍人之心者：今人乍见孺子将入于井，皆有怵惕恻隐之心；非所以内交于孺子之父母也，非所以要誉于乡党朋友也，非恶其声而然也。由是观之，无恻隐之心，非人也；无羞恶之心，非人也；无辞让之心，非人也；无是非之心，非人也。"(《公孙丑上》)当人们突然见到一个幼儿要掉入井中，都会有惊惧、伤痛的同情之心。这可以证明人之性善。"人之有是四端也，犹其有四体也。有是四端而自谓不能者，自贼者也。"人都有"四端"，就像人都有四肢一样，是天生固有的。四肢是与生俱来的自然属性。孟子在这里把"四端"说成和身体的四肢一样，认为也是与生俱来的自然属性。因为人皆有"四端"，所以人人都可以由此"四端"扩充至"四德"，就像火之顺燃、水之顺流一样。如果认为自己不能做到"四德"，那就是自暴自弃，自己害自己。如果丧失本性，失去了"四端"，那也就"不是人"了。孟子认为，因为人们天生有这种善心，所以"万物皆备于我矣。反身而诚，乐莫大焉。强恕而行，求仁莫近焉"（《尽心上》）。道德修养不需要向外去求，只要能够将人性中善的本质发动出来就会有善行。用孟子的话说就是"存其心，养其性，所以事天也"。只要保存和养护好自己固有的善心善性，不让它失去，就符合天道了。后来宋明理学家的存养学说就是由此发展而来的。

说到这里，孟子和荀子的差别就很清楚了。孟子相信性善论，所以主张用"慎独"、"吾日三省吾身"那套办法提升人的道德修养，改善社会风气，维护社会秩序。但是仅仅依靠良心的"内省"，很难保证人们的善行，即便在有了法律等强制性的措施之后，还不能完全禁止某些人的丑恶行径，更不要说没有强制措施了。荀子正是看到"性善论"在实践中的困难，才提出了"性恶论"。孟子把人类的"恻隐之心""羞恶之心""恭敬之心"与"是非之心"等社会属性，混淆于自然属性。荀子则将两者区分开来，认为社会属性是礼乐教化的产物。如果照孟子说的"万物皆备于我"，何必还要礼乐的教化呢？天天坐在那里慎独，一天反省三次就可以了嘛。所以就像傅斯年所说："与孟子相比，荀子的主张更接近孔子。孔子认为人生下来大体不远，但是仍能看得出差等，所以一定要藉由学习，否则即使是像颜回那样的良材也无法成器。"（傅斯年《性命古训辩证》，第 139 页；收录于

《傅孟真先生集》第三册）到了后期儒家越来越不讲礼乐教化。讲什么？讲心性之学。到了王阳明拿来禅宗那一套就只讲修心了。你们看历史上真有几个人修心修好了的？有多少人在那里"慎独"成为圣人的？我不是否定这一套，但只有这些靠不住。特别是今天的社会，大家都说社会风气不好。要改变社会风气只靠每个人自己觉悟，行得通吗？西方社会风气相对比较好，西方人似乎更讲礼貌，更愿意帮助人。你以为真是靠启发他们内心的良知良能啊？其实，这是长期法律约束和宗教力量造成的，还是要借助于外在的刚性力量。他们为什么过马路不闯红灯？最初是靠很重的罚款，罚了很多年就养成风气了，看到红灯就自动停下来了。你看很多在中国生活时间比较久的老外照样闯红灯，照样乱穿马路。可见道德修养还是需要有外在规范的。有一种教育理论说，要让小孩子的天性自由发展。似乎不用教育就可以让孩子成才，都成为好人。这是多么荒唐的理论，是父母为自己放弃做家长的责任找借口。

孟子的性善论导向德治，荀子的性恶论导向法治。为什么中国传统上一直标榜以德治国？因为以前的中国是一个人情社会，实行严刑峻法不符合人情，名声不好听。人情社会又和农耕方式有关，以前的中国人聚族而居是农业生产需要。因为修水利工程、抵御自然灾害等等，都需要亲族邻里的合作。但是完全的德治路线又走不通，所以实际上千百年来实行的都是"外儒内法"。统治者嘴巴上宣扬儒家的仁政，做起来还是法家的那套法、术、势管用。

10. 礼义从何而来？

　　问者曰："人之性恶，则礼义恶生？"

　　应之曰：凡礼义者，是生于圣人之伪，非故生于人之性也。故陶人埏埴而为器，然则器生于工（陶）人之伪，非故生于人之性也。故工人斲木而成器，然则器生于工人之伪，非故生于人之性也。圣人积思虑，习伪故，以生礼义而起法度，然则礼义法度者，是生于圣人之伪，非故生于人之性也。若夫目好色，耳好听，口好味，心好利，骨体肤理好愉佚，是皆生于人之情性者也，感而自然，不待事而后生之者也。夫感而不能然，必且待事而后然者，谓之生于伪。是性、伪之所生，其不同之征也。

　　有人问：人性恶，那么礼义是从哪里来的呢？这不只是两千年前的人在提问。近代很有名的大学者郭沫若也这么问："人生来只是坏蛋，这是违背事实的。假使真是那样，那么善或礼义从何而出，那就苦于解答了。要说礼义由圣人而出，那么圣人又不是人吗？他又凭借什么呢？"（《十批判书》）郭沫若跟朱熹一样，没认真读这篇文章，就发表意见了。我相信以郭沫若的学识不会看不明白。所以有时候对这些名人真的会非常失望。你们要看书，最好看他们的成名之作。他们最初是认认真真做学问的，不然也成不了名。不过，一旦有了名气就信口开河了。为什么？没有功夫好好做学问了，今天这里请他开会，明天那里作报告，还要做什么政协委员，什么会长的。哪有时间去苦读呀。你们接下去看荀子的回答，是答得清清楚楚的。

"凡礼义者，是生于圣人之伪，非故生于人之性也。"大凡礼义都是产生于圣人的人为活动，而不是来自人的本性。这里所讲的"人之性"当然也包括圣人之性，圣人也是人。礼义并不是出于圣人本性中的善，而是圣人总结了社会的经验和历史的教训以后创立的。接着荀子用了两个比喻来支持自己的论点。陶工揉泥做陶器，陶器是出自陶工学来的手艺，而不是陶工的本性。陶工的人性产生不出这个陶器来，是他的人为活动造出来的。木匠砍削木材做木器，木器是出于木匠学来的手艺，而不是木匠的本性。桌椅板凳做出来跟木匠的人性没有半毛钱的关系。这两句话的意思，是陶工木匠不是天生会制陶作木器，而是后天学会的，是"伪"、人为的结果。这两个比喻是想说明：圣人创立礼义法度，和陶工、木匠做陶器、木器一样，跟他的人性是善是恶没有关系。提问的古人或郭沫若问的一点道理都没有。"圣人积思虑，习伪故，以生礼义而起法度，然则礼义法度者，是生于圣人之伪，非故生于人之性也。"所谓"积思虑"，指圣人不断积累思虑反省的成果；"习伪故"，习，反复做；"故"是"事"的意思，和"伪"一样指人为的事，即行为活动，指圣人在反复的社会实践中积累经验。圣人面对诸多社会问题需要解决，探索如何平息人与人的纷争，让社会变得有秩序。这个圣人是复数，不是指一个人，是一代代圣人们积累前人的思想成果和实践经验，制定了礼义和建立了法度。因此，礼义法度都是圣人人为的结果，并不是产生于人的本性。最后做个小结："若夫目好色，耳好听，口好味，心好利，骨体肤理好愉佚，是皆生于人之情性者也，感而自然、不待事而后生之者也。夫感而不能然、必且待事而后然者，谓之生于伪。是性伪之所生、其不同之征也。"至于眼睛喜欢看美色，耳朵喜欢听音乐，嘴巴喜欢尝美味，内心贪求利益，身体喜欢舒适安逸，这都是出自人的本性，是受到外物感应就自然形成，不需要人为活动而后才有的。如果受到外物感应而不能自然形成，必须靠人为活动才能形成的，就叫做"伪"。这就是性和伪的来由，两者有不同的表现。

故圣人化性而起伪，伪起而生礼义，礼义生而制法度。然则礼义法度者，是圣人之所生也。故圣人之所以同于众，其不异于众者，性也；所以异而过众者，伪也。夫好利而欲得者，此人之情性也。假之有弟兄资财而分者，且顺情性，好利而欲得，若是，则兄弟相拂夺矣；且化礼义之文理，若是则让乎国人矣。故顺情性则弟兄争矣，化礼义则让乎国人矣。

他一层深入一层地回答。答到这里提出了一个最重要的命题"化性起伪"。既然圣人的人性和普通人是一样的。那么为什么他们能生礼义而起法度呢？因为圣人有常人没有的作用，就是"化性而起伪"。荀子在《儒效》篇里说："性也者，吾所不能为也，然而可化也。"性，是"天之就也"，是生而具有的，所以说"吾所不能为也"。谁也没有办法由人为的活动去造出本性来。未来的科学再发达也造不出一个用眼睛听、耳朵看的新人类来。但他认为人性又是"可化"的，是可以矫正、净化、改造的。什么叫做"化"？荀子在《正名》篇里说："状变而实无别而为异者，谓之化。"例如，由蛹化为蝴蝶，蛹和蝶形状上完全不同，但它们是同一个物体，是同一事物在不同情况下而发生的形态上的转变。人还是人，但自然人变成了社会人，他的面貌就完全不一样了。化的目的具体到人性上就是迁化从善。化的过程就是一个疏导、引导的过程。人的本性好利避害，这是无善无恶的，但可以向善，也可以向恶。如果不引导的话就可能向恶；引导的话就会向善。这并不是改变人的自然属性。不可化的是自然属性，可化的是从自然属性向社会属性发展的方向，向善还是向恶。

小孩生出来都是一样的，可是有些小孩后来成为一个好人、有成就的人，有些小孩成为一个坏人。可能兄弟两个都会不一样。为什么会这样呢？因为他们社会属性发展的方向不一样。那么怎么才能使人性向善的方向发展？如何"化性"呢？按荀子的说法，只有通过"伪"，即通过社会活动，教育就是其中之一。除了教育之外，当然交友也是社会活动。我们常说"近朱者赤，近墨者黑"，跟人的交往也是伪。伪的范围很广泛。只要不是天生的都是伪。"起伪"的"起"是动词，起头的起，圣人起个头带领大家去"伪"，去从事社会实践活动。

"伪起而生礼义"，人为的活动、社会实践被圣人带动起来了，礼义就在这当中产生的。用现在的话说，礼义由何而来？来自社会实践活动。在荀子看来，伪最后要落实到礼义道德。人们的社会活动不一定都能化性，不一定都导向善行。教育有对，也有错啊，错的教育可能使人更恶。所以荀子强调"化性"一定要用礼义去教化民众。礼义是对人的本性制约和引导的不二法门。恩格斯曾说过一句话："当人刚脱离自然界怀抱的时候，他只是个自然物，而不是人。人乃是人、文化、历史的产物。"从人类历史来说，从猿变成人，刚刚脱离自然界，那时候的人是个自然物，不是人。从一个具体的人来说，他在娘肚子里是个胎，还是个自然物。生下来以后，慢慢长大了，身上的社会性越来越多了。所以恩格斯说那只是个自然物，而不是人。人是什么呢？是人、文化、历史的产物。自然人在文化的影响和历史的浸润下才成为社会的人。"化性起伪"的过程，可以说是逐步摆脱人的自然性，具备人的社会性，使人成为真正的"人"的过程，而礼义乃是文化的结晶和历史的积淀。我们经常说要做一个真正的人，或者说做"大写的人"。难道你这个人是假的吗？不是的。所谓真正的人，大写的人，就是说要成为一个真正意义上的社会人，脱离了兽性的人。如果一个人没有思想，没有灵魂，只知道吃喝拉撒玩乐，那跟动物的差别就很小，还不是一个真正的人。平时都讲"大写的人"或"真正的人"，只是口头禅，没有深入想一想为什么要这样说。人是有自然人和社会人之分的。现在的人说不定是在退化，慢慢向自然人退化。以往积累起来的历史和文化几乎都被否定，只要眼前实际的物质利益，满足自己的耳目之欲，"好声色焉，顺是，故淫乱生而礼义文理亡焉。"

"礼义生而制法度"，有了礼义后才制定法度。荀子讲礼法并称，但并不是放在同一个位置上。制法度的前提是礼义。法律制度是要有一套法的精神支撑着的。我们讲西方法制，西方法制有一套法的原理，法哲学，法的精神。黑格尔就写过《法哲学批判》。中国古代法制的精神就是礼义，符合礼义的法是善法，不符合礼义的法就是恶法。

"然则礼义法度者，是圣人之所生也。故圣人之所以同于众，其不异于众者，性也；所以异而过众者，伪也。"可见礼义和法度都是圣人所创的。圣人和众人在于本性上没有什么不一样的地方。荀子没有把圣人神化，圣人就是普通人。圣人不同于众人，并超越众人的地方，就在于后天的作为。"夫好利而欲得者，此人之情性也。假之有弟兄资财而分者，且顺情性，好利而欲得，若是则兄弟相拂夺矣；且化礼义之文理，若是则让乎国人矣。"好利并希望得利，这是人的本性，无一例外。假设有弟兄间分财产，如果顺应人的本性，那么兄弟之间就会发生争夺。如果用礼义去教化他们，那么不但不会争夺，甚至还有可能让给国人，捐献出来给社会呢。同样是大老板，巴菲特和比尔·盖茨承诺把财产全部捐献出去，而中国的一些大老板不但不捐，还与小民争利。如有些富豪把生意几乎都垄断了，很多小商小贩就失业了。在超级市场卖肉，你大规模采购肯定便宜，卖肉的小商贩竞争不过你，就没生计了。什么道理？巴菲特、比尔·盖茨跟那些富豪在人性上没有什么不同，文化的教化不同。商人好利并希望得利，这本身没错。但赚了钱要做什么，只是为了满足自己的欲望，还是回馈社会，贡献于人类的进步。这就是教化的结果。

11. 人性与政治

　　凡人之欲为善者，为性恶也。夫薄愿厚，恶愿美，狭愿广，贫愿富，贱愿贵，苟无之中者，必求于外。故富而不愿财，贵而不愿势，苟有之中者，必不及于外。用此观之，人之欲为善者，为性恶也。今人之性，固无礼义，故强学而求有之也；性不知礼义，故思虑而求知之也。然则性而已，则人无礼义，不知礼义。人无礼义则乱，不知礼义则悖。然则性而已，则悖乱在己。用此观之，人之性恶明矣，其善者伪也。

　　荀子进一步阐述人性本恶的道理，提出这样一个论点：人之所以想为善，是因为人性本恶的缘故。因为人性恶，所以才会想去做善事。这个说法似乎不可理解。且看他是怎样论证的。浅薄的就会想要变得丰厚，丑恶的就会想要变得美丽，狭隘的就会想要变得宽广，贫穷的就会想要变得富足，卑贱的就会想要变得高贵。台湾的陈水扁为什么那么贪？他出身于三级贫困户、赤贫户，从小穷怕了，"贫愿富"，于是贪得无厌。这种情况在大陆也不少见，许多大贪官都是出身于贫困家庭。钱越多越好，一捆捆的现金埋在地底下，一根根金条放在床底下，他也不花，看看就开心。还有"贱愿贵"，出身草根家庭，怕被别人看不起，所以对权力的追逐无所不用其极。一旦爬上高位，那种权力的傲慢，欺压弱势群众令人侧目。大家对这种现象都很熟悉，不必我来举例了。"苟无之中者，必求于外"，这个"中"是"内"、"里面"的意思，如平时说"心中"，也可以说"心里""内心"。如果自己本身没有，就必然会向外寻求。南老师过去常说送礼有诀窍：送有钱人最好送土产。送名牌衣服手表，他根本不当一回事。那些土产才是他平时看不到的。送给穷人就要送名牌，送值钱的东西，他觉得很宝贵。讲的就是这个道理：自己身上没有的才会往外求。"故富而不愿财，贵而不愿势，苟有之中者，必不及于外"。因而富足的不再羡慕钱财，高贵的不再羡慕权势。如果本身有了，当然就不必再向外求了。大多数富人追求的不再是财，可能是名，或者是权位。很有钱了还要去捐个官当。本身地位很高的人不再把职位看得那么重要，他可能要的是钱。当然也不尽然，现在有钱人互相攀比，你有十个亿，我就要赚一百亿，"富而更愿财"。

荀子以"苟无之中者，必求于外"推演出"今人之性，固无礼义，故强学而求有之也；性不知礼义，故思虑而求知之也"。礼义不是与生俱来的，人的天性本来没有礼义，因此才会去努力学习和掌握；人的天性不懂得礼义，因此才要通过思虑去理解。这个道理很简单：你一个中国人因为不懂英文，所以要努力去学英文。如果英文是你的母语就不会去学。你不懂数学，所以要去学数学。如果你生下来就懂高等数学，当然不会再去学数学了。"然则性而已，则人无礼义，不知礼义。"可见如果只有本性而已，人就不会有礼义，也不会懂得礼义。言下之意，礼义源自"化性起伪"，属于"伪"的范畴。"人无礼义则乱，不知礼义则悖。然则生而已，则悖乱在己。"没有礼义会导致秩序紊乱，不懂得礼义就会违背事理。可见如果只有性，没有伪的话，悖乱就会发生在自己身上啊。

孟子曰："人之性善。"

曰：是不然。凡古今天下之所谓善者，正理平治也；所谓恶者，偏险悖乱也。是善恶之分也已。今诚以人之性固正理平治邪？则有恶用圣王，恶用礼义哉！虽有圣王礼义，将曷加于正理平治也哉！今（是）不然，人之性恶。故古者圣人以人之性恶，以为偏险而不正，悖乱而不治，故为之立君上之势以临之，明礼义以化之，起法正以治之，重刑罚以禁之，使天下皆出于治、合于善也。是圣王之治而礼义之化也。今当（尝）试去君上之势，无礼义之化，去法正之治，无刑罚之禁，倚而观天下民人之相与也。若是，则夫强者害弱而夺之，众者暴寡而哗之。天下悖乱而相亡不待顷矣。用此观之，然则人之性恶明矣，其善者伪也。

这一段是从社会政治的角度批驳孟子的性善论。孟子说："人性本善。"这不对！天下古今所称的善，是指人们的行为端正、合理、平和、守秩序。所谓的恶，是指行为偏邪、险恶、悖逆、好作乱。这是善与恶的区别。人性本来真的是"正理平治"的吗？那还要圣王有什么用呢？还要礼义有什么用呢？即使有了圣王和礼义，对"正理平治"又能增加点什么呢？言下之意，既然人性本来就能做到端正、合理、平和、守秩序，再有圣王和礼义，不是多此一举吗？这个反驳是非常有力的。和上一段"苟有之中者，必不及于外"的说法也是一致的，有内在逻辑联系。"是不然，人之性恶"，原文是"今不然"，据考证应为"是不然"。"是"，指示代词，意为"这"，在这里指"这种说法"，也就是指孟子人性本善的说法是错的。人性本来是恶的，所以才需要圣王，才需要礼义。"故古者圣人以人之性恶，以为偏险而不正，悖乱而不治，故为之立君上之势以临之，明礼义以化之，起法正以治之，重刑罚以禁之，使天下皆出于治，合于善也。是圣王之治，而礼义之化也。"因此，古时的圣人鉴于人性本恶，偏邪险恶而不端正，悖逆作乱而不平和，为此建立君主的权势凌驾于众人之上，彰明礼义来教化百姓，制定法政来管理民众，加重刑罚来禁止违法，使天下大治，合乎善政。这就是圣王的治理与礼义的教化。荀子论述国家的起源、礼义的功能、政治的作用和刑法的必要，都是建立在对人性的判断，也就是性恶论上的。

正面论述还不够，荀子又倒过来反证自己的观点。如果你们还不信的话，"今当试去君上之势，无礼义之化，去法正之治，无刑罚之禁，倚而观天下民人之相与也。"那就不妨试试去掉君主的权势，没有礼义的教化，舍弃法政的治理，不用刑罚禁止违法，然后在一旁观察天下民众如何相处。这"倚而观"三字用得太好了，很生动形象。"倚"，意思是靠，过去有说父母倚门望子，靠着门盼望远行的儿子归来。用在这里是形容靠在一边看热闹，袖手旁观，做吃瓜群众。结果呢？"则夫强者害弱而夺之，众者暴寡而哗之，天下悖乱而相亡不待顷矣。"一定是强者伤害弱者，抢夺他们的财产妻子。多数人欺负少数人，不让他们发声。少数人一开口，尽管讲的是真理，他们也会仗着人多势众，大声喧哗，把少数人的声音压下去。天下顷刻间就会发生悖乱而互相残害。

　　故善言古者，必有节于今；善言天者，必有征于人。凡论者，贵其有辨合，有符验。故坐而言之，起而可设，张而可施行。今孟子曰"人之性善"，无辨合符验，坐而言之，起而不可设，张而不可施行，岂不过甚矣哉！故性善则去圣王、息礼义矣；性恶则与圣王、贵礼义矣。故檃栝之生，为枸木也；绳墨之起，为不直也；立君上，明礼义，为性恶也。用此观之，然则人之性恶明矣，其善者伪也。直木不待檃栝而直者，其性直也；枸木必将待檃栝、烝、矫然后直者，以其性不直也。今人之性恶，必将待圣王之治、礼义之化，然后皆出于治、合于善也。用此观之，人之性恶明矣，其善者伪也。

荀子说理还在层层深入。孟子不是喜欢说古时候的事吗？他在性善论上建立起仁政学说，经常引用远古的三皇五帝来说事，把仁政说成古已有之，吹得天花乱坠，可是谁也没有见过。所以荀子在这一段开门见山就说：谈论古代的事要说得好，必须以当前的事做验证；谈论天上的事要说得好，必须用人间的事做验证。节和符指节杖和兵符，都是古代朝廷验证用的信物。我们经常说外交使节，古代出使外国，朝廷都会颁发一根节杖给使者。最著名的是西汉苏武牧羊的故事。苏武出使匈奴，被匈奴王流放在荒漠看羊，不让他回国。整整十九年苏武都拿着那根节杖不放。为什么？有朝一日他带回来可以验证自己是朝廷派出的使者，始终不辱使命。没有这根节杖，说不定十几年后回国已经改朝换代了，谁认识你啊？所以需要节杖来验证身份。这里的节和符都是指验证。人们喜欢拿过去来说事。最近常有人喜欢讲"文革"有多好多好。"文革"真有那么好，你愿意回去吗？你愿意让子女不读书，全部送到乡下去吗？你愿意过物资短缺的生活吗？粮要粮票，油要油票，布要布票。你愿意全国人民十年就只能看八个样板戏吗？我想今天没有人会愿意。这就是"言古无法以当今"。这二三百多年以来世界上出现了各种各样的乌托邦思想，就和基督教想象的天堂一样，人人平等，互相友爱，吃饭不要钱，美酒任你喝。用列宁的话说，那时候连厕所里的马桶都是金子做的。从法国大革命以来，一些人为了实现这种虚无缥缈的空想天堂就可以不择手段，可以随便杀人，可以剥夺人家的财产，可以叫老百姓承受任何牺牲，认为这一切都是合理的，因为是为了你们将来上天堂。所以像荀子说的那样，天上的事必须在人间得到验证才对，不然就是骗人。

"凡论者，贵其有辨合、有符验。故坐而言之，起而可设，张而可施行。"凡是提出一个理论学说，不管是孔子、庄子、孟子，什么子，哪一种意见对，哪一种学说有价值，贵在有分析和综合，要能够验证。一方面不能提出一个观点，既无分析，也无综合，就强迫别人接受。另一方面，你的观点要经得起实践检验。用现在的话说，实践是检验真理的标准。也就是荀子说的"坐而言之，起而可设，张而可施行"。坐下来讨论问题，开讨论会。应该是开完会、站起来就可以拿出具体办法，宣扬开来就可以实行，而不是在那里清谈，结果都是无法实施的屁话。以前有一句成语叫"清谈误国"，历史上这样的现象太多了。现在有没有？你们都比我清楚。荀子讲这个道理是针对孟子的："今孟子曰'人之性善'，无辨合符验，坐而言之，起而不可设，张而不可施行，岂不过甚矣哉！"孟子的性善论没有分析与综合的论证，也没有可以验证的凭据。坐在那里谈论，站起来却拿不出具体办法，宣扬开来也不能够实行。这岂不是大错特错吗？同样道理，我们讲"八荣八耻"，讲得非常好。问题是学者们坐在那里讨论完了，领导做一个总结，具体怎么执行，"起而可设"吗？"张而可施行"吗？没有可操作性。过去中国的道德，讲善，讲荣，讲耻，是可以操作的。为什么？用一套宗教的东西在运作，道德背后的力量是宗教观念。从不识字的老太太到朝廷上做官的，都相信善有善报，恶有恶报。所以做坏事不敢做绝，发了财也还要赈灾济贫、造桥铺路，做点儿好事，为了积德。现在破除迷信了，那应当拿一个不迷信的东西出来，才能够运作，能使老百姓去遵循"八荣八耻"。那才叫张而可施行。所以荀子批孟子批得蛮有道理的。

"故性善，则去圣王、息礼义矣；性恶，则与圣王、贵礼义矣。"所以如果认为人性本善，就会摒弃圣王，废除礼义。认为人性本恶，就会尊崇圣王，注重礼义。这个话很严重，你孟子讲性善，实际上是违背了原始儒家和孔子的思想，是不要圣王。儒家的道统是从尧舜禹一直到周文武、周公、孔子传下来的，这些先贤都是儒家所谓的圣王。孔子没有称过王，后世儒家就称他"素王"，民间王者。说孟子要"去圣王，息礼义"，那是很严重的指控。为了论证性恶论是"与圣王，贵礼义"，他接着又用了比喻："故檃栝之生，为枸木也；绳墨之起，为不直也；立君上，明礼义，为性恶也。"檃栝的产生，是因为有弯曲的木材。绳墨的出现，是因为有不直的木材。拥立君王，弘扬礼义，就是因为人性本恶啊。"直木不待檃栝而直者，其性直也。枸木必将待檃栝、烝、矫然后直者，以其性不直也。"挺直的木头不用檃栝就自然挺直，因为它的本性就是挺直的。弯曲的木头一定要用檃栝来矫正加工后才会挺直，因为它的本性不是直的。"今人之性恶，必将待圣王之治、礼义之化，然后皆出于治、合于善也。"说到这里，仍然回到最初的论点：人性本恶，必定要依靠圣王的治理、礼义的教化，然后才能达到天下大治，合乎善政。

12. 圣人制礼义不是天生的

　　问者曰:"礼义积伪者,是人之性,故圣人能生之也。"

　　应之曰:是不然。夫陶人埏埴而生瓦,然则瓦埴岂陶人之性也哉?工人斲木而生器,然则器木岂工人之性也哉?夫圣人之于礼义也,辟(譬)则陶埏而生之也,然则礼义积伪者,岂人之本性也哉?凡人之性者,尧、舜之与桀、跖,其性一也;君子之与小人,其性一也。今将以礼义积伪为人之性邪?然则有曷贵尧、禹,曷贵君子矣哉?凡所贵尧、禹、君子者,能化性,能起伪,伪起而生礼义。然则圣人之于礼义积伪也,亦犹陶埏而为之也。用此观之,然则礼义积伪者,岂人之性也哉?所贱于桀、跖、小人者,从其性,顺其情,安恣睢,以出乎贪利争夺。故人之性恶明矣,其善者伪也。

　　又有人发问了,"礼义是人为活动的积累,也是因为人性固有的,所以圣人才能作礼义,是不是啊?"这是想调和一下,说礼义既出自"伪"，也基于"性"，你的性恶论和孟子的性善论都没错。荀子马上回应说：这种说法也不对。为什么呢？陶工揉泥成瓦，制瓦怎么会是陶匠的本性呢？这里"瓦埴"是古汉语的特殊句式，"瓦"是名词作动词用，意思是把"埴"做成瓦。木匠削木成木器，做木器怎么会是木匠的本性呢？圣人制礼义，比如陶工揉泥制瓦，可见礼义是积累"伪"而成的，怎么会是人的本性呢？当然不是。他用一个反问句来否定提问者的说法。然后正面提出自己的观点："凡人之性者，尧、舜之与桀、跖，其性一也；君子之与小人，其性一也。"人的本性，即使贤明如尧、舜，残暴如桀、跖，都是一样的。桀是传说中夏朝的暴君；跖是个强盗头子，《庄子》里称他盗跖。君子与小人，本性也是一样。如果把积伪成礼义看成是人的本性，那么为什么又要推崇尧、禹呢？为什么要推崇君子呢？如果人性本身就能积伪，就能制礼义，跟后天的活动没有关系。那么尧和禹不过是因为投胎投得好，天生就是个君子而已。桀和跖这些小人，是投胎投得不好，所以做不到积伪成礼义而已。这么说来尧禹这样的君子也没什么可贵啊。这是按提问者的逻辑推导出来的，在逻辑学上叫归谬法。把对方的论点推理到极度荒谬，是辩论的一种武器。所以说，荀子的文章在先秦论辩性散文中是很有特色的。

一反一正，一个反问后再正面论说："凡所贵尧、禹、君子者，能化性，能起伪，伪起而生礼义；然则圣人之于礼义积伪也，亦犹陶埏而为之也。"人们之所以推崇尧、禹和君子，就在于他们能感化人性，能带头从事社会实践活动，社会实践的结果就产生了礼义。可见圣人"礼义积伪"，也就像陶匠揉泥制成瓦一样。陶匠不是天生就会制瓦，而是后天努力，积累了制瓦的经验，学会了制瓦的技术。所以我们尊重圣人，是尊重他们后天的努力，尊重他们的社会实践活动，而不是因为他们天生就是个圣人。因此，怎么可以把"礼义积伪"说成是人的本性呢？"所贱于桀、跖、小人者，从其性，顺其情，安恣睢，以出乎贪利争夺。"人们之所以鄙视桀、跖和小人，是因为他们放纵自己的本性，顺应自己的情欲，胡作非为，争权夺利而不是因为他们本性中没有"礼义积伪"的天赋。可见人性本恶的道理很明显，那些善行是人为的。

> 天非私曾、骞、孝己而外众人也，然而曾、骞、孝己独
> 厚于孝之实而全于孝之名者，何也？以綦于礼义故也。天
> 非私齐、鲁之民而外秦人也，然而于父子之义、夫妇之别，
> （秦人）不如齐、鲁之孝具敬父（文）者，何也？以秦人从
> 情性、安恣睢、慢于礼义故也。岂其性异矣哉？

上天并不是偏爱曾参、闵子骞、孝己，而排斥其他人，但唯独只有曾参、闵子骞、孝己这三个人注重孝道，成就了孝子的美名。为什么呢？因为他们极为尊重礼义的缘故啊。上天也并不偏爱齐国、鲁国的百姓，而嫌弃秦国人。但在父子之义，夫妇之别方面，秦国人不如齐、鲁两国的人能具孝道，夫妻相敬如宾。为什么呢？因为秦国人纵情任性，胡作非为，轻慢礼义，这哪是出于他们本性的不同啊？齐鲁

之地是当时的文化中心，孔子和孟子都出在那里，民众受礼义教化比较深厚。秦国是边陲之地，民众很少受到礼义的教化。上一讲介绍荀子生平时就说到秦王对文人的轻视，所以秦人放纵性情，社会风气比较野蛮。可见人性本来并无不一样，尊崇礼义则为曾参、闵子骞，轻慢礼义则为秦人，说明人性同于恶，唯在所化的程度深浅而已。如果以为性善，那么曾参、闵子骞就不应该与众人不同，齐、鲁之人也不应该与秦人有差异。

以上一连用了九句"故人之性恶明矣，其善者伪也"，步步深入地论述性恶、性伪之别。荀子所谓的"性恶"，更确切地说，是因为人的趋利避害的本性容易导致恶的行为。他是在这个意义上讲性恶的。这从荀子"以欲为性"可以得到证明。眼睛喜欢看漂亮的颜色，耳朵喜欢听好听的声音，这种欲本身不是恶。后天引导得当也许可以成就艺术家。但如果纵欲就会变成色情狂，那才是恶。人们通常都会将人的趋利避害之性、人性自私等同于人性恶。其实，人性趋利避害并不等于人性恶，因为这乃是生物的本能，这种本能有可能导致恶行，同样也有可能导致善行。人们因为趋利避害才会去遵守法纪，尽量避免触犯法网、落到坐牢乃至枪毙的下场。所谓"化性"就是要"化"，疏导、引导这种人皆有之的、可能流于恶，也可能合于善的趋利避害之欲。使自己在礼义法度的范围内得到比较合理的满足。这并不是要改变人性，也无须改变人性。

再说，不可变的乃是作为材质的性，而可化的对象只是性的表现。这可以从荀子的比喻中得到启示："性"就像"埏""枸木""钝金"，这些都是材质。无论人们对材质施加任何改造，都必须以材质为基础，并且材质的本质是无法改变的，能改变的只是材质的表现形式。弯曲的木头再怎么改造它，把它弄成直的，它还是木头，而不是要把木头变成石头。钝的兵器再怎么打磨，只是使它变得锋利，而不是要使这个金属兵器变成木头做的。一言以蔽之，所谓性不可变，不是人性不能合于善，而是说对人性的改造，必须以人性中不可变的因素为基础。如此，所谓的"化性起伪"就容易理解了。人生而有欲望，饿了要吃，冷了要穿，是人的本性。宋代理学家要"存天理，灭人欲"。人欲灭得掉吗？你能让一个人不想吃，也不想喝，没有任何欲望吗？这是可以"坐而言之"，却无法"起而可设，张而可施行"的。提倡"灭人欲"的朱熹自己还讨好几个小老婆呢，怎么灭欲啊？明知做不到的事还要振振有词地宣扬就是虚伪。荀子认为，没有办法灭欲，没有办法改变这种人的本性，但可以节欲，节制人的欲望。可以吃到七分饱，可以穿得朴素一点。可见宋明理学并不是原始儒家。如今说要恢复传统文化，把宋明理学家那套虚伪的道德说教又抬出来了，沉渣泛起。所以我想来想去还是要讲《荀子》这个不一样的儒家。

荀子论述性恶、性伪之别，到此为止。接下去讨论为什么"涂之人可以为禹"？为什么"涂之人"又没有皆成禹。这还是他对人性的一套看法。

13. 路人皆可成圣人

"'涂之人可以为禹。'曷谓也?"

曰:凡禹之所以为禹者,以其为仁义法正也。然则仁义法正有可知可能之理。然而涂之人也,皆有可以知仁义法正之质,皆有可以能仁义法正之具,然则其可以为禹明矣。今以仁义法正为固无可知可能之理邪,然则唯(虽)禹不知仁义法正,不能仁义法正也。将使涂之人固无可以知仁义法正之质,而固无可以能仁义法正之具邪,然则涂之人也,且内不可以知父子之义,外不可以知君臣之正。不然,今涂之人者,皆内可以知父子之义,外可以知君臣之正,然则其可以知之质、可以能之具,其在涂之人明矣。今使涂之人者,以其可以知之质、可以能之具,本夫仁义之可知之理、可能之具,然则其可以为禹明矣。今使涂之人伏术为学,专心一志,思索孰察,加日县久,积善而不息,则通于神明,参于天地矣。故圣人者,人之所积而致也。

　　路人，普通人也可以成为禹那样的人。孟子也说"人皆可以为尧舜"。荀子援引这一说法作为自己论难的主题。这话怎么讲呢？如果人性本恶，为什么又说"涂之人皆可以为禹"呢？这不是难以自圆其说了吗？这就是荀子的写作技巧，一下子激起了读者的好奇心，想听他怎么解释。荀子自问自答："凡禹之所以为禹者，以其为仁义法正也。"第二个"禹"是圣人的代名词。禹所以能够成为圣人，是因为能实行仁义法政。"然则仁义法正有可知可能之理。然而涂之人也，皆有可以知仁义法正之质，皆有可以能仁义法正之具，然则其可以为禹明矣。"这样看，仁义法政并不神秘，本身就是可以被理解、也可以做到的。如果仁义法政很神秘，那么即使是禹也不容易弄懂，也做不到了。另一方面，普通人都有懂仁义法政的素质，都有实行仁义法政的能力。狗、猫、牛都没有这种认知能力，所以它们不可能懂什么是仁义法政。只要是人则都有这种潜在的认知能力，可以了解仁义法政。不但可以认知，而且可以去做。这样看，普通人都可以成为禹的道理是很明显的。

　　"今以仁义法正为固无可知可能之理邪，然则唯禹不知仁义法正、不能仁义法正也。"难道仁义法政本来就不能被认识，不能够做到吗？真如此的话，那么即使是禹也不会懂仁义法政，也不能实行仁义法政啦。"将使涂之人固无可以知仁义法正之质，而固无可以能仁义法正之具邪，然则涂之人也，且内不可以知父子之义，外不可以知君臣之正，不然，今涂之人者，皆内可以知父子之义，外可以知君臣之正，然则其可以知之质，可以能之具，其在涂之人明矣。"难道普通人都没有懂仁义法政的素质，都没有实行仁义法政的能力吗？真如此的话，他们在家中就不可能懂得父子之义，跟狮子、老虎一样，长大后会倒过来咬它的父亲，把父亲赶出去了。在外也不可能懂得君臣间的准则，不知道臣民要忠于君上。当然实际情况不是这样。一般的平民百姓在家知道孝顺父亲，在外知道对君上要忠。由此可见，普通人都有懂仁义法政的素质，有实行仁义法政的能力，这是很明显的。这是换一个角度论证：仁义法政是可以被认识和被实行的，且人人都可能认识，人人也都可能做到。以普通人可以懂仁义法政的资质，可以实行仁义法政的能力，去掌握可以懂、可以做到的仁义法政，可见他们可以成为禹的道理是很明显的。仁义法政是成为圣人的标准。这样一个标准，客观上是可以被认知，也可以被达到的。另一方面，每个人主观上又有认知这一标准和达到这一标准的潜在能力。主客观都有可能性，那么成为圣人当然是可能的。

"今使涂之人伏术为学，专心一志，思索孰察，加日县久，积善而不息，则通于神明，参于天地矣。"服膺的意思是衷心信服，道术指礼义。假使普通人在学习中能够服膺道术，把学习礼义作为自己的最高追求，深思熟虑，长期坚持不懈，积累善行而不停息，那么他一定可以通于神明。不是真的去跟神仙相通，是指能够达到智慧的最高境界，与天地相匹配了。这里的"参于天地"跟思孟学派的《中庸》所讲的不同。《中庸》上说："能尽人之性，则能尽物之性；能尽物之性，则可以赞天地之化育；可以赞天地之化育，则可以与天地参矣。"
这是指人道和天道是可以符合的。荀子在这里则是说人是可以跟天地
相匹配的。

这段议论反复论证了"涂之人"为什么"皆可以为禹"。荀子从
两个方面进行了分析：一是使"禹之所以为禹"的"仁义法正有可知
可能之理"；二是涂之人"皆有可以知仁义法正之质，皆有可以能仁
义法正之具"。这种"质"和"具"，很值得我们注意。既是"涂之
人"都有的，具有普遍性；又是一种天生的本能。按照荀子"凡性
者，天之就也，不可学，不可事"的说法，无疑应属于荀子所谓性的
范畴。"涂之人可以为禹"，人"皆有可以知仁义法正之质，皆有可以
能仁义法正之具"，这是不是性善呢？其实，"今涂之人者，皆内可以
知父子之义，外可以知君臣之正"，是指人有一种向善的可能性。而
并非像孟子说的那样指人性中天然就具有现实性的善。这种向善的可
能性之所以存在，就在于人生而"皆有可以知仁义法正之质，皆有可
以能仁义法正之具"。但不能将这种质和具理解为性善。"质"是指
人的思维本能，"具"是指人的实践本能，皆为人的天然素质，但本
身并不必然地包含着"仁义法正"。对于"仁义法正"来说，它们只
是"可以知"、"可以能"，并不是必然"知"、必然"能"。《孟子·尽
心上》说"人之所不学而能者，其良能也。所不虑而知者，其良知
也"。所谓"良能"、"良知"是"不学而能"、"不虑而知"的，都是
指人先天就具有的本能。按荀子的说法，"父母兄弟之亲，亦积习稔
熟然耳"，仁义观念是后天习惯积累成的。在这一段里，荀子还强调

"积"，即"加日县久，积善而不息"。"圣人者，人之所积而致也。"也就是说，圣人境界是通过积累善行，不断克制约束天性中的欲而达到的。

14. 为何五百年才出一个圣人？

　　孟子说过："五百年必有圣人出。"圣人要五百年才出一个，那么稀有。荀子不是说"涂之人可以为禹"吗？既然人人可以做圣人，那为何五百年才出一个？荀子这样说：

　　曰："圣可积而致，然而皆不可积，何也？"

　　曰：可以而不可使也。故小人可以为君子而不肯为君子，君子可以为小人而不肯为小人。小人君子者，未尝不可以相为也，然而不相为者，可以而不可使也。故涂之人可以为禹，则然；涂之人能为禹，未必然也。虽不能为禹，无害可以为禹。足可以遍行天下，然而未尝有遍行天下者也。夫工匠农贾，未尝不可以相为事也，然而未尝能相为事也。用此观之，然则可以为，未必能也；虽不能，无害可以为。然则能不能之与可不可，其不同远矣，其不可以相为明矣。

承接前一段最后一句话："圣人者，人之所积而致矣。"设问：积累善行可以成为圣人的，但几乎所有人都没有积累善行成为圣人。什么原因呢？荀子给出这样的答案：可以做到，但不可以使他们都能这样做。可能性和必然性不能混淆在一起。小人可以成为君子，但他不愿意做君子。坏人可以做好人的，不是说他们生下来就注定是要做坏人的，问题是他不肯去做好人。君子可以成为小人，但他不愿意做小人。我前半生有机会可以贪污，也有机会可以靠拍马屁去当官，但我不肯做小人啊！小人和君子，未尝不可以相互对换，但他们之所以没有相互对换，是因为他们可以做到，但不肯这样做。先不说做圣人那么高的层次，即使在做君子的层次，也不是人人愿意做的。"故涂之人可以为禹，则然；涂之人能为禹，未必然也。"所以说"普通人可以成为禹那样的人"是没错的，但他们真能成为禹就不一定了。普通人尽管天性与圣人相同，具有成为圣人的可能性。但是他们或者不肯"化性"，而"纵性情，安恣睢"；或者在"专心一志"和"积"上功夫下得不够，所以就无法成为圣人。虽然普通人没有成为禹，但这并不妨碍他们成为禹的可能性。我今天学问没有做好，但不等于说我没有可能把学问做好。如果我心无旁骛地好好做学问，日积月累也是可以把学问做好的。问题是愿不愿意把做学问作为人生目标，肯不肯下苦功。如果不去追求，不下苦功夫，当然成不了大学问家啦。荀子举了一个很浅显的例子："足可以遍行天下，然而未尝有遍行天下者也。"你的两条腿是可以走遍天下的，这是说可能性。然而在荀子那个时代从来没有能走遍天下的人，因为交通不便，没有人会去做这种傻事。现在可以坐飞机、高铁，你想去哪里就可以去哪里，走遍天下也不难了。再举一个例子："夫工匠、农、贾，未尝不可以相为事也，然而未尝能相为事也。"工人做工，农民种地，商人经商，不是不可以互相对换职业的。你今天是一个农民，本来也可以做工人，不是天生一定是做农民的。你是一个生意人，其实本来也可以去做学者的，不是天生一定是做商人的。但实际上他们不曾对换过职业，工人就是做工，农民就是种地，商人就是经商。"用此观之，然则可以为，未必能也；虽不能，无害可以为。然则能不能之与可不可，其不同远矣，其不可以相为明矣。"由此看来，可以做到的事，但人们未必能做到；虽然没有做到，也不妨碍人们可以去做到。特定的人能不能做到，和事情本身可不可以做到，两者差别很大。两者之间不能混淆，道理是很明显的。

尧问于舜曰："人情何如？"

舜对曰："人情甚不美，又何问焉？妻子具而孝衰于亲，嗜欲得而信衰于友，爵禄盈而忠衰于君。人之情乎！人之情乎！甚不美，又何问焉！唯贤者为不然。"

尧问舜："世间的人情怎么样？"舜答道："人情很不善，这还用问吗？娶了老婆忘了娘，有妻子了就不大孝顺父母了。欲望满足了，对朋友就不大讲诚信了。两千年前的人情跟今天的人情没多大变化。朋友开始一起合伙做生意。生意失败了还没事儿。如果做成功了，我想多分一点，你少分一点，满足自己的欲望了，就把朋友给卖了，两个老朋友翻脸了。得到高官厚禄了，就不大忠于君主了。官越做越大，待遇越来越高，对国家的忠诚，对人民的忠诚也越来越少了，满脑子个人利益、家族利益。人情呀！人情呀！很不善，还问什么呢？只是有贤德的人才不会这样做。"这段引圣人之言，以证明人性之恶。究竟是历史记载，还是荀子编的寓言，就无法考证了。但应该是《性恶》篇的结束语。下面三段和本篇内容没有关系。前人的考证认为是其他篇目错简混入，是有道理的。荀子有关人性的论述，除此之外，还散见于其他篇章。这些篇章是对《性恶》的补充和发挥。

15. 禹和桀的异同

我们先看《荣辱》中的段落，和《性恶》篇"涂之人可以为禹，则然；涂之人能为禹，未必然也"的论点有关，解释了禹之所以成为禹的原因。

凡人有所一同：饥而欲食，寒而欲暖，劳而欲息，好利而恶害，是人之所生而有也，是无待而然者也，是禹、桀之所同也。目辨白黑美恶，耳辨声音清浊，口辨酸咸甘苦，鼻辨芬芳腥臊，骨体肤理辨寒暑疾养，是又人之所常生而有也，是无待而然者也，是禹、桀之所同也。可以为尧、禹，可以为桀、跖；可以为工匠，可以为农贾，在势注错习俗之所积耳，是又人之所生而有也，是无待而然者也，是禹、桀之所同也。为尧、禹则常安荣，为桀、跖则常危辱；为尧、禹则常愉佚，为工匠农贾则常烦劳。然而人力为此而寡为彼，何也？曰：陋也。尧、禹者，非生而具者也，夫起于变故，成乎修为，修之待尽而后备者也。

这里的禹是代表圣人或君子，桀是代表小人。他们有三个相同的方面。第一方面是人的生存欲：饿了就想吃，冷了就想穿暖，累了就想休息，趋利避害。这是人生来就有的，是无需借助外因就会这样的，是禹、桀所相同的。第二方面是人的材质，身体的官能：眼睛能辨别白黑美丑，耳朵能辨别音声清浊，口舌能辨别酸咸甜苦，鼻子能辨别芳香腥臭，身体皮肤能辨别冷热痛痒。这又是人生下来就有的，是不必借助外因就是这样的，是禹、桀所相同的。第三方面是人的发展可能性：人们可以去做尧、禹那样的圣人，也可以去做桀、跖那样的小人；可以去做工匠，也可以去做农夫、商人。这都在于各人的安排处置和习俗的积累罢了。这是人生来就有的，是无需借助外因就会这样的，是禹、桀所相同的。这一点在《性恶》里已经提及了。小人和君子，工匠和农夫未尝不可以相互对换，但他们之没有相互对换，是因为他们可以做到，但不肯这样做。究竟要做什么样的人，什么样的职业，在于自己的人生选择，也在于"习俗"的影响。这里的习俗是广义上的，指环境、文化氛围，包括家庭教养。所以历史上才有"孟母三迁"的故事。对你们来说，教育孩子的环境很重要，不是挑好学校就行了。把孩子送进国际学校就放心了，以为他将来一定是有出息了。你应该去了解这个国际学校的环境怎么样。师资很好不等于说这个学校的环境就很好。学生们都在那里攀比，比谁家里有钱，比谁父母送我来上学开的车子好，那就完了。

"为尧、禹则常安荣，为桀、跖则常危辱；为尧、禹则常愉佚，为工匠、农贾则常烦劳。"这个对比很明显：做尧、禹那样的人安稳而光荣，活得坦荡荡，晚上睡觉没有心事，睡得很安然。在亲友面前又受尊重。做桀、跖那样的人危险而耻辱。你看这几年那些贪官污吏每天提心吊胆的，日子不好过。一旦落马，妻子儿女都抬不起头来。做尧、禹那样的人愉悦而安逸，每天生活过得很潇洒，很优雅。他们是精神领域的创造者。做工匠、农夫、商人心烦意乱而劳累。"然而人力为此而寡为彼，何也？曰：陋也。"然而一般人都努力去做桀、跖，做贪官，做奸商；做工匠、农夫、商人等很辛苦的工作。"寡为彼"，很少人努力去做尧、舜，做圣人，做君子，做自由自在的文化人。当然不是不想做，谁不想"常安荣""常愉佚"呢？不过，这是需要付出努力的。为什么人们不愿为此付出呢？由于孤陋寡闻，见识浅。我常讲一个人的文化素质包括了三个字：才，学，识。"才"就是才能，分析问题和解决问题的能力。"学"就是知识、学问；"识"就是见识、眼界和洞察力。其中"识"是最重要的。一个人见识越广，就越不会拘泥于小事。有了见识，立志就高了，就会选择去做舜、禹，而不做桀、跖；会去选择立德、立言、立业，以此为自己人生的使命，而不会去选择赚多点钱为人生目标。见多识广，对子女的教育也是这样，与其让他学什么钢琴啦、英文啦或奥数啦，还不如从小让他们广泛阅读，博览群书，多看看博物馆，或者暑假带他们去周游世界。见识广了，知道生活中美好的东西很多，他们就会热爱生活，就会向善的方向发展。

"尧、禹者，非生而具者也，夫起于变故，成乎修为，修之待尽而后备者也。"尧、禹这样的人，并不是生下来就具备了当圣贤的天性和素质，而是起于忧患，成于修为，待到身上的恶习除尽，然后成为圣贤的条件才能完备。传说中的舜家境清贫，经历坎坷。从小受父亲瞽叟、后母和后母所生的弟弟象的迫害。有一次，瞽叟让舜修补仓房的屋顶，却在下面纵火焚烧仓房。舜靠两只斗笠作翼，从房上跳下，幸免于难。后来瞽叟又让舜掘井，井挖得很深了，瞽叟和象却填土要把井堵上，将舜活埋在里面。幸亏舜事先有所觉察，在井筒旁边挖了一条通道，从通道穿出，躲了一段时间。舜对此并没有放在心上，一如既往地孝顺父母，爱护弟弟。"舜耕历山，历山之人皆让畔；渔雷泽，雷泽上人皆让居"，只要是他劳作的地方，便兴起礼让的风尚。当时部落联盟领袖尧年事已高，欲选继承人，听说后就将两个女儿嫁给舜，并让舜参预政事，经受各种磨炼。舜显示出自己的政治才干后，尧才立舜为继承人。禹也是如此，他在受命治理水患过程中，翻山越岭，淌河过川，三过家门而不入。禹率领老百姓餐风露宿，脸晒黑了，人累瘦了，连小腿上的汗毛都被磨光了，脚指甲也因长期泡在水里而脱落，经过十三年治理，终于消除了中原洪水泛滥的灾祸。孟子也同样说过："天将降大任于斯人也，必先苦其心志，劳其筋骨，饿其体肤，空乏其身，行拂乱其所为，所以动心忍性，增益其所不能也。"（《孟子·告子下》）上天将要将降下重大的责任在舜禹这样的人身上，就一定要先使他的心智痛苦，筋骨劳累，忍饥挨饿，一贫如洗，做任何事都遇到挫折，以此来激励他的心志，磨炼他的性情，增加他原先不具备的才干。

16. 荀子人性论的三个层次

我讲完《性恶》的文本，大家对荀子的人性论有了一个大致的了解。然而，中国古人写书和现代人、西方人写书不同。现在写书讲形式逻辑，提出一个主要论点，然后围绕这个论点，一章章写下去，一步紧扣一步地进行严密的逻辑论证，最后是一个结论。古人则不然。他们有一个想法或论点，也有一套内在逻辑去论证这个论点。但表达的时候则不像现代人或西方人那样一步步地去演绎，往往会分散在不同的文章里，或者是想到哪里说到哪里很随意。所以了解一位古代思想家的思想，必须把这些文章汇集拢来，找出它们之间的内在逻辑。读古代经典，难就难在这里。接下去，我要帮大家把荀子对人性的论述理一理。先看《正名》的有关段落：

> 生之所以然者谓之性；性之和所生，精合感应，不事而自然，谓之性。性之好、恶、喜、怒、哀、乐谓之情。情然而心为之择，谓之虑。心虑而能为之动谓之伪。虑积焉、能

习焉而后成谓之伪。正利而为，谓之事。正义而为，谓之行。所以知之在人者，谓之知。知有所合，谓之智。所以能之在人者，谓之能。能有所合，谓之能。

我在上一讲提到过《正名》是中国古代逻辑学的重要篇章。文章涉及的就是确定各种名称、概念的定义。这一段就是和人性论相关的一些概念。这一段读起来很艰深，争论也很多，一般不容易讲清楚。我把有些概念跟佛学对照起来就搞清楚了。所以南老师讲要把儒释道打通，有时候用佛学去解释儒学，有时候用儒学去解释道学，有时候又用道学去解释佛学，很多问题就迎刃而解了。

"生之所以然者谓之性。"天生就自然而然是如此的，叫做性。这是指各种器官的功能，如耳能听，目能视等。有时候，荀子也称之为"材质"或"材资"。这是荀子所谓人性的第一个层次。相当于佛学的前五识，眼耳鼻舌身"五根"对应色声香味触"五境"而产生的感觉。"性之和所生、精合感应、不事而自然谓之性。"人的官能和合所生、紧密地在一起感应外物，不经人为就自然产生的感觉，也叫做性。人对外物的感应不是某一器官单一进行的，而是五官紧密结合在一起的综合反应。这种综合反应相当于佛学中的第六识"意识"，"意"对"法"产生的意识，其功能是分别"法"。这个"法"不是法律的法，是佛学中称外物为"法"。你每天接触到的外物是多方面的，除了声音，可能还有颜色；除了颜色，可能有味道。所以你会同时用上听觉、视觉、嗅觉，并"精合"，精密结合在一起去感应。那么荀子讲的人性当中有没有这个第六意识的功能呢？有的。他在《非相》里把它叫做"辩"。

> 人之所以为人者，何已（以）也？曰：以其有辨也。饥而欲食，寒而欲暖，劳而欲息，好利而恶害，是人之所生而有也，是无待而然者也，是禹、桀之所同也。然则人之所以为人者，非特以二足而无毛也，以其有辨也。今夫狌狌形笑，亦二足而有毛也，然而君子啜其羹，食其胾。故人之所以为人者，非特以其二足而无毛也，以其有辨也。夫禽兽有父子而无父子之亲，有牝牡而无男女之别。故人道莫不有辨。

人之所以成为人，是因为什么呢？是人对各种事物都能辨别。饿了就想吃饭，冷了就想取暖，累了就想休息，趋利而避害，这是人与生俱来的本性，是无须依靠学习就会这样的，是禹与桀所相同的。可见人之所以为人，并不只是因为有两只脚而身上没有毛，而是人对各种事物都能辨别。猩猩也能言笑，也有两只脚，只是有毛罢了，可是君子却把它做成肉羹和肉丸来吃。可见人之所以为人，并不只是有两只脚而身上没有毛，而是因为对各种事物都能辨别。禽兽有父有子，但没有父子之间的亲情；有雌有雄，但没有男女之间的界限。所以人类的伦理道德无不有所辨别。尽管禽兽也有雌雄之分，但没有人类那种社会伦理的分辨。

因为有这种分辨的能力，知道好坏美丑香臭，所以才会有情有欲。情欲是人性的第二个层次。情和性的关系，我在前面已经提到，那么什么是情？什么是欲呢？情和欲又是什么关系呢？《正名》篇里是这样说的："性者，天之就也；情者，性之质也；欲者，情之应也。"人性是先天造就的；情感是人性本质的具体表现。情以物为满足对象，这种以物为满足对象的要求叫做欲，欲是情感对外物的反应。一个人看到汽车这一外物，情感上觉得喜欢，才会产生买车的欲望。如果他生活在山沟沟里从来没见过汽车，当然无所谓喜欢不喜欢。如果不喜欢汽车的人也不会有买车的欲望。

"情然而心为之择谓之虑。"情欲如此，用心加以选择，就叫做思虑。杨倞注说："情虽无极，心择可否而行，谓之虑也。"有了情欲，情欲是没有方向的，蕴涵了"能够向善"与"可能趋恶"的因素。"心"指人的主观意志，有所选择了。这相当于佛学中的第七意识"末那识"，其功能是"恒审思量"，主宰意识的思维处处时时作主，恒常不断普遍计度前六识。换言之，人具有一种主观分析与判断能力。依荀子之言，人顺情性欲望而发，放弃了"虑"会产生恶果。他的性恶论是在这个意义上提出的。虑是人性的第三层次。在这个层次上，选择什么，不选择什么，就已经有价值判断了。所以此时人性已经从自然属性过度到了社会属性。

"心虑而能为之动谓之伪。"经过思虑，分析判断之后，可以化为客观的实践活动，也就是"伪"，人为的活动。但"虑"的结果不一定向善，因此"伪"也不一定是善。"其善者伪也"，但其伪者未必善也。"虑"只是包含了人性向善的可能性，但要变为善的现实性，就离不开一个修为的过程。如果说，荀子在前两个层次还是从实然的角度论人性的话，那么在第三个层次则是从应然的角度论性了。这是荀子论人性的目的与归宿，也正是在这个层面体现出荀子人性论的儒家本色。"虑积焉、能习焉而后成谓之伪。"积累思虑的成果，不断重复实践，而后形成的结果，叫做伪。所以礼义法度也叫做"伪"。"正利而为谓之事。正义而为谓之行。"伪，人为的活动可能善，也可能恶。为正当的利益去做，才可以叫做事业；为正义的目的去做，才可以叫做德行。"知之在人者，谓之知。知有所合，谓之智。"人生来就有认识事物的天赋，叫做知。人的感知与正利正义相符合，才可以叫做智慧。"能之在人者，谓之能。能有所合，谓之能。"人生来就有解决问题的天赋，叫做能力。这种能力与要解决的问题相匹配，叫做才能。

荀子在严格区分"性"和"伪"的基础上，主张通过积极的人为而达到性伪相合。在荀子看来，虽然性伪不同，但并非毫无关系。他在《礼论》篇里说："无性，则伪之无所加；无伪，则性不能自美。"性是伪的基础，离开了作为材质的"性"，作为人为的"伪"就无从谈起；但人的自然状态的"性"不仅不美，而且有趋向恶的倾向，因而要达到"善性"，就离不开"伪"。人性应该向善，是先秦儒家乃至全部儒家共同的主张。为了实现人性向善，荀子主张性与伪合，然后成就圣人之名。如何使性与伪相合呢？唯一的途径就是"化性起伪"，而君子与小人的区别也正在于能否化性起伪。所谓圣人正是"能化性，能起伪，伪起而生礼义"。

第三讲

荀子论儒家理想人格

17. 中国文化里的"成人"

我在前一讲里指出，"化性起伪"的过程，可以说是一个从自然人到社会人的过程。人们在这个过程中，逐步摆脱人的自然性，具备人的社会性，成为真正的人。这时候，才是我们平时讲的"人之为人"。人不一定为人，人要成为人，必须要有人格。老百姓平时骂人经常会说："你这个人不是人，是畜生。"骂一个人是畜生，就是因为他没有起码的人格。具备了人格的人，真正的人，或者叫"大写的人"，儒家叫做"成人"。近代学者杨伯峻把成人释为"完人"，是指已经完全具备了人格的人。美籍华人学者杜维明教授解释"成人"是指"一个人在完全发展人性方面已经取得了相当成就"。"成人"这个概念出自孔子。《论语·宪问》记载："子路问成人。子曰：'若臧武仲之知，公绰之不欲，卞庄子之勇，冉求之艺，文之以礼乐，亦可以为成人矣。'曰：'今之成人者何必然？见利思义，见危授命，久要不忘平生之言，亦可以为成人矣。'"子路问老师，什么叫成人？孔子回答他说："具有像臧武仲这样的智慧，公绰这样能够节制自己的欲望，卞庄子这样的勇敢，冉求这样的文采，然后加上礼乐的修饰，也就可以叫做成人了。"孔子回答完以后，想了一想，大概觉得这个标准太高了，又讲了一句："现在成人的标准又何必一定要这样高呢？"放低一点标准的话，就是见到财利想到义的要求，遇到危险能献出生命，长久处于穷困还不忘平日的诺言，用现在话来说就是"不忘初心"。这样也可以说是成人了。荀子也提到："能定能应，夫是之谓成人。"（《劝学》）能做到坚定不移和随机应变，那就是成人。

儒家代表的中国文化，讲的是成人之学，是如何成人的学问。所以儒学也可以说是一门"人学"。儒家的最高目标是做圣人，圣人是理想的人格。千百年来，中国人崇敬的是圣人，而不是神；努力的方向是具备理想的人格，而不是得到上帝赋予的神格。这是东西方文化最大的不同。你要想了解中国文化的特点，就必须跟西方文化做比较，才能够认识清楚。所以我一再强调读中国文化经典，必须同时读西方经典，了解西方思想文化。我四十岁才去国外留学，跟着安德森这样的大师学西方经典，就是希望有一个参照系，能够更深刻地了解自己的文化。西方文化里有一个神的传统。从古希腊开始，他们的文化中就崇拜各种各样的神。例如，宙斯是众神之王、雷霆之神，赫拉是婚姻和生育女神，赫斯提亚是炉灶和火焰女神，得墨忒耳是丰饶和农业女神，雅典娜是战争和智慧女神，阿波罗是太阳神、光明之神，阿耳忒弥斯是狩猎女神，阿佛洛狄忒是爱和美之女神，赫淮斯托斯是火和工匠之神，赫尔墨斯是小偷和商人之神。到了古罗马的时候，还是一个多神崇拜的系统，只是叫法不一样而已。例如，罗马城的保护神是天神朱庇特，炉灶和火焰之神叫维斯特，最高的女神朱诺是女性的保护神。门神雅努斯有它的神庙，打仗时把庙门敞开，平时把庙门关闭。后来古希腊罗马的多神教逐渐为源于中东闪米特人（闪族）的一神教所取代。

今天的世界三大一神教——犹太教、基督教和伊斯兰教同出一源，都属于古老的一神教亚伯拉罕系统（伊斯兰教称易卜拉欣）。公元前14世纪闪米特人的领袖亚伯拉罕崇奉耶和华为唯一神，宇宙万物、至高无上的造物主。后来的三教对这一造物主只是各自的叫法不同而已。犹太教称阿特乃；基督教称弥赛亚或基督、天主、上帝；伊斯兰教称安拉或真主。最早传播亚伯拉罕一神教思想的是希伯来人摩西，他创立了犹太教。犹太教的圣经是希伯来文的《旧约》。基督教是从犹太教中分出来的一个支系，耶稣是始传者。伊斯兰教的创始人穆罕默德是阿拉伯人，和希伯来人同属于闪族的一支。他们的经典是阿拉伯文的《古兰经》。伊斯兰教是一神教中最后一个宗教。伊斯兰教承认圣经的《旧约》和《新约》是天启的经典，但又认为犹太教、基督教的经典已被人篡改，使天启变得面目全非。因此，必须以《古兰经》为标准版本。了解了这段历史就知道，西方文化的源头是神的系统。所以要了解西方文化必须看圣经。不看圣经，就像我们现在只看朱熹和王阳明的东西，不看先秦的经典一样。只了解流，不了解源，那么就没有办法真正认识西方文化。了解一种文化必须要从源头开始。

中国文化不同，我们的祖先一开始崇拜的就是三皇五帝，是理想中的人。尽管也有很多神话传说，但那不是我们祖先的崇拜对象。西方人认为历史是神创造的，中国人则认为历史是人创造的。例如，人类用的火是从哪里来的？古希腊和古罗马有专司火的神祇。西方还有普罗米修斯从天上盗火种到人间的传说。火是天上的东西。而我们中国人说，燧人氏在黄河流域一带钻木取火，成为人工取火的发明者，教人熟食，结束了远古人类茹毛饮血的历史，位列三皇之首。伏羲氏根据天地万物的变化，发明了八卦，创造了文字，结束了"结绳记事"的历史。神农氏尝尽百草，教人医药与农耕。他们是中华文明的创造者，都是人而不是神。除他们之外，五帝更是来自民间。黄帝、颛顼、帝喾、尧和舜都是上古部落联盟的领袖。儒家称他们为圣王，把他们生活的时代看作是理想的社会。先秦时期就有了专门的祭祀仪式，但从来是把三皇五帝作为人来崇拜，而不是当作神来崇拜的。这和西方说诸神创造世界，或说上帝创造世界显然是不同的。东西方文化的源头不同，后来呈现的面貌也就很不一样。中国文化是人道，是人统；西方文化是神道，是神统。现在很多人在搞东西方文化比较研究，说中国古代的这个东西就是西方近代的那个东西，然后得出结论说：这在中国古已有之。这种比附是相当幼稚的，像小孩子做游戏，一点价值都没有。进行东西方文化比较的目的，应该是认识我们自己文化的特点，中国文化的优势和弱点，那才是有意义的。

18. 士、君子与圣人的差别

　　因为中国文化讲的是人道，所以从一开始，先秦思想的主要流派——儒、道、墨都提出了自己的人格理想。道家的理想人格是真人，指那些洞悉宇宙和人生本原、真正觉悟之人。《黄帝内经·素问》称："上古有真人者，提挈天地，把握阴阳，呼吸精气，独立守神，肌肉若一，故能寿敝天地，无有终时，此其道生。"《淮南子·本经训》称："莫死莫生，莫虚莫盈，是谓真人。"墨家的理想人格是贤人，这样的贤人叫做"巨子"，是天下最贤能圣智辩慧之人。前面提到，儒家的理想人格是圣人。这对思孟学派和荀子学派来说是一样的。但在荀子看来，成人，也就是人的社会化程度应该是有不同层次的。人不可能一步登天，一下子就成为圣人，也不可能要求每个人都成为圣人。因此，荀子提出的人格理想是分不同层次的。我们今天的理想教育和道德教育也应该如此，也要分分层次。理想很高，结果做不到，这个理想就会变得很空幻。

　　荀子"成人之学"的目标，也就是他的理想人格，分为士、君子和圣人三个层次。他在《修身》篇里说："好法而行，士也；笃志而体，君子也；齐明而不竭，圣人也。"爱好礼法而尽力遵行的是士；意志坚定而身体力行的是君子；无所不明而其思虑又永不枯竭的是圣人。三个理想层次，每个人可以选择去设定各自的人生目标，然后朝着这个目标去努力。所以我讲荀子的修身是比较接地气的。一个人的理想，跳一跳就能做到的才有用。拼命跳了还差得很远，那就是空想。不用跳就随手可得的，当然也不叫理想。下面我们来看，士、君子和圣人这三种理想人格的差别在哪里？

> 有圣人之知者，有士君子之知者，有小人之知者，有役夫之知者。多言则文而类，终日议其所以，言之千举万变，其统类一也，是圣人之知也。少言则径而省，论而法，若佚之以绳，是士君子之知也。其言也谄，其行也悖，其举事多悔，是小人之知也。齐给便敏而无类，杂能旁魄而无用，析速粹孰而不急，不恤是非，不论曲直，以期胜人为意，是役夫之知也。

这一段选自《性恶》篇。我在上一讲提到最后三段和本篇内容没有关系。前人的考证认为是其他篇目错简混入，后人就将错就错了。这是其中的一段。"知"是指智慧。荀子把人的智慧分成四等，有圣人的智慧，有士和君子的智慧，有小人的智慧，有苦力的智慧。首先是说圣人的智慧，"多言则文而类"，话很多，但很有文采，不是枯燥的说教。这个"类"字要特别注意。在荀子的文章中反复出现，不同的地方出现，意思是不同的。有时候解释成"条理"，有条理，有逻辑。有时候是相对"统"来讲的，"统"是指主旨、纲领，"类"就是"目"，事类，具体的内容。这里的意思是话虽多，但既有文采，又有条理。现在中国人提倡话越少越好，是不是？这个人话多了，大家就讨嫌了。圣人怎么会多言呢？我们想象中的圣人不都是沉默寡言，坐在那里，就像庙里的菩萨，都不开口的吗？但荀子认为话要多，如果讲的话符合礼义，就应该多讲。这就是孔子在《论语·述而》里说的："学而不厌，诲人不倦。"所以圣人"终日议其所以"，从早到晚在那里讲自己的心得，讲自己的一番道理。"言之千举万变"，讲话的时候广征博引，一会儿正面讲，一会儿反面讲，一会儿讲一个故事，一会儿引一段笑话。你看南老师的书就有这个味道。尽管"言之千举万变"，但"其统类一也"，中心思想没变。无论是阐发主旨，还是例举事类，都一以贯之。其次，"少言则径而省，论而法，若佚之以绳。"话虽然不多，但直截了当，简明扼要。"论而法"，这个"论"是形容词，意思是很会说话，说得头头是道。"法"，符合法度，不是信口开河。"若佚之以绳"，就像有一条绳子在约束着他说话的边际，中规中矩，不会超出一定的范围。这是士和君子的智慧。

第三种人"其言也诒，其行也悖，其举事多悔"。"诒"指说话过分，只是为了讨好人，见人说人话，见鬼说鬼话。现在这个世界到处可以碰到这样的人。他们言行相违背，做事反复无常。这就叫做小人的智慧。小人也是社会化的人，受过教育，但品性不良，是人格上有缺陷的人。下面的役夫则是指从事体力劳动的，没有教养的人。"齐给便敏而无类，杂能旁魄而无用，析速粹孰而不急"，他们应答如流，你讲一句话，他马上就回你一句，但没有条理，前后矛盾。这些人懂得很多，讲什么都是滔滔不绝，但大多是无用的废话。你们去听一些人讲课，一会儿柏拉图，一会儿马库斯，广征博引，可以讲很多，但言不及义，听半天也不知道他究竟要表达什么思想。遇到一件事情，论事析理快捷，口辨技巧纯熟，但都十分迂阔，不能解决任何问题。"不恤是非，不论曲直，以期胜人为意"，不顾是非曲直，只要讲得通，能胜过对方，就是俗语说的"枉理十八条"。有时候真理讲不过枉理的。你看看现在网上许多跟帖，他们就跟你讲枉理，你有什么办法？他只想胜你，其实自己也未必信，目的就是为了压倒你，让你闭嘴。这叫做苦力的智慧。其实，这是在骂人了，骂公孙龙子等名家。他们明知白马是马，但非要说白马非马。他们读书也是白读了，和没受过教育的苦力没有两样！真是骂人不带脏字。

为什么荀子要用说话来区别圣人、士君子、小人和役夫在智慧上的差别呢？因为言为心声嘛！说话是心智的表现。怎么知道一个人心智的高低呢？首先是通过他的语言。他不说话就没办法。民间有句话"只要不开口，神仙难下手"。只要开了口，人们大致能知道他的心智如何了。所以后来人学聪明了，就故作深沉少说话，其实肚子里一点墨水都没有。真正的圣人还是要多言，传播思想和学问。即使读了很多书，满腹经纶，但不传播，学问烂在肚子里，在佛教上至多是个阿罗汉，还不是菩萨。接下去，我们以《儒效》和《不苟》两个文本为主，看荀子如何论述士、君子和圣人三种理想人格之间差别的。先来看《儒效》：

"我欲贱而贵，愚而智，贫而富，可乎？"

曰：其唯学乎。彼学者：行之，曰士也；敦慕焉，君子也；知之，圣人也。上为圣人，下为士、君子，孰禁我哉？乡也，混然涂之人也，俄而并乎尧、禹，岂不贱而贵矣哉？乡也，效门室之辨，混然曾不能决也，俄而原仁义，分是非，图回天下于掌上而辩白黑，岂不愚而知矣哉？乡也，胥靡之人，俄而治天下之大器举在此，岂不贫而富矣哉？今有人于此，屑然藏千溢（镒）之宝，虽行贡（贷）而食，人谓之富矣。彼宝也者，衣之，不可衣也；食之，不可食也；卖之不可偻售也，然而人谓之富，何也？岂不大富之器诚在此也？是杅杅亦富人已，岂不贫而富矣哉？

我要想由卑贱变高贵，由愚昧变聪明，由贫穷变富有，可不可以啊？只是一个设问句，引出后面的回答："唯学乎。"那只有通过学习吧！学了，能去做，叫做士；学和做又都能勤勉不怠的，叫做君子；能精通学到的东西，就是圣人。只要学习，高可为圣人，次可为士君子，谁能阻止得了我呢？贱和贵，愚和智，贫和富不是宿命，全在于你自己的主观努力。以前，还只是路边一个浑浑噩噩、昏昏庸庸的普通人。我看现在大概也有不少人是昏昏庸庸的，不知道自己活在这个世界上，到底什么叫"成人"，缺乏人生目标，随波逐流。只要学习以后，顷刻间便可跟尧、禹齐名，这难道不是由卑贱变高贵吗？当然这里的"贱"和"贵"不是今天的价值标准，不是官做得越高就越尊贵，没有权力的老百姓就卑贱。这里说的是人格上，昏昏庸庸的一个途人是卑贱的，这一辈子过去也就过去了。但能够学习的话，就有可能成为一个尧或禹那样的圣人。"乡也，效门室之辨，混然曾不能决也，俄而原仁义，分是非，图回天下于掌上而辩白黑，岂不愚而知矣哉？"门室之别，也就是门户之别。古时候，门是门，户是户。外院的门有两扇，那叫"门"；内室的门只有一扇，叫做"户"。以前连考察门和户的区别都不能分辨，知识浅薄。学习之后，顷刻间就能追溯仁义的根源，分辨是非，图谋运转天下之事，就像在自己手掌上分辨白黑那么容易。这难道不是由愚昧变明智吗？"乡也，胥靡之人，俄而治天下之大器举在此，岂不贫而富矣哉？"胥靡之人，有两种不同的解释，都解释得通。一种解释是做苦役的刑徒。还有一种解释是一无所有的穷人。"胥"是"皆"、"全"的意思，"靡"是没有的意思，胥靡就是全都没有。什么都没有的人当然是很穷的人。以前是一无所有的苦役犯，学习之后，顷刻间，治理天下的大权全部到了他手中，那就是三公九卿了，还能不富有吗？这难道不是由贫穷变富有了吗？

"今有人于此，屑然藏千镒之宝，虽行贷而食，人谓之富矣"。如果有人偷偷藏了无数的金银财宝，即使靠行乞过活，人们也会说他富有。他的那些财宝，既不能够穿，也不能够吃，即使出售也不能很快卖出去，但人们却说他富有。某人手上有十多套房子，但不是马上可以变现的，卖都卖不出去，然而大家还是说他很有钱。"何也？岂不大富之器诚在此也？是杆杆亦富人已，岂不贫而富矣哉？"为什么呢？岂不是因为他确实有巨大的财富在手上吗？只要自足也就是富人了，这岂不是由贫变富了吗？其实，富不富是一种自我感觉。你觉得自己已经很富了，就是富了。有些人，赚了一个亿还觉得穷，那就是穷了。一个人书读多了，精神富足了，就不会把财富看得那么重了。如果一直以银行里的存款来计算贫富的话，那永远不可能"贫而富"。精神的富足才是一种真正的富足。我没有多少钱，但精神很富，从来是"杆杆也"。和亿万富翁的朋友在一起吃饭聊天，不会因为他们都是几十亿身价，我银行账户上不到七位数，就抬不起头。因为我觉得精神上比他们富得多，比他们会享受生活。如果守着一堆钱，哪里也不敢去，什么都不敢尝试，那不是跟一个穷人差不多吗？其实，荀子在这里讲的"贫而富"，不是金钱财产上的贫富，而是因读书修身而从精神世界的贫乏到丰富。看看下一段就清楚了。

19. 什么样的人是君子

故君子无爵而贵，无禄而富，不言而信，不怒而威，穷
处而荣，独居而乐，岂不至尊、至富、至重、至严之情举积
此哉？故曰：贵名不可以比周争也，不可以夸诞有也，不
可以势重胁也，必将诚此，然后就也。争之则失，让之则
至；遵道则积，夸诞则虚。故君子务修其内而让之于外，务
积德于身而处之以遵道。如是，则贵名起如日月，天下应之
如雷霆。故曰：君子隐而显，微而明，辞让而胜。《诗》曰：
"鹤鸣于九皋，声闻于天。"此之谓也。鄙夫反是，比周而誉
俞少；鄙争而名俞辱；烦劳以求安利，其身俞危。《诗》曰：
"民之无良，相怨一方。受爵不让，至于己斯亡。"此之
谓也。

所以说，虽然君子没有官位也高贵；没有工资（俸禄）也富有。
不用开口，信誓旦旦地保证，人家也信得过他。不用发脾气的，在那

里一站就有威严。哪怕是处于很贫困的境况依然荣耀，不觉得自己有什么丢脸的，不会因此自己看不起自己。处境孤独仍然快乐，自己一个人在那里，读读书，喝喝茶，听听音乐，多自在啊。如果换做小人的话，一定要成群结队地凑热闹。为什么？要互相吹捧。这样"岂不至尊、至富、至重、至严之情举积此哉"？君子最高贵、最丰富、最庄重、最严肃的精神岂不是都集于此吗？这个"此"是学习修身。不是讲成人之学，讲人格修养吗？标准就都在这段话里了，做得到就是君子了。

"故曰：贵名不可以比周争也，不可以夸诞有也，不可以势重胁也，必将诚此然后就也。"所以说，一个人的美名，要人家称誉，不可以靠拉帮结派，互相吹捧来争取。现在微信朋友圈经常会有人说，哪里要评一个奖，请亲朋好友投他一票。这样评出来的结果就是"比周"而争得来的。当然美名也不可以靠自吹自擂而得来。现在自吹自擂的风气很盛啊。哪怕是一个乡镇小厂家的广告词都会吹嘘我这个产品世界第一。你了解多少世界啊？我有时候看到就觉得恶心。还有就是不可以靠权势地位的威胁去获得名声。某地一个县委书记，拉胡琴拉得像驴叫那样难听，还要独奏表演，让交响乐团伴奏。结果出名了，但只是臭名远扬。许多官员的字写得歪歪扭扭，靠权势当上书法协会主席。其实，人家背地里是在当笑话。"必将诚此然后就也。"真正做到了这一点，然后才会有君子之名！这个"此"还是指学习修身。

"争之则失，让之则至"，一心一意去争夺，好名声会失去；如果谦让的话，反而会得到。"遵道则积，夸诞则虚"，能够谦恭退让的话，自然会保持声望。靠自吹自擂的话，那种名声是虚的。这里的"遵道"不能像有些人解释的"遵道而行"，遵圣王之道或仁义之道。"道"是"循"的误写，原文应该是"遵循"，意思是以谦恭且退让自处。这样前后文的意思才一致。"遵圣王之道"和后面的"夸诞"不是一个层次，逻辑不通。"故君子务修其内而让之于外，务积德于身而处之以遵道。"所以做一个君子，务必致力于自己内在的修养，在行为上则表现得谦让；致力于自身美德的积聚，处事则谦恭退让。这样，高贵的名声就会像日月那样显明，天下的人就会轰轰烈烈地响应。"贵名起如日月，天下应之如雷霆"，那是比较夸张的语言。"故曰：君子隐而显，微而明，辞让而胜。"所以说，君子越是低调，名声越是显著；态度越是谦卑，名声越是荣耀；待人越是谦让，越是能胜过他人。《诗经》上说："鹤在沼泽里鸣叫，声音直冲云霄。"说的就是这个意思。什么意思？就是前面说的，越是低调隐退，名声越是显赫。沼泽是最卑湿的地方，长满芦苇，鹤在那里不容易被看到，但鹤的鸣叫声可以直冲云霄，很远的地方都能听到。

"鄙夫反是，比周而誉俞少；鄙争而名俞辱；烦劳以求安利，其身俞危。"鄙陋浅薄的人相反，结党争名而称誉越少，用卑劣手段争名反而受辱，辛辛苦苦去求取平安舒适，反而越是把自己置于危险境地。很多人拼命往上爬，不就是图个安全感，别人欺负不了他吗？不就是想要生活更舒适吗？但高处不胜寒啊！越到高位越有风险，说不定上司倒台了就受牵连。即使风平浪静地做到退休，也弄得自己身心疲累，还有什么舒适可言。这就是《诗经》上说的，无良百姓互相埋怨，受奖时互不相让，最后怨祸及身自取灭亡。这是两三千年前的诗句，讲的就是人性！所以我常说，其实中国人的国民性几千年都没有太大的变化。现实社会中发生的很多人性问题，其实古已有之。你懂得了这个道理也就没什么大惊小怪。历史照样在前行，人们照样在传宗接代，中国还是中国，不必太悲观，泰然处之，自己反而活得比较轻松。如果整天感叹人心不古，世风日下，忧心忡忡，只会让自己活得不舒坦。

　　故能小而事大，辟之是犹力之少而任重也，舍粹折无适也。身不肖而诬贤，是犹伛身而好升高也，指其顶者愈众。故明主谲德而序位，所以为不乱也；忠臣诚能然后敢受职，所以为不穷也。分不乱于上，能不穷于下，治辩之极也。《诗》曰："平平左右，亦是率从。"是言上下之交不相乱也。

能力小，却要去干大事，就如同气力很小而偏要去挑重担一样，除了断骨折腰，再没有别的结果了。现在的人只要有官做，从来不看看自己有没有能力胜任。本身不贤却冒充贤人，这就像一个驼背拼命想把身体伸直，装得身材很高一样。"诬"在这里不是诬陷的意思，而是冒充。结果"指其顶者愈众"，本来弯着身子，人家看不到他的头顶，不知道这个驼背还是个秃顶。因为想伸直，头反而更低屈，人家看得更清楚了，原来驼背还是个秃子。于是指着他的头嘲笑的人就更多了。本身是一个无德无能的人，却要冒充伟人，最后只会被人耻笑。19世纪法国的拿破仑三世本来是个平庸之才，利用民众对其伯父拿破仑一世的迷信上了台，就以为自己也和伯父一样是个伟人，于是发动政变称帝，推翻共和制度，建立独裁统治，频频发动对外战争。最后在普法战争中兵败被俘。马克思曾写过《路易·波拿巴的雾月十八日》，作出天才的预言："如果皇袍终于落在路易·波拿巴身上，拿破仑的铜像就将从旺多姆圆柱顶上被推下来。"十九年后，这个预言果然实现了。

荀子接着说："故明主谲德而序位，所以为不乱也；忠臣诚能然后敢受职，所以为不穷也。"明智的君主衡量人的德行安排官位，就是为了防止错乱。"谲"的意思是衡量、测度。忠臣确实有才能才敢接受职位，就是为了不使自己陷于困窘，能够平平稳稳地做到退休。如果你不顾自己的能力，只看着职位高收入多，贸然接受一个力不从心的职位，很容易陷入困境，最后走投无路。走投无路就是"穷"。君主安排官职不错乱，臣下担任的职务都能胜任。这就是治理的最高境界了。《诗经》中说："君主左右的人治理有序，而且都听从君上的命令。"这说的是上下的关系不互相错乱。接下来，荀子话锋一转，继续讲士、君子和圣人的差别。

20. 不同人格，不同行为

　　以从俗为善，以货财为宝，以养生为己至道，是民德也。
行法志坚，不以私欲乱所闻，如是，则可谓劲士矣。行法志
坚，好修正其所闻以矫饰其情性；其言多当矣而未谕也；其
行多当矣而未安也；其知虑多当矣而未周密也；上则能大其
所隆，下则能开道不己若者，如是，则可谓笃厚君子矣。修
百王之法若辨白黑，应当时之变若数一二；行礼要节而安之
若生四枝；要（邀）时立功之巧若诏四时；平正和民之善，
亿万之众而博（搏）若一人，如是，则可谓圣人矣。

　　以跟随习俗，随大流为好；以货物钱财为宝，认为人生最宝贵的
是金钱财富；以谋生为人生的最高目标。这是普通老百姓的做人标
准。这里的"养生"不是保养身体的意思，是指养家活口。行为合乎
法度，极为坚决，不因个人的欲望扰乱所学到的道理。如果这样，就
可以称为刚正的士了。这里的"法度"不仅是指法律，包括道德规

范。很多时候，道理明明都懂了，但出于私欲，就不愿按照学到的道理去做。这就够不上士的行为标准。行为合乎法度，极为坚决，又乐于不断修正自己所学到的东西，以纠正和净化原有的性情。这就是君子的行为标准。一般人往往先入为主，学到一点东西后就抓住不放，以为自己掌握了真理，只要与此不符合的说法一律排斥。君子就不会这样固执己见，不仅愿意接受新东西，而且会用以纠正和净化自己的性情。"矫饰"，矫是纠正的意思；饰的原意是擦拭的拭，也就是净化。唐朝禅师神秀的偈语"身是菩提树，心如明镜台，时时勤拂拭，莫使惹尘埃"。说的就是要时时擦去我们性情上的污染，净化心灵。君子不断学习，并以所学纠正和净化自己的性情，讲的就是修身。士与君子的差别就在于能不能自觉地修身。长期不懈地修身就能从士上升为君子。当然，君子还不是荀子的理想人格，他们的言论虽然多半是恰当的，但还不完全说得明白。行为多半是恰当的，但还不完全心安。这个"安"不是安心的意思，而是指习惯，安于现状的"安"。安于现状就是习惯于现状了。君子做对事不是出于习惯，而是还需要思虑。他们考虑问题多半是正确的，但还不够周密。他们"上则能大其所隆，下则能开道不己若者"，对上能够尊崇自己所推重的人，对下能开导不如自己的人。"如是，则可谓笃厚君子矣。"这样的人可以叫做忠厚君子。

君子的人格还不完善，更高一等的理想人格是圣人。他们"修百王之法，若辨白黑"，修习历代帝王的法度，就如同分辨黑白一般，清清楚楚，没有任何疑惑。"应当时之变，若数一二"，应对当前时代的变化，如同数一、二这样简单的数字那么轻松。"行礼要节而安之，若生四枝"，遵循礼义，注重节操，安然为之，如同运动身体四肢一样自如。"安之"，习惯这么去做，已经内化成自己的思维和行为方式了。"邀时立功之巧，若诏四时"，不失时机地建立功勋，如同上天宣告四季一样恰当。"平正和民之善，亿万之众而搏若一人"，公平正直，亲和百姓，领导亿万人就像应付一个人。这样才称得上圣人。荀子一步步告诉你，不同人格有不同行为标准，如何脱离一个芸芸众生的人格，应该从士做起，修养成君子，最后到圣人。孟子一讲到作为理想人格的圣人就是"赞天地之化育"。气势很大，但具体如何做才能成为圣人，才能与"天地参"就不知道了。接下去继续讲什么样的人是圣人。

21. 什么样的人是圣人

井井兮其有理也，严严兮其能敬己也，分分兮其有终始也，猒猒兮其能长久也，乐乐兮其执道不殆也，炤炤兮其用知之明也，修修兮其用统类之行也，绥绥兮其有文章也，熙熙兮其乐人之臧也，隐隐兮其恐人之不当也。如是，则可谓圣人矣。

此其道出乎一。曷谓一？曰：执神而固。曷谓神？曰：尽善挟治之谓神。（曷谓固？）万物莫足以倾之之谓固。神固之谓圣人。

圣人也者，道之管也。天下之道管是矣，百王之道一是矣，故《诗》、《书》、《礼》、《乐》之道归是矣。《诗》言是，其志也；《书》言是，其事也；《礼》言是，其行也；《乐》言是，其和也；《春秋》言是，其微也。故《风》之所以为不逐者，取是以节之也；《小雅》之所以为小者，取是而文之也；《大雅》之所以为大者，取是而光之也；《颂》之所以为至者，取是而通之也。天下之道毕是矣。乡是者臧，倍是者亡。乡是如不臧、倍是如不亡者，自古及今，未尝有也。

井井而有条理，威重而不懈怠，时时警诫自己，用现在话叫自重。文质彬彬，做事有始有终。知足常乐，不像有的人那样贪得无厌，对名利永不满足。乱生于不知足，所以知足然后能长久。快快乐乐，守道毫不怠慢。明明白白，做事肯动脑筋，运用智慧。整整齐齐，以纲纪规范自己的一举一动。处世坦然安泰，不急不躁，风度翩翩，文采灿烂。待人和和气气，从心底里赞赏别人的优点。担心别人做不恰当的事，知道别人犯错就愁眉苦脸。这就可以叫做圣人了！这里的"井井"、"严严"、"分分"、"猒猒"、"乐乐"、"炤炤"、"修修"、"绥绥"、"熙熙"、"隐隐"都是形容词。十九个排比句一气呵成。你看荀子的文笔多美！这是形容圣人的外表。我们常说"儒为表，道为骨，佛为心"。什么叫"儒为表"？这就是标准。

接着说圣人的原则，也就是圣人之道。"此其道出乎一。曷谓一？曰：执神而固。曷谓神？曰：尽善挟治之谓神。曷为固？万物莫足以倾之之谓固。神固之谓圣人。"圣人的原则就在于专一。什么叫做专一？守神而不动摇。什么叫做神？尽善周全地处理事情叫做神。这个"神"不是神通，也不是神仙的意思哦。而是出神入化的"神"，也就是做事到了极致。任何事物都不足以动摇他的决心与原则就叫做固。既能做到尽善，又能做到坚持不动摇，就叫做圣人。"圣人也者，道之管也。"道不是空的，最后要落实在人身上。道的人格体现就是圣人，所以讲圣人是道的关键。"天下之道管是矣。百王之道一是矣。故《诗》、《书》、《礼》、《乐》之道归是矣。"这里的"是"是指代圣人。天下之道的关键在圣人，历代帝王之道也全在圣人。所以《诗》《书》《礼》《乐》等六经，讲来讲去，它们的要旨也都归结到圣人，都是告诉你怎么做一个圣人。

"《诗》言是，其志也；《书》言是，其事也；《礼》言是，其行也；《乐》言是，其和也；《春秋》言是，其微也。"《诗经》说的是圣人的志向，就是古人说的"诗言志"。《诗经》是中国古代最早的一部诗歌总集，也是儒家的重要经典。中国是诗歌之国，但中国的诗和西方的诗有很大的区别。西方的诗是以抒情为主，中国的诗都想说一个道理。到了唐代诗歌达到高峰，但依然是"诗言志"，不过言志是寄托在抒情和写景之中。《尚书》说的是圣人的政事，记载了上古圣王们处理政事的故事。《礼》说的是圣人的行为举止。《乐》说的是圣人如何和乐百姓，也就是如何用音乐功能去建设和谐社会。《春秋》说的是圣人的微言大义。具体而言，"故《风》之所以为不逐者，取是以节之也；《小雅》之所以为小者，取是而文之也；《大雅》之所以为大者，取是而光之也；《颂》之所以为至者，取是而通之也。"《国风》所以不是放荡的作品，是因为以圣人之道来节制的缘故。这里整一段的"是"都是指圣人之道。《国风》是当时各国民谣。每年天子会派官员去各地采风，即采集民谣，以了解民情。就像现在各地政府的简报一样。如果简报不真，就会有段子出来。其实，段子就是今天的《国风》。《国风》里有很多言情的诗句，如"窈窕淑女，君子好逑"

之类。但这不是黄色小调，因为它没有超越圣人之道的规范。《小雅》所以为小，是因为以圣人之道来文饰的缘故。《大雅》所以为大，是因为以圣人之道来光大的缘故。《颂》之所以达到了诗的最高峰，是因为以圣人之道来贯通的缘故。其实，以今天的眼光看，《颂》是最没有文学价值的。但从儒家的角度看，为圣王歌功颂德，那就是达到了诗的最高境界。最后说"天下之道毕是矣。乡是者臧，倍是者亡。乡是如不臧，倍是如不亡者，自古及今，未尝有也"。天下之道全都在此（圣人）了。归向他就得善报，违背他就会遭到灭亡。归向他而不得善报，违背他而不灭亡，从古到今还未曾有过呢。

客有道曰："孔子曰：'周公其盛乎！身贵而愈恭，家富而愈俭，胜敌而愈戒。'"

应之曰："是殆非周公之行、非孔子之言也。武王崩、成王幼，周公屏成王而及武王，履天子之籍，负扆而坐，诸侯趋走堂下。当是时也，夫又谁为恭矣哉？兼制天下，立七十一国，姬姓独居五十三人焉，周之子孙苟不狂惑者，莫不为天下之显诸侯。孰谓周公俭哉？武王之诛纣也，行之日以兵忌，东面而迎太岁，至汜而泛，至怀而坏，至共头而山隧。霍叔惧曰：'出三日而五灾至，无乃不可乎？'周公曰：'刳比干而囚箕子，飞廉、恶来知政，夫又恶有不可焉？'遂选马而进，朝食于戚，暮宿于百泉，厌旦于牧之野，鼓之而纣卒易乡，遂乘殷人而诛纣。盖杀者非周人，因殷人也，故无首虏之获，无蹈难之赏。反而定三革，偃五兵，合天下，立声乐，于是《武》、《象》起而《韶》、《护》废矣。四海之内，莫不变心易虑，以化顺之。故外阖不闭，跨天下而无蕲。当是时也，夫又谁为戒矣哉？"

人们有一种说法：孔子说过，周公的品德高尚，地位越显贵而越谦恭，家里越富有而越节俭，战胜敌人后越戒备。荀子是非常有独立思想的，不顺着一般人的陈见去讲。他回答道：这恐怕不是周公的行为，也不是孔子说的话。武王死的时候，成王尚年幼，周公不让成王出面而自己继承武王做摄政王。占有天子的籍田，南面而坐，诸侯在朝堂下趋走，全套都是天子的排场。这时候，有什么理由说他谦恭呢？周公统治天下时，立七十一个诸侯国，姬姓就独占了五十三个。周王室的子孙，只要不是狂妄昏乱的，无不成为天下显贵的诸侯。这时候，谁说他洁身自好呢？武王讨伐殷纣王，发兵之日是兵家的忌日，东面正当凶方，到汜水遇上河水泛滥，到怀地渡河时船坏了，到共头山则山石崩裂，霍叔畏惧地说：出兵三天而已经遇到了五种灾难，大概不行了吧？周公却说，纣王剖开比干的肚子又囚禁了箕子，奸臣飞廉、恶来执政。这个人已经坏透顶了，又有什么理由不能讨伐他呢？于是择良马而前进，早晨在戚地开饭，晚上在百泉宿营，次日天还没亮就到达牧野。击鼓进攻时，对方士兵倒戈相向，于是武王的军队利用殷人倒戈之势而诛杀纣王。杀纣王的不是周人是殷人啊，所以周人没有立功受赏的。周人克商而返后，弃置兵器，会合天下诸侯，制作乐舞。于是有了《武》《象》而废弃了殷商的《韶》《护》。四海之内无不改变心意而受其教化，以致夜不闭户，走遍天下没有封疆之限。这时候，又有什么必要戒备呢？这一段是要讲什么道理呢？就是前面提到的圣人的行为标准之一，是要"应当时之变，若数一二"。圣人不会墨守成规，而是随机应变，不同的时空条件下，采取不同的办法去应对，这才称得上是圣人。

22. 圣人永不为环境所迫

造父者，天下之善御者也，无舆马则无所见其能。羿者，天下之善射者也，无弓矢则无所见其巧。大儒者，善调一天下者也，无百里之地则无所见其功。舆固马选矣，而不能以至远、一日而千里，则非造父也。弓调矢直矣，而不能以射远、中微，则非羿也。用百里之地，而不能以调一天下，制强暴，则非大儒也。

造父是传说中天下最会驾车的，如果没有车马就不能显示他的才能。羿是传说中天下最好的射手，如果没有弓箭就无法显示他的高超本领。大儒固然善于协调统一天下，有杰出的政治才能，但如果没有百里之地归他统治，也没有可能显示他的功业。注意这里的"大儒"，下面一段也会提到。儒生也就是读书人，荀子把儒生分成三六九等，大儒其实就是指圣人。这段话的意思是，有才能的人还需要有一个施展的舞台，显示才能的机会。如果没有这样的环境，他们也很难显示才能。相反，即使车坚马良，却不能行远路，那么驾车人就一定不是造父那样的驾车专家。即使弓箭都是最好的，却不能射得又远又准，那么射箭手就一定不是羿那样的神箭手。荀子用驾车人和射箭手做铺垫，是要引出后面的判断：如果据有百里之地而不能协调统一天下，制服强暴，则一定不是圣人。荀子要说明的只是一个深刻道理：一个人要成功，必须是机会加才能。有才能，没有机会，成功不了。所以你即使成功了，也不要看不起那些没成功的人。也许他们的才能不比你差，只是没有遇到机会而已。反之，有了机会也无所作为，那只能怪你自己没才能。有人在书里举过一个比喻：大多数人都知道黄山的迎客松。难道这棵松树就是独一无二的吗？其实，在森林里像它那样寿命长、树形好的松树多得很，只不过它生长的位置好，在上黄山的路口。上过黄山的人都能看到，又拍电影，又画画，名扬四海，如果长在深山老林里就永远没人知道。反之，如果黄山路口的松树是棵歪脖子树，人们不会觉得美，也就出不了名。人的道理是一样的：机会加才能。机会就是平时讲的命运，其实，命好命坏是客观存在的。人的生命有限，一生中没有遇到施展才能的机会，也就是命不好。这样的事例在历史上实在屡见不鲜。当然，我们也不应该是宿命论者。不到最后，你怎么知道自己这一生有没有机会呢？如果你只是消极等待，不做努力，一旦机会来了，你也没本事去抓住机会。所以无论如何，一个人还是要努力提高自己。机会来临的时候，抓住机会。没有机会，也就不必怨天尤人或自怨自艾。反正自己努力过了，时不我与，也是无可奈何的呀！荀子要表达的意思还没说完。一个人未必一定要在政治上显示才能才算圣人。如果生活在一个恶劣的环境里，一个人照样也能成为圣人。真正的圣人是永远不会为环境所迫的。这就是下一段的论点。

> 彼大儒者，虽隐于穷阎漏屋，无置锥之地，而王公不能与之争名；在一大夫之位，则一君不能独畜，一国不能独容，成名况乎诸侯，莫不愿得以为臣；用百里之地，而千里之国莫能与之争胜，笞棰暴国，齐一天下，而莫能倾也，是大儒之征也。其言有类，其行有礼，其举事无悔，其持险、应变曲当；与时迁徙，与世偃仰，千举万变，其道一也，是大儒之稽也。其穷也，俗儒笑之；其通也，英杰化之，嵬琐逃之，邪说畏之，众人愧之。通则一天下，穷则独立贵名，天不能死，地不能埋，桀、跖之世不能污，非大儒莫之能立，仲尼、子弓是也。

那些大儒即使隐居在偏僻的街巷、简陋不堪的房子里，虽然穷得连插根针的土地都没有，可是王公大人却不能和他争夺名望。这是讲圣人处在最穷困的环境时，仍然为人们所尊重敬仰。如果这样的人处在一个大夫的位置上，那就不是一国之君可以独自养他、用他的了。因为他是为天下人所用的。他的盛名和诸侯不相上下，各国无不想聘用他。为什么这里说君臣关系用一个"畜"字呢？因为"臣"最早是指贵族养在家里的家奴。后来天子诸侯的身边人都叫做臣。地位高一点的叫大臣，低一点的叫小臣。即使是在大夫的职位上仍然是臣。它的起源是这样的，所以才用"畜"字。如果这样的人拥有百里之地，那么千里大国也不能与他相匹敌了。国家虽小，但大国都对它无可奈何。他们能打击暴虐的国家，整合天下，天下没有人能够动摇他的地位。这就是大儒的表现。可见圣人在任何环境下都能脱颖而出。

如何去考察一个人是否大儒呢？这里讲的是他们在不同环境下建立的声望和功业。下面这段是说他们的个人修养。"其言有类，其行有礼，其举事无悔，其持险、应变曲当；与时迁徙，与世偃仰，千举万变，其道一也，是大儒之稽也。"他们说话合乎事理，行为合乎礼仪，做事果断坚定，持危应变都恰到好处。他们能与时俱进，随机应变，但千变万化，守道则是始终如一的。这就是他们所以为大儒、为圣人的根据。"其穷也，俗儒笑之；其通也，英杰化之，嵬琐逃之，邪说畏之，众人愧之。"这样的大儒在世上，穷困失意时，庸俗的儒生都耻笑他。为什么耻笑他？因为大儒在不得志时，还是那样的气派。像我这样的人，总理部长都不在我眼里。我不过没有拥有百里之地而已。如果我有同样的权力，绝对比你们治理得好。于是周围的人都嘲笑他：这个家伙又在那里狂妄乱说话啦。一旦他显达的时候，英雄豪杰都会投奔他；奸险诡诈的人都会逃离他；胡说八道的人都会惧怕他。众人也都会愧对这个人，觉得不好意思，因为当初大家都嘲笑过他。这一段写得很生动的。不要说两千多年，现在也是这样。一个有抱负有本事的人，没显达的时候人人都笑你，这个家伙狂妄，这个家伙在吹牛皮。等到有一天你真有成就了，大家的态度马上就不一样了。当然未必愧对你，未必觉得不好意思。今人没有古人那样厚道。说不定他们还自称是你当年的伯乐呢？猥琐小人，那些过去坑害你的人，就会赶紧离你远一点。我是深有体会的，人的一生就是这样。每个人都有不得志的时候，也总有一段春风得意马蹄疾的时候，两两相对照，世态炎凉，你就会看得很清楚！

不过，对圣人来说，"通则一天下，穷则独立贵名"，显达时能够整合天下，困境时也能鹤立鸡群，独得美名。这个"一天下"未必是政治上统一天下，也可能是像孔子那样，以自己的思想整合天下。这和孟子讲的"达则兼济天下，穷则独善其身"是一样的意思，表达的语言不同而已。"天不能死，地不能埋，桀、跖之世不能污，非大儒莫之能立，仲尼、子弓是也。"说的是上天不能使他死亡，大地不能将他埋葬，即使在夏桀、盗跖的浊世也不能玷污他。他的美名永在，肉体的人死了，作为精神的人，他永远在人间。如果你真要做一个完善的人，就不要责怪周围的环境。我生在这个时代，大家都爱钱，所以我也不得不跟着爱钱。那你就跟众人是一样的。如果你立志做一个时代的精英，做一个完人，就应该认准一条正确的道路走到底。不为周围环境所动，不受环境污染。这种人生态度，"非大儒莫之能立"，如果不是大儒，就做不到，而孔子、子弓就是这样的圣人。

23. 儒有三等

　　荀子把理想人格分为士、君子和圣人三个层次。在他的著作中，还从另一个角度把儒分为三个等级：俗儒、雅儒和大儒。前面提到所谓的大儒也就是圣人。这里的儒是指读书人，不限于儒家学派中人。为什么他又要做这样的区分呢？我想是希望消除一种误解，即读书人、受过教育的人未必就是成人。

　　故有俗人者，有俗儒者，有雅儒者，有大儒者。不学问，无正义，以富利为隆，是俗人者也。逢衣浅带，解果其冠，略法先王而足乱世术，缪（谬）学杂举，不知法后王而一制度，不知隆礼义而杀《诗》、《书》；其衣冠行伪已同于世俗矣，然而不知恶者；其言议谈说已无异于墨子矣，然而明不能别；呼先王以欺愚者而求衣食焉，得委积足以掩其口则扬扬如也；随其长子，事其便辟（嬖），举其上客，然若终身之虏而不敢有他志，是俗儒者也。

人格可以分为俗人、俗儒、雅儒、大儒。大家可以对号入座，自己现在是哪一种人格，想成为哪一种人格。荀子这里说的是做人指南。没有学问，没有正义感，以财富为重，一切向钱看，笑贫不笑娼，有钱就光荣，这是俗人，也就是前面讲的"民"、芸芸众生。穿着宽松的衣服，束着宽大的腰带，戴着高帽子。这是形容这类人的外表。他们粗略地照搬古代圣王的遗言，嘴巴上整天念念有词，引经据典，其实学的是乱世之术，足以扰乱世道。他们的学问荒谬，运用驳杂，不知道效法近世圣王而划一制度，不知道推崇礼义，且贬低《诗》《书》。他们的穿着、行为已经和世俗相同，但自己还不以为耻。他们的言论已经和墨家没有什么不同了，然而显然自己不能分辨。因为当时的学术主流是儒、墨、道三家之争，所以作为儒家的荀子当然看不起墨家，往往在言谈中刻意贬低墨家。他们"呼先王以欺愚者而求衣食焉，得委积足以掩其口则扬扬如也"。这段话是在说读书人，开口闭口吹捧古人，卖弄学问。只是为了欺骗愚蠢的人，目的是"求衣食"，混口饭吃，有了点小钱刚刚能够糊口就洋洋得意了。荀子说还有些读书人"随其长子，事其便辟，举其上客，然若终身之虏而不敢有他志"，追随显贵之人，跟在显贵看得中的人后面屁颠屁颠。侍奉宠臣，为君王宠幸的妃子或太监跑腿，搭上某个显贵的夫人或幕僚就洋洋得意，他们要我干啥就干啥。吹捧显贵们的座上宾，看见哪个人受显贵的重视，就在边上拍马屁，肉麻地赞扬他。等到这个人失宠了，又去踩他一脚。一辈子心安理得地做他们的奴仆，而不敢有其他任何志向。以上讲的这种人就是俗儒。这种俗不可耐的读书人多得是。

　　这里出现了"法先王"和"法后王"，这是《荀子》书里经常提到的。有必要专门讲一讲。"先王"是指三代尧、舜、禹以及商汤等以仁义为治国之道的圣王。"法先王"是效法先王以仁义治国的"仁义之统"，也就是他们的政治文化传统。"后王"是指制定礼乐制度的周公、孔子等大儒。"法后王"是效法后王制定礼乐制度的"礼义之统"，也就是他们的政治制度传统。"法先王"与"法后王"是指效法学习对象的内容不同，并不是本质上之差异。"先王"创立仁义的政治文化传统，"后王"依此具体落实为礼义法度，奠定了政治制度的传统。礼义制度是仁义的形式，仁义精神是礼义的本质。"先王"与"后王"是一个发展整体，两者之间俱有内在联系。因此，荀子主张"法先王"与"法后王"的结合，两者不能偏废。仁义精神是比较抽象的，没有礼乐制度的落实，仁义精神就会流于空谈。反之，只学到礼乐制度，不掌握其精神实质，制度也会变味。以现代社会来说，有些人整天在那里谈西方民主政治，但是民主到底是怎么一回事？民主政治具体是怎样设计的？他们完全不知道，也不想去弄明白，结果民主就仅仅成为一个口号。反之，像某些地方那样，照搬了西方的整套政治制度，但社会的民主文化并没有普及，从上到下还没有形成民主精神，所以选来选去就选出贪腐人物来了。所以学习民主精神和民主制度，就像荀子的"法先王"和"法后王"一样，是一个发展整体，有其内在联系的。俗儒是最低等的儒，比他们高一等的是雅儒。

法后王，一制度，隆礼义而杀《诗》、《书》；其言行已有大法矣，然而明不能齐；法教之所不及，闻见之所未至，则知不能类也；知之曰知之，不知曰不知，内不自以诬，外不自以欺，以是尊贤畏法而不敢怠傲，是雅儒者也。

效法近世的圣王，化一制度，虽尊崇礼义，却轻视《诗》《书》。他们的言已有基本规范，所作所为在大的方面不会错，但显然还不能和圣人之道等量齐观。书上找不到的，老师没讲过的，自己的见闻没涉及的，认知就不能触类旁通，没有办法做到举一反三。但他们的学习态度很端正，知道就说知道，不知道就说不知道，既不欺骗自己，也不欺骗别人。这种尊重贤人、敬畏法度、不敢懈怠自满和倨傲的人，就是雅儒。"雅"是"正"的意思，雅儒也就是正派的读书人。这辈子如能做到雅儒，也算对得起自己了。

法先王，统礼义，一制度，以浅持博，以古持今，以一持万；苟仁义之类也，虽在鸟兽之中，若别白黑；倚物怪变，所未尝闻也，所未尝见也，卒然起一方，则举统类而应之，无所儗怎；张法而度之，则晻然若合符节，是大儒者也。

效法古代的圣王，以礼义为纲纪，划一制度。以少驾驭多，也就是提纲挈领，抓住关键以统御全局。以先王之道把握当下的变化。一以贯之地用仁义之统驾驭万事万物。对于合乎仁义的事理，即使在鸟兽身上，也能像辨别黑白那样轻易地辨认出来。遇到奇特的事物，古怪的变化，即使从没有听过，也从来未曾见过，突然发生了，也能知道应付它们的原则和方法。对处理这样的事情能当机立断，既不会有疑虑不决，也不会因拿不定主意而事后惭愧。援引礼法来测度的话，冥冥之中好像符节相合那样，处理的方法与礼法分毫不差。因为礼法已经内化成他们的思维习惯和行为方式。这就是大儒。

荀子这里所说的俗儒相当于士；雅儒相当于君子；大儒相当于圣人。"士"本义是"事"，泛指受过教育、为君主做事的人。士未必不俗，"士"字前加形容词如"劲士"、"义士"、"勇士"才是正面的。荀子最后做结论：

> 故人主用俗人，则万乘之国亡。用俗儒，则万乘之国存；用雅儒，则千乘之国安；用大儒，则百里之地久，而后三年，天下为一，诸侯为臣；用万乘之国则举错（措）而定，一朝而伯。

所以君主如果用俗人执政，那么万乘之国也将灭亡，因为俗人不义而好利。如果任用俗儒执政，万乘大国也仅能幸存，但不会很繁荣。荀子非常实事求是。小国容易亡，大国不容易亡。大国用了一个俗人的话可能亡，用一个俗儒还可以苟延残喘几十年。因为俗儒毕竟是儒，还有点文化。如果用雅儒执政，千乘之国能保平安。用大儒执政，即使是百里之地的小国也能长治久安。像商代的启和周文王、周武王那样，励精图治三年则可统一天下，让各国诸侯都来称臣。如果用大儒治理万乘大国，那么举手投足之间就能使国家安定，很快就能称霸天下。

不闻不若闻之，闻之不若见之，见之不若知之，知之不若行之，学至于行之而止矣。行之，明也；明之，为圣人。圣人也者，本仁义，当是非，齐言行，不失毫厘，无它道焉，已乎行之矣。故闻之而不见，虽博必谬；见之而不知，虽识必妄；知之而不行，虽敦必困。不闻不见，则虽当，非仁也。其道百举而百陷也。

故人无师无法而知，则必为盗；勇，则必为贼；云能，则必为乱；察，则必为怪；辩，则必为诞。人有师有法而知，则速通；勇，则速威；云能，则速成；察，则速尽；辩，则速论。故有师法者，人之大宝也；无师法者，人之大殃也。

人无师法，则隆情矣；有师法，则隆性矣。而师法者，所得乎情，非所受乎性，不足以独立而治。性也者，吾所不能为也，然而可化也；情也者，非吾所有也，然而可为也。注错习俗，所以化性也；并一而不二，所以成积也。习俗移志，安久移质，并一而不二，则通于神明，参于天地矣。

　　《儒效》篇的这两段是讲如何学习的问题，在这里暂时跳过，放到下一讲去专门讲。下面这一段是讲如何由一个普通百姓化性起伪，一步步成为士、君子，直到圣人。关键在于一个"积"字。这在前面的《性恶》篇里也已经提及。

24. 积久方成圣人

　　故积土而为山，积水而为海，旦暮积谓之岁，至高谓之天，至下谓之地，宇中六指谓之极，涂之人百姓积善而全尽谓之圣人。彼求之而后得，为之而后成，积之而后高，尽之而后圣。故圣人也者，人之所积也。人积耨耕而为农夫，积斲削而为工匠，积反货而为商贾，积礼义而为君子。工匠之子莫不继事，而都国之民安习其服。居楚而楚，居越而越，居夏而夏。是非天性也，积靡使然也。

　　故人知谨注错，慎习俗，大积靡，则为君子矣；纵情性而不足问学，则为小人矣。为君子则常安荣矣，为小人则常危辱矣。凡人莫不欲安荣而恶危辱，故唯君子为能得其所好，小人则日徼（邀）其所恶。《诗》曰："维此良人，弗求弗迪；维彼忍心，是顾是复。民之贪乱，宁为荼毒。"此之谓也。

　　泥土堆积起来能成为高山，细流汇积起来能形成大海，一天一晚的积累叫做年。最高的地方是天，最低的地方是地，空间的上、下、东、西、南、北六个方向称为极。路边的普通人积累善行，达到完美的程度就可以成为圣人。去追求然后才能有所得，去行动然后才能成功，不断积累才能提高，尽善尽美然后才能成为圣人。一个人根本不想成为圣人，不想完善自己的人格，做一个芸芸众生，这辈子有吃有喝就行了，那他永远不可能成为圣人。即使有理想有目标，没有行动也不行。努力去做才能成就自己。不但要有行动，而且要持之以恒。人格的完善不是一步登天的，日积月累才能从一个高度提升到另一个高度。圣人就是普通人善行日积月累的结果啊。人们积累耕种的经验成为农夫，积累砍削的经验成为木匠，积累贩卖的经验成为商人，积累礼义的实践就会成为君子。可见这个"积"字在化性起伪的过程中是何等重要！

这就要联系到佛学中"顿悟"和"渐悟"的关系了。顿悟是说有醍醐灌顶功效，对于佛法豁然开朗。渐悟则不同，如静坐参禅，经过内心空灵状态下长时间的思考而领悟。现在一般学佛的人看不起渐悟，个个和尚都在那里讲顿悟。其实，没有长期修行，没有渐悟的过程是不可能有顿悟的。当年佛祖也是在菩提树下参禅而渐悟佛法真谛的。现代人难道比佛祖还厉害？那是他们不肯用功而找的借口。即使顿悟以后还要渐修。开悟不是成佛了，不过是你弄通了佛理而已。悟道和成道还不是一回事。悟道还没有成道，还要通过长期的修道才能成道。现在讲佛学的不懂佛学，讲儒学的不懂儒学，什么道理？基本概念搞不清楚。渐悟渐修就是荀子讲的"积"。世界上没有一步登天的事，做学问也是这样。

那么如何才是"积"呢？"工匠之子莫不继事，而都国之民安习其服。居楚而楚，居越而越，居夏而夏。是非天性也，积靡使然也。"工匠的儿子无不继承父业，为什么呢？因为他每天看到他父亲做木匠，习以为常，将来也就跟着做木匠了。城里人习惯于穿他们不同于乡民的服装。乡民觉得是奇装异服，城里人天天穿也就习惯了。汉朝人个个穿汉服，唐朝人天天穿唐装，今天如果有一个人穿着汉服唐装在马路上走，大家都会觉得奇怪。在楚国住久了就成为楚人，有楚国的风俗习惯；住在越国就成为越人，住在中原就成为中原人。现在全国各地的人到上海来，时间久了就成上海人了，已经融入了上海社会。这不是先天的本性，而是逐渐习染了当地风气而使他们这样。我刚到香港非常讨厌喝广东人的煲汤，把海带、绿豆、鲨鱼骨等乱七八糟的东西放在一锅炖半天。这怎么能喝？现在我三天不喝就难受。什么原因？"积靡使然也"。我这个上海人变成了广东人。"故人知谨注错，慎习俗，大积靡，则为君子矣。"所以人们知道要谨慎地安排自己的人生。"注错"即"举措"，这里不是指举止，而是安置、安排的意思。安排自己的生活环境，安排自己的职业，安排自己的交友圈等等，都要谨慎。慎重对待风俗习惯，不要随大流，人家做什么，你也跟着做什么，要重视环境的影响。"纵情性而不足问学，则为小人矣。为君子，则常安荣矣，为小人，则常危辱矣。"如果放纵性情，不努力学习，就会成为小人。成为君子就能经常安泰荣耀；成为小人就经常遇到危难耻辱。"凡人莫不欲安荣而恶危辱，故唯君子为能得其所好，小人则日徼其所恶。"人无不希望安泰荣耀而厌恶危难耻辱，但只有君子能得到想要的，小人就只能每天招致他所厌恶的。就像《诗经》上说："对于贤良，不去寻求，也不进用；对于那些残忍为恶之人，反而顾念保护他们。民众因此而贪婪作乱，这是昏君自找的毒药呀。"

人论：志不免于曲私，而冀人之以己为公也；行不免于污漫，而冀人之以己为修也；甚愚陋沟瞀，而冀人之以己为知也，是众人也。志忍私，然后能公；行忍情性，然后能修；知而好问，然后能才：公、修而才，可谓小儒矣。志安公，行安修，知通统类，如是则可谓大儒矣。大儒者，天子三公也。小儒者，诸侯大夫、士也。众人者，工、农、商贾也。礼者，人主之所以为群臣寸、尺、寻、丈检式也。人伦尽矣。

人的等类是：有一种人脑子里不免有自私的念头，却希望别人说他大公无私。行为肮脏卑鄙，却希望别人认为他有修养，品德高尚。自己浅陋昏庸，却希望别人夸他聪明。普通人都是这样一种人。另一种人能克服私心，人本性都有私欲，但如果能约束自己的私欲，然后就能够一心为公。行为上能克服情欲，然后才能有修为。有智慧而又虚心好学，然后才能有才华。有公心、有修为而又有才华，可称为小儒。思想上习惯于为公，一事当前先想到公众利益。行动上自觉修为，举止行为都符合礼义。"知通统类"这四个字很重要，是荀子对理想人格在学问和认知方面的要求。智慧学识要贯通"统"和"类"。意思是既要通晓原则，对作为仁义的"道"要有透彻的理解；又要在具体应对事类时符合道，能够应付自如。如果只知"统"，那只是一个迂腐的，夸夸其谈的教条主义者。相反，如果只知"类"，只会就事论事，没有一以贯之的原则性，那就是一个经验主义者。具备以上这些标准的则可以称得上大儒了。大儒适合担任天子和三公，小儒适合做诸侯、大夫、士，普通人就心甘情愿地去做工匠、农民或商人，不要都想着做官。日本学者讲过：一个人人都想做官的国家是无法强盛的。礼制是君主选拔任用群臣的标准。人的各种类别都在这里了。

25. 做人要有底线

荀子把各类理想人格的标准说清楚了。那么人之为人有没有底线，也就是有没有人格的最低标准呢？

> 君子言有坛宇，行有防表，道有一隆。言道德之求，不下于安存；言志意之求，不下于士；言道德之求，不二（下）后王。道过三代谓之荡，法二（下）后王谓之不雅。高之、下之、小之、臣（巨）之，不外是矣，是君子之所以骋志意于坛宇、宫庭也。故诸侯问政，不及安存，则不告也；匹夫问学，不及为士，则不教也；百家之说不及后王，则不听也。夫是之谓君子言有坛宇，行有防表也。

君子说话要有范围，不能不着边际。行为要有标准，用现在的话就是不能出格。"道有一隆"，为人之道，做人做事的原则应该尊崇"一"。这个"一"就是儒家成人的最高标准——仁义。这是对从政者提的底线。读书人志向上的追求，不能再低过做一个士了。士已经是成人的最低标准了。道德上的追求，不能低于近世的圣王。因为道过三代事已久远，谁都没见过三代之前的事，都是传说而已，所以渺茫难信了。而周文王、武王、周公这些近世的圣王，他们建立的礼义规范则是可以把握的。所以"法下后王谓之不雅"。做人的规范低于后世圣王制定的法度就不正了。主张或高或低，或大或小，都应不超出这么一个范围，也就是后王制定的礼法制度。这应该是君子驰骋思想的范围和界限。荀子的这段话是有针对性的。当时百家之说蜂起，大多引上古难以考证的传说来议论当时的政治。所以他接下去说："故诸侯问政，不及安存，则不告也；匹夫问学，不及为士，则不教也。"诸侯来询问政事，不涉及国家安危存亡的问题，就不应该回答他。普通人来询问学业，不涉及如何做士的，就不应该教他。在南老师的饭桌上经常有人来问神通，问算命，问生意经。他老人家总是笑而不答。什么道理？古人有言在先。南老师编过一部《谋略学大全》，包括《鬼谷子》《素书》和《长短经》等等。很多人说，魏老师，你能不能开一门谋略学课，生意一定好。谋略学，我当然能讲，但这个时代权谋已经够多了，再讲权谋是乱世害人。你们如果问我如何做人，如何做学问，我很乐意回答。"百家之说不及后王，则不听也。"诸子百家的学说，如不涉及近世君主礼乐教化的，就不应该去听信他。这就是君子说话有界限，行为有标准。荀子那个时代各种思想非常活跃，比如名家的"白马非马论"、"坚白论"。荀子认为，争论这些问题与政治清明、百姓安宁没有半毛钱的关系，不过是口舌之争，在嘴巴上占便宜。现在网络上乱七八糟的东西很多，你去看这些东西是浪费时间。大家要养家糊口，好不容易挤出时间看书学习，当然应该读一点有用的东西。还有些人狗屁都没有搞懂，就要跟你商榷。这样的人多的不得了，如果你每天和他们商榷，就不要活了。你学问没到我这个层次，我跟你商榷什么？做人要有这种气派，才能在世上特立独行。还有许多惊世骇俗的研究成果，在我看来是无稽之谈，没有用的东西，去听它干什么？比如最近有人说，多少年以后人就可以永生不老了。这关我什么事？你再怎么论证，我也看不到人永生不老的。当今也没有人能够证明一个人可以永生不老。你要证明有人永生不老，首先你自己得永生不老，对不对？这些都是荒诞之说，不管他顶着什么科学家或哲学家的头衔。像霍金这样的人可能年轻时在科学上很有成就。到老了就昏头昏脑，又不甘寂寞，想让全世界的人都记住他的名字，说一些无厘头的话出来。我们现在的传播也很有问题，传播工具很发达，真知灼见则很少。所以一听到这种奇谈怪论就放大，拼命去传播。佛学的道理：有生必有灭，怎么可能有永生不老？"道有一隆"，你自己心里有"一隆"，一个道，一个基本的信念，就不会去相信这些胡言乱语了。说到"百家之说不及后王，则不听也"，可以看荀子的《不苟》篇。"苟"是轻易、随便的意思，"不苟"也就是不随便。荀子专门写一篇《不苟》，说明两千多年来，中国的人性就是马马虎虎，做人办事不讲究严谨。不然，他就不必讲《不苟》了。所以荀子认为不苟也是做人的底线。他在《不苟》篇中说：

君子行不贵苟难，说不贵苟察，名不贵苟传，唯其当之为贵，唯其当之为贵。故怀负石而赴河，是行之难为者也，而申徒狄能之，然而君子不贵者，非礼义之中也。山渊平，天地比；齐、秦袭，入乎耳、出乎口，钩有须；卵有毛，是说之难持者也，而惠施、邓析能之，然而君子不贵者，非礼义之中也。盗跖吟口，名声若日月，与舜、禹俱传而不息，然而君子不贵者，非礼义之中也。故曰：君子行不贵苟难，说不贵苟察，名不贵苟传，唯其当之为贵。《诗》曰："物其有矣，唯其时矣。"此之谓也。

君子的行为不以轻易地犯难为可贵；言论不以随意地诡辩为可贵；名声也不以无厘头的流传为可贵。现在只要能出名、做网红，管它是流芳百世，还是遗臭万年，什么事都做得出来。比如，母女俩在网上一齐裸体也敢做，无所不用其极，就为了出名。所以"名不贵苟传，唯其当之为贵"。只有恰当，符合正道，才是可贵的。下面一一举例子了。"故怀负石而赴河，是行之难为者也，而申徒狄能之；然而君子不贵者，非礼义之中也。"《庄子》里讲，殷商的时候有一个人叫申徒狄，他恨自己的道在当时不能够推行，所以发愤背负一块石头投河自杀，想以此警醒世人。这样的人历朝历代都有啊！屈原就是因为楚怀王不听劝告，最后亡国，激愤之下投江而死。王国维也是这样投河自杀的。辛亥革命前的革命派，有个叫做陈天华的也为了一个主义蹈海赴死。这个主义在世上行不通，他就愤世嫉俗投河自杀。所以荀子说这个行为是很难的。一般人都珍惜自己的生命，为了一个理想去自杀，确实是很难的。大家都赞扬他，然而荀子认为君子不应该赞扬。君子道行则兼善天下，道不行则独善其身。所以投河自杀是不合礼义的，没有什么可贵。汉代扬雄也批评屈原说："君子得时则大行，不得时则龙蛇，遇不遇命也，何必湛身哉？"

高山和深渊一样平，天和地一样高，这是惠施的说法。齐国和秦国相毗连，因为在宇宙中齐秦的距离可以小到忽略不计。"入乎耳、出乎口"，因为人生下来不会说话，必须听大人说了才会说，可见语言必须先从耳朵里听进去了，才会从嘴里说出来。妇女生出来的儿子长胡须，说明她体内也有胡须的基因，所以说妇女有胡须。禽蛋孵出的幼禽能长出羽毛，说明蛋中本有羽毛的基因，所以说卵有毛。这些都是难以成立的说法，但惠施、邓析却能说得头头是道。然而君子并不赏识，因为这样的言论不在礼义之中。现在也有很多这样的人啊，考证出来曹操是女扮男，还有考证出来孙悟空是河南人，在福建找到了他和哥哥的合葬墓。眼下这些奇谈怪论太多了，而且都是学者。这是制度决定的，地方上过去的师专都升大学了，本来就是个中学老师，现在要升教授，他要写论文发表啊。也有很多本来是官员，要去混个博士，那怎么办呢？就做这种无厘头的文章。我不是说笑话，都有白纸黑字的论文的。"盗跖吟口，名声若日月，与舜、禹俱传而不息；然而君子不贵者，非礼义之中也。"盗跖的名字常挂在人们嘴边讽叹，名声就像太阳、月亮一样无人不知，和舜、禹等一起流传而永不磨灭。到今天相隔几千年了，我们还知道有"盗跖"这个人。然而君子不会看重这样的名，因为这是恶名。所以说"君子行不贵苟难，说不贵苟察，名不贵苟传，唯其当之为贵"。《诗经》上说："物其有矣，唯其时矣。"虽有其物，但必须得其时。说的就是这个道理"当之为贵"。恰当的、有用的才是可贵的。最难做到的行为，最难说通的理论，最难做的就是青史留名。如果不恰当，都不值得去做。没有价值，不可贵。所以人不能为了求名而去求名。当然我们不能只求成人的最低标准，至少做个君子吧！下面继续看《不苟》篇是怎么说的。

26. 君子的标准

君子易知而难狎，易惧而难胁，畏患而不避义死，欲利而不为所非，交亲而不比，言辩而不辞。荡荡乎！其有以殊于世也。

君子容易结交，但难以勾搭。因为君子坦荡荡，容易相知相交，但君子不拉帮结派，所以难以勾勾搭搭。小人就不一样了，几杯酒一喝就互相勾搭上了。君子做事谨慎小心，不敢冒险，但不是胆小，难以被外人胁迫，不会因为威胁他就放弃原则。所谓"三军可夺帅也，匹夫不可夺志也。"君子害怕祸患，但不逃避为正义而牺牲。平时让他们去做危险动作，比如去玩笨猪跳，他们不敢去，怕万一绳子断了岂不是送死，不为寻刺激或出风头去做无谓的冒险。但需要为正义献身的时候，他们会视死如归。所谓"朝闻道，夕死可也"。每个人都想得到利益，不讲利只讲义是虚伪的。有这样的老板嘴上说：我做生意不是为了利润，而是为了理想，为社会做贡献。实际上，赚钱时一分钱都不放过，对员工苛刻得很。有几个人会信他啊。这是伪君子，真君子不是这样的。他们也想得利，但决不为谋利而去做违背良心的坏事错事。君子与人结交很亲和，但不偏私结党，不拉帮结伙。拉帮结伙就是没有原则，只要你对我好，我就跟你抱团。君子言谈雄辩，但只是讲清道理，不玩弄词藻，不会花言巧语。他们讲话的目的，不是要显示自己很有学问。这样的君子胸怀宽广，在人群中特立独行，和俗人不同。

> 君子能亦好，不能亦好；小人能亦丑，不能亦丑。君子能，则宽容易直以开道人；不能，则恭敬缚绌以畏事人。小人能，则倨傲僻违以骄溢人；不能，则妒嫉怨诽以倾覆人。故曰：君子能，则人荣学焉；不能，则人乐告之。小人能，则人贱学焉；不能，则人羞告之。是君子、小人之分也。

君子有才能也是好的，没有才能也是好的。小人有才能也是丑恶的，没有才能也是丑恶的。为什么呢？因为君子虽有才能，但待人宽容，会平易正直地开导别人。没有才能，就恭恭敬敬、谦虚退让，小心翼翼地去服从别人的领导。"畏事人"就是怀敬畏之心地去跟随别人，不会非要做老大不可，而是甘当配角。小人则不然，有才能就骄傲自大，做出一些邪僻乖戾的行为去傲视轻侮别人。如果自己没有才能，就嫉妒怨恨，用诽谤来倾轧搞垮别人。所以君子有才能，别人就乐意向他学习；没有才能，别人就乐意教他。小人有才能，别人就羞于跟他学习，躲得远远的；没有才能，别人就羞于去教他。这就是君子和小人的区别。

君子宽而不慢，廉而不刿，辩而不争，察而不激，寡立而不胜，坚强而不暴，柔从而不流，恭敬谨慎而容。夫是之谓至文。《诗》曰："温温恭人，惟德之基。"此之谓矣。

君子平时舒缓，但不懈怠，不偷懒。他们方正不阿，眼睛里容不得一粒沙子，但不尖刻伤人。他们能言善辩，但不和人争吵，总是心平气和地讨论问题，以理服人。他们洞察一切，但不偏激。他们卓尔不群，不愿意随大流，但从不盛气凌人。他们性格坚定刚强，但不粗暴；宽柔和顺，但不人云亦云，不是没有原则的和事佬。他们平时的态度恭敬谨慎，待人宽容。这才可以称为最文雅、最有修为的人了。《诗经》上描写这样的君子："温良恭俭让的人，是道德的楷模。"这里讲的是做人的分寸。过和不及都不可能成为君子。

君子崇人之德，扬人之美，非谄谀也；正义直指，举人之过，非毁疵也；言己之光美，拟于舜、禹，参于天地，非夸诞也；与时屈伸，柔从若蒲苇，非慑怯也；刚强猛毅，靡所不信（伸），非骄暴也。以义变应，知当曲直故也。《诗》曰："左之左之，君子宜之；右之右之，君子有之。"此言君子能以义屈信变应故也。

君子推崇别人的德行，赞扬别人的优点，并不是谄媚阿谀。佛教上也提倡说"爱语"，意思是指慈爱和善的语言，不是谈情说爱的甜言蜜语哦。经常说爱语，让人心生欢喜，自然能让别人认同你。如果你一上来就用尖刻的语言给人一个下马威，让对方下不了台。即使你讲的是真理，人家也不愿意听，有抵触情绪了嘛。另一方面，他们公正地直言，坦率地指出别人的过错，并不是出于诋毁挑剔，那是真心为人好。他们说自己能光大美德，甚至可以与舜、禹看齐，和天地相并列，并不是出于夸诞之词，而是充分自信。是不是自吹自擂，要看他做的和说的是否相符合。只做一分，却说成十分，那才叫自吹自擂。他们与时浮沉，柔顺得像香蒲和芦苇一样，并不是出于懦弱胆怯，而是保护自己。有时候又显得刚强坚毅，直道而行，寸步不让，并不是出于骄傲横暴，而是坚持原则。这两种做法都是以最适宜的态度来随机应变，该坚持的时候坚持，该妥协的时候妥协，智慧足以适用不同境况。

《诗经》上说："该左就左，君子无不可；该右就右，君子也能行。"这说的就是大丈夫能屈能伸。中国文明的源头在《易经》，它把阴阳这一对范畴作为核心观念，所谓"一阴一阳之谓道"。"立天之道，曰阴与阳；立地之道，曰柔与刚；立人之道，曰仁与义。"天地与人无不包含一阴一阳两面。阳代表了刚直，阴代表柔顺，而理想的人格就是该坚持的时候要坚持，该妥协的时候要妥协。如果只懂坚持不懂妥协，就会四面碰壁，一事无成。如果只懂妥协不懂坚持，就是一个无原则的滑头、乡愿。你们学到了阴阳两面，也就是掌握了道。做人、做事业都有了主心骨。所以我一直要求你们学"道"，而不是零敲碎打地去学各种各样的"术"。你们掌握了道，能够运用自如，那么在什么环境下做任何事都能无往而不胜了。

> 君子，小人之反也。君子大心则敬天而道，小心则畏义而节；知则明通而类，愚则端悫而法；见由则恭而止，见闭则敬而齐；喜则和而治，忧则静而理；通则文而明，穷则约而详。小人则不然，大心则慢而暴，小心则淫而倾；知则攫盗而渐，愚则毒贼而乱；见由则兑（悦）而倨，见闭则怨而险；喜则轻而翾，忧则挫而慑；通则骄而偏，穷则弃而儑。传曰："君子两进，小人两废。"此之谓也。

君子，与小人相反。君子心胸广大，有抱负，敬天而行道。这里的敬天，就是《天命》篇里的"敬天命"。这是荀子思想中很重要的概念，以往很多人把"敬天命"说成"制天命"，从这段文字看，《天命》篇里的"制"应该是"敬"，其实两者都说得通，尽管有细微差别。对"制天命"的理解争议很大，我在最后一讲会详细解读，这里不展开了。古文里有时相差一个字，理解相差很多，这大有学问，不可以笼而统之过去的。"敬天命"用现在的话来说，就是尊重自然规律。君子心量很大，做事又很小心，敬畏礼义而非常节制自己的行为。聪明的君子就明智通达而触类旁通。愚钝的就端正诚笃、循规蹈矩。不是说君子一定要是聪明人，笨人也可以是君子。人的天赋有不同，但不妨碍人人都可以成为君子。如果被起用的话，就恭敬而不放纵。如不被见用的话，就警诫自己，保持庄重严肃，不自暴自弃，不发牢骚、喝闷酒。遇到开心事会平和地去处理，不会忘乎所以，不会脑子发热。忧愁的时候反而更冷静地去处理事情，怎么反败为胜，使坏事变好事。显达的时候文雅而明智。困窘的时候，简约而审慎。这样的人是君子。

小人就不是这样，野心大则傲慢而粗暴。野心和抱负不同，小人的野心是不自量力，或不顾客观规律，觉得世界上的事都能做到。小人野心大的另一面是心眼小，放纵自己，心理阴暗，行为邪僻乖张。聪明的小人巧取豪夺，不择手段地把人家的东西变成自己的。愚蠢的小人则狠毒残忍，容易作乱。见用时就喜形于色，尾巴翘到天上去了，顿时傲慢起来。昨天还跟你在一起称兄道弟，刚被提拔成一个小科长，转眼就对你喝五吆六了。如不见用的话，就会满肚子怨恨，然后险恶用心就暴露出来了。要么抓住老板的把柄去举报，要么使阴招把企业搞垮。高兴了就轻浮而急躁；忧愁了就垂头丧气，整天心惊胆战。显达时骄横而偏颇，表现出权力的傲慢，做事不讲公正，为所欲为。人生到了低谷的时候则自暴自弃，忧心忡忡，整天在那里唉声叹气。所以书上说："君子在两种情况下都能进取，小人在两种情况下都会堕落。"

27. 君子政治

　　君子治治，非治乱也。曷谓邪？曰：礼义之谓治，非礼义之谓乱也。故君子者，治礼义者也，非治非礼义者也。然则国乱将弗治与？曰：国乱而治之者，非案乱而治之之谓也，去乱而被之以治。人污而修之者，非案污而修之之谓也，去污而易之以修。故去乱而非治乱也，去污而非修污也。治之为名，犹曰君子为治而不为乱、为修而不为污也。

　　以前学者的解释第一句都是说，君子整治有秩序的国家，而不整治混乱的国家。这解释不通。有秩序的国家还需要你去治理吗？不治乱国，那不是逃避责任吗？那绝非君子所为。为什么这样说呢？这句话究竟是什么意思呢？看下一句："礼义之谓治，非礼义之谓乱也。故君子者，治礼义者也，非治非礼义者也。"符合礼义的叫做有秩序，违背礼义叫做混乱。所以君子只用礼义来治国，不用非礼义的办法来治国。这样第一句话的意思就清楚了。"君子治治，非治乱也。"君子以礼义治国，前面一个"治"是动词，治理的意思；后面一个"治"是名词，符合礼义的办法。君子用符合礼义的办法治国，不用非礼义的办法、歪门邪道来治国。"然则国乱将弗治与？"难道说一个国家乱了，你就不治了吗？国乱当然要治，但是"国乱而治之者，非案乱而治之之谓也，去乱而被之以治"。国家乱了去整治，不是说据乱而治乱啊！不是用违背礼义的办法去治乱啊！而是除去导致混乱的根源，建立起使国家有秩序的制度，也就是礼义制度。为了说明这个道理，荀子打了一个比方。"人污而修之者，非案污而修之之谓也，去污而易之以修。"人们因为脸上有了脏东西，就要把脸洗干净。但不是用脏水来洗干净，而是用清水洗去脏东西，使脸上干干净净。"故去乱而非治乱也，去污而非修污也。"所以说，去除乱而不是以乱治乱；就像去除脏东西而不是用脏水来清洁你的脸一样啊！派你去一个管理混乱的企业，你想把这个企业管理好，走上正轨。你不能以乱治乱，只抓短期效应，而是要建立一套长期有效的制度。这才叫"去乱而被之以治"。"治之为名，犹曰君子为治而不为乱、为修而不为污也。""治"这个概念是说，君子只做建立有秩序的事而不做以乱治乱的事；只做使人干干净净的事而不做使人更脏的事。

　　君子洁其身而同焉者合矣，善其言而类焉者应矣。故马鸣而马应之，（牛鸣而牛应之，）非知也，其势然也。故新浴者振其衣，新沐者弹其冠，人之情也。其谁能以己之濉濉，受人之械械者哉！

君子修身廉洁而同道就会聚拢来，君子只有言行都堪作众人榜样，志同道合者才会汇聚拢来追随他。为了说明这个道理，荀子又用了两个比喻。马一嘶鸣就会有其他的马来呼应，并不是因为它们懂事，而是情势就是这样的。君子说话有理，同志者呼应是认同他说话的理。如果不认这个理就不是同志了，这就是"其势然也"。另一个比喻，刚洗过澡的人总要抖一下自己的衣服，刚洗过头的人总要弹一下自己的帽子。这是人之常情啊。一个君子必然洁身自好，唯恐受外界的污染。谁能让自己的清明蒙受别人的昏暗呢？

君子养心莫善于诚，致诚则无它事矣，唯仁之为守，唯义之为行。诚心守仁则形，形则神，神则能化矣。诚心行义则理，理则明，明则能变矣。变化代兴，谓之天德。天不言而人推高焉，地不言而人推厚焉，四时不言而百姓期焉。夫此有常，以至其诚者也。君子至德，嘿然而喻，未施而亲，不怒而威。夫此顺命以慎其独者也。善之为道者，不诚则不独，不独则不形，不形则虽作于心，见于色，出于言，民犹若未从也，虽从必疑。天地为大矣，不诚则不能化万物；圣人为知矣，不诚则不能化万民；父子为亲矣，不诚则疏；君上为尊矣，不诚则卑。夫诚者，君子之所守也，而政事之本也。唯所居（据）以其类至，操之则得之，舍之则失之。操而得之则轻，轻则独行，独行而不舍则济矣。济而材尽，长迁而不反其初则化矣。

君子修养心性没有比诚意更有效的了。要做到真诚，没有其他办法，只有守仁行义。真心实意地守仁，就能成为众人的典范。成为典范就有神奇的力量，有神力就能感化人。这里的神力是指感召力，个人魅力。德国社会学家马克斯·韦伯有一个理论，几乎被所有政治学者引用过。他把统治的合法性分为三种类型：一是某种规则被遵守、被接受是因为它已行之多年，大家也就不再深究它合理与否。例如，清朝以前的中国人从来不会去深究君主制的合理与否。这种类型叫做传统型。二是法理型，成员服从是因为认定此规则是合理的，其制定程序是适当的，它的权威基础是众人接受的合理性。最后一种叫做奇里斯玛型，所谓奇里斯玛，本义是神圣的天赋，成员服从领袖人物的非凡魅力。宗教领袖往往有这种个人魅力。奇里斯玛就是荀子在这里说的"神"力。

"诚心行义则理，理则明，明则能变矣。"心意真诚、行为合宜就正，正就能明智，明智就能够改变旧貌。变化替代是"天德"，也就是自然法则。世界上没有不变的道理，但变与不变是辩证统一。有些变化是在不变的基础上发生的，有些不变是蕴含着变化的。上天不说话而人们都推崇它的高远，大地不说话而人们都推崇它的深厚，四季不说话而百姓都可以预期它的时序。因为天地四季尽管在现象上有变，天有日夜，地有高低，四季有春夏秋冬，但它们根本上都不会变。"夫此有常以至其诚者也。"因为它们都不改其常，所以才能达致极度的诚信。其实，荀子说这些都是为了引出后面的话："君子至德，嘿然而喻，未施而亲，不怒而威。"君子有极高的德行，即使沉默不言，人们也都受教；即使没有施舍，人们也都亲近他。他不用发怒就很威严。这都是因为君子能顺应天道，也就是像天一样不改其常，能做到至诚。所以如此是得自于慎独，就是《中庸》讲的"戒慎乎其所不睹，恐惧乎其所不闻"。在人看不到的地方也常警惕谨慎，在人听不到的地方也常唯恐有失。真行道的人知道：不诚就不能慎独；不慎独，就不能成为道德典范。成不了典范，也就是不够至诚，不能慎独。那么即使发自内心，表现在脸上，发表在言论中，人们仍不会顺从他，即使顺从也一定迟疑不决。

"天地为大矣，不诚则不能化万物；圣人为知矣，不诚则不能化万民；父子为亲矣，不诚则疏；君上为尊矣，不诚则卑。"天地够大的了，如不是因其诚就不可能化育万物。圣人够智慧的了，如不因其诚就不可能感化万民。父子关系够亲密的了，如其不诚就会疏远。君主够尊贵的了，如其不诚就不会被尊重。可见"夫诚者，君子之所守也，而政事之本也"。诚是君子的操守，政治的根本。儒家的政治也就是君子政治。理想的君子政治不是靠暴力，也不是靠权谋，而是靠当政者本身做一个君子。君子的政治标准就是真诚，讲诚信，不能欺骗老百姓。要求老百姓相信的，首先自己要真心诚意地相信；要求老百姓做到的，首先自己要以身作则地做到。"唯所据以其类至，操之则得之，舍之则失之。"君子只要能据诚以待民，那么同样讲诚信的民众就会归顺他、投奔他。保持诚信就会得民心；丢弃诚信就会失民心。"操而得之则轻，轻则独行，独行而不舍则济矣。济而材尽，长迁而不反其初则化矣。"因保持诚信而得民心就身心轻松，轻松就能专一而行道。专一而行，不半途而废，就能成就自己为君子了。成就自己而彻底改变了自然本性，长期的迁善而不返回性恶之初，那么就完全化性起伪，成为理想的人了。

君子位尊而志恭，心小而道大，所听视者近，而所闻见者远。是何邪？是操术然也。故千人万人之情，一人之情是也。天地始者，今日是也。百王之道，后王是也。君子审后王之道，而论于百王之前，若端拜而议。推礼义之统，分是非之分，总天下之要，治海内之众，若使一人。故操弥约而事弥大，五寸之矩尽天下之方也。故君子不下室堂而海内之情举积此者，则操术然也。

这里的君子是指君主，在先秦文献中两者经常混用。君的本义是尊贵的"尊"。《说文》解释："君者，尊也"。才德出众的人被尊崇，因此称为"君"；地位尊贵的人也被称为"君"。古人要求地位尊贵的人，同时也应该是才德出众的人。于是君主又可被称为君子。而一般才德出众而无尊贵地位的人则只能称"君子"，而不能称"君主"。后世两者的指称才逐渐分开，因为君主大部分未必是才德出众的人了。"君子位尊而志恭，心小而道大，所听视者近，而所闻见者远。"君主地位尊贵而态度却很谦恭；小心谨慎而心胸远大。他们能听到和能看到的很近，而所见所闻却很远。这是为什么呢？"是操术然也"，是拥有的方法如此。什么方法呢？荀子在这里没有明说，但在《非相》篇中说："欲观千岁，则数今日；欲知亿万，则审一二；欲知上世，则审周道；欲知周道，则审其人所贵君子。故曰：以近知远，以一知万，以微知明。此之谓也。""周道"就是周代所行的政治。为什么这就是荀子在这里所说的"操术"呢？因为他接下去讲的就是这个意思。"故千人万人之情，一人之情是也。天地始者，今日是也。百王之道，后王是也。"千千万万人的人情就是一个人的人情，人性人情相差不远。开天辟地时的情况如此，今天也是如此。百代帝王的统治之道如此，近世帝王也是如此。所以君主考察近世帝王的统治之道，以此推论百代帝王的政治措施，就像端坐在朝廷上听取大臣们的建言。"推礼义之统，分是非之分，总天下之要，治海内之众，若使一人。"只要推行礼义，分清是非，总揽天下的纲领，那么治理全国民众就像役使一个人那样自如。可见掌握的方法越简约，能办成的事业就越大。这就像五寸长的曲尺能画出天下所有的方块一样。"故君子不下室堂而海内之情举积此者，则操术然也。"所以说，君主足不出户而天下的情势皆汇集在朝廷上了。这是掌握了一定的方法才能这样的啊。

这四段讲了君子政治的三条原则：一是要以礼义治国，不能以乱治乱；二是要以身作则，以真诚取信于民；三是要举重若轻，讲究统治的方法。

28. 什么样的人是士

有通士者，有公士者，有直士者，有悫士者，有小人者。上则能尊君，下则能爱民；物至而应，事起而辨，若是则可谓通士矣。不下比以暗上，不上同以疾下；分争于中，不以私害之，若是则可谓公士矣。身之所长，上虽不知，不以悖君；身之所短，上虽不知，不以取赏；长短不饰，以情自竭，若是则可谓直士矣。庸言必信之，庸行必慎之，畏法流俗而不敢以其所独甚，若是则可谓悫士矣。言无常信，行无常贞，唯利所在，无所不倾，若是则可谓小人矣。

士在荀子的理想人格中是最低层次的，也就是成人最起码的要求。但士也有所区分。有通达事理的士，有公正无私的士，有耿直爽快的士，有拘谨老实的士，还有小人。小人也属于士，他们也受过教育，但只是成人中的次品，人格有缺损者。上能尊重君主，下能爱抚民众；事情发生了能应对，事有疑惑能分辨。这样的人就可以称为通士。不拉帮结派欺瞒君上；同事中有分歧争执，不因私心去陷害别人。这样的人就可以称为公士。自己有优点，即使君主不知道，也不去埋怨并做出悖逆的举动。自己有短处，即使君主没发现，也不将错就错去领赏。既不以长处而傲慢，也不去掩盖自己的短处，实事求是，绝不文过饰非。这样的人就可以称为直士。说一是一，哪怕是说一句最平常的话，也绝不夸大或缩小。言必有信，说到做到，哪怕做一件最平常事，也一定谨小慎微。不去仿效流俗，也不因个人偏好而走极端。这样的人就可以称为悫士，端正谨慎的士。每一种士的要求都不容易做到，如果各方面的要求全部做到，那就是君子，甚至是圣人了。如果一样也不及格，那就是小人。这种人说话从来不讲诚信，行为从来不坚定，左右摇摆，瞻前顾后。只要有利可图，就无所不用其极地去求取。这样的人就可以称为小人。我看今天的知识分子中大概这样的人居多。

　　公生明，偏生暗，端悫生通，诈伪生塞，诚信生神，夸诞生惑。此六生者，君子慎之，而禹、桀所以分也。

　　欲恶取舍之权：见其可欲也，则必前后虑其可恶也者；见其可利也，则必前后虑其可害也者；而兼权之，孰计之，然后定其欲恶取舍。如是则常不失陷矣。凡人之患，偏伤之也。见其可欲也，则不虑其可恶也者；见其可利也，则不虑其可害也者。是以动则必陷，为则必辱，是偏伤之患也。

　　人之所恶者，吾亦恶之。夫富贵者，则类傲之；夫贫贱

者则求柔之，是非仁人之情也，是奸人将以盗名于晻世者也，

险莫大焉。故曰："盗名不如盗货。"田仲、史𫚉不如盗也。

公正就能明事理，偏私就会糊涂；端正谨慎能通达，欺诈虚伪就会走绝路；讲诚信能有神助，夸诞妄言就会迷乱困惑。这个"神助"不是真有神仙的助力，而是《中庸》里说的"至诚如神"，诚信至则通于神的"神"。比如诚信至而能逢凶化吉，就像有神助。君子要谨慎对待对这六种现象，这是禹和桀的分别，圣王和昏君的分别，贤和不肖的分别。

权衡好恶取舍的标准，是看到事物可满足欲望的同时，必须前前后后考虑它可能带来恶果的一面。看到有利可图的同时，必须前前后后考虑它可能造成的损害。权衡利弊，深思熟虑，然后再决定好恶取舍。这样就不会失误了。一般来说，人们招致的祸患往往是受害于片面性：只看见满足欲望的一面，就不考虑可能带来恶果的一面。只看到有利可图的一面，就不顾及可能造成的损害。因此，动则失足，行则受辱，不断犯错误，不断给自己带来麻烦。这正是片面性造成的祸害啊！

众人厌恶的，我也厌恶。对富贵的人，不论是非，一概傲视；对贫贱的人，无论良莠，一味屈就。这并不是正义之士的正常感情，而是奸邪之徒在这个昏乱的世界上用以欺世盗名的伎俩，用心再险恶不过了。所以说："欺世盗名的还不如明火执仗做强盗小偷的。"田仲、史𫚉还不如那些做贼的。田仲，又叫陈仲子，是战国时期的齐国人。

他的哥哥在齐国做官，他认为哥哥的薪水是不义之财，哥哥住的房子是不义之居。于是他便离开哥哥家独自居住，不花哥哥的钱，为别人做园丁谋生。所以他在历史上以廉洁清高著称。史鳅，又叫史鱼，春秋时期卫国的大夫，曾劝说卫灵公罢免弥子瑕，卫灵公没听他的话。直到临死前，他嘱咐儿子不要入殓，要以自己的尸体来劝灵公采纳意见，以表示尽忠。孔子曾称颂他此举表现得很正直。但是，荀子认为他们是欺世盗名，比做贼还可恶。荀子的这段话简直是对当代欧美所谓左派的刻画。他们把"人权"、"平等"挂在嘴上，不管是罪犯，还是懒汉，只要是少数族裔、穷人、难民，似乎就神圣不可侵犯，要用纳税人的钱养起来。其实，这种"政治正确"恰巧是"政治不正确"。说到底他们是为了捞选票，用廉价的政治许诺换取自己的高官厚禄。结果使国家负债累累，真正勤劳的公民因税负愈重而导致生活每况愈下。马克思在《共产党宣言》里曾经说过："为了拉拢人民，贵族们把无产阶级的乞食袋当作旗帜来挥舞。但是，每当人民跟着他们走的时候，都发现他们的臀部带有的封建纹章，于是哈哈大笑，一哄而散。"这段话拿来形容今天欧美的左派政客和学者也仍是恰如其分的。他们这些人就是荀子讲的"盗名不如盗货"。他在《非十二子》篇里也揭露了这些不合格的士。

　　假今之世，饰邪说，文奸言，以枭乱天下，欺惑愚众，矞宇嵬琐，使天下混然不知是非治乱之所存者有人矣。

当今之世，有人粉饰邪说，美化奸论，以此搅乱天下，蒙骗迷惑老百姓。这些人的言行诡诈，夸大，狂险，猥琐。使天下人稀里糊涂，不知是非和治乱。荀子两千多年前批判的这种读书人，在当今世界仍然比比皆是。许多所谓的专家学者在那里大放厥词。例如，有个大学的副校长说："我把堵车看成是一个城市繁荣的标志，是一件值得欣喜的事情。如果一个城市没有堵车，那它的经济也可能凋零衰败。1998年的特大水灾刺激内需，拉动增长，光水毁掉的房屋就有几百万间。所以水灾拉动中国经济。"还有其他的学者宣称："没有拆迁就没有新中国"，"一个城市的房价越低越丢人"，"强奸陪酒女危害小"等等。他们的厚颜无耻比起两千多年前的士林败类来有过之无不及。这段是文章开头的导语，引出对下面十二子的批判。

　　纵情性，安恣睢，禽兽行，不足以合文通治。然而其持
之有故，其言之成理，足以欺惑愚众，是它嚣、魏牟也。

有的人放纵情性，惯于恣肆放荡，行为像禽兽一样。他们的言行不足以合礼义、通政治。然而，听起来似乎说得有根有据，言之成理，足以欺骗蒙蔽愚昧的民众。它嚣、魏牟就是这种人。它嚣是什么人？有关他的生平已经无法考证了。魏牟是战国时期魏国的公子。《汉书·艺文志》道家类下记载有《公子牟》四篇。

　　忍情性，綦谿利跂，苟以分异人为高，不足以合大众、

明大分。然而其持之有故，其言之成理，足以欺惑愚众，是
陈仲、史䲡也。

有的人隐忍真性情，城府极深，爱走极端。他们的言行只求与众
不同，而自命清高，实际上既不能合大众，也不足以明大义。然而，
听上去似乎有根有据，言之成理，足以欺骗蒙蔽愚昧的民众。陈仲、
史䲡就是这种人。这两个人在上文已经介绍过了。

不知壹天下、建国家之权称，上功用，大俭约而僈差等，
曾不足以容辨异、县君臣。然而其持之有故，其言之成理，
足以欺惑愚众，是墨翟、宋钘也。

有的人不懂整合天下，建立国家的法度，只是崇尚功利，重视节
俭而轻视差别。他们的言论不容许人与人有差异和君臣地位的悬殊。
然而听上去似乎有根有据，言之成理，足以欺骗蒙蔽愚昧的民众。墨
翟、宋钘就是这种人。墨翟，就是墨子，有关他的介绍不难找，我
就不详细说了。宋钘是战国时期的宋国人，与齐宣王同时，曾游学稷
下，著书一篇。孟子与庄子都很尊敬他，称之为"先生"。他的思想
继承老子的"情欲寡"、"见侮不辱"等学说，同时主张"崇俭"、"非
斗"，因此有人认为他是墨翟弟子。

尚法而无法，下修而好作；上则取听于上，下则取从于

俗；终日言成（称）文典，及纠察之，则偶然无所归宿，不可以经国定分。然而其持之有故，其言之成理，足以欺惑愚众，是慎到、田骈也。

有的人推崇法治但又无视法度，轻视修为而喜欢另搞一套。上则迎合君主，下则取媚世俗。整天喜欢引经据典，等到认真去考察他们称引的典籍时，就会发现它们迂阔得没有一个着落点。既不能用来治理国家，也无法确定名分。然而听起来似乎有根有据，言之成理，足以欺骗蒙蔽愚昧的民众。慎到、田骈就是这种人。慎到是战国法家的代表人物之一，赵国邯郸人。《史记》说他专攻"黄老之术"。齐宣王时，他是稷下学宫中最具有影响的学者之一。《汉书·艺文志》的法家类著录了《慎子》42篇，大多已经失传了。慎子以"因循自然"的道家思想，在政治上提出"贵势"。"势"有三层含义，其一相当于今天物理学上的"势能"；其二指的是一种有利地位；其三是指政治上的权力。田骈是战国时期的齐国人，曾游学稷下，著书15篇。他的学说主要表现为一个"齐"字。他认为从"大道"来看，万物是齐一的，一致的。主张"齐万物以为首"，要求摆脱各自的是非利害，认为"好得恶予，国虽不大为王，祸灾日至"。对待事物最好的办法是任其自然变化，回到"立公"的自然之理，从"不齐"中实现"齐"。

不法先王，不是礼义，而好治怪说，玩琦辞，甚察而不惠，辩而无用，多事而寡功，不可以为治纲纪。然而其持之有故，其言之成理，足以欺惑愚众，是惠施、邓析也。

有的人不效法古代圣王，不赞成礼义，而喜欢钻研奇谈怪论，玩弄花巧的词语。观察细密却毫无用处，雄辩动听却不切实际，爱折腾却总是劳而无功。他们的言论不能作为治国方略。然而，听起来似乎有根有据，言之成理，足以欺骗蒙蔽愚昧的民众。惠施、邓析就是这种人。惠施是战国中期的宋国商丘人，名家学派的主要代表人物，也是庄子的好友。他在当时以博学善辩出名，所有著作都已失传，只有《庄子·天下篇》内保存有他的十个命题，即"历物十事"。邓析是春秋末年郑国的大夫。他第一个公开反对"礼治"思想，提出"不法先王，不是礼义"。

略法先王而不知其统，犹然而材剧志大，闻见杂博。案往旧造说，谓之五（王）行，甚僻违而无类，幽隐而无说，闭约而无解。案饰其辞而祗敬之曰："此真先君子之言也。"子思唱之，孟轲和之，世俗之沟犹瞀儒，嚾嚾然不知其所非也，遂受而传之，以为仲尼、子游为兹厚于后世。是则子思、孟轲之罪也。

有的人虽大略效法先王，而不得其要领，还自以为才气横溢、志向远大、见闻广博。假托前古之事而自造其说，谓之王道。他们的学说邪僻背理而无逻辑，晦涩不明难以讲说，绕来绕去而说不通，却还粉饰自己的言论，郑重其事地说："这正是先师孔子的言论啊！"子思倡导，孟轲附和，那些愚昧无知、像瞎子一般的儒生们七嘴八舌地喧哗争辩，看不出他们的错误。这里"世俗之沟"的"沟"在古文中是愚蠢的意思，于是他们接受这种学说并传授下去，以为是孔子、子游立此学说来造福后代。其实是子思、孟轲的罪过。荀子在这里痛骂思孟学派，由此引起后世儒家的不满。不过这些话究竟是门户之见，还是是非之争，则是见仁见智的了。荀子在《非十二子》篇里不仅指责了他以为是欺世盗名的名士，还批评了一般不合格的士。

> 古之所谓仕士者，厚敦者也，合群者也，乐富（当）贵者也，乐分施者也，远罪过者也，务事理者也，羞独富者也。今之所谓仕士者，污漫者也，贼乱者也，恣睢者也，贪利者也，触抵者也，无礼义而唯权势之嗜者也。

"士仕者"指过去那些在官场上做官的士。古时候，这样的人是朴实厚道的，是非常亲民，能和民众打成一片的人，是喜欢可贵之事物的人。以往学者对"乐富贵者也"的解释争议较大。有人认为"富"是"当"字之误。"当贵"即"可贵"，值得珍贵，这里指礼义。也就是说他们是喜欢礼义的人。我赞同这种说法。他们是乐于施舍的人，是远离罪过的人，是守规矩、办实事的人，是羞于"先富起来"而只顾自己富裕的人。现在做官的士，是污秽卑鄙的人，是为非作歹的人，是恣肆放荡的人，是贪图私利的人，是触犯法律的人，是没有教养而一味贪求权势的人。你们看官场的毛病古已有之，两千多年前就是这样了。所以要反腐实在不容易啊！在朝的士如此，那么在野的士又如何呢？

> 古之所谓处士者，德盛者也，能静者也，修正者也，知命者也，著是者也。今之所谓处士者，无能而云能者也，无知而云知者也，利心无足而佯无欲者也，行伪险秽而强高言谨悫者也，以不俗为俗、离纵而跂（歧）訾者也。

古代所谓的隐士，是品德高尚的人，是能静心养性的人，是真修行人，是知天命的人，是彰明正道的人。现在有些人动不动就说我要隐居了，我要躲进终南山里隐居啦。这些所谓的隐士，是没有才能而自我吹嘘的人，是无知而自以为是的人。其实，他们本身没什么本事，肚子里也没多少学问，只好躲起来，又要披头散发，道貌岸然装出一副很有本事，很有学问的样子。他们是一伙贪得无厌而又要假装清高的人，既要名又要利，一时得不到就扮出一副淡泊名利的嘴脸，变一种戏法去获取名利。他们行为虚伪、阴险、猥琐，却又大言不惭地强扮谨慎忠厚的老实人。本来是一个无赖，却见人就说："唉呦！我出家了，我信佛了，我吃素了。"他们故意矫情以为不俗，其实一身俗气，背离常规而做出异常的举动。"离纵而歧訾"，离开常人之踪迹而异行。最近不是有段子嘲笑这些人嘛：手上戴一串佛珠，脚上穿一双布鞋，在那里品红酒、学马术、打高尔夫球，到处显摆，显示自己与众不同。这就是"以不俗为俗"。看到今天的这些现象，读读古书对照一下，就会觉得没什么值得大惊小怪的。世界就是这样的，历史还是照样在往前走。问题是你自己要做一个怎样的人？随波逐流，同流合污，是你的一种人生选择。做一个君子，做一个圣人，也是一种人生选择。

第四讲

荀子论学

29. 读书改变气质

我们平时经常说"万般皆下品，唯有读书高"。这句名言出自北宋人汪洙写的《神童诗》。其实，思想来源是荀子的。我在上一讲提到了《儒效》里的一段话："我欲贱而贵，愚而智，贫而富，可乎？曰：其唯学乎。"改变命运的唯一途径是学习。为什么荀子会如此重视学习？这和他的性恶论有关。他认为，人们自然属性中有趋恶的可能性。只有化性，才能"起伪"，才能成人，成为具有理想人格的社会人。而要想"化性起伪"达到圣人的境界，哪怕是做个士，或者做个君子，主要的途径是学习，是读书。

为什么这样说呢？"化性"，其实就是改变人的气质。怎么改变一个人的气质呢？很大程度是得益于读书。曾国藩就讲过，"人之气质，由于天生，本难改变，唯读书者可以变其气质。"清代学者金缨的《格言联璧·学问》说："古今来许多世家，无非积德；天地间第一人品，还是读书。读书即未成名，究竟人高品雅，修德不期获报，自然梦稳心安，为善最乐。读书便佳。"莎士比亚也说过："三代培养不出一个贵族。"这是指那种高贵的气质和长期的家庭熏陶有关。但即使出身社会底层，我们一样可以高贵。有一条路是通往高贵最低的门槛。这条路，无论贫富贵贱，公平地摆在你面前，那就是读书。这里说的读书，不是指学校中的读书，亦非指读老师指定的功课，而是指广泛阅读。一个人的出身是不能选择的，但是家庭背景不决定一个人的气质。很多富贵家庭出来的孩子一身邪气或俗气，因为他们不读书。相反，很多农村出来的孩子进城读书，几年后文质彬彬、风度翩翩。如果回到老家，同一个村子里一起长大的伙伴们，因为没有继续上学，或者在家务农，或者进城打工，十年八年一过，两者的气质就完全不同了。很多自以为是的成功人士，非富即贵，但他身上就是一股土豪气，而不是精英的气质。气质不是靠金钱和地位可以改变的，只有读书才能改变。当然，我也有些富豪朋友，资产都在上百亿，但身上还保持了书生气。我愿意和他们一直交往，他钱多钱少跟我一点关系都没有，只是喜欢他们身上的这种书生气。我不崇洋媚外，但说实话，这几年就是觉得一个西方人和一个中国人走在一起，两者的气质有些不一样。什么道理？到了国外，无论是在机场或火车站等候，还是在地铁、飞机上，你会看到周围大部分的人手上都拿着一本书在读。我们的国人却没有这种读书的习惯，无论走到哪里人们都在玩手机。刚到香港的时候，还没有手机，地铁上三十几岁的人宁可看漫画，也不愿意看书。几十年一过，我们和西方人气质上的差距就出来了。

宋人黄庭坚说过："三日不读，便觉语言无味，面目可憎。"林语堂解释这句话说："黄氏所谓美丽的脸孔，不是脂粉装扮起来的脸孔，而是纯然由思想的力量创造起来的脸孔。所谓面目可憎，不可作面孔不漂亮解。有漂亮脸孔，说漂亮话的人，未必便面目不可憎。一与交谈，风韵全无，便觉得索然无味。读书与面孔漂亮没有关系，因为书籍并不是雪花膏，读了便会增加你的容辉。黄山谷所谓面目可憎不可憎，只是指人们的议论风采。'风韵'二字由读书而来。性灵可决定面目。"林语堂由此说：读书的主旨在于排脱俗气。爱读书的人，灵魂和容颜都会优雅起来。

　　林语堂的解释是不错的。面目可憎当然不是指长得丑陋，而是上海话讲的"吃相难看"。我见过有些教授、学者或作家，看到有权或有钱的人，满脸的谄媚，坐在椅子上都只敢坐半个屁股，一身俗气。这种人不是一个真正的读书人。他们往往是有学位、无教养的人。你和有些人交谈，说来说去就是重复那些陈年烂谷子的旧事，或者是身边鸡毛蒜皮的小事，会让你索然无味，再也不想和他们交往。什么原因？不读书！女孩子年轻时候大多漂亮。到了五六十岁看什么？不是看面孔，是看气质了。面孔都有皱纹，都好看不到哪里去了。很多女明星年轻时亮丽得很，五六十岁以后如果不化妆的话，可以说是惨不忍睹，因为没有气质。气质哪里来的？读书读出来的。大部分演员不读书，只有小学程度，和他们交谈实在是俗不可耐。最近网络上有个新词汇"油腻的中年人"，说现在的中年男人头顶微秃、大肚直挺、手腕戴串、睡衣唐装混搭出街、手托保温杯，说话嘴巴泛白沫。这还不算，他们见人就喜欢谈养生，说起名人野史如数家珍，得了点小便宜就喜欢到处说。何以至此？这代人读书太少，因此气质太差。尽管财富在增加，但生活却没有品味。

为什么读书可以改变气质？为什么化性起伪只有靠读书？荀子的《劝学》篇讲的就是这些道理。这是一篇传颂千古，流传最广的文章。请看文本：

> 君子曰：学不可以已。青，取之于蓝，而青于蓝；冰，水为之，而寒于水。木直中绳，𫐐以为轮，其曲中规，虽有槁暴，不复挺者，𫐐使之然也。故木受绳则直，金就砺则利，君子博学而日参省乎己，则知明而行无过矣。

君子说："学无止境。"荀子开门见山就这样说，这句话很重要！他还特别说明是"君子曰"，君子才能说出这样的话来。为什么？只有成为君子以后才有这样的体会，不读书的人成不了君子，至多是一个"众人"，是一个"民"。学习不能停止，不是说大学毕业了，或者拿到博士学位了，就不用读书了。用一句平常话就是"活到老，学到老"。我有一位朋友的父亲到九十多岁开始学德文。他为什么要学？没有别的道理，就是因为偶然看到德文原版书，看不懂就想去学德文了。他已经把年龄、身体等等完全都忘掉了，只是觉得每活一天都有自己不懂的东西可学。学习就是要到达这样的境界。很多人到六七十岁一退休就在那里等死了。每天打麻将消磨时间；或者盼望儿女早点结婚，生个第三代出来玩玩。如果养成读书习惯，活一辈子都把读书当成生活的一部分。那么生活才会充实，使自己的思维永远保持活力。

下一句"青是从蓼蓝中提取而来的，但比蓼蓝更青；冰是由水凝固而成的，但比水还要寒冷"。这两句是比喻学习能"化性"，改变人的本性。"蓝"和"水"是比喻人的自然属性。"青"和"冰"是比喻人们"化性起伪"后的社会属性。人本身是一个动物，"水为之"，人的开始只有动物的自然性，当他进化成"冰"以后，自然性没变，仍然是"目好色，耳好听，口好味，心好利，骨体肤理好愉佚"；仍然是"饥而欲饱，寒而欲暖，劳而欲休"，但和原来只有自然性的人就完全不一样了。所以荀子讲"青，取之于蓝，而青于蓝；冰，水为之，而寒于水"。这个从"蓝"到"青"，从"水"到"冰"的过程就是化性起伪的过程，也就是我们平时说的文明化过程。所以衡量历史进步的唯一标准就是人的文明化程度。不同文化形态的文明化程度是不同的。今天我们讲文化的多元化，但不等于承认不同文化之间没有先进和落后的差别，更不是主张让落后的文化始终停留在落后状态，让野蛮的文化永远停留在野蛮状态。

我们再回到文本："木直中绳，輮以为轮，其曲中规，虽有槁暴，不复挺者，輮使之然也。"一根挺直的木头，直得和木工的墨线相符。但用火烘烤就可使它弯曲，做成车轮。做成轮子后的木头，它的弯曲度就像圆规画的一样。即使再用火去烘烤，在阳光下暴晒，也不会再恢复原样了。这是"輮"的工艺使它变成这样的。这也是一个比喻，用"輮"比喻化性起伪的过程。"起伪"以后，一个人的人性就完全变了，身上有社会属性了。荀子没有一开始就讲学习，而是重复他的人性论。所以尽管《荀子》是由一篇篇独立的文章汇集的，其实是有一种内在逻辑的，都是以他的人性学说为起点的。他讲学习的重要性，不是凭空而起，跟他的整个理论体系是有关系的。所以，和你们过去单篇读《劝学》不一样。把它放在荀子整个思想体系里再去读，理解就会更深。"化性起伪"是他"劝学"的理论基础，然后引到学习上，"故木受绳则直，金就砺则利。"木材靠墨线才能取直，刀剑在磨刀石上磨过才能锋利。以这两个比喻为铺垫，得出"君子博学而日参省乎己，则知明而行无过矣"的结论。君子博览群书，又能一日三次反省自己的言行，就可以见识高明而行为不犯错误了。换句话说，化性起伪靠的就是学习。

30. 读书提升能力

　　故不登高山，不知天之高也；不临深溪，不知地之厚也；不闻先王之遗言，不知学问之大也。干、越、夷、貉之子，生而同声，长而异俗，教使之然也。《诗》曰："嗟尔君子，无恒安息。靖共尔位，好是正直。神之听之，介尔景福。"神莫大于化道，福莫长于无祸。

　　不登上高山，就不知道天的高远；不亲临深溪，就不知道大地的厚实。山和山之间，旱的叫"谷"，有水的叫"溪"。古代汉语非常丰富的，用不同的词汇表达出相近事物的细微区别。照理社会生活越丰富，词汇量应该越多，可惜的是现在词汇量反而越来越少，写文章用来用去就这么点词汇。这算不算文化退步的表现呢？这两句比喻引出后面的话：没有听过前代圣王的遗言，就不知道学问的博大。听圣王的遗言也就是读传统经典。每一时代都有千千万万人在写书，但随着历史的大浪淘沙，没有价值的书传不下来。我们现在每年出版数十万种书，但能流传一千年，哪怕一百年的，有没有一本都很难说。经过几千年历史的考验和时代的筛选，那些能流传到今天的书，一定是每一时代的最高成就，代表了那个时代的思想高峰，而且有些思想是穿越历史的。如果没有读过这些传统经典，读来读去读几本概论，看几篇网络文章，以为自己什么都懂了，那实在是浅薄可笑得很！所以与其去看那些心灵鸡汤，不如跟历史上的思想巨人去对话，那你就会有巨大收获。哪怕一本《荀子》或《孟子》，你只能读懂百分之一，也会比你百分之百地读懂一本"心灵鸡汤"要有用得多。"不闻先王之遗言，不知学问之大也。"不但是荀子的话，也是我自己读了大半辈子书的体会。只有进入传统经典的宝库，才知道中国文化的博大精深。不过，到了今天这个全球化时代，不能只读中国的经典，不读西方的书。西方经典里也有很多精彩的思想内容，也属于"先王之遗言"范畴内的，不能偏颇。

"干、越、夷、貉之子，生而同声，长而异俗，教使之然也。"生活在边远地区的少数族人，初生下来时的哭啼声是一样的，但长大后习俗就不一样了。现在国内的流动性大。一个山东人或广东人移居到上海。生下来的孩子在上海长大，和老家的孩子，哪怕是表兄弟们的语言举止、生活习惯都不一样了。中国人移民到美国，到澳大利亚，在那里生的小孩，尽管也长着一张中国人的脸孔，但连表情神态、思维习惯都是外国人的了。大家叫这些人香蕉——黄皮白心。这都是后天的教造成的。这个"教"不只是指学校教育，大人教小孩也是教，周围环境的影响也是教，是指后天的化性起伪。

《诗经》说："君子啊，不要总是贪图安逸，忠实谨慎地供奉你的职位，正身直行。上天察知后会助你得到大的福报。"荀子解释说，不是真有天上的神仙来帮助你，而是学习"先王之遗言"，没有比教化之道有更大的神力，没有比无病无灾更长久的幸福。无灾无祸就是清福。南老师以前常讲，大家都讲洪福齐天，但清福要比洪福好。什么叫洪福，原先不是这个"洪"，而是红色的"红"。"走出世间是清静，走入世间是红尘"。红尘里的人生就是功名富贵，所以叫红福。一辈子无病无灾，不愁吃、不愁穿，有一点钱用，这就是清福，清静的福。有病有灾都没法得清静。他说，多少人做得到啊？地位高了，反而没时间去享清福了。为了名和利把自己的健康也消耗掉了。人到老了，本来可以享清福了，多数人反而觉得痛苦，因为一旦无事可管了，就觉得活得浑身不自在。所以人生洪福容易，清福则不然。没有智慧的人是不能享清福的。一个人要能够享受寂寞，看破红尘，才可以体会到人生更高远的一层境界，这个叫清福。怎么看得破？读书，不读书没有智慧，你就看不破。所以学经典，是学人生的道理，不是学别的。教不了你如何去赚钱，教不了你怎么去争权夺利。当然，书里也有这方面的东西，那是糟粕。但更多的是可以给你很多人生的哲理。

　　吾尝终日而思矣，不如须臾之所学也；吾尝跂而望矣，不如登高之博见也。登高而招，臂非加长也，而见者远；顺风而呼，声非加疾也，而闻者彰。假舆马者，非利足也，而致千里；假舟楫者，非能水也，而绝江河。君子生非异也，善假于物也。

极短的时间，秦汉以前用"须臾"，佛教传入中国后用"一刹那"，那是佛经里的词汇。我曾经整天坐在那里想，但想了一天的结果还不如花一点点时间去学习有用。"吾尝跂而望矣，不如登高之博见也。"我曾经踮起脚远望，但不如登上高处看得广阔。人的思想不是凭空而起的，思想是要有原料的。思想的过程是一个对所见所闻加工的过程。为什么有的人思想比较丰富和深刻呢？尽管和他的思维能力以及思维方式有关，更重要的是取决他用来思考的原料。没有思考对象就如同无米之炊。一个人的视野比较广阔，一般来说，思考问题的角度、深度就不一样。一个人如果一生就生活在一个小村子里，永远没走出过大山，这个人可能成为思想家吗？不可能的，他每天看到的就是眼皮底下一点东西。我小时候在乡下，村里的老人吃完晚饭，聚在一起聊天。有一个人来过上海，看到过国际饭店，说有十六层高。大家都不相信，都说他胡说八道，怎么可能呢？乡下只有平房，他们想象不出造房子怎么可能造得那么高。他们没有见识过嘛！很多家长问我小孩子的教育问题。我说，与其让他们从早到晚参加各种补习班、兴趣班，一会儿奥数，一会儿钢琴，不如用这些钱带他去多长一点见识，放暑假了到世界各地去看看。至少也要在周末带他们到各种博物馆去看看，到图书馆去翻翻，见识广了长大以后就不一样了。现在提倡创造性思维，没有原料怎么去创造性思维啊？终日坐在那里空想，能创造出些什么东西来啊？那只是在做白日梦。

当然，每个人的实践总是有限的。一个人的思考对象不可能也不必要都是亲身经历过的。书籍就是其他人留下的实践总结。读书可以让你了解自己没有经历过的事物。书籍是思想的延伸，如果没有书籍，那么所有的世界都得自己去拿脚步走一遍才能了解。所有的历史，都只能靠"挖坟"才能了解。那么一个人还没走完所有的角落，也还没挖完所有的坟，估计生命就要结束了。世界太大，生命太短暂，只能靠思想去驰骋。通过别人的思想延伸自己，这是一个捷径。所以说，读书可以让你获得思考的基础。很多人不知道怎么提高自己的人生修养，或者来问我应该怎么教育小孩。其实，先不要说太高深的道理，先养成读书的习惯。连读书的习惯都没有，要说什么人生的修养，那是空谈。小时候，阅读量越多，对将来智力的发展越有好处。

登上高处招手，手臂并没有加长，但远处的人就能看见。顺风呼喊，声音并没有更激越响亮，但听的人却听得很清楚。借助车马远行的人，并不是双脚善于走路，但能够到达千里之外。借助船桨渡河的人，并不是善于游泳，却能够横渡江河。这四个比喻只是为了说明一个道理："君子生非异也，善假于物也。"君子的天性并非与别人有什么两样。这在《性恶》篇已经讲过了，普通人可以为尧、舜。尧、舜和普通人其实并没什么不同。不同的只不过是君子善于借助外物罢了。换句话说，就是学习能提升一个人的能力。三国时，孙权劝手下大将吕蒙读书。吕蒙用军中事务繁多推辞。孙权说："我难道是想要你成为学识渊博的专家吗？只是让你浏览群书，了解历史罢了。你说军务繁多，谁能像我那样事务之多呢？我经常读书，自认为很有好处。"于是吕蒙开始学习。不久老友鲁肃到浔阳来和吕蒙聊天，十分吃惊地说：你现在的见识和才干，不再是原来的那个"吴下阿蒙"了。吕蒙说："士别三日，即更刮目相待了啊！"这是一个很有名的故事。"化性起伪"，修身养性要从哪里入手？思孟学派没有告诉你具体的门径，只是说要慎独，要"日参省"。荀子则讲得非常明确，读书学习是唯一途径。当然，只读书不深思，不联系自己的实际去反省，也不可能提高自己的人生修养。读书读了也是白读，至多做个两脚书橱。读书是为了了解别人是如何理解与认知这个世界的。并通过别人的理解，来构建自己对世界的理解和心智图景。也就是说，读书的目的，不是在于记忆，而是在于理解。理解是深思的结果。所以荀子强调"博学而日参省乎己"。既要"博学"，又要"日参省"，才能成人，做到"知明而行无过矣"。

荀子讲得再明白不过的道理，正是因为到了宋代以后，理学家们把荀学扔到了一边，于是就犯糊涂了。《中庸》提出"君子尊德性而道问学"。究竟应该"道问学"，还是"尊德性"？在鹅湖之会上就发生了争论。陆九渊兄弟强调"尊德学"，他们说："心即理，"心就是道理。只要"发明本心"，心明则万事万物的道理自然贯通，不必多读书，也不必忙于考察外界事物。只要把蒙蔽在你心上的东西去掉，就可以通晓事理。所以尊德性，养心神是最重要的。反对多做读书穷理之工夫。以为读书不是成为至贤的必由之路，提出"尧舜之前有何书可读"？他们认为只要"明心见性"即可。"明心见性"不是儒家的发明，这是从佛教禅宗偷来的概念。"学苟知本，六经皆我注脚。"只要知道了心是本，六经都可以做我的注脚。后来的王阳明完全承接陆象山之绪，断然宣称"德性之良知，非由于见闻耳"，"德性岂可以外求哉？"又说"致良知"是学问大头脑，是圣人教人第一义。"今云专求见闻之末，则是失却头脑，而已落在第二义。"这是陆王心学走的一个极端。

朱熹侧重"道问学"，强调"格物致知"，认为"格物"就是穷尽事物之理，"致知"就是使认知推到极致，主张多读书，多观察事物。他说："处世的践履准则只蕴涵在圣贤书中，不苦读经典不得。"世上的道理，圣贤书里都有了，只管埋头读书就可以了。"无道问学底，许多工夫恐只是占便宜。"他批评陆象山为"自了之学"，"若只是自了，便待工夫做得二十分到，终不足以应变。"然而圣贤书那么多，一辈子也读不完。再说，社会在发展，不断有新事物出现，圣贤书不可能包括所有的道理。"先王之遗言"和我们生活的时代有距离，怎么接上去，是要自己深思的。可见程朱理学走的又是另一个极端。

31. 学习需要什么样的环境？

南方有鸟焉，名曰蒙鸠，以羽为巢，而编之以发，系之苇苕，风至苕折，卵破子死。巢非不完也，所系者然也。西方有木焉，名曰射干，茎长四寸，生于高山之上，而临百仞之渊。木茎非能长也，所立者然也。蓬生麻中，不扶而直；白沙在涅，与之俱黑。兰槐之根是为芷，其渐之滫，君子不近，庶人不服。其质非不美也，所渐者然也。故君子居必择乡，游必就士，所以防邪僻而近中正也。

南方有一种鸟叫蒙鸠，它用羽毛做窝，再用毛发编织起来。这个鸟巢挂在芦苇的花穗上面，大风吹来，苇穗折断了，鸟巢掉到地上，里面的鸟蛋跌破，幼鸟也摔死了。这并不是鸟巢做得不好，而是挂错了地方。西方有一种灌木，名叫射干，树干只有四寸高，但因为它生长在高山上，就能俯临百丈深渊。这并不是由于它的树干能长得这么高，而是它所在的位置造成的。蓬草生长在麻丛当中，不需要扶持也能长得挺直，因为麻本身都很挺直。雪白的沙子混在泥土中，也会像泥土一样黑。兰槐是一种很香的香草，它的根叫做白芷，因为兰槐生长在湿地里，它的根"芷"就长期浸泡在像米泔水一样的臭水之中，湿地里的水是不流动的死水，所以非常臭。因此，君子不愿靠近白芷，平常人也不会服用它。这并不是由于它的质地不美，只因为被浸泡的臭水使它这样。蒙鸠的窝和白芷都是所处的环境不对，所以结果就不好。射干和蓬草所处的环境好，所以结果也好。

两反两正四个例子，要说明的就是最后一句话：所以君子居住必须选择好环境，交游必须接近贤士，才能防止自己误入歧途而接近正道。你们读到现在会发现荀子文章中用了大量的比喻。这是从先秦发展出来的中国论说文的特点，也可以说是东方人讲道理的特点。西方人则用逻辑推理的方法讲道理。比喻的方法讲道理，好处是容易让听者理解，缺点是再恰当的比喻都无法精准地表达思想，往往带有模糊性。西方论文一步步的逻辑推理很严密，但没有受过专门的逻辑训练不容易理解。我随手拿一本康德或者福柯的书，翻开一章来看根本没办法懂，完全不知道他要讲什么，必须从头开始一章章地看。所以东西方文化各有千秋，做比较研究不是去做价值判断。要么说中国文化优秀，要么说西方文化进步，这都是非常浅薄的。比较的目的应该是发现各自的特点。

"故君子居必择乡，游必就士"，就是要选择学习环境。前面不是讲"干、越、夷、貉之子，生而同声，长而异俗，教使之然也"吗？"化性起伪"的环境因素不能忽视。这里的学习环境不是指物理环境。

有些人读书喜欢装腔作势，一会儿嫌板凳太硬，一会儿又嫌光线太弱，一会儿怪房间里蚊子多，一会儿又怪马路上的喇叭声太吵。这都是读书未入门路，读书没有读出兴趣来造成的。一个人不喜欢读书，总是有种种理由的。过去有一句俗语"春天不是读书天，夏日炎炎最好眠，等到秋来冬又至，不如等待到来年"。如果真喜欢读书的人，无论何时何地都会手不释卷。古人称这样的人为有书瘾的"书痴"。酒瘾、烟瘾、麻将瘾都不好，要上瘾宁可染上书瘾。清代大藏书家顾千里就是这样一个书痴。夏天酷暑，热得没法读书，他就宁可裸体也要读书。唐代欧阳修常常在马背上或马桶上做文章，因为文思一来，非做不可。所以一个人未必非要正襟危坐才可以读书。真喜欢读书的人在澡堂、马路、汽车、厕所、图书馆、理发室，任何环境下都可以读。读书没有规定合宜的时间和地点。一个人有读书的心境时，随便什么地方都可以读书。

"居必择乡"，荀子在这里指的是读书学习的社会环境。古人一向重视居住地的社会风气和文化氛围。历史上有"孟母三迁"的故事。说孟子三岁丧父，由母亲一手抚养成人。小时候调皮，因为家住墓地附近，他就经常学人家哭坟。母亲就把家搬到市集附近，他又模仿别人杀猪做生意。孟母认为这样的环境也不好，就再次把家搬到学堂边上。于是孟子就跟着学生们学礼仪。其实，这个故事应该叫"孟母两迁"才对。这就是"居必择乡"，但现在很多家长的"择乡"是要给孩子找个好学区，将来进名校。学区房往往要比普通房贵好多。其实，好学区不等于好社区，不能忽视周围的邻居是些什么样的人。名校也未必是好学校，有些所谓的贵族学校对孩子的成长更不利。这些学校的孩子家庭非富即贵，孩子们在那里互相攀比，你妈开什么车来接，我妈开什么车来接；你爸是什么级别的官员，我爸是什么级别的官员。你以为把孩子送进了一个好的学习环境，结果不但没有学习氛围，反而养成许多不好的习气。

学习环境除了"居必择乡"之外，还要考虑"游必就士"。这也是一个非常重要的人文环境。"近朱者赤，近墨者黑"。这句名言出自晋人傅玄的《太子少傅箴》。和什么人在一起，交什么朋友，对一个人的人生影响是很大的。"文革"开始的时候，我初中二年级还没读完，没读多少书就下乡去种地了。到了 70 年代初，上海中学师资短缺，从农场抽调一批知青经短期培训去当中学教师。我就是这样回城的。当时班上我年纪最小，才刚过二十岁。其他同学都是"文革"前上海重点学校老高三毕业的。我和他们朝夕相处，发现自己知识实在太少。他们读过的书，我都没读过。大家在一起闲谈，我不但插不上嘴，而且大部分谈话内容都听不懂。于是就发奋读书，只要有人提到一本好书，我就去找来读。白天时间不够，就通宵达旦地看书。当时年轻，精力旺盛，记忆力好，读了很多古今中外的名著。我的学问根底最初就是那时候打下的。所以看到荀子说的"游必就士"，我就特别有体会。没有这样一群同学，我后来不可能把读书作为自己生命的一部分。

南老师生前也跟我讲起过，这一辈子是两次机会造就了他。第一次是抗日战争，日本人入侵了。全国各地的大学问家都纷纷逃难到了西南大后方。他可以找到他们一一问学或切磋。例如，当时在乐山大佛附近的乌尤寺就住着马一浮、熊十力、谢无量、蒙文通等一流学者。南老师自己说，如果不是抗战的机会，是没有可能到各地去拜访这么多人的。另一次是在1949年前后，一大批很有学问的人到了台湾，大家都挤在这一个岛上，就很容易互相交流切磋。南老师很看重这一点，跟我讲过好几次。这就是"游必就士"的道理。俗语说，听君一席话，胜读十年书。确实是这样，有时看一本书，还不如和作者聊上一天。因为聊天是他正在思考的问题，等成书之后则已经隔了很久。而且聊天时思想互相激荡，会产生很多引人深入的思想火花。以前说行千里路，读万卷书。我看还要加上一条：交一百个益友。"居必择乡，游必就士"，一个人做人的格局才会提高。

32. 为立身处世而学

物类之起，必有所始；荣辱之来，必象其德。肉腐出虫，鱼枯生蠹。怠慢忘身，祸灾乃作。强自取柱，柔自取束。邪秽在身，怨之所构。施薪若一，火就燥也；平地若一，水就湿也。草木畴生，禽兽群焉，物各从其类也。是故质的张而弓矢至焉，林木茂而斧斤至焉，树成荫而众鸟息焉，醯酸而蜹聚焉。故言有召祸也，行有招辱也，君子慎其所立乎！

各种事物的发生，总是有个起因的。有些起因明显，有些不明显；有些一眼就看得到是怎么发生的，有些可能要做点调查研究才会知道。或者得到荣誉，或者得到耻辱，一定是和这个人本身的品行相称的。当然，世界上存在两种不同的"荣"和"辱"。我以后还要具体分析。这里的荣辱都不是指外加在人身上的。接着荀子用了两个比喻：肉腐烂了就会生蛆，鱼干枯了就会生虫。说明一个道理：行为懈怠，不顾后患，就会闯祸。"强自取柱，柔自取束"，坚硬的东西一般会被用来柱物，柔软的东西一般被用来捆物。"邪秽在身，怨之所构"，邪秽是指鬼魂，也就是民间说的鬼附身。那往往是因为你招惹了它，鬼魂的怨气集在你身上。说来说去就是要表达一个意思：祸兮福兮，一切都是咎由自取。这还不够，荀子继续用比喻强调说明这个道理。把干柴均匀地铺开，火总是朝着干燥的一方烧去。把地整得一样平，水总是向着潮湿的一边流淌。草木总是丛聚生长，禽兽总是成群居住，万物都各自归属它们的同类。箭靶一旦张设，弓箭就射过来了；林木一旦茂盛，伐木者就拿着斧头来砍伐了；树木一旦成荫，群鸟就会来栖息；醋一旦有了酸味，蚊子就飞来聚集。最后得出结论："故言有召祸也，行有招辱也，君子慎其所立乎！"说话有时会招致灾祸，做事有时会招致耻辱，君子要谨慎地立身处世啊！

《劝学》为什么插进这一段，这跟学习有什么关系？这一段的核心在"君子慎其所立乎"的"所立"两个字上。你为什么而学？为立身处世。你以什么来立身，也就是学什么来立身？学好学坏都是学，学坏了就会招惹灾祸，所以对于学什么，君子务必要谨慎啊！古人的书里经常教人避祸。《诗经》上说："既明且哲，以保其身。"《中庸》也讲"国有道其言足以兴，国无道其默足以容"。先秦儒家、道家、法家都教人避祸。为什么？做中国人难啊！你看一部中国史，社会多少年就动荡一次，或是外敌入侵，或是逐鹿中原，或是揭竿而起，连年战争不断。即使和平年代，宫廷里的权力斗争也会使人莫名其妙地惹祸上身。魏晋的名士，像"竹林七贤"为什么天天喝得稀里糊涂？避祸啊！八王之乱，司马家族兄弟之间互相残杀。阮籍、嵇康这些人名气大，当政者想召他们去做高官。如果公然不去，你竟敢看不起我？君王一怒之下就把他杀了。如果去做官，说不定君王不久就倒台了，被牵连进去，下一任君王也可能把他杀了。所以避祸最好的办法就是装疯卖傻。大概古人想得最多的是避祸。荀子要告诉当事人：只有读书才能明理，明理才能避祸。所以这一段就是围绕着一个中心思想反复论述的：学习的目的就是为了立身处世。既然如此，那么学习也就不只是读书而已，还要落实到行动上。我在讲《儒效》的时候留了两段放在这里讲。其中一段如下：

> 不闻不若闻之，闻之不若见之，见之不若知之，知之不若行之，学至于行之而止矣。行之，明也；明之，为圣人。圣人也者，本仁义，当是非，齐言行，不失毫厘。无他道焉，已乎行之矣。故闻之而不见，虽博必谬；见之而不知，虽识必妄；知之而不行，虽敦必困。不闻不见，则虽当，非仁也，其道百举而百陷也。

从来没有听过，你还不如去听一听，不管人家讲得有没有道理，"兼听则明，偏听则暗。"听到的不如自己亲眼看到的，"眼见为实，耳听为虚。"我前年夏天去东非。出发前，朋友们都以为我发疯了，非洲那么热，又选在夏天去，还不热得昏过去。到了那里，才知道晚上睡觉冷得要用热水袋呢，东非是避暑的好去处。没有亲身去体验一下，是不会有真知识的。但看到只是感性认识，只能了解事物的表面现象。现象还可能迷惑你，看到还不如知道。"知道"就是理性认识，触及了事物的本质。东非的夏天很凉爽，这是"见之"。深入了解才知道东非在南半球，中国在北半球，我们酷暑的季节，那里正是冬天。而且，东非是高原性气候，早晚更冷。有了这些理性知识，就明白在东非晚上睡觉要用热水袋不是偶然的。只是有了理性认识还不够，"知之不若行之。"有了理性认识还需要付诸实践。"学至于行之而止矣。"学习的终点是在于行。你们学国学，学了那么多做人的道理。这个学习过程没完成，还要照着你们弄懂的道理去做，这个学习过程才算完成。付诸实践正是学习的目的。现在很多人都在谈王阳明，以为"知行合一"是他的思想贡献。其实，自古以来，荀子这样的先贤们都强调知行合一、学以致用，这个传统从来没有中断过。这也是东方知识人的特点，他们很少像西方人那样去玩纯思辨的智力游戏。

"学至于行之而止矣"是这一段的要害，接下去就说明理由。"行之，明也"，只有去做了，实践过了，对学到的道理才会真正弄明白，才知道其价值，才能知道是真理还是妄语。"明之，为圣人"，彻底透彻地搞明白了，就能够成为圣人。"圣人也者，本仁义，当是非，齐言行，不失毫厘"。什么叫圣人？以仁义为本，是非分得清楚，言行一致，丝毫不差。这样的人就叫圣人。"无他道焉，已乎行之矣。"所以说，要成为圣人，没有其他的窍门，就在于把学到的道理付诸实行才罢休。"故闻之而不见，虽博必谬"，所以说只是听说而没有亲眼去看，即使学问很广博，也必定会犯错。"见之而不知，虽识必妄"，看见的却不知道，虽能记识，但这样的知识必定不真实。因为你只是看到了现象，不了解事情的来龙去脉。"知之而不行，虽敦必困"，知道却不付诸实行，学习虽勤勉也必定会困惑。遇到实际问题，尽管有硕士、博士学位，却拿不出一点办法来，还不如有些小学毕业有实际经验的人。我们现在的教育就是理论脱离实际。小孩子在网上搜索，个个都无所不知，上知天文，下知地理，懂得的东西比任何一代人都多。但让他们去分辨小麦和野草就分不清了。实际生活能力一点都没有，离开家长寸步难行，至于谋生本领更不要说了。家长都争先恐后希望把孩子送进名校，毕业后做白领。说是不能输在起跑线上，所以从幼儿园就开始智力训练，但动手能力一点都没有，身无一技。一旦当不成白领，连找个饭碗都难。以我自己的经验，当年到了美国，除了会读书之外，什么都不会。那时就想如果会修个自行车都好啊，也能在美国活下去啊。我有时讲得极端一点，这样的教育是在培养废物。"不闻不见，则虽当，非仁也，其道百举而百陷也。"不听也不看，偶然碰对一次，瞎猫碰上死老鼠，就当作根本方法来做事，做一百次就会失败一百次，无一可免。

33. 学习贵在坚持专一

积土成山，风雨兴焉；积水成渊，蛟龙生焉；积善成德，而神明自得，圣心备焉。故不积跬步，无以至千里；不积小流，无以成江海。骐骥一跃，不能十步；驽马十驾，功在不舍。锲而舍之，朽木不折；锲而不舍，金石可镂。蚓无爪牙之利，筋骨之强，上食埃土，下饮黄泉，用心一也。蟹八跪而二螯，非蛇、鳝之穴无可寄托者，用心躁也。是故无冥冥之志者，无昭昭之明；无惛惛之事者，无赫赫之功。行衢道者不至，事两君者不容。目不能两视而明，耳不能两听而聪。螣蛇无足而飞，鼫鼠五技而穷。《诗》曰："尸鸠在桑，其子七兮。淑人君子，其仪一兮。其仪一兮，心如结兮！"故君子结于一也。

回到《劝学》篇。土堆积起来就成了山，风雨就会在这里兴起；水汇积起来成为深潭，蛟龙就会在这里生存下来。两个比喻引出一个道理："积善成德，而神明自得，圣心备焉。"前面《性恶》篇已经讲过荀子很强调"积"，化性起伪不是一蹴而就，而是需要"加日县久，积善而不息"，"故圣人者，人之所积而致矣。""积善"在佛教上就是渐修。"善"的本义是良也，佳也，就是"好"的意思，不能只解释成慈善的善。"德"者，得也。成德的"德"，不仅指现在说的品德操守，也包括了才能、学问、见识等等。如果对这些词义不去深究的话，一般就会把"积善成德"解释成发善心，多做点功德，就有好的品德了。有好的品德怎么就"神明自得"了呢？这就讲不通了。弄不好就变成迷信，多施舍点钱，神仙就会保佑你，你求什么就有什么，"神明自得"啦。所以学古文是一字一句都不可绕过去，不求甚解的。荀子这里讲的意思：做人的操守以及才、学、识，在身上慢慢积累起来，就能通于神明。我们平时讲这个人很神，这个"神"指料事如神，有预见性。为什么能料事如神？不是天赋，是积的结果。书读得多，历史上相似的现象都知道。走遍世界各地，各种相似的事情都见过，见多识广，才能预测。遇到类似的现象就大概知道会出现什么样的后果。这样一个人就具备了圣人的心。圣人的心是什么心？用佛教语言"明心见性"。圣人的心就是没有被后天的私欲、偏见和妄念污染的心，清清明明的心。

要具备一颗圣人的心，就需要一个"积"的长期学习过程。"故不积跬步，无以至千里；不积小流，无以成江海。骐骥一跃，不能十步；驽马十驾，功在不舍。"不一步一步的积累，就无法到达千里之外的地方；不汇集众多的小溪，就不能形成江海。骏马一跳也不能超过十步，劣马跑十天也可以达到千里，成功就在于不停地向前走。"功在不舍"，任何成功都在于坚持不懈。"锲而舍之，朽木不折；锲而不舍，金石可镂。"用刀雕刻，如果半途放弃，即使是烂木头也切不断。如果坚持不懈，就连坚硬的金石都能镂空。"锲而不舍，金石可镂"，这句话已经成为流传千古的座右铭了，古往今来的读书人都以此来激励自己。

"蚓无爪牙之利，筋骨之强，上食埃土，下饮黄泉，用心一也。蟹八跪而二螯，非蛇、蟺之穴无可寄托者，用心躁也。"蚯蚓没有锐利的爪牙，也没有强壮的筋骨，但能吃到地面的泥土，喝到地下的泉水，因为用心专一的缘故。相反，螃蟹有八只脚两只螯，如果没有蛇或鳝鱼住过的洞穴可钻，它就无处安身。什么原因？用心浮躁的缘故。东爬爬，西爬爬，尽管不停地在爬，但没有一个固定的方向。"非蛇、蟺之穴无可寄托者，用心躁也。""蟺"是异体字，其实就是鳝。古文里大量使用生僻的异体字，什么道理啊？中国文人的坏毛病，学问不是让人家看懂，而是要显得自己高深，故意用几个大家都不认识的字，增加阅读困难。章太炎给三个女儿取名字：大女儿叫章㸚（lǐ），是四个"乂"叠加，二女儿叫章叕（zhuó），是 4 个"又"叠加，三女儿叫章㠭（zhǎn），是 4 个"工"叠加。名字是让人家念的嘛，他非要取怪字。一般的字典都不一定查得到，显得他很有学问，结果害得别人叫不出他女儿的名字。现在更麻烦了，很多字在电脑里根本没有的，出入境的时候就等一边去吧。中国文人确实有很多不好的习气，文化的传播是要让大家听得懂、看得懂，而不是炫耀自己的博学。如今这种风气仍在，明明人人都懂的道理，非要用谁都听不懂的语汇来表达，似乎非如此才能叫做学问。荀子用蚯蚓和螃蟹的例子，一正一反做对比，是要说明"无冥冥之志者，无昭昭之明；无惛惛之事者，无赫赫之功"。"冥冥之志"意思是潜心做一件事的决心，潜心做学问，或潜心修行，不急于出风头，也不急于出成果。只有这样，才能有"昭昭之明"。像有巨烛照耀着那样明白，透彻地弄明白你想学的东西。如果对一件事物没有达到痴迷的程度，就不可能有辉煌的成就。做学问要达到痴迷的程度，哪怕玩物也要到玩到丧志的痴迷程度，才能玩出名堂来。比如下棋、拉琴只是有空去玩玩，那也就是业余的水平。

学习要坚持不懈，还有一层意思是要专一，不能一心两用，也不能三天打鱼，两天晒网。必须认准一个目标，有"咬定青山不放松"的那股劲儿。为什么呢？"行衢道者不至，事两君者不容。目不能两视而明，耳不能两听而聪。螣蛇无足而飞，鼫鼠五技而穷。"只在十字路口徘徊，永远到不了目的地。一仆两主，同时为两个主人效劳，想要左右逢源的人，必定不能为双方所容。眼睛不能同时看清楚两样东西，耳朵不能同时听明白两种声音。螣蛇没有脚却能飞行，鼫鼠虽有五种技能而不免于困窘。相传鼫鼠有五种才能，它能飞，但飞不高，上不了屋顶；它能爬，但爬不远，一棵树都爬不到顶；它能游，但游水的本事也不大，一条小溪都游不过去；它能挖洞，但挖不深，躲进洞去，半个身体还露在外面；它能跑，但跑得很慢，跑不过人家。可见技不在多在于精。你们培养小孩，让他们这也学学，那也学学，最好什么都会，结果一样都不精，上海话叫"三脚猫"。到头来，专长没学到，反而从小养成了浅尝辄止的坏习惯。培养小孩的技能是次要的，最重要的是养成好的学习态度。成年人也是如此，有些人学功夫，先是报名参加禅修班，过几天听说辟谷好，饿肚子可以养生，于是又去学辟谷。后来又有人说有个日本传过来的新花样叫内观，又跟着去学，最后什么都没学会。都以为付了几千元、上万元，参加个什么班，花个十天半个月就学会了。告诉你，那是浪费金钱，浪费时间。修行也好，养生也好，盯住一个法门进去，坚持不懈，总归有成果。最后荀子引《诗经》做这一段的结语。"布谷鸟居住在桑树上，精心喂养着七只雏鸟。那些善人君子啊，行为始终如一。行为始终如一，是思想专注。"布谷鸟喂养雏鸟，在树上筑巢，每天飞上飞下从来不间断。这是因为母鸟心里始终惦记着雏鸟。君子也像布谷鸟一样，"君子结于一也！"君子学习的时候，思想要专注于一处啊！

　　昔者瓠巴鼓瑟而沈鱼出听，伯牙鼓琴而六马仰秣。故声无小而不闻，行无隐而不形。玉在山而草木润，渊生珠而崖不枯。为善不积邪，安有不闻者乎？

　　读书要做到坚持和专一，就不能急功近利，急于求成。这一段荀子用两个比喻开始。从前，瓠巴弹瑟时，就连水里的游鱼都会浮出水面来倾听。伯牙弹琴时，就连马厩里的骏马都会停下吃草，仰起头来听倾听。瓠巴和伯牙都是古代传说中的音乐家。只要音乐美妙，不会因为声音小而没人能听到。同样道理，只要行为高尚，无论怎样低调都不会没人知道，不可能不显露出来。山里藏有宝玉而草木都会滋润。深潭里有珍珠而沿岸的水草就不会干枯。这有没有科学依据，我不知道，只是古人的说法。用这个比喻来解释为什么"行无隐而不形"。哪怕一个人再低调，但高尚的行为总是会影响周围的人，改变一方的社会风气。久而久之，他的名声就传扬开了。所以"为善不积邪，安有不闻者乎"？只是你为善不能坚持不懈吧？如果真的积善怎么会不被世人知道呢？反问句，意思是只要坚持不懈地为善，总会被世人知道。这里的"为善"不只是做好事，而是指修身，包括读书学习。

　　学习不能坚持，不能专一，原因在于急功近利。比如一般人学佛的心态，最好三个月就能成佛，不然就没耐心了，离佛越来越远。所以从前有个说法："学佛一年，佛在眼前；学佛两年，佛在大殿；学佛三年，佛在西天。"读书更是这样，当前整个社会风气浮躁。读一本书就要求拿来马上就能用，不然读它干吗？我说读书能改变人的气质。有些人听了就会希望读上两三本书，自己的气质马上发生变化。很多人说读了这么多书，还是活不明白，读书有什么用啊？要知道读书的变现是无形的。不是说这边读完一本书，那边马上会有对应的产出。这是把阅读当做饲料了，这边饲料喂进去，那边马上长膘。书的营养不在于吃，而在于通达，在于心领神会。不阅读，是一个人；阅读了很多书，则又会变成另一个人。什么意思？那是因为读书会改变一个人的心智结构，驱动他去走向另一番人生。也许两年三年看不出来，甚至十年八年还看不出来，到了我这个年纪就很明显了。我刚才讲过自己从农村回来开始读书的经历，不久前和当年一起下乡的农友聚会，有些都是三四十年没见过了。当年一起从农村回来时彼此差不多，几十年一过明显感觉差别出来了，不是指成就。到了六十岁的年纪，名利已经如浮云了。我说的是人的气质、谈吐和生活态度，以及自我期许已经天差地别。如果我不读书，我还是那个从农村刚回来时候的我。因为坚持不懈地读书，我不再是那个旧我。所以读书不要急功近利，为了实用去读书，意义不大，价值不高！《庄子》说："无用之用，方为大用。"有些书，尤其是中外哲学历史名著，例如像《荀子》这样的国学经典，看上去无用，不能马上解决你的问题。其实，这种无用才是大用，根本改变你的人生。我们经常讲人生轨迹。每个人的一生都会有几个分叉路口。你选择往左，还是往右，可能后来的人生轨迹就天差地别了。1977年刚恢复高考，从农村回来有了一份安定的工作，还要不要去参加高考，这是一个重大的选择题。周围的亲友都反对再去考，因为当时的上海人最怕毕业后分配到外地工作。此时没有一本书能给出现成答案，最后帮助我做决定的就是见识。见识多就会看得远一些。这种与众不同的见识就是来自在师资培训班养成的读书习惯。读过的那些书看上去无用，对我整个人生来说是大用。

34. 学习是终身事业

　　学恶乎始? 恶乎终? 曰: 其数则始乎诵经, 终乎读
《礼》; 其义则始乎为士, 终乎为圣人。真积力久则入, 学
至乎没而后止也。故学数有终, 若其义则不可须臾舍也。为
之, 人也; 舍之, 禽兽也。故《书》者, 政事之纪也;《诗》
者, 中声之所止也;《礼》者, 法之大分、类之纲纪也。故
学至乎《礼》而止矣。夫是之谓道德之极。《礼》之敬文也,
《乐》之中和也,《诗》、《书》之博也,《春秋》之微也, 在
天地之间者毕矣。

　　读书有用, 那么怎么入门, 从哪里学起? 学到什么时候算是完成
了呢? 荀子回答: 读书的科目从诵经开始, 到读礼为止。"经"是指
《诗》和《尚书》。那时候还没有"六经"的说法, 只是叫做"六艺"。
学习的意义是从做士开始, 以成为圣人为最终目标。学习的意图, 成
为"士"是第一个目标, 以做圣人为最终目标。那么学习怎样才能入

门呢？"真积力久则入"，真积，真心诚意地积累知识，不是在那里装模作样地学。力久，旷日持久地努力实行已经掌握的道理，那就可以入门了。入门的路径找到了，但出来的门是不存在的。因为"学至乎没而后止也"，学到老死而后才算结束。意思是说，读书的科目有结束，大学本科就是本科，读完硕士课程就是硕士，读完博士课程就是博士，但学习的目标，也就是为成人而学，则是一刻也不能放弃的。我们现在提倡终身学习，但只是指从学校出来还要继续读书，学习新知识新方法。但荀子讲的还不完全是这个意思，而是指读书是学习的一部分。读书之外，还要"力行"。把书上的道理用于自身修养的实践也是学习，这种学习是终生的事业。这样做，人成为人；不这样做，就成禽兽了。荀子将此提到这么一个高度，因为学不学涉及是不是化性起伪，使自然人变为社会人，使野蛮人进化为文明人。

为什么荀子开出"始乎诵经，终乎读《礼》"的读书科目呢？他讲得很具体。《书》者，政事之纪也"，《尚书》是记载古代政事的书，可以让你借鉴前人的经验。"诗者，中声之所止也"，《诗》是抒发心声的极致，可以了解前人的心意和志向。"《礼》者，法之大分、类之纲纪也。故学至乎《礼》而止矣，夫是之谓道德之极。"《礼》则是法度的主要界限，因为古代的法以《礼》为界，不得逾越；《礼》也是各种事理的基本原则。所以学《礼》是学习的最高境界，也是掌握最高的道德规范。"《礼》之敬文也"，"敬"是指举止迎送的态度要求恭敬庄重，"文"是指衣冠穿着的仪容要有文采雅致。这些都是《礼》的规范。只有庄重，没有文采就刻板；只有文采，没有庄重就轻浮。

所以学《礼》就是学习既庄重，又文雅地做人。"《乐》之中和也"，学音乐，不是为了当音乐家，而是为了使人内心和悦。人际关系过于紧张，放一放轻松的音乐，大家一起唱唱歌，人和人的关系会变得和谐一点。"《诗》《书》之博也"，《诗》和《尚书》的内容广博，涉及风土人情、鸟兽草木以及政治、历史等方面的知识。"《春秋》之微也"，《春秋》则记载着先王圣人们的微言大义。如果把这些典籍读完了，那么"在天地之间者毕矣"，天地之间的学问都在这里面了。

"始乎诵经"，荀子在这里强调读书要读经典，这是不错的。为什么读书要读经典？我先讲一个故事。清康熙年间有一个名叫徐大椿的江苏吴江人。他写过很多医书，如《医学源流论》《医贯砭》《兰台轨范》和《慎疾刍言》等，在中医史上是千百年独见的医学大家。不仅如此，而且他对《周易》《道德经》《阴符经》等书以及天文、地理、音律等学问无不通晓。徐大椿十四岁已对学应付科举考试的时文感到厌烦，觉得人生好无趣，该读的书都读完了，还能做什么呢。他的老师说："时文有止境，只有经学才是无止境的。"时文只是当下时代的产物，它讲的道理，过了这个时代就不能用了。时文就如同下雨，有的雨下的小，很快就干了，有的雨下的大，过几天也会干涸。经文则不然，它讲的道理，不会因为时过境迁而失灵，它是中国文化的源头，是能够传之万世的书。于是他就一心扑在钻研经典上，才取得了这样的成就。什么原因呢？因为这些经典是经过历史筛选的，是有价值的。当然，我们今天讲的经典就不止荀子提到的六部了，不仅包括先秦以来的经典，范围还应该扩大到西方经典。

那么怎样读经典呢？余英时教授讲得最精辟入理。他说："中外论读书，大致都不外专精和博览两途。'专精'是指对古代经典之作必须下基础工夫。古代经典很多，今天已不能人人尽读。像清代戴震，不但十三经文本全能背诵，而且'注'也能背诵，只有'疏'不尽记得。"像这样的人，我平生见过的也就是南老师一个，他几乎能把十三经和大藏经背下来，当然他大概是最后一个了。余先生说："这种工夫今天已不可能。因为我们的知识范围扩大了无数倍，无法集中在几部经、史上面。但是我们若有志治中国学问，还是要选几部经典，反复阅读，虽不必记诵，至少要熟。近人余嘉锡在他的《四库提要辨证》的《序录》中说：'董遇谓读书百遍，而义自见，固是不易之论。百遍纵或未能，三复必不可少。'至少我们必须在自己想进行专门研究的范围之内，做这样的努力。"南老师要我把《楞严经》读一百遍，而且要用愚夫愚妇的办法读。不是去一字一句地理解，而是反复读，让"其义自见"，让经的义理自己显现出来。我用这种方法读到八十多遍了，果然有效。随着一遍遍诵读，对经义的理解会自然而然地一层一层深入进去。经典作品大致都已经过古人和今人的一再整理，我们早已比古人占许多便宜了。"不但中国传统如此，西方现代的人文研究也还是如此。从前芝加哥大学有一门课程叫做'伟大的典籍'（Great Books），也是要学生精熟若干经典。近来虽稍松弛，但仍有人提倡精读柏拉图的《理想国》之类的作品。"余先生接着说："精读的书给我们建立了作学问的基地；有了基地，我们才能扩展，这就是博览了……博览之书虽不必'三复'，但也还是要择其精者作有系统的阅读，至少要一字不遗细读一遍。稍稍熟悉之后，才能'快读'、'跳读'。朱熹曾说过：'读书先要花十分气力才能毕一书，第二本书只用花七八分功夫便可完成了，以后越来越省力，也越来越快。'这是从'十目一行'到'一目十行'的过程，无论专精和博览都无例外。"

那么怎么选择你要读的书呢？凡是真正有智慧的作者，他们的书有一个共同之处：简洁。但凡繁复冗沉之作，大多没有什么智慧可言。《黄帝内经》说："知其要者，一言而终。不知其要，流散无穷。"一本书值不值得看就像和一个人值不值得交谈一样。如果和他聊了五六分钟就发现他言不及义、不知所云，只是在那里絮絮叨叨地没完没了，当然就不必浪费时间啦。诺贝尔获奖者丁肇中讲过："任何书、任何思想其实都可以用一句话来概括和表达。如果做不到，那就是没有理解透彻。"这是有道理的。照理一本书的书名，就是要用最简洁的几个字概括这本书的核心。现在的书名取得花里胡哨，看了书名都不知道作者要讲什么。其实作者也不知道自己究竟想讲什么，所以没有办法用两三个字或一句话很简洁地标示这本书的要义。这样的书往往是流散无穷，广征博引，看来看去都是引用人家的东西。这样的书就是孔子说的"书不尽言，言不尽意"。因此，用最简洁的文字把道理说清楚、讲明白是一种学术标准。所谓经典就是符合这种标准的书。比如《大学》和《中庸》就是用最简洁的语言把思孟学派的要义讲透彻了。《楞严经》也是这样，一部经就把大乘佛教的基本思想、修行方法以及和"外道"的区别都讲得清清楚楚。佛教的世界观、人生观都在里面了。所以过去有种说法："自从一读楞严后，不看人间糟粕书"。

有人经常请我开一张国学必读书目。我过去开过一个国学书单，这是一张很长的书单，我自己都没有全部读完。那为什么还要开书单？因为很多人以为国学就是四书五经，我为了破解这个观念，才划了这么一个国学的范围。真要问哪些书该读，哪些不该读，则是没有答案的。因为世上没有人人必读之书，只有在某时某地某种心境不得不读之书。书不可强读，强读必无效，反而有害，这是读书之第一义。我们在大学或中学读的那些教科书是被迫读的，毕业以后都扔得差不多了。可见硬着头皮去读，结果必毫无所得。过后思之，如作一场噩梦。甚且终身视读书为畏途，提起书名来便头痛。各人的气质不同，不能把我的嗜好强加于人。就像英国谚语说的"在一人吃来是补品，在他人吃来是毒质"。选书要根据每个人自己的气质、自己的兴趣。有些书一读就读得下去，有些书怎么读都读不进去，你就放弃，不要硬读。或许某一天你突然再读的时候，又觉得有趣了。某个年龄段还没有生活经验的时候，可能觉得很枯燥，过几年再读的时候，有了生活经验就读出趣味来了。这些道理在历史上都有很多例子。唐代史家刘知几，小时候读《尚书》，尽管老师打板子逼他，他也读不下去。后来听其他同学在读《左传》，他就要求老师教他，不但能读懂，而且一下子就背下来了。外国也有这样的例子。比如艾略特说他第一次读到卢梭的作品时，好像受了电流的震击一样，因为心灵相通。一部书能不能读得好，跟你这个人的气质性情是有关系的。其实，读佛经也是这样，没有说哪一部佛经必须读，哪一部佛经不必读。那么多佛经，其实是释迦牟尼根据不同人的根器，在不同的时空条件下，讲差不多的道理。佛理就是"四圣谛"嘛。你不知道自己是什么根器的人。拿来一本佛经，一看就进去了，读得很亲切，好像就是对自己说的。有的佛经怎么都读进不去，那就放下来，换一本读。所以选什么经典作为学问的立脚点，必须根据每个人自己的性情。只有这种读书方法，才能够获得读书的真益处。

35. 为己之学

　　君子之学也，入乎耳，著乎心，布乎四体，形乎动静；端（喘）而言，蠕而动，一可以为法则。小人之学也，入乎耳，出乎口。口、耳之间则四寸耳，曷足以美七尺之躯哉！

　　古之学者为己，今之学者为人。君子之学也，以美其身；小人之学也，以为禽犊。

　　同样是读书学习，因为有不同的动机目的，也就会有不同的效果。荀子将此分为君子之学和小人之学。君子学习，耳朵里听进去的，是刻在心里的。然后表现在平时的仪态上，庄重文雅；也反映在他们的举手投足间，进退有据，不卑不亢。他们说话该急时急，该缓时缓，都可以成为别人的榜样。小人学习，只是从耳朵里听进去，从嘴巴里说出来，也就是说学到的东西只是为了武装嘴巴，卖弄学问，并不真的想付诸行动。嘴巴与耳朵间的距离不过四寸而已，这怎么足以使自己变得完美呢？这里的"七尺之躯"固然是指一个人的身体。

但不仅仅是身体，还包括了风度、气质、举止。"古之学者为己，今之学者为人。君子之学也，以美其身；小人之学也，以为禽犊。"古时候的学习是为了自己，现在的学习是为了别人。君子之学是要使自己完美，小人之学是为了取悦于人。从前有一句俗语"学得文武艺，货于帝王家"，就是小人之学的目的。"禽犊"，家禽和家畜，指古代互赠的礼物或祭祀用的供品。小人学习的目标无非是做别人的工具。从这段话也可以知道，荀子说的君子之学就是为己之学，小人之学就是为人之学。不仅荀子生活的时代"今之学者为人"。到了两千多年后的今天，"为人之学"更是普遍了。可以说，绝大部分人读书学习是为了别人。你从小学到大学读书，是为了考试考得好，对得起老师，对得起家长。看上去为自己读书，其实都是为人读书。即使你读书是为了将来给自己找份好工作，其实也是为人读书。无论当公务员、教授、律师或医生，你学来的知识无不是为他人所用。诗人北岛写过一篇文章，有一段话很有意思："人要做通才，不要做专才。什么叫通才？所谓通才不仅指学问上博大精深，更重要的是对历史人生的彻悟和关怀，这叫通才。与通才相对的是专才，什么叫专才？这就是充彻今日的那些所谓专家们，他们的专业越分越细，路越走越窄，所掌握的知识纯粹是用来混饭的。再看看当今统治世界的技术官僚，正是这种专才在权力层面上的延伸。从上到下几乎各个都是懂行能干的，就是没有灵魂。"他这里说的"专才"就是为人之学。

为己之学则不然，读书只有一个目的：让你自己的人生更完美。所谓为己之学，就是说读书是为了开茅塞，除鄙见，不固陋，不偏执，得新知，增学问，广识见，养性灵。当我们把一个不读书和一个读书的人比较一下，便很容易看清差异。那个没有养成读书习惯的人，以时间和空间而言，是受着他眼前的世界所禁锢的。他的生活是机械化的，刻板的；他只跟几个朋友熟人接触谈话，他只看见周遭所发生的事情。可是当拿起一本书的时候，他立刻走进一个不同的世界。如果那是一本好书，他便立刻接触到世界上一个最健谈的人。这个谈话者引导他前进，带他到一个不同的国度或不同的时代，跟他讨论一些他从来不知道的学问或人生问题。一个人如果能在十二小时之中，在一个不同的世界里生活两小时，完全丢开眼前的现实环境。那么，这种环境的改变，由心理上的影响说来，是和旅行一样的。不但如此，读者往往会被书籍带进一个更高的精神境界里去。

一个人在世上，对于学习大概有这样一个过程。童年时代认为什么都不懂，对什么都好奇，什么都想问。这个时候，家长千万不要压制他们的好奇心，要引导他们去探求知识，学习怎样读书。到了大学时自认为什么都懂了，自以为历史地理读过，心理学、经济学也都读过，中外文学都读了不少，声光化电什么都懂，所以最喜欢挑战专家的往往是大学生。其实，学校里读的课本并不是真正的书。现在大学毕业的人所读的书极其有限，而且学校所教的只是记问之学。书上怎样说，你便怎样答，一字不错，叫做记问之学。这些知识只需强记，除了应付考试，对你的人生成长基本无益。课本规范头脑，湮塞灵性，只要你能猜中标准答案，照样答出，便得一百分，于是沾沾自喜，自以为是"学霸"。其实世界上的知识你何尝知道万分之一。毕业后到了一个单位去工作，这也不会，那也不会，课本上学的知识大部分没用。面对复杂的社会环境束手无策、四处碰壁，不知道如何待人接物，因为课本上没教过你。这时候又觉得自己什么都不懂。

人到中年，事业有成，人生阅历也有了，书也看了不少了。那时他们对世界的看法已经固定，意见非常多，而且确定不移，所以又以为自己什么都懂了。其实，此时的中年人往往受种种的俗见俗闻所蔽，脑子像被裹上了一层包膜，失了聪明，逐渐迂腐。到了晚年，到了我这个年龄，才会觉悟其实自己一切都不懂，主要是指人生的大学问。不过，此时往往悔之已晚。怎样才能到了中年不至于迂腐，到了晚年不至于后悔呢？唯有读书，因为读书能将那层蔽塞你聪明的包膜剥下，恢复你的灵性。那些常读书的人，老当益壮，思想每每比青年活跃，就是因为他们能时时读书，所以心灵不曾化石，变为古董。

36. 尊师重道

学莫便乎近其人。《礼》、《乐》法而不说，《诗》、《书》故而不切，《春秋》约而不速。方其人之习君子之说，则尊以遍矣，周于世矣。故曰：学莫便乎近其人。

学习没有比接近良师更便捷的了。《礼》《乐》有法度而不详细解说，《诗经》《尚书》记载古时的事情，却不切近现实，《春秋》文字太简约，文义太隐晦，难以让人很快理解。仿效良师的学习方法，前贤的学说就会受到尊崇和普及，并能周传于世了。所以说，学习没有比接近良师更便捷的了。

学之经（径）莫速乎好其人，隆礼次之。上不能好其人，下不能隆礼，安特将学杂识志，顺《诗》、《书》而已耳。则末世穷年，不免为陋儒而已！将原先王，本仁义，则礼正其经纬蹊径也。若挈裘领，诎五指而顿之，顺者不可胜数也。不道礼宪，以诗书为之，譬之，犹以指测河也，以戈舂黍也，以锥餐壶也，不可以得之矣。故隆礼，虽未明，法士也；不隆礼，虽察辩，散儒也。

学习的途径没有比心悦诚服地向良师请教更有效的了，其次是尊崇礼法。如果既不请教良师，又不尊崇礼法，便只能做到所学杂乱，东学一点，西学一点，不成系统，便只能识别和记忆人家的学问，通顺《诗经》《尚书》的文义而已。那么读了一辈子书，结果不免只是做一个学识浅薄而平庸的书生罢了。如果想要追溯先王之道，寻求仁义之本，那么礼法是其指南和捷径。掌握了礼法，就像提起皮衣的领子，弯曲五个手指从上到下地去撸，则全部绒毛一下子都理顺了。这就是我们平时讲的"提纲挈领"。要理解一本书或一篇文章，必须提纲挈领，抓住要点，抓住中心思想。这里的纲领就是指"礼"。要想弄懂儒家的全部学说，就要从"礼"入手。若不遵循礼这个纲领，而仅仅学《诗经》《尚书》，就像用手指去测量河的深浅，用长矛去舂米，用锥子到壶里去取食一样，是不能达到目的的。所以尊崇礼法，即使并不精通法度，也不失为一个士。否则，即使有见识能辩说，也不过是一个散漫不检点的儒生，是不会有大成就的。

这两段都是讲学习的关键是尊师重道。中国传统上"师"的地位是非常崇高的。古人天天要拜"天地君亲师"。师是什么地位？是仅次于祖宗和长辈的。传统上师也叫师父，所谓"一日为师，终身为父"。只要你拜了这个老师，就要像对待父亲一样对待老师，恭恭敬敬地敬奉一辈子。为什么古人如此尊崇老师？《礼记·学记》说："凡学之道，严师为难。师严然后道尊，道尊然后民知敬学。"这是讲了道与师的关系。后来的成语"师道尊严"就是由此而来的。但是把两者关系讲得最透彻的还是荀子。《修身》篇里有一段说：

> 礼者，所以正身也；师者，所以正礼也。无礼，何以正身？无师，吾安知礼之为是也？礼然而然，则是情安礼也；师云而云，则是知若师也。情安礼，知若师，则是圣人也。故非礼，是无法也；非师，是无师也。不是师法而好自用，譬之，是犹以盲辨色、以聋辨声也，舍乱妄无为也。故学也者，礼法也。夫师以身为正仪而贵自安者也。《诗》云："不识不知，顺帝之则。"此之谓也。

学礼的目的是为了修身，用来端正自身。那么怎么才能学礼呢？就要靠老师了，因为老师是能够正确解释礼的人。没有礼的话，怎么能够修身呢？没有老师的话，又怎么能够知道对礼的理解是否正确呢？礼怎样规定就怎样去做，是性情已习惯于礼，也就是说礼的种种规范已经内化成一个人的思想和行为方式了。老师怎么说就怎么说，是智慧已跟上老师了。这里的"师云而云"不能理解成鹦鹉学舌，做老师的录音机，而是指讨论学问的水平已经基本跟老师一样了。性情习惯于礼，智慧跟上老师，就是圣人。所以说，违背礼就是无法度；违背老师就等于没有老师。你拜某人为师，结果老师每讲一句话，你都在唱反调，那你拜老师做什么？你自己很聪明嘛。现在这样的学生不少。大学生如果愿意认真地听一个老师的课，叫做给老师面子。给老师评"四大名嘴"，以为是给老师捧场，其实把自己的老师与天桥卖艺的把式相提并论，是对老师的极大侮辱！现在这个社会，根本就没有"尊师"的精神。"不是师法而好自用"，不认同师承家法，喜欢自说自话。"譬之，是犹以盲辨色、以聋辨声也"，那就像盲人去分辨颜色，聋子去分辨声音一样。除了胡说妄为之外，是干不出什么好事来的。因为没有良师传授，没有师承家法，一个人的学问必然杂乱无章。再聪明的天才也必须在前人的基础上去发展，不可能所有的认知都是自己从零开始。只有踏在前人的肩膀上，才能提高。"故学也者，礼法也"，所以说学习就是学礼法。"夫师以身为正仪而贵自安者也。"老师呢，就是那个以身作则的人，那个以习于礼为贵的人。《诗经》上说："不识不知，顺帝之则，"不知不觉地顺应了天道。这里的"帝"是指上天。意思是说师法是和天道暗合的。荀子借用诗经把师法和天道相提并论，可见他对师的重视，对师法的强调。下面是讲《儒效》篇时留下的另一段，也是讲师法的。

　　故人无师无法，而知则必为盗；勇，则必为贼，云能，则必为乱；察，则必为怪；辩，则必为诞。人，有师有法而知，则速通；勇，则速威；云能，则速成；察，则速尽；辩，则速论。故有师法者，人之大宝也；无师法者，人之大殃也。

　　人无师法，则隆情矣；有师法，则隆性矣。而师法者，所得乎情，非所受乎性，不足以独立而治。性也者，吾所不能为也，然而可化也；情也者，非吾所有也，然而可为也。注错习俗，所以化性也；并一而不二，所以成积也。习俗移志，安久移质；并一而不二，则通于神明，参于天地矣。

　　如果没有老师，不懂礼法，那么有智慧的就会做强盗；有勇气的就会做小偷；自以为有才能就必定会作乱；善于观察的必定诡异；善于辩驳的必有奇谈怪论。相反，有老师，懂礼法，那么聪明的人很快就通达，勇敢的人很快就威武；自以为有能力的人很快就会成功，善于观察的人很快就能通晓事理；善于辩驳的人很快就能讲得有条有理。所以有师有法是最宝贵的财富，反之就会遭殃。注意！从上下文来看，这里的"师法"不是指师承家法，而是指老师和礼法。因为"人无师法，则隆情矣；有师法，则隆性矣"。没有老师和礼法，人就会重于情之所欲，放纵自己；有师有法，就会重于人的本性，化性起伪，重视自身的修养。"师法者，所得乎情，非所受乎性，不足以独立而治。"对于每个人来说，师法是得于外情，是外部力量对你产生影响，而不是人性天生就有的，人的天性不足以独自起伪，必须因外情而化之。也就是说，必须依靠老师和礼法才能起伪。"性也者，吾所不能为也，然而可化也；情也者，非吾所有也，然而可为也。"本性不是自己能决定的，但可以通过教化而改变。情不是天性所有的，然而可以因外物的感应而产生。"注错习俗，所以化性也"，举措风俗可以改变人性。"并一而不二，所以成积也。习俗移志，安久移质；并一而不二，则通于神明，参于天地矣。"只要专心致志，不三心二意，就能积习成伪。习以为俗，则能够改变心意；安之既久，就能够改变气质。专一不二就能通于神明，与天地相参了。如果单独抽出这一段也许很难懂，但在读懂《性恶》篇的基础上也就不难理解了。讲到尊师重道，韩愈的《师说》是千古名篇。文章的第一段也是讲老师在一个人求学过程中的重要性。

古之学者必有师。师者，所以传道、受业、解惑也。人非生而知之者，孰能无惑？惑而不从师，其为惑也终不解矣。生乎吾前，其闻道也，固先乎吾，吾从而师之；生乎吾后，其闻道也，亦先乎吾，吾从而师之。吾师道也，夫庸知其年之先后生于吾乎？是故无贵无贱，无长无少，道之所存，师之所存也。嗟乎！师道之不传也久矣！欲人之无惑也难矣！古之圣人，其出人也远矣，犹且从师而问焉。今之众人，其下圣人也亦远矣，而耻学于师。是故圣益圣，愚益愚。圣人之所以为圣，愚人之所以为愚，其皆出于此乎！

古代求学的人必定有老师。因为老师是传授道理、讲授学业、解答疑惑的人。人不是一生下来就什么都懂的，因此谁能没有疑惑？有了疑惑，如果不跟老师学习，那些这些疑惑就永远解不开了。生在我之前的人，只要懂得道理比我早，我跟从他，拜他为老师。生在我之后的人，如果懂得道理也比我早，我也应该跟从他，拜他为老师。我是向他学习道理的，何必管他的年龄比我大还是小呢？因此，无论高低贵贱，无论年长年幼，只要是道理存在的地方，就是老师所在的地方。古代从师学习的风尚不流传已经很久了，人们要想没有疑惑也难了。古代的圣人，他们超出一般人很远，尚且要跟从老师请教。现在一般人，他们才智不及圣人很远，却以向老师学习为耻。因此，圣人更加圣明，愚人更加愚昧。圣人之所以成为圣人，愚人之所以成为愚人，大概都是由于这个原因吧？

37. 怎样选择老师？

刚才讲了老师的重要性，那么怎样选择老师呢？或者说什么样的人才有资格做老师呢？这里先插进《致士》篇里的一段：

> 师术有四，而博习不与焉。尊严而惮，可以为师；耆艾而信，可以为师；诵说而不陵不犯，可以为师；知微而论，可以为师。故师术有四，而博习不与焉。水深而回，树落则粪本，弟子通利则思师。《诗》曰："无言不雠，无德不报。"此之谓也。

做老师的标准有四个方面，而博学并不包括在里面。第一是有尊严而使人敬畏，才可以做老师。老师自己没尊严，嬉皮笑脸，油腔滑调，像个戏子，怎么做老师？第二是年老而诚实，才可以做老师。做老师要讲诚信，这个可以理解。现在有些教授抄袭人家的研究成果，还厚颜无耻地为自己辩护。或者睁着眼睛说瞎话，说什么中国的国力已经超过美国啦，忽悠政府，忽悠老百姓，为自己谋私利。按照荀子的标准，这样的人当然是没有资格当老师的啦。不过为什么要年老了才能做老师就有点不可思议了。现在青年才俊多的是，二十七八岁当教授的也不少。那就需要了解历史背景了。现在的老师是教专业知识，古代的老师主要是教人生的道理。如果不是活到一定的年纪，没有社会经验的积累，那至多就只能"顺诗书而已耳"！更重要的是古代的师不只是教书，还要教学生怎么做人。从前有一句俗语"经师易得，人师难寻"。能教你读经典的老师容易找，当然现在也不容易找了，更难寻找的是能教你做人处世的老师。我跟南老师多年，最重要的是向他学做人。他的学问都在书上了，不难买来看，但我幸运的是能近距离观察他怎样待人接物？怎样对待人家的毁谤？怎样对待金钱财物？怎样同情小人物等等。举个有趣的例子，每年除夕夜他会拿钱出来让大家"赌"，其实是在考察学生。看见赢数大的人，他会偷偷问我，这个人是把钱放进自己口袋了，还是最后又拿出来放在桌面上了。本来就是玩嘛，又不是真赌。也真有人把钱放进口袋走了的，而且还是大老板。南老师就知道此人爱财，以后不能托付涉及钱财的事给他。他说"赌"是最容易看出一个人品性和修养的。他不明说，但在暗自观察围在他周边的人，然后因材施教。这就叫做人师。

现代学校的教学方法已经不可能有经师和人师的区别了。也许英国大学的书院制度还有几分相似。书院设导师，导师不教专业课，但要负责学生的思想品德和生活。中国古代所以有人师，是因为学生大部分时间跟老师生活在一起的，可以随时受到老师教诲。比如像孔子、孟子、荀子、孙子这些人，周游列国时，都是有一大批学生跟在身边的。南老师也是这样啊！从中国台湾到世界各地，最后到太湖，都是有一大批学生跟着的。这样才能受老师的亲炙啊！当然南老师这样的人师是难找了。在连经师都不容易找的情况下，只有一个办法就是博采众长，不要拘泥于一个老师。从每个老师身上能学到一点，综合起来就比较全面了。你听某个老师几堂课，主要不是知识的传授，而是学他治学的方法，分析问题和思考问题的方法。

说到这里就要讲到古代对学生的称呼了，因为现在人搞不清楚，每每喜欢用"关门弟子"形容某个学生，似乎这是个替人长脸的说法。其实，关门弟子只是指老师年纪大了，最后带的一个或一批学生而已，也许有成就，也许没出息，并非带有褒义。古时候，根据师徒关系的亲疏远近，对弟子分出不同的称呼。没有直接的师承关系，只是服膺某人的学说，称为"私淑弟子"，也就是自称学生；亲自聆听过老师的讲授，但关系并不密切的，叫做"及门弟子"，只是踏进师门了；追随老师左右，长期受到亲炙的，叫做"入室弟子"，可以在老师房间里进进出出了。

第三个标准是解说经典而不违犯师说，才可以做老师。这就是前面讲过的要恪守师法、师承家法了。讲课解说经典的时候，可以发挥，但不可以和老师唱反调。不可以打着老师的旗号，扭曲他的学说，贩卖自己的货色。除非像章太炎那样写下《谢本师书》，和老师俞樾决裂，不再承认是他的学生。最后一条标准是知精微之理而能讲论，才可以做老师。老师要能够看到学问中的精微之处，不是笼统地顺顺文义，甚至上百度搜索一下，把人家的解说拼凑拢来，就能做老师。讲国学的，要能发掘出文字后面的义理来才行。所以做老师的标准有四条，而博学并不包括在里面。水深了就会有旋涡，树叶落下就给树根施肥，学生通达顺利了就会想到老师。《诗经》上说："说话总会有应答，施恩总会有报答。"说的就是这个道理啊。所以学生学有所得是对老师的最好回报，而不是像现在这样，师生关系几乎变成赤裸裸的金钱买卖关系。尊师重道也不仅是指对老师的态度方面，更重要的是传承老师的思想和学问。接下去，我们仍然回到《劝学》篇。

> 问楛者，勿告也；告楛者，勿问也；说楛者，勿听也；有争气者，勿与辩也。故必由其道至，然后接之；非其道，则避之。故礼恭，而后可与言道之方；辞顺，而后可与言道之理；色从，而后可与言道之致。故未可与言而言谓之傲，可与言而不言谓之隐，不观气色而言谓之瞽。故君子不傲、不隐、不瞽，谨顺其身。《诗》曰："匪交匪舒，天子所予。"此之谓也。

前面讲了怎样选择老师，这一段是讲老师怎样对待学生问学，但换一个角度，也是讲学生向老师请教学问时应该抱什么样的态度。比如，第一句学生提问时言谈举止粗鄙、提得问题庸俗的话，就不要回答他。那么，倒过来也是要告诉学生问学时态度应该谦恭。举个例子，我的研究生导师杨廷福教授是大学问家，可惜去世得太早。他曾被打成右派，"文革"中在学校资料室做资料员。有个工农兵学员问他一个不认识的字。杨先生喜欢学问，见有人提问就很高兴，不但告诉他这个字怎么念，还举一反三告诉他这个字的各种用法。谁知那个学生喝止他说，"你又在放毒了"。这就是遇到"问楛者"了。照荀子的要求是"勿告也"。因为跟这样的人去谈学问，无异于对牛弹琴。同样道理，讨论问题粗俗的，不要去追问他。有人发表很粗俗的意见时，听也不要去听。下面一句很重要："有争气者，勿与辩也。"遇到争胜好强的人，就不要和他争辩。《太平广记》里讲到有两个读书的老头，都觉得只有自己学的是正经学问，对方学的是假道学，争执不下。于是，两人去找孔子评理。孔子亲自走下台阶，对二老九十度鞠躬致敬："学问宽广如海，又何必都是相同的呢？两位老人家都学富五车，才高八斗，都是正经学问。就连我孔老头，也是素来就仰慕两位，怎么可能是假道学呢？"两个老头欢天喜地地走了。孔子的学生见到这一幕场景就质问道："先生，你什么时候变成这样一个马屁精了？"孔子回答说："遇到这样的人，赶紧哄骗他们早早滚蛋就是了。还招惹他们干什么？"有价值的争论，如高山流水，酒逢知己，争论之后醍畅淋漓，余音绕梁，心神为之一爽。无谓的争论，就像两个人彼此泼粪，争论之后如粪土填胸，伤神又伤身。聪明的人从来不做无谓的争论。如今在一起讨论问题时，经常会有人不是要弄清楚道理，而只是为了争一口气，用气势压倒人。在这种情况下就不要争了，何必浪费时间。只有是真正平心静气地来讨论问题，才值得去参与。

"故必由其道至，然后接之；非其道；则避之。"只有是走正道、真正精进的人，才可以去接引他，回答他的问题，如果不是这样的人，就躲开吧。《三国演义》中有这样一回。说诸葛亮带兵出祁山，两军对垒。70多岁的王朗夸下海口，要凭自己三寸不烂之舌，说得诸葛亮心服口服来降，再不济也要他乖乖退兵。两军阵前，王朗对诸葛亮动之以情，晓之以理，分析天下大势，摆明曹魏必定夺得天下的事实，劝说诸葛亮识时务者为俊杰，弃暗投明。言下之意："诸葛亮，你这么聪明的一个人，自然该懂得何去何从吧。"有道理吗？太有道理了。后来的历史发展就能证明，没有比这更有道理的了。但是诸葛亮偏偏不理他，先是指明王朗端着刘家的碗，却要砸刘家的锅，太无耻。既然对面是个无耻之徒，自然不用顾及斯文，接下来就猪狗牛羊一通乱骂，把年逾古稀的王朗气得口吐鲜血，跌下马来死了。王朗说的是利益抉择，诸葛亮说的是道德审判。这就叫道不同不相为谋。两个认知层面不同，价值取向迥异的人争论，就像鸡同鸭讲，是争不出对错来的。

"故礼恭，而后可与言道之方；辞顺，而后可与言道之理；色从，而后可与言道之致。"对来问学的人，见此人礼貌恭敬，然后才可以同他谈论道的大意。如果此人态度傲慢，自以为地位比你高，掌握的真理就比你多，那就谈都不要谈。你去做你的官，我做我的学者。见此人说话平和理性，然后才可以和他谈论道的原理。见此人态度谦和，然后才可以和他谈论道的极高明处。不然，去和他讨论深奥的问题是白费口舌。宋朝有一个叫钟弱翁的县令。自以为字写得很好，实际上很一般。他无论走到哪里，总要对人家匾上的题字批评一通。说服人家把原来的题字抹去，换上他写的字。有一天，他带着随走过一座寺庙，看到题匾上有"定惠之阁"四个大字，但落款的人名被灰尘掩盖，看不太清。钟老爷就将匾上的字批得一无是处。旁边一个僚属对书法颇有见解，提出了不同的看法，两人起了争执。钟老爷列出了一二三四五，说得头头是道。僚属碍于上司的情面，微微一笑，点头称是，不再言语。钟老爷更是忘乎所以，叫来寺僧，要把匾摘下来，自己重新赐字。寺僧无奈，只好搬来梯子，摘下匾额。然而，擦去灰尘后，发现落款赫然写着一代书法大家颜真卿的名字。这就尴尬了，钟弱翁回头对随从们说："这么好的一副字，不刻成碑文多可惜啊。"随从们一边搬石头、打磨刻字，一边在心里骂娘。现实生活中，随处可见钟老爷这种自以为是的人。遇到这样的人就不必跟他讨论，他何时出糗，上天自有安排。遇到一个"礼不恭，辞不顺，色不从"的人，还费劲去和他讨论干吗？道之方，道之理，道之致，由浅入深，要根据不同人的修养，教到不同的程度。换个角度，我们要向老师问学，就必须礼恭、辞顺、色从，不然你学不到真知识。"故未可与言而言谓之傲；可与言而不言谓之隐；不观气色而言谓瞽。"所以说，和不可交谈的人交谈，叫做浮躁。不和可以交谈的人交谈，叫做隐瞒，藏一手。交谈时，不观察对方的神态反应，叫做有眼无珠。君子不浮躁、不隐瞒、不会视而不见，而是谨慎地对待前来请教的人。《诗经》上说："与人交谈，不敢舒缓，所以受天子赞赏。"说的就是这种情况。

38. 什么样的人是好学生？

百发失一，不足谓善射；千里跬步不至，不足谓善御；
伦类不通，仁义不一，不足谓善学。学也者，固学一之也。
一出焉，一入焉，涂巷之人也。其善者少，不善者多，桀、
纣、盗跖也。全之尽之，然后学者也。

射箭射了一百支，只要有一支没有射中，就不能说是神箭手。驾
车跑一千里的路程，只剩下半步却走不动了，就不能叫做好车手。因
为他们都没能达到最终目标，没有做到极致。对人伦事理不能融会贯
通，对仁义之道不能专一奉行，就不能说是好学生。既然是学习，就
应该坚持专一地学，不能浅尝辄止。一会儿放弃，一会儿又学一学，
也就是俗语说的"三天打鱼，两天晒网"。那是"涂巷之人也"，也就
是没有教养的普通俗人，谈不上是读书人。不读书的人里好人少，坏
人多，就会出夏桀、商纣、盗跖这样的恶人。"全之尽之，然后学者
也。"全面地学，深入地学，才是好学生。从前对好学生的要求必须

是博大精深，知识面广，又能深入一门。"博大精深"不容易做，大部分人做不到，所以现在的学者就把标准降低了。哪怕儒释道都不懂，只要知道《红楼梦》里有哪些菜名的就是博士了。相反，南老师这样能把儒释道融会贯通的，反而不算是学者了。

> 君子知夫不全不粹之不足以为美也，故诵数（读）以贯之，思索以通之，为其人以处之，除其害者以持养之。使目非是无欲见也，使耳非是无欲闻也，使口非是无欲言也，使心非是无欲虑也。及至其致好之也，目好之五色，耳好之五声，口好之五味，心利之有天下。是故权利不能倾也，群众不能移也，天下不能荡也。生乎由是，死乎由是，夫是之谓德操。德操然后能定，能定然后能应，能定能应，夫是之谓成人。天见其明，地见其光，君子贵其全也。

君子知道学习不全面、不纯正，不足以称完美，所以他们反复诵读和深入思索以求融会贯通。选择良师益友相处，去除妨害礼义的东西以求保养身心。使自己做到对不符正道的事物，眼睛不想看，耳朵不想听，嘴巴不想说，心里也不想去思考。这几句话应该是源于《论语》的"非礼勿视，非礼勿听，非礼勿言"。文字不同，思想是传承孔子的，这就叫"师法"。"及至其致好之也，目好之五色，耳好之五声，口好之五味，心利之有天下。"等到这个人真正爱上了读书，好学就变成了他人性的一部分，就像眼睛喜欢看好看的颜色，耳朵喜欢听好听的声音，嘴巴喜欢吃好吃的味道，心里想着最好拥有天下一样。当然好学的人性不是天然的本性，而是化性起伪后的社会性。一个人达到了这样的境界，那么"权利不能倾也，群众不能移也，天下不能荡也。生乎由是，死乎由是，夫是之谓德操"。权势和利益不能左右他，人多势众也不能改变他，天下发生任何事情都不能动摇他的信念。活着是这样，死了也是这样，这叫做道德操守。"德操然后能定，能定然后能应，能定能应，夫是之谓成人。"这里的"定"是指意志坚定的"定"。这种定不是天生的，也不是打坐静定的"定"，而是读书明理后建立的坚定信念。天下任何动荡变化都不能改变信念的那种"定"。意志坚定就能够对一切事物应付自如。能意志坚定，又能应对万物，这才叫做成人，也就是理想的人格。"天见其明，地见其光，君子贵其全也。"天会显现光明，地会显现广阔，君子的可贵就在于有完善的人格。

这一段是全文的总结，可见荀子对学习的态度，不同于孟子的"不虑而知，不学而能"和陆王心学的"良知良能说"。孟子和陆王学说，不仅抹煞了认识的"知"与道德的"行"之间的差异，而且将道德视作人人具有"见父母就知孝，见兄长就知悌"的天赋能力。将孝亲、忠君等道德行为等同于"好好色，恶恶臭"的自然官能反应。孔子说"克己复礼为仁"，"性相近也，习相远也"，"下学而上达"。比较一下思孟学派和荀子学派，就知道谁才是真正守护着孔子的师法了。

第五讲

荀子论修身

我们在上一讲里可以知道：由"化性起伪"而达到圣人的境界，主要途径是学习。而"学至乎《礼》而止矣，夫是之谓道德之极"。这个礼不只是指"礼学"，而是行为要符合礼，达到最高的道德规范。如果像一般学者那样把这个"礼"狭义地理解为是指"六经"里的"三礼"，岂不是说只要读了这些文本就能达到道德之极了吗？哪有这么简单。其实，荀子《劝学》的"学"是包括了行的，行为的规范就是礼。这个学礼行礼的过程，也就是化性起伪的过程，用儒家的术语就是"修身"。用今天的话来说，就是人生修养。

39. 孟子讲修身

　　只要是儒家都一定会讲一套修身的道理。孟子一派讲究修身养心（性），把人生修养落实在心性上。孟子提出了"存心"、"养心"的说法。"存"是保存、把握、不使丢失。这里"存心"的"存"不能理解为封存，而是指有意识地保存良心，不使它被纷繁的人事所淹没，别让它在滚滚红尘里迷失。按照思孟学派的说法，人性本善，只是丢失了与生俱来的良知良能才变成坏人。所以只要把这颗善心守护好，修身也就功德圆满了。他们的说法也不是完全没有道理。我们平时在忙忙碌碌之中，不会感觉到心的存在。用今天的话来说，不会感觉到自己思想的存在，总是被外物牵着走的。从周一到周五，每天上班忙八个小时，甚至十多个小时，回到家里已经精疲力尽了。如果孩子还小，还要教小孩做功课，睡觉也不够睡。到了周末休息天还有一大堆家务事。你很少会停下来去观察自己的这颗心，于是就被世俗的风气牵着走。世风不好，你也摆脱不了。大家都一心向钱看，你也只能跟着向钱看。有时候，夜深人静，偶尔独自静坐的时候，才会实实在在地感觉到自己心的存在，自己思想的存在。这时候，你才会问自己：这究竟是不是我要的人生？我这样做对吗？但是一回到现实，我们的本心又立即消失得无踪无影。所以王阳明提出"致良知"，要求人们时时体会自己心的存在，感受良心的呼唤，聆听良知的声音。现在流行禅修，大家都在学打坐。其实，这和宗教信仰无关。无论效果如何，至少在打坐的时候，你会真正静下来，此时才会实实在在地感觉到自己心的存在，会跳开社会的潮流，独立做一些人生规划或决策。

"存心"之外，孟子还提出了"养心"。两者有什么区别呢？存心是守护好你的良善之心，不让它迷失。那么良心为什么会迷失呢？因为欲望太多，污染了你的本心。所以要找回丢失的本心，重新培养人的良善之心。怎么才能"养心"呢？《孟子·尽心》里有一句话："养心莫善于寡欲。"养心也就是要减少你的欲望。到宋明理学主张"存天理，灭人欲"，那就推向一个极端了。孟子的"寡欲"跟"灭欲"是不一样的概念。"存心"和"养心"的最终目标是相同的，就是培育健全的人格。用孟子的话说，就是"存其心，养其性，所以事天也"。后世儒者简称为"存养"。

孟子认为，衡量一个人有没有人格力量，是君子还是小人，主要标准体现在做人有没有"浩然之气"。这股浩然之气从何而来？来自平时的存养功夫。在《公孙丑》中，有这样一段孟子和学生公孙丑之间的对白：孟子说："我善养吾浩然之气。"学生问他："敢问何谓浩然之气？"什么叫做浩然之气？孟子答："难言也，"不是一两句话能说得明白的。尽管如此，他还是说了一段话："其为气也，至大至刚；以直养而无害，则塞于天地之间。其为气也，配义与道；无是，馁也。是集义所生者，非义袭而取之。行有不慊于心，则馁矣。"浩然之气，作为一种气"至大至刚"，心胸大，心量大，为人刚直不阿。这种气概巍然屹立于天地之间。但它不是天生的，也不是突然冒出来的，而是养性养心养出来的。用什么养呢？"以直养而不害"，一个人如果平时能够正直无私、刚正不阿，关键的时候自然能体现出这种豪迈气概。其实，一个人正气不正气平时是看得出来的。如果平时患得患失、两面三刀、损人利己，关键时刻不可能有这种浩然之气。遇到民族大义或需要以身殉道的时候，就不可能以一种大无畏的气概把功名利禄、人情、家庭以至生命统统放下。浩然之气不是性格的直来直去，有些人比较直爽，有些人比较内敛，这是一种天性。所谓浩然之气，必须符合"义与道"，不然的话，就会疲弱衰竭。"其为气也，配义与道"的"配"不是配合的意思，而是相配、符合。道是原则，但原则不是死板的东西，在运用中要灵活，也就是要适宜一定的时空条件而变化。"义"就是适宜的意思。现在常讲的朋友义气，其实是指"侠气"。孟子强调，浩然之气只能来源于我们灵魂深处积蓄已久的正义力量，而不是一时有正义冲动而取得的。"非义袭而取之"的"袭"是突然而至的意思。如果行为有愧于良心，那么浩然之气就会衰竭。历史上有很多大英雄，一旦有变节行为后，身上那种豪迈气概顿时消失，变成一个窝囊废了。看了这段话，就能理解梁启超为什么会说读《孟子》之益处在发扬志气了。

孟子对浩然之气还有更进一步的描述，具体说来就是"富贵不能淫，贫贱不能移，威武不能屈"。我们现在经常说要弘扬民族精神。如果我们有的，其他民族也有的，就算不上我们的民族精神。民族精神应该是指一个民族特有的精神价值，也就是我前面提到的道统，那是千百年积累下来的。中国人讲什么？讲气节，讲养浩然之气。当外敌入侵时，有文天祥这样誓死不投降的民族气节。士大夫有"朝闻道，夕死可也"的殉道气节。春秋时，齐国执政崔杼杀了国君齐庄公。史官太史公如实记载了这件事，崔杼大怒，杀了太史公。太史公的两个弟弟太史仲和太史叔也如实记载，都被崔杼杀了。崔杼对他们最小的弟弟太史季说："你三个哥哥都死了啊，你难道不怕死吗？还是按我的要求：把庄公之死写成暴病而死吧。"太史季正色回答："秉笔直书是史官的职责，失职求生不如去死。你做的这件事迟早会被大家知道的，我即使不写，也掩盖不了你的罪责，反而成为千古笑柄。"崔杼无话可说，只得放了他。太史季走出宫的时候，正遇到南史氏执简而来。南史氏以为他也被杀了，准备冒死来继续照实记录此事。这就是浩然之气，就是我们的民族精神。

孟子认为，这种浩然之气是养出来的。是长期修养的结果。然而，这和他的"性善论"是矛盾的。从来没有说一个三尺童子就有浩然之气。如果天生就有良善之心。那么为什么天生不能有浩然之气，还需要"集义所生"呢？再说，无论是养浩然之气，还是存心养心，都很难琢磨，很难抓得住着力点。从前，民间的社会风气受儒家思想影响很深，主要不是靠孟子一派的存养之学。老百姓天天在地里忙活，哪能坐在那里"慎独"、"日参省"，修身养性。其实，对普通老百姓影响最深的是乡规民约和各种家训。尤其是"家训"，从南北朝颜之推的《颜氏家训》、五代章仔钧的《章氏家训》，到清代朱柏庐的《朱子治家格言》和曾国藩的《曾文正公家训》。现在都没有人好好研究。古人按照礼义之道，提出对子孙日常生活的规范，形成这些家训。对修身的要求就变得很具体，用今天的话来讲是很有操作性的。他们走的正是荀子脚踏实地的修身路线。刚才介绍了孟子一派对修身的说法。这是为解读荀子这方面的思想做一个铺垫。两相对比就比较清楚了。

40. 修身的标准是善

荀子的有关论述主要集中在"修身"和"荣辱"等篇，先看
《修身》。

见善，修然必以自存也；见不善，愀然必以自省也。善
在身，介然必以自好也；不善在身，菑然必以自恶也。故非
我而当者，吾师也；是我而当者，吾友也；谄谀我者，吾
贼也。故君子隆师而亲友，以致恶其贼。好善无厌，受谏
而能诫，虽欲无进，得乎哉？小人反是，致乱而恶人之非
己也；致不肖而欲人之贤己也；心如虎狼，行如禽兽，而
又恶人之贼己也。谄谀者亲，谏争者疏，修正为笑，至忠
为贼，虽欲无灭亡，得乎哉？《诗》曰："噏噏呰呰，亦孔
之哀。谋之其臧，则具是违；谋之不臧，则具是依。"此之
谓也。

见到人家的善行，一定要严肃地反思，自己身上有没有同样的美德，而不是去羡慕嫉妒恨。见到不善的品行，一定要警惕地反省，自己有没有同样的问题，而不是幸灾乐祸。自身有善行，就更要洁身自好。自身有不良的品行，就要像身上沾了脏东西一样感到厌恶。这里用了一连串的"然"，修然、愀然、介然、菑然，在古文中出现大部分是形容词。这一段是提出了修身的标准就是善。在这一点上，孟子和荀子没有区别。先秦道家、墨家，或者世界上的其他宗教，基督教、犹太教、伊斯兰教也都劝人向善。佛教更是一种劝人为善的宗教。《佛遗教经》上说："诸恶莫作，诸善奉行，自净其意，是诸佛教。"这四句话是根本的佛法，应该是释迦牟尼留下来的遗言。学佛学什么啊？学佛是学行善，不是学烧香。现在很多人学佛都是表面功夫。晚饭还是大鱼大肉，生劏活海鲜，第二天去买几条鱼到河里放生。他觉得是学佛，那是在作孽。传统中国社会里，佛寺担负了社会福利机构的功能，赈灾扶贫，修桥铺路都有寺院的份。穷书生赶考路上住不起旅馆，寺院提供食宿。商人做生意在路上病倒了，谁去给他治病？不幸死在路上了，谁去埋葬他？都是寺院。所以你们想学佛不如先做一个好人善人吧。

当然，荀子讲的"善"不只是指慈善。狭义地理解善，就是同情别人，帮助别人，但这是善的一部分，也就是孟子讲的"四端"之一"恻隐之心"，同情之心。其余的"羞恶之心"、"辞让之心"和"是非之心"也在善的范围之内。善涵盖了仁、义、礼、智、信。分清是非也是善。是非都分不清怎么叫善？分清是非就需要智慧，智慧是由才学识构成的，都在善的范围之内。修身获得了善的这些内涵就叫做"德"。所以说，"德者，得也。"我们要在这样一个高度上去理解善。现在有些人发了财，以为捐点钱出去，或者收养一两个孤儿，就是行善了。这当然比不做好，但对善的要求不能停留在这样一个水平上。做生意的时候不讲信义坑人家，然后去捐点钱，这不叫做善，是假仁假义。天主教发展到后来的腐败就是教会出卖赎罪券，一星期做了六天的坏事，第七天走进教堂买了赎罪券就可以抵消罪恶了。所以才会发生宗教改革，基督新教就产生了。所以对善必须全面理解。在中国传统文化里，道德标准抽象的叫做善，具体表现为仁义礼智信。

"故非我而当者，吾师也；是我而当者，吾友也；谄谀我者，吾贼也。"因为以善为修身标准，所以批评我又中肯的人是我的老师；赞赏我又恰当的人是我的朋友；谄媚我的人是寇贼。因为无缘无故你给戴高帽子，拍马屁的人必定有私心私欲，有求于你。无论求得到求不到都永远不会满足，满足不了就会怀恨在心，成为你的敌人。这也是我大半生的经验。我的人生起落很大，凡是在我人生高潮的时候，那些肉麻吹捧我的人，一定是在我落难时投井下石的人。你们要记住：一个人的人生不会是永远平稳的，其实成功还是晚一点好。社会经验丰富了，不那么容易上当了。少年得志反而倒霉，就是因为社会经验不足，人家一吹捧就飘飘然了，结果会跌得很惨。不过人性的弱点就是喜欢听好话，喜欢拍自己马屁的人。一般人都是这样。我活到六十多岁，仍然喜欢听人家的好话。人家讲我好话，总是开心的；人家批评我，总是心里不舒服。这就是人性，所以才需要修身啊！明白了这个道理，时时警诫自己，慢慢对人家的吹捧越来越不在乎了。对那些顺从你的人，越来越警惕了。这就是自我修养在进步了。一个没有修养的人一定是容不得半点不同意见的，喜欢人家吹捧他、崇拜他。这样的人是做不了大事的。

接下去，荀子说：是君子就会尊重老师，亲近诤友，极端厌恶那些阿谀奉承自己的贼人。追求善行永不满足，受到劝告能够警惕。这样的人可能不进步吗？小人则与此相反，极其胡作非为，却怨恨别人的批评；极其愚痴无能，却期望别人的吹捧；心肠狠毒，行为像禽兽，却又厌恶别人把他当贼人。他们亲近拍马屁的人，疏远直言规劝自己的人，嘲笑修行人，残害尽忠报国的正人君子。这样的人可能不灭亡吗？《诗经》上说："一会儿众口附和，一会儿互相诋毁，非常可悲啊。对的意见都违背，错的意见都附和。"说的就是这样的小人。古文里的君子和小人这对概念，用在不同地方，意思是不一样的。有时候，用在社会地位上，把没有受过教育的平民，也就是今天讲的弱势群体或低端人口叫做小人。但这里指的是道德上的小人，即使有权有势有博士学位，但没有道德操守的人也叫做小人。

41. 修身的途径是学礼

扁（遍）善之度：以治气养生，则后彭祖；以修身自名（铭），则配尧、禹。宜于时通，利以处穷，礼信是也。凡用血气、志意、知虑，由礼则治通，不由礼则勃乱提僈；食饮、衣服、居处、动静，由礼则和节，不由礼则触陷生疾；容貌、态度、进退、趋行，由礼则雅，不由礼则夷固僻违，庸众而野。故人无礼则不生，事无礼则不成，国家无礼则不宁。《诗》曰："礼仪卒度，笑语卒获。"此之谓也。

善是修身的标准，完善的人就是圣人。那么如何做到完善呢？先是讲身体，没有健康的身体，天天病恹恹的活不长，还谈什么道德气质的修养？如果以调理元气来养生，那么寿命会仅次于彭祖。彭祖是古代传说中的寿星，据说活了700岁，但没有资料可以证实。如果把修身牢牢铭记在心，时时激励自己，提醒自己，那么名声就会与尧、禹媲美。修身的关键是礼义和诚信。掌握了这个关键，既能够适应显达，也利于应付困境。也就是做到孟子说的"君子穷则独善其身，达则兼善天下"。为什么礼对修身如此重要？"凡用血气、志意、知虑，由礼则治通，不由礼则勃乱提僈。"血气是什么？我们平时说生了一场大病就会大伤元气。写完一本书就像生了一场大病一样，几个星期都不想做事，因为脑力劳动很耗精力。血气就是指元气、精力。志意即意志，做一个判断，不是一般的判断，而是做决断，下决心，靠的是意志。知虑是思虑、思考。这三者都是精神活动。如果遵由礼的话，精神活动就能够通达顺利。因为由礼就是掌握分寸，既不会过分，也不会不及。相反，不由礼就是放任自己的性情和欲望，就会错乱或怠慢，要么胡思乱想，要么懒洋洋地不想动脑筋。总之，不由礼就会走两个极端。"食饮、衣服、居处、动静，由礼则和节，不由礼则触陷生疾。"涉及吃饭、穿衣、居处及运动时，由礼就会调和适当，不由礼就会陷祸生病。由礼就会有节制、有分寸，不会偏颇。饮食，不要吃得太饱，也不要饿肚子。现在物质丰富了，钱多了，有些人每天大鱼大肉高蛋白，但身体却很不健康。北京有个老中医讲得非常对，为什么现在很多有钱人五六十岁得胃癌的不少。因为很多人创业前都是农家子弟，几代人都是以素食为主的，自己也是吃蔬果长大的。遗传和本身的饮食习惯使他们的胃适应素食。突然发财以后，每天鱼翅鲍鱼，消化系统不能适应大量的高蛋白，结果就得了胃癌。这就是没有节制。很多老人留下来的话，例如"三分醉，七分饱"，"少吃多滋味"，都是讲饮食要有分寸。相反的例子，很多人去学辟谷。气满不思食，有气功基础才能学辟谷。他们从来没有练过气功，突然比赛饿肚子，看谁饿得久，结果消化系统紊乱，导致肠胃病，还有人因此送掉性命的。穿也是一样道理，穿得太少不行，穿得太多也不行！以前老话说，大多数小孩的毛病是捂出来的，也就是热出来的。现在小孩太宝贝，都是温室里长大的。冬天一出门就怕感冒，从上到下裹得严严实实的。因为不经风雨，中国小孩的体质远不如国外的。再说运动，由礼就是要讲动静结合，动得过分和静得过分都不行。有些人小时候不锻炼，不打基础，到了二三十岁到处去跑马拉松，听说跑死了不少人。这是动得过分，静得过分也不行。就拿坐禅来说，有些人能够一坐几个小时，什么都不想做，只想整天坐在那里不动。这不是修行功夫深，那叫禅病。为什么有易筋经？当年达摩祖师来到少林寺，发现寺里的和尚都有病，因为整天在那里打坐，没有运动，导致气血不通。所以就教和尚们这套易筋经，有动有静，这才符合佛法，才符合人的生理规律。

"容貌、态度、进退、趋行，由礼则雅，不由礼则夷固僻违，庸众而野。"涉及容貌、态度、进退、行走时，由礼就温雅可亲，不由礼就显得傲慢、固执、乖僻，庸俗而粗野。先说容貌吧，化妆都要讲个分寸。如果一个女孩把眉毛画得浓浓的，脸上涂厚厚一层白粉，你会觉得美吗？所以真会化妆的叫做"略施粉黛"，也就是浅妆。对人的态度也是这样，不讲分寸节度，要么倨傲，自以为是，目空一切，或者孤僻，没办法跟人接近。要么看到什么人都是甜言蜜语，一脸谄媚的笑，恨不得讨好每一个人，其实也很令人讨厌的。什么叫由礼？不卑不亢，就是一种分寸。你去细细拿捏什么叫不卑不亢，对人处事就不失风度了。传统社会对迎送也是有一套礼节的。什么地位、什么关系的客人，要怎么迎，怎么送，都有很具体的规定。到了今天，当然这些等级制度的礼节不要完全照搬了，但迎送的规矩总还得有吧？不能长辈来拜访，你还坐在那里站都不站起来一下。在餐厅吃饭，小孩子在饭桌上大声斥责父母。这些就是没有礼。这种家庭再有钱，也是粗野没有教养，被人看不起的。我们国人出国旅游，为什么被人家看不起？很多人把原因推给人家歧视我们。我告诉你，没有那么多种族歧视。现在西方社会不是像过去时代那样种族歧视很严重，反而是讲政治正确，讲种族平等有点过分了。很多时候我们被人家看不起，是自己的举止造成的坏印象。

所以说，"人无礼则不生"，这个"生"不是活的意思，而是说人没有礼义就不能好好生活。有些人生活乱七八糟，吃饭睡觉都是兴之所致。喝起酒来就忘了时间，喝到凌晨三四点钟，白天睡大觉，日夜颠倒。生活没有礼，就是生活没有节制、没有规律。"事无礼则不成"，做事情不讲礼义就办不成。一个公司里上下左右的关系没有规范，没有权力的平衡。下级可以越权，同级不同部门的可以越界，这样的企业肯定乱，效率肯定低。"国家无礼则不宁"，国家没有礼义就不能安宁。如果没有一套是非标准，没有做人做事的规范就会缺少凝聚力，人心就会散。最后引《诗经》说："礼仪卒度，笑语卒获。"礼仪完全符合法度，一言一笑完全得当。说的就是这种情况。

这段讲要修身，照着礼义去做就是了，礼就是修身指南。荀子不教人去存心养心，而是教人学礼，因此做起来有一套很具体的规范。

现在讲起人生修养就是一些文字优美的心灵鸡汤，但却让人看了以后不知道怎么去落实到行动上，至多武装一下嘴巴而已。真要讲人生修养，要建设企业文化，还是需要有一套符合现代社会的具体行为规范。道理不必讲得很多，只要能让人可以照着去做就行了。

> 以善先人者，谓之教；以善和人者，谓之顺。以不善先人者，谓之谄；以不善和人者，谓之谀。是是、非非，谓之知；非是、是非，谓之愚。伤良曰谗，害良曰贼。是谓是、非谓非，曰直。窃货曰盗，匿行曰诈，易言曰诞。趣舍无定，谓之无常；保利弃义，谓之至贼。多闻曰博，少闻曰浅；多见曰闲，少见曰陋。难进曰偍，易忘曰漏。少而理曰治，多而乱曰秏。

在具体讲修身之前，荀子先厘清一些相关的概念。以善倡言的叫做教。别人没有想到说到的，你首先提倡，然后使人明白，而又符合善这个修身标准的，就叫做教，教导。例如，"文革"结束初期，有人倡言实践是检验真理的标准，解放了全国人民的思想，就可以称为教。有人提议，你起来响应，而又符合善的，就叫做顺应、响应。相反，你第一个提倡，不过是个坏主意。比如有些人揣摩上意，带头提一些不合时代潮流的口号，就叫做谄，谄媚。有人倡言这个，倡言那个，但都不怀好意，你跟着附和他们，大家还互相攀比，越肉麻越好，叫做阿谀奉承的"谀"。古文中谄和谀是有细微差别的。还有一种说法：面从曰谀，佞言曰诣。

对的看出是对的，错的看出是错的，叫做明智。对的看成错的，错的看成对的，叫做愚蠢。用话中伤好人，散布流言或者打小报告，叫做谗，奸言。使用不正当手段陷害忠良，叫做贼，暗害。对就说对，错就说错，不被任何外力左右而故意颠倒是非，就叫做直，正直，刚直。偷取或抢劫他人财物的，叫做盗窃。隐瞒行迹，刻意不让人知道真实意图的，叫做诡诈。"易言曰诞"，易言就是随便说话，信口开河，这叫做荒诞。"趣舍无定，谓之无常。"是进还是退，拿不定主意，走两步就退回来了，退回来又往前走两步，这叫做无常。用在日常生活中就是指没有确定的人生目标，不知道自己究竟要做什么，做一行，丢一行，一辈子就这样稀里糊涂过去了。为了保住私人利益而背信弃义，出卖朋友，就是大恶之人。

"多闻曰博，少闻曰浅。多见曰闲，少见曰陋。""闲"在古文中和"博"同义，但又有差别。听得多叫做博，见得多叫做闲。"浅"和"陋"也是同义而有差别，听得少叫做浅；见得少叫做陋。好文章的标准之一就是在一篇文章里能用不同的词汇表达同样的概念。这就要求作者掌握的词汇量越多越好，而且要知道相同词汇之间的细微差别，这才见文字功力。我们现在词汇很贫乏，用来用去都是"因为"、"所以"、"不但"、"而且"，一个新词都要被用烂为止。我在第三讲曾说过言为心声，语言是心智的表现。词汇是构成语言的一个要素。从猿到人之初，可能只会讲几个单词。社会越进步，语言也应该越丰富，因为人的文明程度在提高。"难进曰偍，易忘曰漏。"知难而退，叫做怠，懈怠。学过就忘，听过就忘，叫做漏，遗漏。"少而理曰治，多而乱曰眊。"管事不多而井井有条的，叫做善治；管得多而杂乱无章的，叫做昏庸。管得少而能管得井井有条的，说明这个人抓住了管理的要害，胡子眉毛一把抓的人则是抓不住重点。这一对比，两者的高下立判。中国传统的管理思想就是"少而理"。一个皇帝太勤奋了，国家反而乱，明末的崇祯皇帝非常勤奋，可以说是废寝忘食。他什么事都要亲自过问，大臣们就不敢作主了。于是面对外侵内乱，大家都袖手旁观，让皇帝一个人去像无头苍蝇那样团团转，最后明朝就亡在他手上。这整段厘清概念，讲的都是分寸的拿捏，也就是体现礼的精神。

42. 对症下药，因材施教

治气养心之术：血气刚强，则柔之以调和；知虑渐深，则一之以易良；勇胆猛戾，则辅之以道顺；齐给便利，则节之以动止；狭隘褊小，则廓之以广大；卑湿重迟贪利，则抗之以高志；庸众驽散，则劫之以师友；怠慢僄弃，则炤之以祸灾；愚款端悫，则合之以礼乐，通之以思索。凡治气养心之术，莫径由礼，莫要得师，莫神一好。夫是之谓治气养心之术也。

这一段开首的小标题应该是后人加的。讲治气养心之术，其实既不是讲道家的调气练气，也不是讲思孟学派的养心，还是讲修身，人生修养的方法。荀子不认为有一套对什么人都适用的方法，要对症下药，因材施教。对那些血气方刚、性情比较刚强的人，要用柔和的方法使他们心平气和。对那些老谋深算、城府很深的人，要用善良去抑制他们的阴暗心理，使他们平和一点，不要遇到什么事都用阴谋论去猜度。这样的人看周围世界的眼光都是灰暗的，怕吃亏上当，所以不轻易暴露自己的想法。遇到这样的人就要用善心去感化他们，让他们感觉到人间自有真情在。对那些勇猛凶暴的，要用道义与和顺来辅正他们。"齐给便利，则节之以动止"，对那些性急莽撞的人，讲话喜欢脱口而出，遇事经常冲动，要用静止的道理去节制他们。教他们以静制动，遇事先缓一缓，安静下来想清楚了再去行动。"动止"就是静止，在古文中叫做复词偏义，用两个反义词表达一个意思。比如，"莫测高深"和"不知深浅"，高和深，深和浅都是反义词，但都是深度的意思。以后读古文还会碰到这种语法现象。

对那些心胸狭窄、心眼小的人，就要设法拓宽他们的心胸，不要斤斤计较于那点芝麻绿豆点大的事情。"卑湿"是形容自卑的人就像水往低处流那样，过于谦恭就会失去威仪、失去做人的尊严。"重迟"是说一个人反应迟钝，思想言行都非常缓慢，和前面那种"齐给便利"的人正好相反，过于迟钝就会误事、失去机会。贪利的人眼光短浅，只盯着眼皮底下那几寸地看。因为贪小便宜就往往会失足，对那些自卑、迟钝、贪小便宜的人，就要用高远的志向去激励他们。"庸众驽散，则劫之以师友。""庸众"就是平庸，没有什么追求，做一天和尚撞一天钟。"驽"是低劣，一无所长，一事无成。"散"就是自由散漫。对这三种人怎么办呢？用良师益友督责他们。这个"劫"用得很形象，劫持的劫。他不愿进步，不愿往前走，左手一个老师，右手一个好友架着他走，不走不行。"怠慢僄弃，则炤之以祸灾。"还有一种人更消极，懒惰，学什么做什么都提不起劲头。僄弃，也就是自暴自弃，烂泥扶不上墙的那种人。对他们要以灾祸明示他们，让他们知道这样的后果是危险的。还有一类人"愚款端悫，则合之以礼乐，通之以思索。"愚钝、诚恳、厚道而过于拘谨的人，也就是没有什么趣味的人，就要让他们有点文采，多读点文学作品，增加一点艺术细胞，鼓励他们多思考以求通达。

最后一句："凡治气养心之术，莫径由礼，莫要得师，莫神一好。"凡是提到修身的方法，无不以由礼为捷径，无不以找到良师为关键，无不以专一最为神妙。这是修身普遍的、根本的原则，对任何人都适用。但具体方法还要因人而异，每个人的根器、禀性不一样，即使是同胞兄弟的个性也会有很大差异很大。所以对不同的人没有一套标准的修身办法，而是要用不同的方法。其实，这也是古代的教育学，古人强调因材施教。读过《论语》的就知道孔子教学生，都是根据学生们不同的个性，强调不同的重点。多次有学生问"仁"、问"政"、问"孝"，孔子的回答都不相同，因为每个人的材质都不同。如子羔为人愚直、曾参为人迟钝、子张为人偏执、子路为人粗鲁，所以孔子都会针对他们各自的个性强调不同的重点进行引导。有一次，子路问孔子："听到好的提议，我应该马上就去做吗？"孔子说："有父兄在，怎么能一听到就行动呢？"他的意思是让子路去问一下父兄的意见，不要鲁莽冲动。过了一会儿，冉有也来问："听到好建议就应该马上去做吗？"孔子却说："快去做吧！"公西华见老师全然不同的回答就很疑惑地问孔子。孔子说："冉求深沉谦退，但遇事不敢担当，所以要鼓励他果敢勇决。子路好勇过人，所以要他遇事退一步，三思而行。"

其实，南老师教人最大的特点也是如此。无论是做人，还是修行，他从来不说哪一种法门是最好的，对所有人都适用。而是说对某人适用的，在他来说就是最好的。因为各人有各人不同的根器、个性和经历。对比较亲近的学生，他不会一开始就教你什么东西，而是长期观察你的秉性，然后就点中你的要害。没有长篇大论，也很少手把手教你。寥寥数语，悟得到，悟不到，那是你自己的事。跟老人家久了，我就知道放之四海而皆准的法门是没有的，必须因材施教。包治百病的医生是没有的，好医生都是对症下药。明白了这个道理，自称对一切人适用的修行法门，你就别学。自称能包治百病的医生以及对所有病症都有效的灵丹妙药，你就别信。这就是荀子讲修身学到的道理。一个人真要修身，先找到自己身上的毛病，是急躁，还是迟钝；是勇猛，还是懦弱；是骄傲，还是自卑。然后再针对自己的问题，调动一切内外因素，有意识地去修正。

43. 做人的格局

志意修则骄富贵，道义重则轻王公；内省而外物轻矣。传曰："君子役物，小人役于物。"此之谓矣。身劳而心安，为之；利少而义多，为之。事乱君而通，不如事穷君而顺焉。故良农不为水旱不耕，良贾不为折阅不市，士君子不为贫穷怠乎道。

这一段讲做人的格局。志向高远的人就会傲视富贵。相反，做人格局小，只想做个小老板，才会把富贵作为人生的最高目标，觉得像马云那样就是做人的最高境界了。当然"骄富贵"不等于"仇富贵"，只是觉得富贵没什么了不起，人生有更高远的目标。我想一个真正的科学家或者文学家，并不会觉得自己的人生不如马云，因为科学发明和文化创造能够增进人类的福祉。重道义就能鄙薄权贵。看一个人值不值得结交，看重的是他讲不讲道义，而不是看他的权势地位。热衷于结交权贵、攀附权贵的人心里只有名利。做人怎样才能大格局呢？

"内省而外物轻矣"，时时在内心自省的人，也就是追求内在完美的人，自然就会看轻富贵和王公这样的外物，视富贵名利都如浮云。古人说："君子支配外物，小人则被外物所支配。"说的就是这个道理。

君子一旦有钱有势，就会利用这些外物去实现自己的人生理想和目标。我认识的一个香港隐形大富豪杨先生。他的家族说得上富可敌国。他是含着金钥匙长大的，但他是个有道之人，平时根本看不出是有钱人，穿得很普通，走在路上提个书包，也不像内地富豪那样有前呼后拥的保镖跟班。他年轻时在北美留学发现中国人的中装都放在地摊上卖。他就想中国是衣冠之邦，为什么现在我们的衣服如此没有地位，就决心要做一个世界级的中装品牌。他研究发现：我们的中装之所以不受欢迎，一是衣料质量差，二是做工粗制滥造，他就注册了一个商标"源"，投入几个亿的巨资，从欧洲采购原料，训练手工制衣的裁缝，自己还参与设计。这个品牌现在被国际上流社会认可，改变了世人对中装的看法。杨先生就是一个"役物"而不"役于物"的典范。我举他的例子是想说明一个人能够"役物"，去实现自己理想的话，一辈子会活得很开心。如果"役于物"，被外物所支配的话，一辈子就会活得很劳累，又很空虚，到老了就会觉得很痛苦。当然，名声、财产、地位都是好东西，也不要狐狸吃不到葡萄就说葡萄酸的。你有本事获取名声、地位、财产是好事，但要能驾驭这些好东西。如果反过来被它所驾驭的话，好东西就变成了坏东西，这在马克思的理论体系里就叫做"异化"。钱本来是为人服务的，结果人反而成了钱的奴隶，就叫做"异化"。

有大格局的人"身劳而心安，为之；利少而义多，为之。"任何一件事情，尽管会使身体劳累，但只要心不累，心安理得，就去做。只要是正义的事，哪怕利益少一点，或者没有利益，甚至还要冒风险，都应该去做。"事乱君而通，不如事穷君而顺焉。"为一个大国乱君做事而显达，不如为一个能言听计从的小国之君去做事。现在年轻人择业也是这个道理。与其进一个管理不善的大企业做高管，还不如去一个老板信任你的小公司，因为那里能让你发挥才能。小公司可以变大公司，大企业也会因为管理不善而变小企业，甚至倒闭。"故良农不为水旱不耕，良贾不为折阅不市，士君子不为贫穷怠乎道。"一个好的农民不会因为遭受水旱之灾，从此就不再耕种了。一个好商人也不会因为亏本一次，从此就不再做买卖了。同样道理，真正的士君子也不会因为贫穷而懒于行道。在古文中"贫"和"穷"有差别。贫是指没钱，缺衣少粮。穷则是陷入困境，没有希望了。即使到这种境地，君子仍当直道而行。

体恭敬而心忠信，术礼义而情爱人，横行天下，虽困四夷，人莫不贵。劳苦之事则争先，饶乐之事则能让，端悫诚信，拘守而详，横行天下，虽困四夷，人莫不任。体倨固而心执诈，术顺（慎）墨而精（情）杂污，横行天下，虽达四方，人莫不贱。劳苦之事则偷儒转脱，饶乐之事则佞兑而不曲，辟违而不悫，程役而不录，横行天下，虽达四方，人莫不弃。

行而供冀，非渍淖也；行而俯项，非击（系）戾也；偶视而先俯，非恐惧也。然夫士欲独修其身，不以得罪于比俗之人也。

外貌恭敬，内心忠诚，遵循礼义，性情仁爱，那就可以走遍天下。即使困顿在边远地区，也没有人会不敬重的。劳累辛苦的事抢先去做，安逸享乐的事却能让给别人，诚实谨慎，谨守法度而明察事理，那就可以走遍天下。即使困顿在边远地区，也没有人会不信任的。"劳苦之事则争先，饶乐之事则能让"，也就是宋代范仲淹的千古名句"先天下之忧而忧，后天下之乐而乐"的出处。可惜世人只知范仲淹的话，却不知在他之前千余年的荀子早就说过同样的话。这说的都是正面的做人格局。相反，"体倨固而心执诈"，外表傲慢鄙陋，内心阴险狡诈；"术慎墨而情杂污"，效法遵循的是慎到和墨子的那套学说，性情肮脏猥琐。这样的人走遍天下，即使显贵四方，也没有人会不鄙视他们的。现在那些贪腐分子去到各地，前呼后拥，横行天下。看上去"虽达四方"，到处吃得开，实际上"人莫不贱"，没有不被老百姓指着脊梁骨骂的。荀子在这里不忘戳法家的慎到和墨子一枪。因为法家和墨家的思想学说都是和儒家提倡的仁义相对立的，而且在当时社会的影响很大。中国传统文化的主流，在六朝之前是儒、墨、道三家，后来墨家才被佛家取代的。所以荀子站在儒家立场上，无时无刻不忘批判法家和墨家。还有一种人"劳苦之事则偷儒转脱"，遇到劳累辛苦的事，就马马虎虎地应付或者退缩，尽量推脱逃避。"饶乐之事则佞悦而不曲"，遇到安逸享乐的好事，就花言巧语地取悦于人，想凑一脚，或者毫不客气地厚着脸皮争夺。"辟违而不悫，程役而不录"，性情乖僻而狡猾，千方百计地逃避劳役负担，不愿对国家尽责任，也就是现在的偷税逃税。这样的人走遍天下，即使显贵四方，也没有人不嫌弃他们的。

下面这一段："行而供冀，非渍淖也；行而俯项，非击戾也；偶视而先俯，非恐惧也。"走路时恭敬小心，不是怕陷于泥沼；走路时弯腰，不是像囚犯；与人对视先低头，不是惧怕对方。"然夫士欲独修其身，不以得罪于比俗之人也。"读书人恭敬如此，只是要专心修身，不愿去得罪世俗之人，免遭小人暗算。一个专心修行的人最好避开任何不必要的麻烦。这也是荀子对人情世故有非常深入的了解，才会这么讲的。这个"独"字要特别注意，指在一堆庸人之中洁身自好，出污泥而不染。然而，有时候，一个人过于清高会招致小人忌恨，然后搞得你家里鸡犬不宁，没有办法专心修身。现在也经常如此，周围的人在不守规则，你洁身自好，不与他们同流合污，于是你就成了大家眼中的"另类"。中国两千年的人性没有变啊！所以荀子教你不如把自己的身段放到最低，看见小人能躲则躲。

44. 踏踏实实修身

　　夫骥一日而千里，驽马十驾则亦及之矣。将以穷无穷逐无极与？其折骨、绝筋，终身不可以相及也。将有所止之，则千里虽远，亦或迟、或速、或先、或后，胡为乎其不可以相及也？不识步道者将以穷无穷逐无极与？意亦有所止之与？夫"坚白"、"同异"、"有厚无厚"之察，非不察也，然而君子不辩，止之也；倚魁之行，非不难也，然而君子不行，止之也。故学曰迟，彼止而待我，我行而就之，则亦或迟、或速、或先、或后，胡为乎其不可以同至也？故跬步而不休，跛鳖千里；累土而不辍，丘山崇成；厌其源，开其渎，江河可竭；一进一退，一左一右，六骥不致。彼人之才性之相县也，岂若跛鳖之与六骥足哉？然而跛鳖致之，六骥不致，是无它故焉，或为之，或不为尔。

　　道虽迩，不行不至；事虽小，不为不成。其为人也多暇日者，其出人不远矣。

首句和《劝学》篇里的"骐骥一跃，不能十步；驽马十驾，功在不舍"差不多，都是举千里马和劣马的例子，但论述角度不同。这里是讲，千里马一天能奔跑千里，但劣马只要锲而不舍地走十天也可以到达。然而，这个比喻引出的结论则是一个转折。劣马所以能用十天时间走完千里马一日的路程，是因为目标是有限的、明确的。"将以穷无穷逐无极与？"假如要用有限的气力去穷尽无尽的路途，追逐没有尽头的目标吗？那么，无论是千里马，还是劣马，即使跑断了骨头，走断了脚筋，一辈子也不可能到达的啊！不过，"将有所止之，则千里虽远，亦或迟、或速、或先、或后，胡为乎其不可以相及也？"有一个终点的话，那么千里的路程虽然遥远，也不过是或快或慢，或早或晚而已，怎么会不能到达呢？这才是荀子真正要说的话：只要有一个终点，那么再远的目标也总是能够到达的。

"不识步道者将以穷无穷逐无极与？意亦有所止之与？""不识"意思是不知道，也就是"试问"。试问走路的人，你是要用有限的气力去穷尽无尽的路途，追逐没有尽头的目标呢？还是心里有个终点？说来说去的意思，就是修身要有个目标，不要好高骛远，不要想一步登天。如果把人生目标定得太高，看不见，摸不着，最后必然是空话。要踏踏实实的修身，给自己定一个跳一跳就能够得着的目标。也就是第三讲里讲的理想人格，要从士、君子、再到圣人，一步步做起。而不是像孟子一派那样一下子就要做圣人。要么是圣人，要么是小人，没有一个中间层次，结果就出现一大批伪圣人、伪君子。学佛也是一样，如果把成佛作为这辈子的目标，那就太渺茫了，是"以穷无穷逐无极"。其实，学佛只是一个逐渐接近佛性的过程，就先从做一个好人开始吧！人还没做好就想做佛，只能说是异想天开。

接下去荀子批判了公孙龙子和惠施等先秦名家的"坚白"、"同异"、"有厚无厚"的命题。他说，这些命题不是不可以辨析。尽管他们讲得头头是道，其实破绽百出，然而君子不应该去辩。为什么呢？"止之也"，节制啊！君子有所为有所不为。如果是在正道上，可以争辩清楚。他们讲的不在正道上，根本就是诡辩，所以不值得去争辩。现在各种各样的奇谈怪论不少。有些都不在常识范围内，如果都要去争辩，岂不是浪费了自己宝贵的时间？打个比方，有人硬要说三七二十四。这些人要么是傻的，你值得去和一个傻瓜争辩吗？要么是坏的，明知道三七二十一，只是为了某种私欲非要指鹿为马，说成二十四。你和这样的人去争辩。他可能还在暗笑你：傻瓜，你以为我不知道吗？人的精力有限，要用在修身上，不要去做无谓的争辩。"倚魁之行，非不难也，然而君子不行，止之也。"那些怪异行为，并不是不难做，但是君子不去做，也是因为有所节制，知道不值得做。这就是第三讲里讲到的"君子行不贵苟难"，"故怀负石而赴河，是行之难为者也，而申徒狄能之；然而君子不贵者，非礼义之中也。"到此为止，是讲了本段的第一层意思：修身要有所止。大家要给自己做一个人生规划，确定一个有限的目标，孔子说"五十而知天命"，我自己知道还有多少年能够学习和工作，就安排好做多少事，写几本书。不要什么事都大包大揽，规划之外的事再好也推掉。不然，可能到死都将一事无成。当然，这一定要是个有价值有意义的目标，不是赚他一个亿那样的小目标。

下面是第二层意思：修身要坚持不懈。"故学曰迟，彼止而待我，我行而就之，则亦或迟、或速、或先、或后，胡为乎其不可以同至也？"我学习起步比人家晚，但没关系。有可能人家停下来等我，我可以迎头赶上他们。不过是快一点慢一点，早一点晚一点而已。有什么理由说，我们就不可以同时达到目标呢？只要半步半步不停地往前走，即使瘸腿的甲鱼也能走千里。只要一筐一筐不停地堆土，山丘也能够堆成。寓言"愚公移山"讲的就是这个道理。如果堵塞江河的源头，另外开一条水渠让水流走，即使长江、黄河也会枯竭。也就是说，只要坚持不懈，世界上没有做不成的事情，人生的修养当然也是如此。相反，一会儿前进，一会儿后退，一会儿向左，一会儿向右，就是六匹千里马拉车也不能到达目的地。做一件事，哪怕天赋非常好，生下来就是神童，但三天打鱼两天晒网，那么是永远做不成的。人们的资质，即使相距悬殊，难道会像瘸腿甲鱼和六匹千里马那样悬殊吗？然而瘸腿甲鱼能够到达目的地，六匹千里马拉的车却不能到达。这并没有其他的原因，只不过是坚持做和不坚持做的差别所致。路程即使很近，但如果不走就不能到达。事情虽然很小，但只要不做就不能完成。那些无所事事的懒汉是走不远的，来来去去总在家门口，因为走两步怕累怕太阳晒，又走回来了。有了既定的人生目标，还要坚持不懈地去实现，不要被各种各样的外物所诱惑。你想做个好学者，一会儿赚钱的机会来了，一会儿做官的机会来了，一会儿出国的机会来了，如果你抵御不住这些诱惑，就不可能实现你做一个好学者的目标。

好法而行，士也；笃志而体，君子也；齐明而不竭，圣人也。人无法，则怅怅然；有法而无志其义，则渠渠然；依乎法而又深其类，然后温温然。

礼者，所以正身也；师者，所以正礼也。无礼，何以正身？无师，吾安知礼之为是也？礼然而然，则是情安礼也；师云而云，则是知若师也。情安礼，知若师，则是圣人也。故非礼，是无法也；非师，是无师也。不是师法而好自用，譬之，是犹以盲辨色、以聋辨声也，舍乱妄无为也。故学也者，礼法也。夫师，以身为正仪而贵自安者也。《诗》云："不识不知，顺帝之则。"此之谓也。①

端悫顺弟，则可谓善少者矣；加好学逊敏焉，则（有钧无上）可以为君子者矣。偷儒惮事，无廉耻而嗜乎饮食，则可谓恶少者矣；加惕悍而不顺，险贼而不弟焉，则可谓不详（祥）少者矣，虽陷刑戮可也。

老老，而壮者归焉；不穷穷，而通者积焉；行乎冥冥而施乎无报，而贤、不肖一焉。人有此三行，虽有大过，天其不遂乎。

———

① 这两段在前面已经讲过了，就不再重复。

　　端正诚实，尊长爱幼，就可以称为好少年了。如果还能好学上进，谦虚，敏捷，就可以成为君子了。行文中的"有钧无上"，意思是待人平等，没有看不起人的心意。但放在这里应该是衍文，就是后人刻书时误刻入的。本来可能只是解释"逊"字的注文。反之，"偷儒惮事，无廉耻而嗜乎饮食，则可谓恶少者矣。"苟且偷安，懦弱怕事，没有廉耻心而贪图吃喝的，就叫做恶少年。如果还放荡凶暴，阴险狠毒，不尊长不爱幼，就叫做不祥少年，也就是流氓。"不祥"的意思是惹麻烦的闯祸坏。这样的人即使判刑把他杀了也毫不足惜。"老老，而壮者归焉；不穷穷，而通者积焉；行乎冥冥而施乎无报，而贤、不肖一焉。"老老，前一个"老"是动词，照对待老人的要求去做，通俗的说法就是赡养尊敬老人，那么青壮年看见了就会归附你。不使穷人更穷，走上绝路，不穷的人便都会来聚集到你这里。如果穷者更穷，富者更富，造成贫富两极分化，那么有钱人也会跑掉，因为怕社会不安定。

　　做善事要悄悄地做，不要像有些人那样大张旗鼓地做，那样做了也白做。既然是施舍就不要求回报，不要希望人家感恩。施舍时对有出息没出息的人要一视同仁。这也是佛教布施的要求。在大乘佛教里，布施波罗蜜是六波罗蜜的第一位，要求施者没有受施对象的分别，不能口惠实不至，也不能求果报。一定不能用污染的名利心布施，否则是没有福报的。可见在这一点上儒家讲的道理和佛家是一样的。其实，不仅在东方，西方也是如此。前不久看见一个故事：有一位英国老人名叫尼古拉斯·温顿。1938 年，他还只是一个二十九岁的普通青年，却在第二次世界大战的战乱中，悄悄帮助六百六十九个捷克犹太儿童逃出纳粹集中营，安排八趟列车将他们送往英国。拿出全部积蓄，为他们找到新的家庭，让这些孩子活下去。以一己之力拯救六百六十九条生命。在最黑暗的时代里，温顿让人性的光辉发亮到极致。但他却把全部资料锁进一个箱子，扔在地下室一个积灰的角落里。整整五十年，他没有跟任何人提过这件事，哪怕是对最亲密的人也只字不提。直到 1988 年，温顿的妻子在打扫地下室时，无意中踢到这个旧箱子。当她打开箱子，看到里面一张张孩子的照片、一沓沓获救名单，这扇秘密的门才终于被打开。秘密揭晓，荣誉瞬间涌来。英女王亲自封他为勋爵，捷克领导人授予他最高荣誉，伦敦车站为他塑起雕像，甚至太空中的一颗行星都以他的名字命名！温顿却一如往常那样平静地说："做好事，不是为了让人知道。我不是故意保密，我只是没说而已。"温顿这样的布施才是菩萨布施。"人有此三行，虽有大过，天其不遂乎。"人们只要有这三种德行，即使有天大的过失，恐怕上天也不会让他大祸临头吧！

　　君子之求利也略，其远害也早，其避辱也惧，其行道理也勇。

　　君子贫穷而志广，富贵而体恭，安燕而血气不惰，劳倦而容貌不枯，怒不过夺，喜不过予。君子贫穷而志广，隆仁也；富贵而体恭，杀势也；安燕而血气不惰，（检）理也；

劳倦而容貌不枯，好交也。怒不过夺，喜不过予，是法胜私也。《书》曰："无有作好，遵王之道；无有作恶，遵王之路。"此言君子之能以公义胜私欲也。

君子求利不会斤斤计较，能预先避开祸害，惶恐戒惧地免受羞辱，奉行道义则勇往直前。君子不是不求利，后来儒家提倡一概不要利是虚伪的，做不到的。但求利求个差不多就行了，不要斤斤计较。赚钱不要想把天下的钱都赚尽，不给人家留一条生路。避祸要有预见，不能等到大祸临头了才去避。做什么事都不能满打满算，只想到成功带来的好处，也要想到可能带来的不良后果，把退路想好。在生意上也就是做风险评估，然后想好怎么规避风险。

君子即使穷困，但志向要远大。没有志向，自怨自艾地混日子，就只能做低端人口。许多穷孩子所以能够有大成就，无一例外地都在于从来没有放弃远大理想。君子虽然富贵，但态度要谦恭。一方面是体现一个人的修养，另一方面也是避祸。富贵又骄横，一定树敌多。中国人过去讲"枪打出头鸟"是有道理的。做人越高调，树敌越多；树敌多，潜在的祸害也多。很多人发达后不懂得这些传统的人生经验。要么是权力的傲慢，要么是觉得有钱就高人一等，尾巴翘到天上去了。例如，有一家财团打出的广告居然是"年纪越大，越没有人会原谅你的穷！"在他们眼里，贫穷居然成了一种不可原谅的罪状。在我有生之年是看得到这样的富豪垮台的。"安燕而血气不惰，劳倦而容貌不枯"，生活虽然安逸悠闲了，但精神不能懈怠。工作虽然疲倦，但容貌不能憔悴，出门见客还得打足精神，把自己的仪容修饰一番。"怒不过夺，喜不过予"，发怒的时候，不要太过分地惩罚人。高兴的时候，也不要过分地奖赏人。赏罚都要有个度，都要有个标准，不能照着自己的性情乱来。

为什么要这样做呢？君子虽穷而志向远大，是因为把仁德看得很重，志广不是野心大。电视上看到记者采访一个农村极度贫困家庭的学生，因父母生病而付不起学费。他接受了好心人的捐助得以继续学业。结果他表示将来一定要考上美国哈佛商学院。在美国中产阶级家庭都不敢期望让子女上哈佛商学院，因为学费十分昂贵。这个连生存都没有办法自己解决的孩子，居然给自己设定这样一个目标。这不是志广，是野心大。他首先想到的不是将来回馈社会。没有一点仁德之心就说不上志广。这样的弱势人群很可怕，一旦等到他们成了富贵者，对其他弱势人群的权力傲慢会更甚。台湾的陈水扁就是一个很好的例子。君子虽富贵而态度谦恭，是因为不依势作威。很多人有权有势的时候喜欢摆威风，一出门就前呼后拥，警车开道。其实，这种威风没有什么用处，只是自招其祸。所以与其等人家来给你"杀势"，不如自己主动杀势。虽安逸而精神不懈怠，是因为以情理来检束自己，享受也不要过分。虽劳累而容貌依然端庄而不显得憔悴，是因为注重礼仪。生活中还是要讲一点优雅，讲一点贵气。一个人整天把自己弄得邋里邋遢的，人家不会尊重你。约朋友见面，穿着拖鞋，赤着膀子，人家会觉得你很随便。修饰得非常庄重，人家就会觉得你很重视与对方的会面。所以把自己仪容修饰得庄重一点，也是尊重别人。

这些都是修身、自我修养的应有之义。怒不过夺，喜不过予，是因为礼法战胜了私情。如果赏罚只是按照自己的情绪，不是根据法度，那么拍马屁的，打小报告的，钻空子的就全都来了。大家都想讨好你，都怕得罪你啊。为什么？因为你有权，从你那里能得到利益啊。《尚书》上说："不要有所偏好，遵循古代圣王的正道；不要有所偏恶，遵循古代圣王的正路。"说的就是君子能用公义战胜私欲。

45. 谨慎避祸

下面用《荣辱》篇的一些段落继续讲修身。前面讲过在古代经典里有很大一部分修身的内容是教人谨慎避祸，明哲保身。这在西方古代经典里是罕见的。什么原因？看一部中国历史确实是多灾多难的，即使在和平时期各种内斗也层出不穷。西方大部分是游牧民族发展而来，人们散居在茫茫草原上，互相保持着距离。有部落之间争夺土地的战争，自己人之间的尔诈我虞则不多见。而古代中国是一个农业社会，大家聚族而居，资源有限。村落、宗族、家庭在争夺资源的过程中，各种权谋阴招百出，无所不用其极，而且积累了两千多年这方面的经验。这种现象集中反映在宫廷政治和士大夫之间。所以一个人随时有可能遭遇无妄之灾。各种权谋术和避祸学构成了传统文化的一部分。前者是糟粕，后者还有一定的功用。没有防身护身就谈不上修身。

憍泄者，人之殃也；恭俭者，偋五兵也。虽有戈矛之

刺，不如恭俭之利也。故与人善言，暖于布帛；伤人以言，
深于矛戟。故薄薄之地，不得履之。非地不安也，危足无所
履者，凡在言也。巨涂则攘，小涂则殆，虽欲不谨，若云
不使。

骄傲轻慢是人的祸殃；恭谨谦逊可免除残杀。"五兵"，五种兵器，
借指残杀。可见即使有戈矛的锋利，还不如恭谨谦逊来得利害。恭谨
谦逊往往可以化干戈为玉帛。所以对人说善意的话，比给他穿件衣服
还温暖。特别是当人落难、人生受挫折的时候，几句安慰鼓励的话，
能够带来温暖。相反，用恶语伤人，比刀剑刺得还深，现在叫做语言
暴力。尤其是当一个人在情绪不稳或者低落的时候，一句刻薄话，也
许是说者无心，听者有意，但都可能是致命的。最近国外有新闻报道
说，儿子整天打电子游戏机，屡教不改。父亲发火骂他："你还不去
死！"还把手枪放在他面前说："你这样活着还不如自杀！"父亲是说
说气话，谁知他一转身，儿子真的自杀了。国内也有报道说，孩子高
考落榜，本来已经很自责了，家长再训斥他，结果就跳楼自杀了。这
样的例子不少，可见"伤人之言，深于矛戟"。磅礴宽广的大地，不
能踩在上面，并不是因为地面不稳，而是连踮着脚踩下去的地方也没
有了，全在于此人因言罹祸。古人说："祸从口出，覆水难收。"讲的
是同一个道理。佛教上也把口业当作三恶业之一，口业包括谎言、骂
人的话、挑拨离间的话和淫秽的话。佛教认为言语不当很容易坏事结
仇，要求人们守口业、积口德。所以荀子教人避祸的第一要义是管住

嘴巴，不要出口伤人。"巨涂则攘，小涂则殆，虽欲不谨，若云不使。"大道很拥挤，小路很危险，即使你不想谨慎，但也不得不如此啊。

> 快快而亡者，怒也；察察而残者，忮也；博之而穷者，訾也；清之而俞浊者，口也；豢之而俞瘠者，交也；辩而不说者，争也；直立而不见知者，胜也；廉而不见贵者，刿也；勇而不见惮者，贪也；信而不见敬者，好剸行也。此小人之所务，而君子之所不为也。

因痛快一时而导致灭亡的，往往是因为愤怒。一个人克制不住自己的愤怒，头脑会不清醒，不冷静。历史上因肆其快意而招致杀身之祸的例子不少。《三国演义》里写张飞之死就是一例。张飞脾气暴躁，听说关羽被害，悲痛至极。手下将领以酒劝解，张飞酒醉后怒气更大。只要有过失士兵就鞭打他们，以至多有被鞭打至死的。刘备知道后就劝他：你鞭打士兵，还让这些士兵跟随你左右，早晚都要招祸。有一天，张飞下令军中，限三日内制办白旗白甲，三军挂孝伐吴。次日，帐下两员末将范疆、张达入帐告诉张飞："白旗白甲，一时无可措置，须宽限几天才行。"张飞怒喝道："我急着想报仇，恨不得明日便到逆贼之境，你们怎么敢违抗命令！"就让武士把两人绑在树上各自鞭打五十下，然后用手指着两人说："明天一定要全部完备！如果违了期限，就杀了你们示众！"两人回到营中商议。范疆说："这个人性暴如火，如果明天置办不齐，你我都会被杀啊！"张达说："与其他杀我们，不如我们杀他！"两人商议停当。这天夜里张飞又喝得大醉，睡在帐中。初更时分，范、张两人各怀利刃潜入帐中杀了张飞。当夜，拿着张飞的首级，逃到东吴去了。这说的就是"快快而亡者，怒也"，因此，林则徐专门在书房里挂"制怒"两个大字，时时提醒自己。"察察而残者，忮也。"察察，极端的苛察，做人过于刻薄，一点小事也不放过人家，因此被残害，被暗算。什么原因呢？"忮"，招忌恨，违背众人之心了。大家在你面前都提心吊胆过日子，一有机会出于嫉恨就让你倒霉。

"博之而穷者，訾也。"訾，喜欢诋毁别人，贬低别人。尖牙利嘴，雄辩滔滔，最后却使自己理屈词穷。什么原因呢？即使再会讲话，也不可能滴水不漏，被你诋毁的人伺机找到漏洞而突然发难，你就张口结舌，连话都说不出来了。"清之而俞浊者，口也。"这就是平时讲的越描越黑，越辩越辨不清。所以很多事情不必去做解释辩白，让事实说话，清者自清。后面这句有点道理的。"豢之而俞瘠者，交也。"帮助别人，供养别人，结果越对他好，交情却越淡薄。什么原因呢？交友不当，帮错人了。民间把这样的人叫做"白眼狼"。人有危难，你雪中送炭，帮他一把，他铭记在心里。你每天给他五元钱，整整给了十年，有一天忘记给了，他就忌恨在心。小到人与人之间，大到国家与国家之间都是如此。"辩而不说者，争也。"能言善辩而不被人喜欢，因为争胜好强，非要在气势上压倒别人，结果只能不欢而散。"直立而不见知者，胜也。"有些人立身正直而不受人欢迎，什么原因呢？由于盛气凌人，自以为占据了道德高地，就可以苛求别人。

所以古训要求"宽以待人，严以律己"。"廉而不见贵者，刿也。"方正守节，很爱惜自己的羽毛，不玷污任何坏事情，但却得不到别人的尊重，原因是尖刻伤人，大家避之唯恐不及。"勇而不见惮者，贪也。"勇猛无比而不受人敬畏，由于贪婪。俗话说，无欲则刚。私心重的人再勇猛，也很容易被人用一点小利就收买了，所以没有人会怕他。"信而不见敬者，好剸行也。"有些人很讲信用，但是也不被人们尊敬。什么原因呢？喜欢独断专行，听不进别人半点意见。这些都是小人行为而君子所不为的。

> 斗者，忘其身者也，忘其亲者也，忘其君者也。行其少顷之怒，而丧终身之躯，然且为之，是忘其身也；家室立残，亲戚不免乎刑戮，然且为之，是忘其亲也；君上之所恶也，刑法之所大禁也，然且为之，是忘其君也。忧（下）忘其身，内忘其亲，上忘其君，是刑法之所不舍也，圣王之所不畜也。乳彘不触虎，乳狗不远游，不忘其亲也。人也，忧（下）忘其身，内忘其亲，上忘其君，则是人也而曾狗彘之不若也。

斗殴的人是忘了自己的身体，忘了自己的亲人，忘了自己的君主。发泄一时的愤怒，丧失终身的躯体，然而还是去斗殴，便是忘了自己的身体。家庭立刻会遭到摧残，亲戚也不免受刑被杀，然而还是去斗殴，便是忘了自己的亲人。《尸子》有记载："非人君之用兵也，以为民伤斗，则以亲戚徇。"当时禁止私斗杀人的法律规定，亲戚要为此连坐。斗殴是君主所厌恶的，是刑法所严禁的，然而还是去斗殴，便是忘了自己的君主。下忘自身，内忘亲人，上忘君主，这种人是刑法所不能放过的，也是圣明的帝王所不能容许的。小猪不去触犯老虎，小狗不到远处游荡，是因为没有忘记自己的亲骨肉啊。作为一个人，下忘自身，内忘亲人，上忘君主，就连猪狗都不如。

凡斗者，必自以为是而以人为非也。己诚是也，人诚非也，则是己君子而人小人也。以君子与小人相贼害也，忧（下）以忘其身，内以忘其亲，上以忘其君，岂不过甚矣哉！是人也，所谓以狐父之戈镯牛矢也。将以为智邪，则愚莫大焉。将以为利邪。则害莫大焉；将以为荣邪，则辱莫大焉；将以为安邪，则危莫大焉。人之有斗，何哉？我欲属之狂惑疾病邪，则不可，圣王又诛之。我欲属之鸟鼠禽兽邪，则不可，其形体又人，而好恶多同。人之有斗，何哉？我甚丑之！

凡是斗殴的人，一定认为自己是对的而别人是错的。即使自己真是对的，别人真是错的，那么自己就是君子而别人就是小人了。君子去和小人互相残害，下忘自身，内忘亲人，上忘君主。这难道不是错得太离谱了吗？这就是平常说的用利戈去刺牛屎。这样的人自以为是聪明吧？其实没有比这更愚蠢的了。自以为是占便宜了吧？其实没有比这更有害的了。自以为是光荣吧？其实没有比这更耻辱的了。自以为是安全吧，其实没有比这更危险的了。人们究竟为什么会斗殴呢？

我把它归结于疯狂、错乱吧，但似乎又不行。因为圣明的帝王是要处罚这种行为的，假使是精神病就不应该处罚了。我把它归入鸟鼠禽兽一类的行为吧，但似乎也不行。因为他们的形体还是人类，而且爱憎也大多和别人相同。人们会发生斗殴，究竟是为什么呢？我认为这是很丑恶的。荀子用非常严厉的语言痛斥私斗，可见这在当时已成一种社会风气，当局用严刑峻法都无法禁绝。无独有偶，中世纪欧洲也有决斗的风气，但中国的决斗风气要比西方早很多年呢，也许是野蛮时代的遗风吧！荀子在痛斥之余，接下来还解释了什么是真正的勇敢。劝阻人们不要去逞匹夫之勇。

> 有狗彘之勇者，有贾盗之勇者，有小人之勇者，有士君子之勇者。争饮食，无廉耻，不知是非，不辟死伤，不畏众强，恈恈然唯利饮食之见，是狗彘之勇也。为事利，争货财，无辞让，果敢而振，猛贪而戾，恈恈然唯利之见，是贾盗之勇也。轻死而暴，是小人之勇也。义之所在，不倾于权，不顾其利，举国而与之不为改视，重死持义而不桡，是士君子之勇也。

有狗猪的勇敢，有商人和盗贼的勇敢，有小人的勇敢，有士君子的勇敢。争喝抢吃，没有廉耻，不懂是非，不避死伤，不怕众强，眼红得只看见吃喝，这是狗猪的勇敢。只为图利，争夺财物，没有推让，行动果敢而奋疾，凶猛贪婪而暴戾，眼红得只看见财利，这是商人和盗贼的勇敢。不在乎死亡而行为暴虐，是小人的勇敢。只要合乎道义，不屈服于权势，不顾自身利益，把整个国家都给他也不看一眼，虽看重生命，但坚持正义而不屈不挠，这是士君子的勇敢。

荀子劝阻人们不要参与死斗，不要逞匹夫之勇，讲的都是谨慎避祸，不要做无谓的牺牲。现代社会当然不会再发生决斗这样的事了，但仍有现实意义。就是奉劝大家：君子不与小人斗，没有必要什么事情都去争个青红皂白，尤其是对不合理的事情，不要去硬碰硬撞，结果问题没解决，自己反而粉身碎骨，这不是教人滑头。如果只顾明哲保身，没有一点理想情怀，那是庸人。但社会进步是迂回曲折，只能一点一点地推动，要看什么时空条件下，能讲到哪一步，做到哪一步。如果把《荀子》这样的儒家经典读透了的话，就知道什么时候该进取，什么时候该妥协。荀子推崇的是士君子之勇，在大是大非上，在一个人能起作用的时候，就应当抛弃私利，"重死持义而不桡"。

>　　鰷鮴者，浮阳之鱼也，胠（祛）于沙而思水，则无逮矣。
>挂（絓）于患而思谨，则无益矣。自知者不怨人，知命者不
>怨天。怨人者穷，怨天者无志。失之己，反之人，岂不迂
>乎哉！

鰷鮴是一种喜欢浮在水面上晒太阳的鱼。一旦搁浅在沙滩上再想得到水，就来不及了。这个比喻引出后面的话：人也像这种鱼一样，惹祸之后再想到应该小心谨慎，就来不及了。《尚书·商书·太甲》

上说："自作孽不可活。"灾祸是你自己找的，有自知之明的人不会去责怪别人。真正知命的人不会去抱怨老天。很多不成功的人往往原因归结于没有一个好爸爸，或者没有遇到一个创业的好时光。责怪别人就会走投无路，抱怨老天是没有出息的一种表现。惹祸的原因在自身，却反而去埋怨别人，岂不是绕远路了吗？俗语说："吃一亏，长一智。"只有在自己身上找原因，才能得到教训，避免再犯错，再惹祸。不然，智慧没有增长，下次还会吃亏。这一段算是给修身要谨慎避祸做个小结吧。

46. 荣和辱的区别

荣辱之大分、安危利害之常体：先义而后利者荣，先利
而后义者辱。荣者常通，辱者常穷。通者常制人，穷者常制
于人。是荣辱之大分也。材悫者常安利，荡悍者常危害；安
利者常乐易，危害者常忧险；乐易者常寿长，忧险者常夭
折。是安危利害之常体也。

修身必然会涉及荣辱问题。什么叫荣誉，什么叫耻辱？什么样的
行为是高尚的，什么样的行为是可耻的？如果没有正确的荣辱观，就
不可能有善行。荀子说，荣誉和耻辱的最大区别，安危利害的一般体
现：先考虑道义而后考虑利益是高尚的；先考虑利益而后考虑道义是
可耻的。高尚的人往往通行无阻，可耻的人常常走投无路。这说的就
是"得道多助，失道寡助"。品德高尚的人一定能得到大多数人的尊
重，即使他们表面上不说出来，心里也会暗自钦佩这样的人，一旦有
需要的时候都会伸出援手，所以高尚的人生活和事业能够通达。可耻

的小人，哪怕得计于一时，但群众的眼睛是雪亮的，没有人会真心支持他，一旦遇到麻烦势必走投无路。通达的人往往能制服别人，走投无路的人常常受制于人。通达的人往往成为群众领袖，可耻的人只能跟在权势者屁股后面做哈巴狗。这就是荣誉和耻辱的最大区别。品性厚道诚实的人一般容易满足，放荡凶悍的人常常会去做危险的事。容易满足的人往往快乐舒坦，冒险的人常常发愁忧患。快乐舒坦的人一般会长寿，发愁忧患的人多半会短命。这就是安危利害的一般体现。对于荣辱观，荀子最精彩的议论是在《正论》里。这一段是他和子宋子的辩论。子宋子即宋钘，先秦道家人物。

　　子宋子曰："见侮不辱。"

　　应之曰："凡议，必将立隆正然后可也。无隆正，则是非不分而辨讼不决。故所闻曰：'天下之大隆，是非之封界，分职名象之所起，王制是也。'故凡言议期命是非以圣王为师。而圣王之分，荣辱是也。是有两端矣：有义荣者，有势荣者；有义辱者，有势辱者。志意修，德行厚，知虑明，是荣之由中出者也，夫是之谓义荣。爵列尊，贡禄厚，形势胜，上为天子诸侯，下为卿相士大夫，是荣之从外至者也，夫是之谓势荣。流淫、污僈，犯分、乱理，骄暴、贪利，是辱之由中出者也，夫是之谓义辱。詈侮、捽搏，捶笞、膑脚，斩断、枯磔，藉靡、舌（告）缲（缚），是辱之由外至者也，夫是之谓势辱。是荣辱之两端也。

故君子可以有势辱，而不可以有义辱，小人可以有势荣，而不可以有义荣。有势辱无害为尧，有势荣无害为桀。义荣、势荣，唯君子然后兼有之；义辱、势辱，唯小人然后兼有之。是荣辱之分也。圣王以为法，士大夫以为道，官人以为守，百姓以成俗，万世不能易也。"

"今子宋子案不然，独诎容为己，虑一朝而改之，说必不行矣。譬之，是犹以砖涂塞江海也，以焦侥而戴太山也，蹎跌碎折不待顷矣。二三子之善于子宋子者，殆不若止之，将恐得伤其体也。"

宋钘先生提出一个论点：被侮辱而不以为耻辱。你被别人侮辱了，不要觉得是耻辱，这不是耻辱。也就是民间说的"吃亏就是便宜"。荀子反驳他，先从正面立论：凡立论必须要有一个有高度的正确的标准。否则，就分不清是非而争辩不休。我听说："天下最崇高的标准，判断是非的界线，职务名物的创制，就是古代圣王制度。"因此，言论、争议、定义、是非都应该以圣王为师，以圣王的标准为标准。那么，什么叫荣？什么叫辱？也要按照圣王区分荣辱的标准，才是对的啊！这一立论，让荀子一下子占据了制高点，他似乎就是在代表圣王发言了。这里有两种对立的荣辱观："有义荣者，有势荣者，有义辱者，有势辱者。"这里的"义"释为适宜，名实相符合的意思。一种荣誉是义荣。"志意修，德行厚，知虑明，是荣之由中出者也，夫是之谓义荣。"思想纯正，德行淳厚，智虑清明，荣誉来自自身思想行为修养，德才兼备，因此得到别人的称赞和表扬，名声和实际是相符合的，叫做义荣。另一种荣誉叫做势荣。"爵列尊，贡禄厚，形势胜，上为天子诸侯，下为卿相士大夫，是荣之从外至者也，夫是之谓势荣。"还有一种名声也很大，地位显贵，收入丰厚，权势逼人。高一点的做了天子诸侯，低一点的做了卿相士大夫，名气大到几乎家喻户晓，很多人在那里歌功颂德，各种赞美的词汇都几乎用尽了。这种荣誉是靠外在的权势得来的，不是真正靠自身的品行和才能而赢得的荣誉，叫做势荣。既然有两种不同的荣誉观，自然也会有两种不同耻辱观。一种耻辱是义耻，名实相符的耻辱。"流淫、污僈，犯分、乱理，骄暴、贪利，是辱之由中出者也，夫是之谓义辱。"行为放荡污秽，违法乱纪，骄横凶暴，唯利是图，因此被众人鄙视、看不起。民间有一句话叫"不齿于人类的狗屎堆"。这种耻辱是由他自己的所作所为造成的，坏名声和他自己的品行也是相符的，叫做义辱。另一种耻辱是势辱。"詈侮、捽搏，捶笞、膑脚，斩断、枯磔、藉靡、告缚，是辱之由外至者也，夫是之谓势辱。"有些人被辱骂欺侮、揪头发、拳打脚踢，甚至受刑被剔去膝盖骨、砍头断手、五马分尸、五花大绑、打入大牢，他们遭受的耻辱，像战国时人孙膑受膑刑，西汉司马迁受宫刑。这样的奇耻大辱都不是由于他们自己的作为造成的，而是权势硬加在他们身上的羞辱。这叫做势辱。这就是两种对立的荣辱。

"故君子可以有势辱而不可以有义辱，小人可以有势荣而不可以有义荣。"君子可能会有被权势加于的羞辱，而不会有因其品行而招致的耻辱。"文革"中不少无辜的知识分子被戴上"反革命分子"帽子监督劳动。人们可以随意辱骂殴打他们，子女都抬不起头来。这只是"势辱"。那些小人靠踩着别人的肩膀爬上去，可能会有权势带来的荣耀，但不会有因其行为赢得名副其实的荣誉。像徐才厚、郭伯雄那样的高官，或者像央视芮成钢那样的名嘴，一旦失去权势或者权势的庇护，荣耀顷刻间就变成了耻辱。"有势辱无害为尧，有势荣无害为桀。"因此，经受过势辱的人不妨碍他成为尧那样的圣人，有过势荣的人也不妨碍他成为像桀这样的坏人。桀是夏王，贵为天子，曾经为万民景仰，最后留下的是千古骂名。"义荣、势荣，唯君子然后兼有之；义辱、势辱，唯小人然后兼有之。"君子可能同时拥有义荣和势荣，既有权势带来的荣耀，也有老百姓从心底里发出来的赞誉。小人则相反，他们有可能同时遭受义辱和势辱。不但因阴谋败露失去权势，甚至被判刑或杀头，这叫势辱，而且被万民唾骂，身败名裂，那是义辱。这就是荣和辱的区别。圣王以此为法度，士大夫以此为原则，官吏以此为守则，百姓以此成习俗，这是千秋万代也不会改变的。可惜我们现在还没有成俗，没有成为一种风气，或者是笑贫不笑娼，或者是权力崇拜，只要有权力，大家就都来恭维。今天大家都应该学一学荀子的这篇文章。

荀子接下去批驳宋钘了：现在宋先生却不是这样，"独诎容为己，虑一朝而改之，说必不行矣。"为自己委曲求容，想一天就改变历来的原则，此说一定行不通的。"譬之，是犹以砖涂塞江海也，以焦侥而戴太山也，蹎跌碎折，不待顷矣。"打个比方，这就像用泥砖去堵塞江海，让三尺长的矮人去驮泰山，结果不待片刻就跌得粉身碎骨。"二三子之善于子宋子者，殆不若止之，将恐得伤其体也。"诸位有与宋先生相熟的，恐怕不如去劝阻他，否则恐怕会伤害他的身体。这句话有点嘲笑调侃宋钘的意味了。

47. 如何对待你的老板

　　事圣君者，有听从无谏争；事中君者，有谏争无谄谀；事暴君者，有补削无挢拂。迫胁于乱时，穷居于暴国，而无所避之，则崇其美，扬其善，违其恶，隐其败，言其所长，不称其所短，以为成俗。《诗》曰："国有大命，不可以告人，妨其躬身。"此之谓也。

　　这一段是从《臣道》篇里选出来的，比较有意思，所以特别讲一讲。荀子讲的是有不同的君主，有圣君，有中君，也有暴君。那么应该如何对付不同的君主呢？我们这个时代当然没有皇帝了。但如果把文章里的"君主"换成"老板"，这些道理还是有用的。你一生中会遇到有德有才又通情达理的好老板，但遇到的大部分是庸庸碌碌的普通老板。当然也会遇到本事不大、但脾气很大的坏老板。荀子说，为圣明的君主打工，只需要听从，而不必谏争。如果遇上一个好老板，那是你的福气，照着做就行了，少去提意见，以免干扰他的决策和领导。

荀子把"谏"和"争"是分得很清楚的。他同一篇文章里说："君有过谋过事，将危国家、殒社稷之惧也，大臣、父兄有能进言于君，用则可，不用则去，谓之谏；有能进言于君，用则可，不用则死，谓之争。"君主有错误的谋划、错误的行为，将危及国家，这时大臣、王族里如有人向君主提出意见，意见被采纳就好，不被采用就离去，叫做谏。如果有人能向君主提出意见，意见被采用就好，不被采纳就殉身，叫做争，也叫"尸谏"。当然，对现在的老板就大可不必尸谏啦。"事中君者，有谏争无谄谀。"对普通老板，应该劝谏苦谏，决不能阿谀奉承。这是做士君子的底线。普通老板尽管平庸，但还听得进意见，至少也不会因此而打击报复，你提的意见也许对企业有好处，所以应该尽责。"事暴君者，有补削无矫拂。"侍奉暴君的话，只能帮他弥补缺陷、避免过失，不要强行纠正顶撞，让他下不了台。人不能永远遇到好老板。一旦碰上一个不讲道理的坏老板，怎么办？一般儒家和道家都会劝你归隐，扬长而去。荀子则不是这样看，当然顶撞直谏于事无补，反而让自己遭殃。但还是要继续留下，尽可能地补救，这对公司的发展有好处。"迫胁于乱时，穷居于暴国，而无所避之，则崇其美，扬其善，违其恶，隐其败，言其所长，不称其所短，以为成俗。"万一不幸被迫生在一个混乱的时代，住在一个暴君统治的国家，又走投无路，没有办法逃避这种处境。那要怎么办呢？就推崇他的美德，宣扬他的善行，不提他的罪恶，隐瞒他的失败，称道他的长处，不说他的短处，见怪不怪，把这些作为既成的习俗。"崇其美，扬其善"，也不是无中生有。对暴君，只要他有善念，做好事，就夸大了去讲，鼓励他以后多做点好事。这不仅对人民、对国家有益，也是明哲保身。不要弄得自己连生存的立足之地都没有了。《诗经》上说："国家有重大政令，不可把它告诉别人，否则就会危害自身。"说的就是这种情况。重大政令为什么不可告人？大概是指不合理的政令，对它的危害不要告诉别人，否则会自找苦吃的。下面这一段说得更具体了。

> 恭敬而逊，听从而敏，不敢有以私抉择也，不敢有以私取与也，以顺上为志，是事圣君之义也。忠信而不谀，谏争而不谄，挢然刚折，端志而无倾侧之心，是案曰是，非案曰非，是事中君之义也。调而不流，柔而不屈，宽容而不乱，晓然以至道而无不调和也，而能化易，时关内之，是事暴君之义也。若驭朴马，若养赤子，若食饿人，故因其惧也而改其过，因其忧也而辨其故，因其喜也而入其道，因其怒也而除其怨，曲得所谓焉。《书》曰："从命而不拂，微谏而不倦；为上则明，为下则逊。"此之谓也。

恭敬又谦虚，听从而又非常敏捷及时地去执行，而不是拖拖拉拉。不敢根据自己的私利去做决断和选择做与不做、多做与少做，而是不折不扣地执行。不敢根据自己的私利去取舍，什么是我要的，什么是我不要的，把顺从君主作为自己的志向，这是帮圣君、好老板做事的应有之义。忠诚守信而不阿谀，劝谏苦诤而不谄媚，不说甜言蜜语去吹捧老板。果敢刚强，心意端正而没有邪念，没有坏心思，对的就说对，错的就说错。这是帮普通老板打工的应有之义。最难的是如何对付暴君、那些不讲理的坏老板："调而不流，柔而不屈，宽容而不乱，晓然以至道而无不调和也，而能化易，时关内之，是事暴君之义也。"尽量调和却不随波逐流，说话态度温顺却不低头屈从；对暴君尽可能地宽容，不能要求太高。自己也不要纯粹得眼睛里容不得一颗沙子，但不跟他一起胡乱妄为，经常用无可挑剔的正面道理去启发他。那样就没有什么不可调和的，或许能感化他的暴虐性格，经常采纳你的意见。这是对付暴君的应有之义。

唐代名相狄仁杰就是一个典范。女皇帝武则天某种意义上可以说是个暴君，连自己亲生儿子都要杀，但唯独对狄仁杰的信任和倚重是其他大臣望尘莫及的。因为武则天知道他是个胸怀坦荡的忠厚长者，但又从来不当面顶撞她。武则天想把天下传给侄子，而狄仁杰一心想恢复李唐。然而，狄仁杰明白强行要求女皇帝还位于李氏是不现实的，很多人为此死于非命，但都没能阻止她当女皇帝的决心。狄仁杰一直在等待时机，在暂时无力回天的情况下辅佐武则天，尽量让百姓过上好日子，让国家稳定。圣历元年，武则天的侄子武承嗣、武三思派人游说武则天，要求当太子。狄仁杰没有直接劝阻，而是用迂回的办法对武则天说："陛下如立自己的儿子为太子，那千秋万岁，一直可以享受儿子在太庙给您的配食。要是立了侄儿，那可从来没听说过侄子当了皇帝，在太庙祭祀姑姑的。"武则天有点恼怒说："这是朕的家事，你别掺和。你若不死，休得与朕再提此事！"狄仁杰没有再继续坚持，而是在自己临终前对前来探望的武则天说："陛下当年说臣若不死，便不得提陛下还位之事。如今臣要死了，陛下当为之啊"。武则天最后听从狄仁杰的意见，召回庐陵王立为太子，政权没落到武家子侄手里。后代史学家都盛赞狄仁杰恢复唐室的功劳。

荀子说：对待这种暴君，"若驭朴马，若养赤子，若食饿人"，就像训练一匹野马，就像抚养初生的婴儿，就像喂饥饿的人吃东西一样，不能性急。这三个比喻很有意思，要认真去体会。训练野马不能硬来，要趁势。对待一个不懂事的小孩子，不能一下子要求太高。一个三天三夜没吃饭的饿汉，不能一下子喂得太饱，不能马上给他吃大鱼大肉，这样反而是害了他。对暴君也是如此，"因其惧也而改其过"，趁他畏惧的时候，劝使他改正错误行为。比如，古人利用地震流星等灾异现象吓唬皇帝，说是"天谴"，劝他下"罪己诏"承认错误，改过自新。"因其忧也而辨其故"，趁他忧虑的时候，劝使他改变过去的恶行。一个人自信心满满的时候是什么话都听不进去的。只有在忧心忡忡的时候比较容易听取别人的劝告。"因其喜也而入其道"，趁他高兴的时候，劝使他走上正道。"因其怒也而除其怨"，趁他发怒的时候，帮助他除去怨愤之心。这就是"曲得所谓焉"。这样就能用一种迂回曲折的办法而达到目的。《尚书》上说："服从命令而不违背，暗暗规劝而不懈怠；做君主的就会明智，做臣子的就会谦逊。"说的就是这种情况。荀子的处世是十分积极进取的。即使面对暴君仍劝人们不要放弃自己的责任。也就是前面讲到过的："故良农不为水旱不耕，良贾不为折阅不市，士君子不为贫穷怠乎道。"

48. 说话的艺术

在第三讲里，我提到过圣人"多言则文而类"，圣人的话既有文采，又有条理。圣人喜欢讲话，不讲话怎么弘道呢？古人的修身很注重言谈，因此讲究说话的艺术，也就是通常说的口才。这一段是从《非相》里选出来的。这篇文章是专门批判相面术的。今本《荀子》最早的注释者、唐人杨倞说："视其骨状以知吉凶贵贱也，妄诞者以此惑世，时人或矜其状貌而忽于务实，故荀卿作此篇非之。"可见几千年前中国就流行看相了。现在仍是如此，用不用这个员工要相面，娶不娶这个媳妇也要相面，很多人靠看相谋生。荀子提出"故相形不如论心，论心不如择术"，告诫大家要求之于己，不要被荒诞之说迷惑。可悲的是现代人的思想还不如两千多年的老祖宗。给人看相混饭吃当然要能说会道，所以荀子专门讲口才的问题。

凡言不合先王、不顺礼义，谓之奸言，虽辩，君子不听。

法先王，顺礼义，党学者，然而不好言，不乐言，则必非诚

士也。故君子之于言也，志好之，行安之，乐言之。故君子
必辩。凡人莫不好言其所善，而君子为甚。故赠人以言，重
于金石珠玉；观人以言，美于黼黻文章；听人以言，乐于
钟鼓琴瑟。故君子之于言无厌。鄙夫反是，好其实，不恤其
文，是以终身不免埤污佣俗。故《周易》曰："括囊，无咎
无誉。"腐儒之谓也。

话讲得再漂亮，头头是道，雄辩滔滔，但讲的只要不是正道，不
符合古代圣王的教导，不符合礼义的，就叫做邪说，君子听也不用
去听，浪费时间。有人能效法古代圣王，遵循礼义，亲近有学识的
人，但不善于说话，也不喜欢说话，也一定不是真的善士、纯粹的
士。真正的君子，对说话是心里头喜欢，行为上习惯，是真正乐意说
话，所以君子一定是能言善辩的。孔子教学生有四门必修课是要考试
的，分别是德艺，言语，政事和文学。可是我们现在的教育很少去训
练小孩子的口才、演讲能力。家长往往叫小孩不要多嘴，从小就不让
他讲话。其实，多嘴不是坏事，这个观念要改过来。欧美从小学开始
就训练他们讲话，有演讲课、表演课。到后来，我们中国人和他们的
差距就出来了。在美国硅谷的高科技公司，高管都是印度人，他们讲
话滔滔不绝。做高管就是要口才好，才能动员激励员工的积极性。中
国人只会埋头苦干搞技术，做不了高管，开个会连话都说不清，怎
么去管理人呢？这是我们教育中的缺陷。为什么"君子必辩"？凡是
人没有不爱讲自己喜欢的东西。喜欢足球的爱谈足球，喜欢音乐的爱

谈音乐，每个人内心都喜欢与别人分享自己的爱好，而君子更是这样的。"故赠人以言，重于金石珠玉。"君子赠言于人，比送人金石珠玉还宝贵。有人在关键时候说几句话，点拨你一下，可能会影响你的一生。我从农村回来在上海做中学老师，事业一帆风顺，学校离家又近。1977 年恢复高考时，没有想过要去报考。有一位老教师同事知道我平时很好学，就问我："有机会考大学，你为什么不去报考？"我回答："我自学就可以啦。"他说了一句令我终生难忘的话："那不一样，自学固然可以学到知识，但大学校园是养浩然之气的地方。"我是被他的话触动，才下决心重新进入校园的，从此改变了我的人生。

"观人以言，美于黼黻文章；听人以言，乐于钟鼓琴瑟。"看到人家写的文章，觉得比彩色花纹还要华美。听人家的言谈，觉得比钟鼓琴瑟还要悦耳，所以君子对于说话永不会感到厌倦。粗野浅薄的俗人则与此相反，"好其实，不恤其文"，他们只注重实在，而不顾及文采，因此一辈子也免不了粗俗。古代经典所以能流传下来，是讲究"文以载道"，道理讲得明白，文章也要漂亮，既要求思想内容，也注重形式之美。现在有些文章不但词汇贫乏，而且读起来疙疙瘩瘩，让人读不下去，希望大家不要安于粗俗，要讲究生活的品位，做人要有点情趣、有点优雅。如果你安于粗俗的话，就永远是个粗俗的人，你的子孙后代也会是粗俗的人。荀子用《周易》概括："'括囊，无咎无誉。'腐儒之谓也。"比喻那些闭口不言的人，就像扎住袋口，只求无过，不求赞誉。说的就是那些迂腐的儒生。

凡说之难：以至高遇至卑，以至治接至乱，未可直至也。远举则病缪，近世则病佣。善者于是间也，亦必远举而不缪，近世而不佣；与时迁徙，与世偃仰；缓急、嬴绌，府然若渠匽、檃栝之于己也。曲得所谓焉，然而不折伤。

故君子之度己则以绳，接人则用抴（枻）。度己以绳，故足以为天下法则矣；接人用抴（枻），故能宽容，因求（众）以成天下之大事矣。故君子贤而能容罢，知而能容愚，博而能容浅，粹而能容杂，夫是之谓兼术。《诗》曰："徐方既同，天子之功。"此之谓也。

大凡论说的难处，是以极高尚的言论对着那些极低下的人说，以极高明的治国之道去游说那些最昏乱的领导人。思想不在一个层次上沟通就很难，有句老话叫"秀才遇到兵，有理讲不清"。为什么跟这样的人讲话难呢？很多道理不能直截了当地说明白。举远古的事例，就要担心流于谬误，怕听的人误解了；举贴近当世的事例，又要担心流于俗套。真正善于言说的人于是取其中间，举远古的事例而不使听者误解，举近世的事例又不落入俗套。他们讲的内容与时并进，随世变化。南老师讲《论语》《孟子》，讲《大学》，为什么大家喜欢听？因为南老师总是结合当代的社会现象、人们关心的问题去讲经典。口才好的人讲话，有时和缓，有时急切；有时详细，有时简略。他们俯身对待听者，就像水库引水蓄水那样时放时收，就像用工具矫正竹木那样随时调整自己的言说。他们婉转地达到说话的目的，但又不挫伤对方。如果说话太直接，伤了听者的自尊心。你的话对他再有用，他也听不进去的。比如你想纠正某人的观点。如果一开始就劈头盖脸把他数落一番："你在胡说八道"。对方肯定不会理睬的。你绕个圈子，不那么直接，调整一下自己的语气："你讲的也不错，但更正确的说法应该是这样的。"他就比较乐意听进去了。这就是说话的艺术。

"故君子之度己则以绳，接人则用枻。"所以君子端正自己的品行像木工用墨线取直一样，接引别人、教育别人的时候就像梢公用船接客一样。"度己以绳，故足以为天下法则矣。"严于律己，以高标准来要求自己，才能成为天下人效法的榜样。自己做不到的事，讲得义正词严都没有人会听。台上说清廉，台底下贪污受贿动辄上亿。对老百姓讲爱国，自己的老婆孩子都送去美国。当人民都是傻瓜，真会信你那一套说辞？"接人用枻，故能宽容，因众以成天下之大事矣。"引导别人的时候，像艄公用船接客一样。艄公撑船摆渡，首先要尊重别人意愿，人家不想过河就不能强迫他过。别人不愿意听你说，就不能强迫他听。其次，艄公是来者不拒，船能容纳多少人就让多少人上船。教育也是一样，有教无类，谁愿意听都可以听，这就是宽容。宽容才能聚合群众，成就天下大业。君子贤能而又能容纳无能的人，聪明而又能容纳愚昧的人，博闻多识而又能容纳孤陋寡闻的人，道德纯洁而能容纳品类驳杂的人。这叫做兼容并蓄之法。《诗经》上说："徐国被同化，这是天子的大功。"说的就是这个道理啊。君子言说的目的是以道"化人"。只有才取宽容的态度才能使人被你感化。

谈说之术：矜庄以莅之，端诚以处之，坚强以持之，譬称以喻之，分别以明之，欣驩、芬芗以送之。宝之，珍之，贵之，神之。如是，则说常无不受。虽不说人，人莫不贵。夫是之谓为能贵其所贵。传曰："唯君子为能贵其所贵。"此之谓也。

演说的技巧，是以严肃庄重的态度去对待听众，不能事先没有准备地信口开河，不能马马虎虎地去敷衍听众，也不能嬉皮笑脸地出现在听众面前。外表仪容也要修饰一番，邋邋遢遢地走上讲台就不够庄重了，要以端正诚恳的心地去与听众相处，不能摆出一种居高临下的姿态，要和听众进行平等的交流分享。对人家提出的问题，懂就懂，不懂就不懂，不要装懂，要以坚定刚直的意志去坚持自己的观点，不要见风使舵、首鼠两端，不要为了讨好听众而说假话，说违心话，掩饰自己的观点。说话的时候，语言要生动，多用比喻使听众理解。逻辑要严谨，条分缕析使听众能够听明白。最后，给听众赠言、勉励、告诫的时候，不要板起脸孔训人，而要和颜悦色，让大家有如沐春风的感觉。做到了这些就能够使自己的演说显得宝贵、无价、重要和有魅力。这样的言说往往不可能不被接受。即使不是故意去取悦于人，别人也会尊重你，这就叫做能使自己所珍重的得到珍重。古人说："只有君子才能使自己所珍重的得到珍重。"说的就是这种情况啊。

49. 让自己愉快地生活

我们讲修身的目的是在"成人"，在于完善自己的人格。也许有人会追问：完善人格的目的又是什么呢？我想，应该是让自己活得愉快。想要活得愉快就必须活得明白。把人生的道理悟透了，才能愉快地生活。下面这段选自《正名》的文本讲的就是如何让自己愉快的生活。

有尝试深观其隐而难（其）察者。志轻理而不重物者，无之有也；外重物而不内忧者，无之有也；行离理而不外危者，无之有也；外危而不内恐者，无之有也。心忧恐，则口衔刍豢而不知其味，耳听钟鼓而不知其声，目视黼黻而不知其状，轻暖平簟而体不知其安。故向（享）万物之美而不能嗛也。假而得问（间）而嗛之，则不能离也。故向（享）万物之美而盛忧，兼万物之美而盛害，如此者，其求物也，养生也？粥（鬻）寿也？故欲养其欲而纵其情，欲养其性而危

其形，欲养其乐而攻其心，欲养其名而乱其行。如此者，虽
封侯称君，其与夫盗无以异；（虽）乘轩戴绖，其与无足无以
异。夫是之谓以已为物役矣。

心平愉，则色不及佣而可以养目，声不及佣而可以养耳，
蔬食菜羹而可以养口。粗布之衣、粗纟周之履而可以养体，局
（屋）室庐庾葭，稾蓐尚（当）机（几）筵而可以养形。故无
万物之美而可以养乐，无势列之位而可以养名。如是而加天
下焉，其为天下多，其和乐少矣。夫是之谓重己役物。

无稽之言，不见之行，不闻之谋，君子慎之。

我曾经试着深入观察平时难以察觉的微妙之处，也就是指有一些
轻易不容易发觉的现象。哪些现象呢？内心轻视道理原则，却不看
重物质利益，这样的人是没有的。你没有把人生的真谛参透，却说自
己没有物质欲望，那是嘴上说说而已。从正面理解，就是说要想"寡
欲"，先得明理。注重物质利益，内心却无忧无虑，这样的人也是没
有的。以前在乡下生活，每年能吃上几顿肉，有衣衫遮体，也就满足
了。进了城，不仅顿顿要吃荤，穿衣有讲究，有了三居室的公寓房，
还想买汽车，想出国游，想送孩子去留学，欲望越来越多，烦恼也
就越来越多。行为违背正道，却不遇到任何危险，这样的人也是没有
的。贪污、腐化、受贿的官员大多存在侥幸心理，总以为自己犯罪不
会有麻烦，因为手中有权，上有保护伞，下有关系网，等到被押上审
判台时则悔之已晚。面对外来的危险，内心却不感到恐惧。这样的人

也是没有的。

"心忧恐，则口衔刍豢而不知其味，耳听钟鼓而不知其声，目视黼黻而不知其状，轻暖平簟而体不知其安。"如果每天忧心忡忡、恐惧万分，那么即使嘴里吃着山珍海味，依然无法品尝出佳肴的美味；耳朵听着悠扬的乐曲，却感觉不到音乐的悦耳；眼睛看着锦绣的花纹，却不能赏心悦目；盖着轻暖的被褥，躺在平整的簟席上，身体却并不感觉舒坦，晚上翻来覆去无法入睡。"故享万物之美而不能嗛也。假而得间而嗛之，则不能离也。"这种人固然享受着万物中美好的东西，却仍然不能感到满足愉快，即使痛快一时，然而忧虑和恐惧始终挥之不去。"故享万物之美而盛忧，兼万物之美而盛害。如此者，其求物也，养生也？鬻寿也？"这种人尽管享受着万物中美好的东西，却极度忧虑。占有了万物的利益，却极度害怕。这样的人一味追求满足物质欲望，是为了保养生命呢，还是在折损寿命呢？你们想一想：这样的生活会愉快吗？

"故欲养其欲而纵其情，欲养其性而危其形，欲养其乐而攻其心，欲养其名而乱其行。"本来想要满足欲望，却又放纵自己的情欲，那么欲望就永远没有满足的时候。欲望始终不能满足，就只会有烦恼和痛苦，永远不会感到愉快。本来想要保养性命，却在危害自己的身体。那些贪官土豪们没日没夜地敛财赚钱，过着醉生梦死、纵情酒色的生活。早晚会受到病痛的折磨，然后再花钱请名医，买补药。这样的生活会愉快吗？本来想要培养自己的乐趣，却侵害了自己的心灵。本来想要保持名声，却又胡作非为，原先的亲友都避之唯恐不及，老百姓们恨得咬牙切齿。这样的生活会愉快吗？"如此者，虽封侯称君，其与夫盗无以异；虽乘轩戴绋，其与无足无以异。"这样的人，即使被封为诸侯，称为国君，他们和那些盗贼并没有什么不同；即使坐着高官的轿车，戴着高官的帽子，有着高官的排场，他们和那些被剁了脚的刑徒也没有什么两样。"夫是之谓以己为物役矣。"这就叫做使自己被外物所奴役了。

"心平愉，则色不及佣而可以养目，声不及佣而可以养耳，蔬食菜羹而可以养口，粗布之衣、粗绌之履而可以养体。"人只要心情平静愉快，即使颜色不如一般的，也可以用来娱目。蜗居里的牛奶瓶插上一朵小菊花，都可以觉得无比美丽。即使声音不如平常的，也可以用来悦耳。雨点拍打窗户玻璃的声音，都可以觉得无比动听。粗茶淡饭照样可以调养口胃，粗布衣服、粗麻鞋子照样可以遮体保暖。"屋室庐庾葭，槀蓐当几筵而可以养形。"居住在芦苇茅草搭的窝棚里，用麦秆编的草垫子当几席，照样可以容身。这里的"屋室"是名词作动词用，意思是居住。"故无万物之美而可以养乐，无势列之位而可以养名。"所以说，虽然没有享受到万物中美妙的东西，照样能够培养自己的乐趣。没有权势封爵地位，照样可以提高自己的名声。"如是而加天下焉，其为天下多，其和乐少矣。夫是之谓重己役物。"如果让这样的人来统治天下，必然为天下人谋福利更多，而为自己谋私利更少。这样就叫做自尊自重而役使万物。

其实，荀子从头到尾只讲了一个道理：要让自己愉快地生活，不能"以己为物役"，而要"重己役物"。他在《修身》篇也讲过"君子役物，小人役于物"。其实，这一思想来源于管子。《管子·心术下》也说过同样的话："君子使物，不为物使。"人的一生如果始终被物质欲望牵着走，就不可能具备完善的人格，也不可能愉快地生活。荀子最后说："无稽之言，不见之行，不闻之谋，君子慎之。"没有根据的言论，没有验证的行为，没有听说过的谋略，君子都应该慎重对待。现在那些无厘头的心灵鸡汤、灵修、养生等等，都说能指导你愉快地生活，大家小心吧！

第六讲

荀子论思想修养

在人生修养中出现的很多问题，其实是因为思想方法不对。一个人整天过着庸庸碌碌的生活，是受自己价值观支配的，价值观不转变，行为方式、生活方式也不会改变。所以思想修养是修身的重要部分。明代有位学者说过：任何一个人，一辈子只做了三件事：自欺、欺人、被人欺。欺骗别人是品质问题，另当别论。自己骗自己和被人家骗则是思想方法问题。怎样才能不受骗？正确的思想方法从哪里来？这就要提高自己的思想修养。在先秦思想家当中，《管子》曾经多次提及思想修养问题。在他之后，只有荀子对思想修养有专门的论述，写成《解蔽》篇。有些论述显然是继承了管子。《解蔽》篇被梁启超称为荀子心理学，称"其言精深而肃括，最当精读，且应用之于修养"。这是很高的评价。

50. 蔽于一曲是错误根源

　　凡人之患，蔽于一曲而暗于大理。治则复经，两疑则惑矣。天下无二道，圣人无两心。今诸侯异政，百家异说，则必或是或非，或治或乱。乱国之君，乱家之人，此其诚心莫不求正而以自为也，妒（误）谬于道而人诱其所迬（殆）也。私其所积，唯恐闻其恶也。倚其所私以观异术，唯恐闻其美也。是以与治虽（离）走而是己不辍也。岂不蔽于一曲而失正求也哉！心不使焉，则白黑在前而目不见，雷鼓在侧而耳不闻，况于使者乎！德道之人，乱国之君非之上，乱家之人非之下，岂不哀哉！

　　《解蔽》开门见山一句话就点明了主题：大凡人的种种毛病，行为上的偏差，都是由于被事物的某一局部所蒙蔽，而不明贯穿全局的大道理。所谓"曲"在古文中就是局部的意思。佛经里"瞎子摸象"的寓言故事最生动地说明了这个道理。摸到象腿的说象是个柱子，摸到耳朵的说象是把扇子，摸到尾巴的说象是条绳子。这就是"蔽于一曲"。因为"蔽于一曲"，所以就不知道象究竟是一种什么样的动物。荀子一开始就指出了思想方法最大的毛病就是片面性。因此，只要纠正"蔽"这种思想上的片面性，就能恢复到正常思维。三心二意、迟疑不决则会陷于困惑。"天下无二道，圣人无两心"。天下不会有两种对立的道，必有一种是正道，一种是邪道。道是指最高原则，指真理。圣人不会有两种对立的理念。

"今诸侯异政，百家异说，则必或是或非、或治或乱。"现在天下礼崩乐坏，诸侯各立山头，各行其政，读书人也各有各的思想，各有各的说法。"两疑则惑矣"，这种情况必然会引起人们疑惑：哪一种政治制度、哪一种学说是对的，哪一种是错的？哪一种能够导致安定，哪一种会造成混乱？荀子写《解蔽》是有现实性、针对性的，主要针对当时的诸子百家学说。认为法家也好，道家也好，名家也好，都是"蔽于一曲"，都只看到了道的一个局部。言下之意，不应该有百家争鸣，而只能有一种代表"道"声音，不然会使天下大乱。由此可见，无论是李斯的焚书坑儒，还是董仲舒的"罢黜百家，独尊儒术"，都主张用国家意识形态去统一民众的思想，反对自由的思想和独立的学术，这种文化专制主义的思想来源都是荀子学说。"乱国之君，乱家之人，此其诚心莫不求正而以自为也，误缪于道而人诱其所殆也。"这里的"乱家"不是搞乱家庭的意思，而是指搞乱思想的读书人，即"百家异说"的百家。搞乱国家的君主和搞乱思想的学派，也许他们的真心无不是想找一条正道，只是他们自以为是。实际上，他们对道的认识有谬误，就会被人因此诱导。无论是主张新权威主义的，或者想要全盘西化的，都觉得自己是正确的。其实，他们对中国问题的认识是错误的，各有偏差的。有些人就是利用他们认识上的弱点去误导。例如，很多人对当前社会出现的贫富悬殊不满，以为五六十年代没有贫富差距，是最好的历史时期。其实，他们只是看到了问题的一面，没有看到当时社会的普遍贫穷。

那些乱国之君和乱家之人所以会"误谬于道"，是因为"私其所积，唯恐闻其恶也"。人们往往会偏爱自己从小到大已经形成的一套经验、知识、思想和观点，唯恐听到别人非议这些私积成见。假如从小就认为非洲是最热的地方，第一次听人说夏天去东非，晚上还要盖棉被，你的第一反应肯定是对这种说法不屑一顾。这在佛教上叫"所知障"，是二障之一，和"烦恼障"是相对的。"所知障"的意思，是说所知境界被无知蒙蔽，因而无法证知真如实相。原因就是"积"，死死抓住以往积累的知识和经验不放。这些人"倚其所私以观异术，唯恐闻其美也"。他们凭借自己偏爱的学识去看待不同的说法，唯恐听到对这些说法的赞美。比如，有人站在文化保守主义立场上去，就觉得西方文化都是垃圾，一听到有人赞扬西方文化中的精华，就觉得是洪水猛兽。倒过来，站在西方文化立场上的人，则唯恐听到人家说中国传统文化的优点，一提到传统文化，以为肯定是腐朽的、落后的。这两者都是思想方法问题，都是"蔽于一曲"。"是以与治离走而是己不辍也。岂不蔽于一曲而失正求也哉？"因此，他们与治道背道而驰，越走越远。治道，即正道，也就是能使天下由乱而治的原则与方法。可是这些人还自以为是，停不下来，不肯放弃自己那一套。这难道不是被片面所蒙蔽而失去对正道的追求吗？乱国之君和乱家之人，他们本来是真心想求治，结果求治而不得治，是不知如何治的道理。求治而与治相背离，就是"失正求"，原因就在于"蔽于一曲"。

总之，"一曲"之言根源在于人们自以为是。本身"误谬于道"是内因，"人诱其所殆"是外因。外因必须通过内因才能起作用。只有当自己接纳别人的"一曲"之言的时候，它才可能致"蔽"于人。所以荀子认为，要切断"一曲"之言进入人心的路径，必须先找到"心"认同"一曲"的内在根源。"心不使焉，则白黑在前而目不见，雷鼓在侧而耳不闻，况于使者乎！"如果你不用心思，不动脑筋，心不在焉，那么即使白的黑的摆在面前，也会视而不见，分不出来。即使在你耳边雷鸣鼓擂，也会听而不闻，像听不见一样，更何况被私积成见所支使呢？有时候，一个人没读多少书还好办，把事实摆在他面前，他反而容易接受。比如那些认为五六十年代比现在好的工农群众，让他回忆那个贫穷的年代，粮要粮票，布要布票，买盒火柴都要凭票，现在虽有贫富差距，但至少老百姓丰衣足食了，他们会听得进这些道理。就怕有些人读了书以后，形成一套自己的成见。他们不管这套成见对不对，只要跟他想法不同的，就骂人家是白痴，觉得人家大逆不道，不仅是一般的网民，甚至学者也会这样。这些人满脑子都是标准答案，无论跟他们讲道理、讲理论，还是谈常识、谈逻辑，或者分析具体事例，他们都能调出脑子里的标准答案来应对。自己没有思考过，"心不使焉"，于是"白黑在前而目不见，雷鼓在侧而耳不闻",全然不顾事实。"德道之人,乱国之君非之上,乱家之人非之下,岂不哀哉?"真正的得道之人,上有乱国之君非难,下有乱家之人攻击,难道不是很可悲的吗?这是荀子的夫子自道了。有时候,思想者不被同时代的人理解是很痛苦的。就像屈原说的"世人皆醉我独醒,举世皆浊我独清"。思想者是孤独的。

51. 人为什么会受骗

"一曲"千差万别，攻之不尽，而"心"接受"一曲"而被"蔽"的原因，则既有普遍性又可具体化。荀子继而指出人心受"蔽"的原因，也就是人为什么会受骗的原因：

> 故（胡）为蔽：欲为蔽，恶为蔽；始为蔽，终为蔽；远为蔽，近为蔽；博为蔽，浅为蔽；古为蔽，今为蔽。凡万物异，则莫不相为蔽，此心术之公患也。

什么原因造成了蒙蔽？荀子列举了十种原因，叫做"十蔽"，一一相对，分为五组。第一组是"欲为蔽"和"恶为蔽"，欲望会造成蒙蔽，厌恶也会造成蒙蔽。一个人有了贪欲的时候就最容易上当受骗，现在很多电讯诈骗案，有人所以会上当，就是因为有贪念，想发横财，不然就不会被骗。相反，你不喜欢一个人，哪怕他讲得对，也听不进去，甚至偏要反其道而行之。有些年轻人对父母的话有逆反心理。父母不同意他的婚姻，他不管父母讲的有没有道理，偏要娶或偏要嫁，最后酿成的苦酒还得自己吞下去。朱熹对《荀子》的态度也是"恶为蔽"。 第二组是"始为蔽，终为蔽"，只看到开始会造成蒙蔽，只看到结果也会造成蒙蔽。有些人在事物的开端就匆匆下结论，断定是非对错。例如，马科斯在成功发射"猎鹰重型"火箭前曾连续失败了三次，一些专家权威就嘲笑他的计划是吹牛。这些专家就是"始为蔽"，被最初的失败蒙蔽了自己的眼光。有些人只看到动机，不看效果也会造成蒙蔽。有位信佛的老太太听说一个小和尚想闭关读大藏经，就拿出自己的一套别墅让他住在里面读经，还请了保姆照顾他，但从此再也不去关注小和尚是不是真的在那里读经。以这个小和尚的文化程度，没有师傅指点，根本读不懂佛经。所以三年下来既无心得，也无笔记。南老师知道后就说，也许小和尚发心是好的，但结果却不好，他本来在寺院里还会和大家一起认真修行。现在一个人独居，没有任何督促，有可能贪图安逸，反而是害了他。这位老太太也是"始为蔽"，以为小和尚的动机是好的，效果也肯定是好的。结果大善人做了一件大坏事。相反，我们也不能"以成败论英雄"，只看结果，不论动机。比如，有人想为国家、为老百姓做好事，或者因为外在条件的变化，或者因为本身的能力不够，结果失败了。如果我们因此便将他全盘否定，把他说得一无是处，那就是"终为蔽"。

第三组是"远为蔽，近为蔽"，只看到远处会造成蒙蔽，只看到近处也会造成蒙蔽。怎么理解"远为蔽"？著名学者王元化生前曾研究法国大革命开始的激进主义思潮。当时的革命派给世人描绘了一个非常美好的远景，要实现人类的大同世界。然后主张为了实行这个远景，就可以不择手段，可以随意抢夺私人的财产，可以不经审判就把人们送上断头台。在革命的名义下，一切罪恶都可以原谅。因为远景是美好的，所以不能批判。这一激进主义思潮对一百多年来的人类历史影响巨大。很多人就被这类远大理想蒙蔽了，成为少数野心家的工具，这就叫做"远为蔽"。相反，更多的人只看到眼前利益，不考虑长远的得失。比如，前些年，有些地方政府为了把 GDP 搞上去，为了眼前的政绩，不顾环境污染，资源浪费，只要眼前的经济好就值得肯定，就值得赞扬。至于子孙后代的福祉则另当别论。这是最典型的"近为蔽"。

第四组是"博为蔽，浅为蔽"，知识渊博会造成蒙蔽，知识浅陋也会导致蒙蔽。知识渊博不是好事吗？为什么会造成蒙蔽呢？有些人像陶渊明讲的"好读书，不求甚解"，只追求知识的渊博，不去深入钻研，结果什么都知道一点，什么都说不出个所以然。尽管一肚子的学问，但需要对某件事发表自己见解时一个字也说不出来，这叫做"博为蔽"。过去称这样的读书人为"两脚书橱"。相反，另一种人孤陋寡闻，书读的不多，但喜欢发表议论。我遇到过这样的年轻人，知识少得可怜，却喜欢跟人争论。他的依据就是仅仅读过的一两本小册子，不知道在此领域里学问大得很，自己不懂的东西未必就是错误的。现在这种似懂非懂的年轻人越来越多，毛病就出在"浅为蔽"。所以前人提倡的学习方法是由博返约，只博不约或只约不博都错，都是"蔽于一曲"。

第五组是"古为蔽，今为蔽"，只了解古代会造成蒙蔽，只知道眼前也会导致蒙蔽。就拿我们读的《荀子》来说吧，为什么千百年来很多明显的错误没有人去纠正。因为以前的读书人信古泥古，认为古人留下的文字是神圣不能改动的，其实大部分错误是后人传抄刻印时的疏忽，尤其是很多刻书匠识字不多，经常会因字形或读音相近而搞错，后来的学者将错就错，这就是"古为蔽"。反过来，有些学者以今天的眼光去理解上千年前的思想，就是"今为蔽"了。比如，有人说，老子创立道家学派后，道家分为两支，一支是庄子的道，一支是稷下的道。这是用现代政党或学派的形态去想象先秦学派了。那时候，交通不便，语言不通，传播手段落后，怎么可能有老子这样的人登高一呼，形成全国性的学派啊？所谓道家学派，无非是司马谈为了编图书目录的需要，写"六家要旨"，把相同或相近的学说归类在一起，命之以道家而已。现在有人自称"新儒家学派"，提出什么儒家社会主义，想把基于农业社会的儒家学说完全搬到今天来治理中国。今天的社会已经发生了翻天覆地的变化。儒家那套政治学说不可能适用与当今这个工业化、全球化的时代。这也是"古为蔽"。相反，有人鄙薄历史研究，以为只要了解今天的事情就足够了，不必去了解历史。今天是从昨天走过来的，不了解历史，不知道很多事情的来龙去脉，历史上同样的错误就会一犯再犯。这是"今为蔽"。历史是割不断的，前人有成功有失败，他们积累的经验，可以让我们少走弯路，少犯错误。

最后，荀子的结论是"凡万物异，则莫不相为蔽"。万事万物都有对立面，欲和恶是对立面，始和终是对立面，远和近是对立面，博和浅是对立面，古和今是对立面。对立面之间往往会互相掩盖，如果所知、所好偏于一隅，就必然会知道这一面而不知道另一面，喜欢这一面而排斥另一面。用今天的话来说，叫做"一种倾向掩盖了另一种倾向"。这样一来，就会被你已知的一面所蒙蔽，而没法了解你不知道的另一面；就会被你喜欢的一面所蒙蔽，而不知道你排斥的另一面也有优点。这是思想方法上的通病。所以看问题的时候，必须要看两面。遇到好事，要想想可能不利的一面。碰到挫折，不要灰心丧气，经过这些挫折反而磨炼了自己。现在跌了一个小筋头，只要吸取教训，就可以避免将来跌大筋头。任何事情能看到它的反面，就不会被蒙蔽了。这当然也需要人生经历的磨炼，跟头跌得多了，人生经历丰富了，荣辱不惊，内心就再也不会起波澜了。

52. 蔽与不蔽的祸福

思想上的蔽与不蔽会引出全然不同的结果。荀子用历史教训，分君、臣、士三个层次来解说蔽的祸害和不蔽的福报。

昔人君之蔽者，夏桀、殷纣是也。桀蔽于末喜、斯观而不知关龙逄，以惑其心而乱其行；纣蔽于妲己、飞廉而不知微子启，以惑其心而乱其行。故群臣去忠而事私，百姓怨非而不用，贤良退处而隐逃，此其所以丧九牧之地而虚宗庙之国也。桀死于亭山，纣县于赤斾，身不先知，人又莫之谏，此蔽塞之祸也。

成汤鉴于夏桀，故主其心而慎治之，是以能长用伊尹而身不失道，此其所以代夏王而受九有也。文王鉴于殷纣，故主其心而慎治之，是以能长用吕望而身不失道，此其所以代殷王而受九牧也。远方莫不致其珍，故目视备色，耳听备声，口食备味，形居备官，名受备号，生则天下歌，死则四海哭，夫是之谓至盛。《诗》曰："凤凰秋秋，其翼若干，其声若箫。有凤有凰，乐帝之心。"此不蔽之福也。

这一段是讲君主的蔽与不蔽，先举夏桀和商纣的例子。其实，我们的老祖宗很早就知道做个案研究了，通过分析个案来说明一个深刻的道理。先是讲夏桀的个案，他被宠妃妹喜和另一个叫斯观的人蒙蔽，而不赏识忠臣关龙逢，结果使自己思想迷惑昏乱，行为荒唐乖张。商朝的纣王被宠妃妲己和奸臣飞廉蒙蔽，反而听不进哥哥微子启的话，因此，使自己思想迷惑昏乱，行为荒唐乖张。微子是商王帝乙的长子，纣王的庶兄，历史记载称其为政贤能，受到殷商的民众爱戴。微子曾多次亲自劝谏纣王，见他根本听不进去，便和太师箕子、少师比干商量。箕子认为"今诚得治国，国治身死不恨；为死，终不得治，不如去"。如果真正有助于治国。国家变好了，我们即使死了也没什么遗憾。但如果死了，对国家也没什么好处，还不如移民，不要去顶撞他。微子便远离纣王逃到微，那里是微子的封国。周武王灭商后，微子持祭器站在武王的军门前，肉袒面缚，左牵羊，右持矛，跪着前行，向武王说明自己远离纣王的情况。周武王很受感动，不仅释放他，还恢复他的爵位，微子继续领导殷商遗民，成为宋国始祖。夏桀和商纣的倒行逆施，使群臣都放弃了对他的忠心而去谋求私利，百姓都怨恨责怪他而不为他效劳，贤能优秀的人都辞官而隐居避世，这就使他丧失了九州的土地，使宗庙所在的国都成为废墟。最后夏桀死在历山，商纣的头被悬挂在红色旗帜的飘带上。荀子从这两个例子得出的结论是"身不先知，人又莫之谏，此蔽塞之祸也"。起初是他们不知道自己的过错，而又没有人劝阻他们。为什么没人劝阻？因为敢说真话的人不是被杀，就是跑了，在身边剩下的人都是阿谀奉承说假话的了。他们听到的都是歌功颂德的话，相反的意见一点都听不到了，这就是蔽的祸害啊！

相反，商汤以夏桀为前车之鉴，将桀失败的原因牢记在心，谨慎地治理国家。因此他能够长期任用伊尹而一生不背离正道，这就是他取代夏朝称王而得到九州的原因。伊尹是传说中的人物，姓伊，名挚，尹是官职，相当于后来的宰相。伊尹辅助商汤灭夏朝，为商朝的建立立下汗马功劳，传说他的父亲是做厨子的家奴，他自己也做得一手好菜，后世把他敬为厨神。他"以鼎调羹"、"调和五味"的理论来治理天下，整顿吏治，洞察民情，使商朝初年经济繁荣，政治清明，国力迅速强盛。周文王吸取了纣王的教训，将桀失败的原因牢记在心，谨慎地治理国家，因此能够长期地任用吕望而一生不背离正道。这就是他取代商朝称王而得到九州的原因。吕望，也称吕尚，就是大家熟悉的姜子牙（姜太公），姜是姓，吕是氏，子牙是字。上古有姓有氏，氏是姓的分支。相传吕望出身寒微，年轻时做过屠夫、卖过酒，但满腹经纶。七十二岁时在渭水之滨的磻溪垂钓，遇到了求贤若渴的周文王，被封为太师，辅佐武王伐纣建立了周朝。这就是"姜太公钓鱼，愿者上钩"的典故。吕望是一位非凡的军事家，留下一部《六韬》，又称《太公兵法》或《素书》，对后世的军事思想有很大的影响，被誉为兵家权谋类的始祖。古今著名的军事家孙武、鬼谷子、黄石公、诸葛亮等都吸收了《六韬》的精华。以前有人怀疑《六韬》是伪托之作，但1972年从山东临沂银雀山汉武帝初年的墓葬发掘出《六韬》残简来看，应该是吕望的作品。荀子说：商汤和周文王能信任伊尹、吕望这样说真话的忠臣，因此"远方莫不致其珍，故目视备色，耳听备声，口食备味，形居备宫，名受备号，生则天下歌，死则四海哭，夫是之谓至盛。"远方的国家无不送上自己的珍宝，所以他们的眼睛能观赏美色，耳朵能聆听美乐，嘴巴能吃到美味，身居豪华的宫殿，名字被冠以美称。活着的时候天下人都歌功颂德，死了以后天下人都痛哭流涕，这才叫盛荣。最后引用《诗经》："凤凰翩翩起舞。它的鸣声像笙竽那样动听，像洞箫那样悠扬。有凤又有凰，天子心中喜洋洋。"这就是不被蒙蔽的福报啊！下一段是第二层，讲大臣的蔽与不蔽。

　　昔人臣之蔽者，唐鞅、奚齐是也。唐鞅蔽于欲权而逐载子，奚齐蔽于欲国而罪申生。唐鞅戮于宋，奚齐戮于晋。逐贤相而罪孝兄，身为刑戮，然而不知，此蔽塞之祸也。故以贪鄙背叛争权而不危辱灭亡者，自古及今，未尝有之也。

　　鲍叔、宁戚、隰朋，仁知且不蔽，故能持管仲而名利福禄与管仲齐。召公、吕望仁知且不蔽，故能持周公而名利福禄与周公齐。传曰："知贤之为明，辅贤之谓能。勉之强之，其福必长。"此之谓也。此不蔽之福也。

先举的也是两个臣下被蒙蔽的例子。说的是春秋时期宋国的大臣唐鞅和晋国的大臣奚齐。唐鞅是个奸臣，他的老板宋康王则是个暴君。宋王对唐鞅说："我杀过的人非常多，但是群臣为什么并不怕我呢？"唐鞅回答说："您所杀的都不是好人，好人为什么要怕您呢？如果要想让群臣都怕您，不如不分好坏一律杀掉，那么群臣就会害怕了。"唐鞅权欲熏心，觉得不把宰相戴驩除去会妨碍自己专权，于是就将他赶走了。结果他不但没能独揽大权，反而犯了众怒，惹来杀身之祸。另一个是晋公子奚齐，因其母骊姬得到晋献公的宠爱，就想争夺太子位，在父王面前诬告哥哥申生。晋献公听信他的话废掉了太子申生，立他为嗣。献公死后，晋国内乱，奚齐被杀。这两个做臣子的都是因"欲为蔽"而死。荀子说：唐鞅驱逐有德有才的国相，奚齐加罪于孝顺的兄长，结果自己反而被杀。他们至死仍不明白这就是蒙蔽的祸害啊！做臣下的，最怕的就是权力欲望的膨胀。所以说，贪鄙、背叛、争权夺利却不遭危险、屈辱和灭亡的，从古到今还未曾有过。

相反的例子是鲍叔、宁戚和隰朋。他们既有仁德，又很明智，没有被蒙蔽，所以能够扶助管仲治理齐国，使齐国从一个弱国变成强国。他们自己享有的名利待遇也和管仲相等。用我们现在的话说，就是大家一起把齐国这个饼做大了，每个人分到的一块也都很大。周朝的召公、吕望也是这样。武王去世后，年幼的成王即位，周公听政，管叔、蔡叔和霍叔因"欲为蔽"而不服气，就起来造反，最后兵败被杀。召公和吕望仁德明智而不被蒙蔽，所以能够扶助周公治国，而不是去和周公争权夺利，最后也能享有和周公同等的名利待遇。古人说："能识别贤人的叫做明智，能辅助贤人的叫做贤能。努力啊！尽力啊！福报一定长久。"这就是不被蒙蔽的福报。

昔宾孟（萌）之蔽者，乱家是也。墨子蔽于用而不知文，宋子蔽于欲而不知得，慎子蔽于法而不知贤，申子蔽于势而不知知，惠子蔽于辞而不知实，庄子蔽于天而不知人。故由用谓之道，尽利矣；由欲谓之道，尽嗛矣；由法谓之道，尽数矣；由势谓之道，尽便矣；由辞谓之道，尽论矣；由天谓之道，尽因矣。此数具者，皆道之一隅也。夫道者，体常而尽变，一隅不足以举之。曲知之人，观于道之一隅而未之能识也。故以为足而饰之，内以自乱，外以惑人，上以蔽下，下以蔽上，此蔽塞之祸也。

孔子仁知且不蔽，故学乱术足以为先王者也。一家得周道，举而用之，不蔽于成积也。故德与周公齐，名与三王并，此不蔽之福也。

第三个层次是讲士的蔽与不蔽。"昔宾萌之蔽者，乱家是也"。宾是指诸侯的宾客。"萌"是指诸侯的家臣，也就是官吏。两者都属于士这一阶层，"乱家之人"是他们中"蔽于一曲"的典型。乱家之人就是指被荀子批判的战国百家。其中，墨子讲"节用"，是蔽于实用而不知道文饰的作用，或者说不知道礼仪制度的作用。宋钘鼓吹"任其所欲则自治也"。人的欲望是有限的，放任他们的欲望，社会也就太平了。那是只见人有寡欲的一面，而不知人有贪婪的一面。慎子胡说："得其法，虽无贤亦可为治。"只要有好制度，即使没有好人，照样可以把国家治理好，这是典型的法家论调。荀子认为，那是只求法治而不知任用贤人。良法和贤人缺一不可，正是荀子区别于法家的政治主张。申不害也是法家代表人物，他强调势位在政治中的作用，认为只要建立绝对权威，就能把国家带上正规。当代的"新权威主义"倒是与此相像。荀子认为，那是蔽于权势这一曲而不懂得才智的重要性。如果具有绝对权威的君主是个白痴，那怎么办呢？难道也能把国家治理好吗？三十年前，我的朋友提出新权威主义观点时，我就曾经这样质问他。他哑口无言，但到今天还在鼓吹这一套理论。这就是荀子说的"私其所积，唯恐闻其恶也"。两千年来人性不变，又一例证！不过讲到这里有个疑问：一般的说法是，先秦法家人物中，商鞅讲"法"，申不害讲"术"，慎到讲"势"，韩非子集大成者。荀子却说申不害讲"势"。是否后人讹传？暂时只能存疑。"惠子蔽于辞而不知实"。惠施是提出"历物十事"的名家，他的著作失传了，没有留下来，这些论辩都保留在《庄子》里。尽管惠子和庄子观点不同，经常在那里争论，但他们是好朋友。荀子说惠施是在玩弄概念，而完全不顾事实。现在也有很多这样的学者。你跟他讨论现实问题，他一开口就是引经据典，不是马克斯·韦伯，就是福柯，永远不面对事实。你摆出一个事实根据来，他却反问谁谁的这本书你看过吗？所以永远辩不清楚。"庄子蔽于天而不知人"。庄子是只讲自然、天然，好像人为作用一点都没有的，也是蔽于一曲。

荀子指出：墨子从实用的角度谈道，道就只是功利。宋子从欲望的角度谈道，道就只是满足。慎子从法的角度谈道，道就只是法律条文。申子从权势的角度谈道，道就只是利害关系。惠子从名辩的角度谈道，道就只是不切实际的诡辩。庄子从自然的角度谈道，道就只是消极因循不作为。"此数具者，皆道之一隅也。"这几种说法都只是道的一个方面。"夫道者，体常而尽变，一隅不足以举之。"道的本体是永恒不变的，但道的用则是千变万化、举之不尽的。每一种用，只是道的一个方面、一个角度。只是用一个方面、一个角度是不能够概括道的。"曲知之人，观于道之一隅而未之能识也。"一知半解的人，只看到道的某一方面而不能够真正认识道。现在有些人只看到中国社会的一个侧面，一个现象，就以为是中国问题的全部。其实，这些问题都不是能以一概全的问题。不过，有些人"以为足而饰之，内以自乱，外以惑人，上以蔽下，下以蔽上，此蔽塞之祸也。"他们自以为足够了解了，于是自我标榜，其实自己把自己思想搞乱了，然后还要去骗人家，还要去带学生，既蒙蔽了下级，又蒙蔽了上级。这就是蒙蔽的祸害啊！荀子认为，不受一曲之蔽的只有仁德明智的孔老夫子。他学成治乱之术，足以和古代圣王并驾齐驱。诸子百家之中，只有孔子独家掌握了完整的道，推崇并运用道，而不被成见旧习所蒙蔽。尽管孔子没有机会称王，但他的德行与周公相等，名声和夏禹、商汤、周文武三王并列。后世儒家称孔子为"素王"，没有加冕的王者。这就是不被蒙蔽的福报啊！

53. 如何解蔽？

　　荀子讲完了蔽的危害，接下去就要教你解除蒙蔽，使你不受蒙蔽。就像告诉你中了毒，再开出药方，帮助你解毒。不但说了思想方法错误的原因，而且教你如何纠正错误。

　　圣人知心术之患，见蔽塞之祸，故无欲、无恶，无始、无终，无近、无远、无博、无浅，无古、无今，兼陈万物而中县（悬）衡焉。是故众异不得相蔽以乱其伦也。

　　何谓衡？曰：道。故心不可以不知道。心不知道，则不可道而可非道。人孰欲得恣而守其所不可、以禁其所可？以其不可道之心取人，则必合于不道人，而不知合于道人。以其不可道之心与不道人论道人，乱之本也。夫何以知？曰：心知道，然后可道。可道，然后能守道以禁非道。以其可道之心取人，则合于道人而不合于不道之人矣。以其可道之心与道人论非道，治之要也。何患不知？故治之要在于知道。

圣人知道思想方法上的毛病，看到被蒙蔽的祸害，所以他们无欲无恶，无始无终，无近无远、无博无浅，无古无今。这里的"无"是指"无蔽"，圣人没有"一曲之蔽"。用今天的话来说，就是达到了全面性，消除了任何片面性。他们是怎么做到的呢？也就是如何去解蔽呢？最重要的这句话："兼陈万物而中悬衡焉"。"悬衡"，悬挂在那里的衡器指标准。摆出万物的各种可能性，然后看看哪一种符合标准。先了解各种各样的学说、各种各样的制度，再去衡量哪一种是符合真理标准的。前提是要"兼陈万物"，全部摆出来让大家去了解，在检验是否"中悬衡"前必须"兼陈万物"，这样才能做比较，有比较才有鉴别。那么"悬衡"代表的"道"、真理，究竟是主观的，还是客观的呢？道当然是客观的，但人们对道的认识未免带有主观性。儒家有儒家的道，道家有道家的道，墨家有墨家的道，佛家有佛家的道，人们只可能不断接近道、接近真理，不可能穷尽真理。每个人对道的理解不能靠灌输，只能靠体悟，这个过程就叫学道修道。有一天，你真正体悟到自己学的道是真理的时候，就是悟道了。你体悟到真理，又化为自己的思维和行为方式的时候，才叫做得道。

前面讲了墨子、宋子、慎子、惠子等等那么多异说。只要有一个"衡"，一个标准，"众异不得相蔽以乱其伦也"。各种各样的不同说法就不能互相掩盖，以致搞乱是非之理了。那么什么是"衡"呢？是道！"故心不可以不知道。"思想不能不理解道，不能没有一个真理标准。所以"心知道"是解蔽的核心。心不知道，看问题绝对片面，用其他任何方法都无法解蔽。心要知道，就是要构建自己正确的主体思想，用自己的思想去看世界，不受人家左右，不被名利引诱，不被权势威逼，这只有通过不断学习才能做到。这就是我一辈子学习的目的。读书明理，在比较各种各样的学说，和社会实际——对照过后，一个人是可以形成正确思想的。"心不知道，则不可道而可非道。"如果不懂得什么是正道，就会不认可、不肯定正道，而去认可违背道的东西，认可邪道。人必须有一个正确的思想。如果没有正确的思想，就会认同错误的、甚至是邪恶的思想。那么他眼睛里看出来的世界必然是扭曲的。"人孰欲得恣而守其所不可，以禁其所可？"谁会在自由自在的前提下，死守自己不认可的东西，而抑制自己认可的东西呢？这是一个反问句，意思是只要可以自由选择，人们不会去坚守自己反对的东西，也不会去反对自己认同的东西。这个"得恣"是前提。有时候人们会说一些违心话，做一些违心事，并不是他内心认同的。那就不是得恣，是心不甘、情不愿的，或是为了往上爬，或者为了混饭吃，只能另当别论。你看荀子的立论是很严谨的。

"以其不可道之心取人，则必合于不道人，而不合于道人。"用不认可道的思想去取人，就一定会和不奉行道的人情投意合，而不会和行道的人志同道合。自己内心不认同这个道，贪图享受，不认为清廉是一种道义的表现，那么在选拔干部的时候，一定不会选清廉的好人，而会选贪污腐败的坏人。"以其不可道之心与不道人论道人，乱之本也。"用不认可道的思想和那些不奉行道的人去议论真正行道的好人，这就是社会混乱的祸根。徐才厚本身是个大贪官，他和张阳这样的腐败分子把持着选拔干部的权力，军队的正派干部能上得来吗？"夫何以知？曰：心知道，然后可道。可道，然后能守道以禁非道。"那怎么知道谁是行道的人呢？首先自己心里要理解道，有正确的思想原则，正确的世界观、价值观、道德观，然后就会认可道，认同正确的原则。认可道，才能遵循道，制止违背道的行为。用认可道的思想去选人交友，就会和奉行道的好人情投意合，不会和不行道的坏人同流合污。以认可道的思想和行道的人去议论违背道的人，就会把腐败分子清除出去。这是社会治理的关键。这样又何必担忧不能认识行道的人呢？治理的关键在于理解道。荀子从讲思想方法逐渐转入实际政治，讲来讲去，理论还是为了经世致用。

人何以知道？曰：心。

心何以知？曰：虚壹而静。心未尝不臧（藏）也，然而有所谓虚；心未尝不满（两）也，然而有所谓一；心未尝不动也，然而有所谓静。人（心）生而有知，知而有志；志也者，臧（藏）也。然而有所谓虚，不以所已臧（藏）害所将受，谓之虚。心生而有知，知而有异；异也者，同时兼知之。同时兼知之，两也，然而有所谓一。不以夫一害此一，谓之壹。心，卧则梦，偷则自行，使之则谋，故心未尝不动也。然而有所谓静，不以梦剧乱知，谓之静。未得道而求道者，谓之虚壹而静。作之，则将须道者之虚则人（入）；将事道者之壹则尽；将思道者（之）静则察。知道察，知道行，体道者也。虚壹而静，谓之大清明。

　　一个人靠什么去认识道、理解道、掌握道呢？靠心，靠思想。心怎么才能够去知道呢？荀子提出了思想修养的方法："虚壹而静，"也就是虚心、专心和静心。这一段先解释"虚"、"壹"、"静"这三个关键词。心从来没有不藏物的，但可以有虚空。人总是有思想、有观念的，但可以把既存的思想观念放空。心从来没有不兼知的，但可以有专一。一个人思想会同时记忆和思考不同的事物，但并不妨碍他专注于一件事情或一个问题。心从来没有不活动的，但可以有安静。除了睡觉或昏迷之外，人一直在思想，但他可以安静下来，尽量减少起心动念。有人说，刚开始学打坐，脑子反而比平时更乱。其实，你平时也是一个念头接一个念头，思想没有停下来过，只是自己没有察觉。打坐时静下来了，才能观察到自己思绪万千。

　　接下去，荀子更详细地解释"虚"、"壹"、"静"："心生而有知，知而有志；志也者，藏也。然而有所谓虚，不以所已藏害所将受，谓之虚。"心生来就能认知，能认知就有记忆。记忆也就是储存信息、知识和经验。但思想所记忆的一切不是不可以删除的，可以有虚空状态。不让已有的认识去妨害接受新认识，便是虚心。我们从小到大一直在讲的"虚心使人进步"，就是这个意思。如果你自满了，以为头脑里装的东西已经足够，当然就装不进新东西的了。心如果没有"虚"的功能，就容易造成一曲之蔽。

　　"心生而有知，知而有异；异也者，同时兼知之。同时兼知之，两也，然而有所谓一。不以夫一害此一，谓之壹。"心生来就能认知，能认知就能起分别。白痴不能认知，当然分别不了男女。能分别不同的事物，也就是同时了解了它们。能分别男女，也就是知道什么样的是男人，什么样的是女人。你从来没有见过好东西，就不可能分别出好坏。有些人生活很粗糙，因为他没见过精致的生活。我们小时候一年只能吃几次肉，就以为如果每个月能吃上一次肉就是最好的生活了。现在知道除了吃肉外，还有更好的东西，就能分别好坏了。所以能分别不同的事物，一定是认知了不同的事物，同时认识不同的事物，就叫做兼知，但心也有专一的功能。当我们专注于某一事物时，不受另一事物的干扰，便是专心一意。

"心，卧则梦，偷则自行，使之则谋。故心未尝不动也。然而有所谓静，不以梦剧乱知，谓之静。"心的状态有三种：一是睡着了会做梦，思维并没有完全停下来。二是放松时会胡思乱想，一个个莫名其妙的念头会像天马行空一样浮现，不受你的支配。三是动脑筋、用心时会想出各种主意来，俗话说"眉头一皱，计上心来"。可见心无时无刻不在活动，但也有相对安静的时候。不让梦幻和胡思乱想扰乱认知，便是静心。如果心没有"静"的功能，我们的认识就不容易精确。

"未得道而求道者，为之虚壹而静。作之，则将须道者之虚则入；将事道者之壹则尽；将思道者之静则察。"没有得道而追求道的人，要做到虚心、专心和静心，提高自己的思想修养。"作之"，去做的话，则求道的人做到了虚心就能够入道；行道的人做到了专心就能够全力行道；研究道的人做到了静心就能够深入到道的精微处。荀子的分析是层层深入的，第一步，刚开始想学一门知识的，先把以前的认知解构、把心放空，才能装新知识进去。以学国学为例，如果你死抱住以前学过的那套西方哲学的概念，怎么也学不好的，只有虚心才能入门。我最不愿意教的就是自以为是的人。第二步，入了门，想沿着国学路子走下去的，那就要专心，不能三天打鱼两天晒网，也不能猴子掰苞谷，学一样丢一样。这样才能掌握国学的基本。第三步，如果还想成为专家，那就急躁不得，静下心来，心无旁骛地坐十年冷板凳，才能融会贯通，深入国学的精微处。"知道察，知道行，体道者也。"认识道而能明察，求得道而能实行，这就是悟道的人。只是认识了道的大概而不能深入，还不是悟道之人。理解道，也能说得头头是道，然而不能身体力行，也还不是得道之人。"虚壹而静，谓之大清明。"做到了虚心、专心与静心，就能够进入思想的"大清明"境界。

荀子的"虚、壹、静"来源于《管子·心术》等四篇。管子在《心术》说："虚者，无藏也；虚其欲，神将入舍。"在《内业》也说过："精之所舍，而知之所生也。"管子的"虚"就是把主观的欲望、好恶清除干净。这样"精气"就能"入舍"而知识也就产生了。入舍的"舍"说的就是心。"静"与"虚"之间的界限是比较含混的，"虚静"、"静虚"经常是并用的联绵词。在《管子·心术》篇里，"静"与"虚"并没有分得很清楚。但是荀子在这里对"静"与"虚"的内容，则作了相当明确的区别和界定。荀子说的"大清明"境界也来源于管子。《内业》篇说："人能正静，……乃能戴大圆而履大方，鉴于大清，视于大明；敬慎无忒，日新其德，遍知天下，穷于四极"。《心术下》也有类似说法，都是说内静则能清明、通达。什么是大清明？

> 万物莫形而不见，莫见而不论，莫论而失位。坐于室而见四海，处于今而论久远。疏观万物而知其情，参稽治乱而通其度，经纬天地而材官万物，制割大理而宇宙裹矣。恢恢广广，孰知其极？睪睪广广，孰知其德？涫涫纷纷，孰知其形？明参日月，大满八极，夫是之谓大人。夫恶有蔽矣哉！

思维达到大清明境界的人，万事万物在他面前都是显而易见的。任何事物一露出形迹，他就能发现它的发展趋势是福，是祸。我们通常说，这样的人很有头脑，也就是思维能力很强。例如，互联网刚出现，大多数人还不知道是怎么回事，就有人抓住这个商机，结果做成大生意。这就叫"莫形而不见"。等到互联网成为热门生意了，大家一哄而上，赚钱就不容易了。"莫见而不论，莫论而失位"。他们没有见了而不能评论判断的。他们的评论判断没有不到位的。所以他们能够洞察万物，坐在屋里而能看见天下的事，生活在现世而能议论远古的事。"大清明"和佛教禅宗的"明心见性"一样，本来用自己的真心去观照万事万物的话，一切都是明明白白的。只是这颗心受到了各种污染，蒙上了灰尘，人就失去了洞察一切的智慧。明心见性就是去除污染，回复你本来那颗圆满光明的心，世界就豁然开朗，于是万事万物都看得清清楚楚了。荀子在本篇一开始就说"治则复经"，解蔽之后就能回到常态，这个常态就是大清明境界。大清明是解蔽的结果，是虚壹而静的结果。

达到大清明境界的人，思维不同寻常，所以"疏观万物而知其情，参稽治乱而通其度，经纬天地而材官万物，制割大理而宇宙裹矣"。通观万物而能看清它们的真相，检视天下治乱而能通晓各种制度，安排大自然而能物尽所用，裁断道理就好像对宇宙间的一切都了如指掌，把宇宙包裹在心中。这些都是夸张的文学语言，是说这样的人治乱了然于胸，治理天地而万物不失其任，可以说是"治"的极致。接下去是一系列的形容词形容大清明境界：恢宏广大啊，谁能知道他达到的高度？浩浩荡荡啊，谁能知道他德行的深厚？汹涌澎湃啊，谁能知道他的行迹？他与日月同辉，德被八方。这样的人当然就是圣人，儒家的理想人格。圣人当然是无法以不正之言蒙蔽的。最后还是回到荀子关心的"一曲之蔽"的问题。下面几段更详细的论述"虚壹而静"。

54. 专心才能致志

心者，形之君也，而神明之主也，出令而无所受令。自禁也，自使也，自夺也，自取也，自行也，自止也。故口可劫而使墨云，形可劫而使诎申，心不可劫而使易意。是之则受，非之则辞。故曰：心容其择也无禁，必自见其物也杂博，其情（精）之至也不贰。《诗》云："采采卷耳，不盈顷筐。嗟我怀人，寘彼周行。"顷筐易满也，卷耳易得也，然而不可以贰周行。故曰：心枝则无知，倾则不精，贰则疑惑。（壹于道）以赞稽之，万物可兼知也。身尽其故则美，类不可两也，故知者择一而壹焉。

这一段是讲专心。心是什么？"形之君也，而神明之主也。"心是身体的主宰，一切行为受心支配；是精神的主管，一切精神活动受心统辖。儒家把"心"分为肉团之心，辨识之心，道德之心。佛教也有相同的说法："一切众生心有三种，一是肉团心，二是妄想心，三是真如心。"肉团之心是指心脏器官；儒家的"辨识之心"、"道德之心"和佛教的"妄想心"都是指思想意识。"真如心"则是佛教特有的，指佛心。荀子这里说的"心"无疑是指思想意识。这样的心是发号施令而不接受任何命令的。心自己限制自己，自己驱使自己，自己裁决，自己求取，自己行动，自己停止。所以说，可以强迫嘴巴或沉默或开口，可以强迫身体或弯屈或挺直，却不可以强迫心意改变。在高压之下，可以使一个人保持沉默，或者说假话，可以使一个人做出他不想做的行为，但无法强迫他在内心放弃信仰，改变思想。心认为对的就接受，认为错的就拒绝。所以说："心容其择也无禁，必自见其物也杂博，其情之至也不贰。"心里有什么装什么，对外界各种各样的信息、知识、观点来者不拒，毫无限制地吸收，那么在心里自然会显现出一大堆杂乱无章的东西。如果想要吸取其中的精华，则必须专一不二。就像《诗经》上说的："采呀采呀采卷耳，总装不满斜口筐。我怀念心上人，把筐放在大路上。"本来斜口筐是容易装满的，卷耳是容易采到的，诗中那个采野菜的女孩因为思念情人而经常停下手来，把筐子撂在路上，所以很久也采不满筐。荀子引诗句是要说明这样一个道理："心枝则无知，倾则不精，贰则疑惑。"思想分散就会无知，思想偏邪就不会精当，思想不专一就会疑惑。

"壹于道以参稽之，万物可兼知也。"只要专一于道，心里有了"道"这个"衡"，然后去考察万物，那么什么都可以知晓的。"身尽其故则美，类不可两也，故知者择一而壹焉。"当然，亲身去探究事物的来龙去脉就更完美了。世界上不可能两种对立的事理都存在，必然是非此即彼。我面前放着的这件家具，你不能说它既是桌子，又是凳子。所以有智慧的人会专注于一种事理，弄个水落石出，才能实现自己的心愿。"择一而壹"也可以理解成有许多选择放在面前，你不可能什么都要，既想做学问，又想赚大钱；既想学佛，又不想耽误吃喝玩乐。专心才能致志，有智慧的人选择一条路走到底，这样才会有成就。

> 农精于田而不可以为田师，贾精于市而不可以为市师，工精于器而不可以为器师。有人也，不能此三技而可使治三官。曰：精于道者也，（非）精于物者也。精于物者以物物，精于道者兼物物。故君子壹于道而以赞稽物。壹于道则正，以赞稽物则察；以正志行察论，则万物官矣。

有智慧的人"择一而壹"，选择了一条路就一心一意走到底。"一"是选择的方向道路，"壹"是专一、专心的意思。那么如何选择这个"一"呢？荀子说，农民精于种田，却不能因此做管理农业的官吏。商人精于买卖，却不能因此做管理市场的官吏。工匠精于制造器物，却不能因此做管理制造的官吏。有些人不会这三项技能，却可以让他们来管理这三种职业。读过《管子》的应该还记得，管子也说过类似的话：搞外交，我不如隰朋；管农业，我不如宁戚；带兵打仗，我不如王子城父；尽忠进谏，我不如东郭牙。这五个人各有所长，我都不如他们。但要让他们来代替我也不行。如果齐桓公只求"治国强兵"，用这五个人也就够了，如果想要称霸就非用我不可。因为我能领导这五个人，这五个人虽各有所长，但缺乏统筹能力。荀子和管子都想说同一个道理：能担任统筹领导职位的人是"精于道者也"。他们是精通原则、规律的人，而不是只精通某一具体事物的人。"精于物者"指从事农、工、商等具体职业的人。"精于物者以物物，精于道者兼物物。"精于物的人只能从事某一事务，"精于道者"即君子，则可以治理一切事物，胜过专治某一事务者。"物物"的第一个"物"作动词用，是在古文中常有的语法现象。如《论语》中的"老吾老，幼吾幼"。"故君子壹于道而以赞稽物。"所以君子专一于"道"，以道参详考察万物。"壹于道则正，以赞稽物则察；以正志行察论，则万物官矣。"专心于道就能正确无误，用以考察万物就能清清楚楚。以正确的思想去观察和议论，那么万物就能被治理得妥妥当当。荀子在这里提出的是一种从原则出发去考察事物的认识方法。应该说也有一定的道理。在科举时代，士大夫穷其一生在读经，但考取授官后要管理司法、民政、军事、赋税、水利等具体事务，尽管没有学过专业知识，照样可以管得井井有条，像曾国藩、左宗棠这样的儒生照样可以指挥千军万马。儒家认为，"道"是"治之理"，治者应一心于"道"而兼治万物，不必专任具体事务，如此则万物各当其任。为此荀子接着列举了古代贤君舜的例子：

　　昔者舜之治天下也，不以事诏而万物成。处一之危，其荣满侧；养一之微，荣矣而未知。故《道经》曰："人心之

危，道心之微。"危微之几，惟明君子而后能知之。故人心
譬如槃水，正错而勿动，则湛浊在下，而清明在上，则足以
见须眉而察理矣。微风过之，湛浊动乎下，清明乱于上，则
不可以得大形之正也。心亦如是矣。故导之以理，养之以
清，物莫之倾，则足以定是非、决嫌疑矣。小物引之，则其
正外易，其心内倾，则不足以决庶理矣。故好书者众矣，而
仓颉独传者，壹也；好稼者众矣，而后稷独传者，壹也；好
乐者众矣，而夔独传者，壹也；好义者众矣，而舜独传者，
壹也。倕作弓，浮游作矢，而羿精于射；奚仲作车，乘杜作
乘马，而造父精于御。自古及今，未尝有两而能精者也。曾
子曰："是（视）其庭（筵）可以搏鼠，恶能与我歌矣？"

从前舜治理天下，不用事事告诫而万事都能办成。为什么呢？因
为他"处一之危，养一之微"。处心专一而达到戒惧的境界，身上就
会充满美誉。养护专一之心而达到精妙的境界，就在不知不觉中得到
美誉。所以《道经》上说："人心之危，道心之微。"常人的思想只
能达到戒惧的境界，得道之人的思想才能达到精妙的境界。"危微之
几，惟明君子而后能知之。"戒惧与精妙的兆头，只有明智的君子才
能认识。这里的《道经》不是老子《道德经》的"道经"，而是上古
言道之书，应该是指《尚书》。《尚书·大禹谟》有"人心惟危，道心
惟微，惟精惟一，允执厥中"，这十六个字就是儒家所谓十六字心法。
韩愈和程朱的道统说，其基础就是这十六字心法。传说是尧授舜，舜

授禹，然后经商汤、周文武、周公、孔子一路传到孟子。朱熹讲不出从孟子到自己的师承家法，只能编造一个"心法"，说是跟孟子心心相印，接上了儒家道统。其实，心法是从佛教禅宗那里剽窃来的。禅宗说他们的来源是"世尊于灵山会上，拈花示众。是时众皆默然，唯迦叶尊者破颜微笑。世尊曰：'吾有正法眼藏，涅盘妙心，实相无相，微妙法门，不立文字，教外别传，付嘱摩诃迦叶。'"在此之前，儒家从来没有心法一说。其实，这十六个字在先秦就已普遍流传，所以荀子才会引证。接下去，荀子用水做比喻：盘中的水，平放着而不去搅动，那么污浊的渣滓就沉淀在下面，清澈的水就在上面，足以照见胡须眉毛并看清楚皮肤的纹理。但如果微风吹过，沉渣泛起，清水就会被搅乱，连人的大体形像也看不清楚了。人心也是这样啊，只要用道理引导，清廉的品德培养，不为名利所动摇，就能够判明是非，决断疑惑了。如果受小恩小惠引诱，那么清廉的形象就会改变，端正的思想就会倾邪。这样就连粗浅的事理都不能决断了。

古代喜欢写字的人很多，但只有仓颉一个人的名声流传下来，这是因为他用心专一。擅长种庄稼的人很多，但只有后稷一个人的名声流传了下来，这是因为他用心专一。爱好音乐的人很多，但只有夔一个人的名声流传了下来，这是因为他用心专一。崇尚道义的人很多，但只有舜一个人的名声流传了下来，这是因为他用心专一。相传仓颉是黄帝的史官；后稷是尧的农官；夔是舜的典乐官，历史上第一个作曲家。倕发明了弓，浮游创造了箭，而羿善于射箭；奚仲制造了车，乘杜最早训练马拉车，而造父精通驾车。相传倕是尧的工匠大师，浮游是黄帝的臣子，奚仲是禹的御用司机，乘杜是启的孙子。荀子一一列举了这些典故后做结论："自古及今，未尝有两而能精者也。"从古到今，从来没有过一心两用而能精于一门的人。现在出来个马云想推翻这个结论。他已经成功地打造了一个巨大的商业帝国。据他自己说，规模之大，力求在二十年内成为世界第五大经济体。有这样的雄心壮志和宏大蓝图，照理就专心致志去实现吧。可是他显然还不满意，除了已经向世人证明其商业天赋之外，还不遗余力地想证明他在艺术领域也拥有极高的天赋。证明的方式很简单，就是用货币。马云和曾梵志共同创作的一幅油画《桃花源》，在苏富比被拍到3300万元的天价。他的另一件书法作品则被拍到400多万元的高价。马云是不是能一心两用，既是商业巨子，又成为伟大的艺术家，答案是不言自明的。荀子说得很清楚："壹"就是不让人们对两种事物的认识彼此妨碍。心如果没有"壹"的功能，认识便无法精深。心力分散的结果会使所知肤浅驳杂，不能尽道之美。最后，他引了一句曾子的话做结尾："视其筵可以搏鼠，恶能与我歌矣！"那个唱歌的人看着指挥棒，而心里想着可以用来打老鼠。这样的人怎么能和我一起唱歌呢？心不在焉的人是什么都做不成的。

55. 静思则通

空石之中有人焉，其名曰觙。其为人也，善射以好思。耳目之欲接，则败其思；蚊虻之声闻，则挫其精。是以辟耳目之欲，而远蚊虻之声，闲居静思则通。思仁若是，可谓微乎？孟子恶败而出妻，可谓能自强矣，（未及思也）。有子恶卧而焠掌，可谓能自忍矣，未及好也。辟耳目之欲，（可谓能自强矣，未及思也。）（远）蚊虻之声（闻则挫其情），可谓危矣，未可谓微也。夫微者，至人也。至人也，何强？何忍？何危？故浊明外景，清明内景。圣人纵其欲，兼其情，而制焉者，理矣。夫何强？何忍？何危？故仁者之行道也，无为也；圣人之行道也，无强也。仁者之思也恭；圣人之思也乐。此治心之道也。

这一段讲"虚壹而静"的"静"，是以一则寓言开始的。石洞里有一个人，名字叫觙，平时擅长猜谜而喜欢思考，但只要耳朵一听到响声，眼睛一看到东西，就会影响他思考，猜谜就猜不准了，甚至听到蚊子苍蝇发出的细微声就会妨害他聚精会神地思考。因此他不仅避开音乐、美色，而且远离蚊子苍蝇的声音，独自居住在石洞里静静地思考，这样思路才能畅通。如果一个人思考仁的问题，也能像觙那样"闲居静思"，就可以达到精妙的境界了吧？比如，孟子的妻子比较啰嗦，他怕妨碍自己修身，就想把妻子赶走，这可以算得上勉力向上了吧？但这样做仍不如静思。孔子学生的学生有若读书怕打瞌睡，就用火烧灼自己的手掌，这可以算得上能自我克制了吧？但这样做不如喜欢读书。我们平时常常听到鼓励人"苦学"的励志故事，所谓悬梁刺股。悬梁是讲汉代的孙敬年少时看书常常通宵达旦，到后半夜不免打起瞌睡来，一觉醒来，又懊悔不已。有一天，他抬头苦思的时候，目光停留在房梁上，顿时眼睛一亮，随即找来一根绳子拴在房梁上，绳子的另一头拴住自己的头发。每当他困得打瞌睡时，只要头一低，绳子就会猛地拽一下头发。他因疼醒而赶走睡意，继续发奋苦读。刺股是讲战国时的苏秦，年轻时常常读书到深夜，打瞌睡时就用一把锥子刺大腿，猛然间痛醒过来再坚持读书。这种苦读已经失掉读书的趣味了。

真正喜欢读书的人会情不自禁地一直读下去。

荀子说：像觙那样"辟耳目之欲，远蚊虻之声，可谓危矣，未可谓微也。"避开音乐美色，远离蚊子苍蝇，只能说是达到戒惧的境界，还不能说是达到了精妙的境界。"夫微者，至人也。至人也，何强？何忍？何危？"达到精妙境界，就是思维已经是大清明的人，也就是圣人。既然是圣人，还需要勉力、克制、戒惧吗？同样道理，一个真正喜欢读书的人还需要苦读吗？我们小时候读金庸的武侠小说，不会打瞌睡，怕父母干预，躲在被窝里、打着手电筒，偷偷地看通宵呢。"故浊明外景，清明内景。"所以说，混沌的光只能照亮事物表面的形影。清明的光才能照亮事物内在的状态。荀子的意思是外修不如内修。与其寻求外境的静，不如注重内心的静。这就把"虚壹而静"的"静"内涵发掘得更深入了。这不仅是表面的静，躲开喧嚣的尘世，独自坐在那里一动不动地思考，更重要的是无论在什么环境下，无论受到什么样的外来刺激，你的内心都能纹丝不动，不起波澜。这才是大清明境界的"静"。怎么才能做到呢？"圣人纵其欲，兼其情，而制焉者，理矣。夫何强？何忍？何危？"圣人从心所欲，尽情所至，而能节制情欲不逾份，是心里有道啊！哪里还用得着勉力、克制和戒惧呢？只要心里有道，有原则，有自己坚持的理念，或者用民间语言"心里有杆秤"，就可以"任凭风浪起，稳坐钓鱼台"。"故仁者之行道也，无为也。"仁者行道，是不刻意作为的，"无为"的意思是不为做而做，不刻意去做，绝对不能理解成什么也不做，那是懒汉哲学。"圣人之行道也，无强也。"圣人行道则是不勉强而为的，而是怀着一颗欢喜心去行道。"仁者之思也恭；圣人之思也乐。"仁者的思虑恭敬慎重，圣人的思虑轻松愉快。这就是思想修养的总原则。

　　凡观物有疑：中心不定，则外物不清。吾虑不清，则未

可定然否也。冥冥而行者，见寝石以为伏虎也，见植林以为

后（厚）人也，冥冥蔽其明也。醉者越百步之沟，以为跬步
之浍也；俯而出城门，以为小之闺也：酒乱其神也。厌目而
视者，视一以为两；掩耳而听者，听漠漠而以为哅哅，势乱
其官也。故从山上望牛者若羊，而求羊者不下牵也，远蔽其
大也。从山下望木者，十仞之木若箸，而求箸者不上折也，
高蔽其长也。水动而景摇，人不以定美恶，水势玄也。瞽者
仰视而不见星，人不以定有无，用（目）精惑也。有人焉以
此时定物，则世之愚者也。彼愚者之定物，以疑决疑，决必
不当。夫苟不当，安能无过乎？

　　这一段尽管没有出现一个"静"字，但还是讲作为一种思想方法
的"静"。当一个人处于"两疑"，疑惑未定的时候，也许这样，也
许那样，此时最重要的是静心观察和思考，不要贸然作出决定。因为
"凡观物有疑，中心不定，则外物不清"。大凡观察事物有疑惑，如果
自己内心不静定，那么对外界的事物就会看不清楚。"吾虑不清，则
未可定然否也。"自己的思虑混乱不清，那就不可以判定是非可否。
为什么这样说呢？荀子举了几个例子。在夜色中走路的人，看见横
卧的石头就以为是趴着的老虎，看见远处的树林就以为是一群人在那
里，这是因为夜色蒙蔽了他的视力。喝醉的人要过百步宽的水道，以
为只是半步宽的小沟；一个人低着头走出城门，以为只是小小的房
门。这是因为酒扰乱了他们的心神。"厌目而视者，视一以为两；掩
耳而听者，听漠漠而以为哅哅，势乱其官也。"按着眼睛看东西，一

件会看成两件；捂住耳朵听声音，默默无声会听成嗡嗡作响，这是因为外力搅乱了官能。从山上远望山下的牛，牛就像是羊一般大小，找羊的牧童不会下山去牵羊，这是因为路远掩蔽了牛的高大。从山下远望山上的树木，七丈高的大树就像一根筷子，找筷子的人不会上山去折树，这是因为山高掩蔽了树木的长度。"水动而影摇，人不以定美恶，水势玄也。"对着水面照人，水晃动的时候，影子也在摇，此刻人们不会判定这个人好看不好看，这是因为水势使人眼花了。"瞽者仰视而不见星，人不以定有无，目精惑也。"盲人抬头仰望星空而看不见星星，人们不会根据盲人的话去判定天上有没有星星，这是因为盲人看不见东西。如果有人在这时候断定事物，那就是世界上的蠢人。这些例子说明："彼愚者之定物，以疑决疑，决必不当。夫苟不当，安能无过乎？"那些蠢人断定事物，是用疑惑不定的心去判断疑惑不清的事物。这样的判断一定不会恰当。如果判断不恰当，无论说话，还是做事，怎么可能不犯错误呢？以前都说眼见为实，其实眼见未必为实，你看到的也许只是一种假象。荀子的言下之意是告诉我们：在做任何决断时，必须静心观察静心思考。

夏首之南有人焉，曰涓蜀梁。其为人也，愚而善畏。明月而宵行，俯见其影，以为伏鬼也；仰视其发，以为立魅也。背而走，比至其家，失气而死，岂不哀哉？凡人之有鬼也，必以其感忽（恍惚）之间、疑玄之时正之。此人之所以无有而有无之时也，而已以正事。故伤于湿而击鼓，鼓痹则必有敝鼓丧豚之费矣，而未有俞疾之福也。故虽不在夏首之南，则无以异矣。

夏首的南边有一个人，名叫涓蜀梁，生性愚蠢而胆小。在一个月光明亮的夜晚行走，低头看见自己的身影，以为是趴在地上的鬼，抬头看见自己的头发，又以为是站着的妖怪，于是转身就跑。刚跑到家中就断气死了。这难道不可悲吗？大凡人以为有鬼，一定是在他精神恍惚，疑惑昏眩的时候才认定有鬼的。"此人之所以无有而有无之时也，而己以正事。"这说的就是人们在若有若无的时候去判定某件事情，结果就会像涓蜀梁那样害了自己。"故伤于湿而击鼓，鼓庳则必有敝鼓丧豚之费矣，而未有俞疾之福也。""鼓庳"是古代一种击鼓驱赶麻风鬼的仪式。有人患的是风湿病，却敲鼓驱赶麻风鬼，驱麻风的仪式肯定会有破费。鼓敲破了，猪被杀了，但病不会治愈，白辛苦一场。"故虽不在夏首之南，则无以异矣。"所以说，即使不住在夏首的南边，但与涓蜀梁也没有什么区别。荀子用这两个例子论证"以疑决疑，决必不当。夫苟不当，安能无过乎"？采取决断前务必静心下来，把事实搞清楚，不要贸然采取行动。不然就会像涓蜀梁和"伤于湿而击鼓"的人一样犯错。

56. 思想要务实

　　凡以知，人之性也；可以知，物之理也。以可以知人之性，求可以知物之理，而无所疑（凝）止之，则没世穷年不能遍也。其所以贯理焉，虽亿万已不足浃万物之变，与愚者若一。学，老身长子而与愚者若一，犹不知错，夫是之谓妄人。故学也者，固学止之也。恶乎止之？曰：止诸至足。曷谓至足？曰：圣（王）也。圣也者，尽伦者也；王也者，尽制者也。两尽者，足以为天下极矣。故学者以圣王为师，案以圣王之制为法，法其法以求其统类，以务象效其人。向是而务，士也；类是而几，君子也；知之，圣人也。

　　有认识事物的能力，是人的特性；可以被认识，是事物的道理。所谓"知"就是"人之性"和"物之理"的结合。是凭借可以认识事物的人性，去探求可以被认识的物理。用今天的话说，认识就是人的主观能力与客观世界的结合。但人的生命是有限的，所以对一个特定的人来说，认识是有极限的。"无所凝止之，则没世穷年不能遍也。"如果不停止在一个设定的范围内，那么终其一生也是无法遍及世界上可认识的事物。"其所以贯理焉，虽亿万已不足以浃万物之变，与愚者若一。"因此，一个人即使掌握了成千上万条的"物之理"，也不足以涵盖事物的千变万化。如果以此为学习的目标，想要天上地下无所不知的话，那就和蠢人没有什么不同了。"学，老身长子而与愚者若一，犹不知错，夫是之谓妄人。"像这样去学习，一直到自己老了，子女长大了，仍和蠢人一样，还不知错，不肯放弃这种无益的做法，就叫做无知妄人。这是说人们必须对自己的认识能力有所限制，去认识最重要的东西。如果用经验论的认知方法，则认识永无止境，对世界的认识永远不能周遍。依靠经验虽然也可以学到许多道理，但终不足以应付一切事物的变化。从经验中学知识的人"与愚者若一"，如果不知错改正，就是"妄人"，神经病。在这里，荀子对经验论的批评近乎极端了，骂人的话也脱口而出啦。

那么应该怎样学习呢？"故学也者，固学止之也。恶乎止之？曰：止诸至足。"学习，就要有个学习的范围。一个人精力有限，不可能又想学水利，又想学天体物理，又想学细胞学，又想学人类学。这样的天才也许有，但对大多数凡人来说，结果什么都学不成。这辈子真想学点东西，就应该给自己划定一个学习范围，也就是说：学习也要有所为有所不为，不能胡子眉毛一把抓。哪怕对某些问题有兴趣，但精力不够，又不在你设定的学习范围内也只好放弃，或者暂时搁置。

至于这个学习范围应该设定在哪里呢？荀子说，应该设定在最高境界。"曷谓至足？曰：圣王也。圣也者，尽伦者也；王也者，尽制者也。两尽者，足以为天下极矣。"什么叫做最高境界？就是通晓圣王之道，圣就是完全精通万物基本原理的人，王就是彻底精通礼法制度的人。如果两者都精通，那么就足以成为天下最高的师表了。"故学者以圣王为师，案以圣王之制为法，法其法以求其统类，以务象效其人。"所以学者把圣王当老师，乃是以圣王之制作为法度，学习他们留下的法度，从中探寻圣王之道的精神和制度，努力成为他们那样的圣人。这里的"统"即圣王之道的"体"，"类"即圣王之道的"用"。"统"可以理解为基本原理，"类"是事理，指的是礼法制度。礼法制度是儒家道体的用。"向是而务，士也；类是而几，君子也；知之，圣人也。"向往圣王之道而努力追求的，就是士；效法圣王之道而不断接近的，就是君子；通晓圣王之道的，就是圣人了。

　　故有知非以虑是，则谓之惧；有勇非以持是，则谓之贼；察孰非以分是，则谓之篡；多能非以修荡是，则谓之知；辩利非以言是，则谓之谍。传曰："天下有二：非察是，是察非。"谓合王制与不合王制也。天下有不以是为隆正也，然而犹有能分是非、治曲直者邪？若夫非分是非、非治曲直、非辨治乱、非治人道，虽能之，无益于人；不能，无损于人。案直将治怪说，玩奇辞，以相挠滑也；案强钳而利口，厚颜而忍诟，无正而恣睢，妄辨而几利，不好辞让，不敬礼节，而好相推挤，此乱世奸人之说也。则天下之治说者，方多然矣。传曰："析辞而为察，言物而为辩，君子贱之。博闻强志，不合王制，君子贱之。"此之谓也。

所以说，有智慧却不用来思考圣王之道，叫做畏怯。为什么？是因为觉得圣王之道太高远，我够不上就不想去学了。这不是畏怯吗？有勇力却不用来维护圣王之道，叫做贼害，是破坏圣王之道者的帮凶。有观察力却不用来分辨是否符合圣王之道，叫做篡乱。明明能分辨而不公开分辨，甚至故意指鹿为马，这不是奸乱小人吗？明明有才能却不用来赞美弘扬圣王之道，叫做滑头。能说会道却不用来解说圣王之道，就叫做废话多多。"传曰：'天下有二：非察是，是察非。'谓合王制与不合王制也。天下有不以是为隆正也，然而犹有能分是非、治曲直者邪？"古人说："看天下事物有两种角度：一是从错中看出对的，一是从对中看出错的来。"对错的标准只有一个，合不合圣王立下的礼法制度。难道天下还有不以王制为最高标准，仍能分辨是非曲直的吗？"若夫非分是非、非治曲直、非辨治乱，非治人道，虽能之，无益于人；不能，无损于人"。假如不分是非，不理曲直，不辨治乱，不用圣王之道来规范人们道德的话，那么即便有才能，对人民也没有什么好处；没才能，对人民也没有什么损害。换句话说，就是有没有才能无关紧要。"案直将治怪说，玩奇辞，以相挠滑也；案强钳而利口，厚颜而忍诟，无正而恣睢，妄辨而几利，不好辞让，不敬礼节，而好相推挤，此乱世奸人之说也。则天下之治说者，方多然矣。"假如说话不在正道上，那么就不过是钻研奇谈怪论，玩弄怪僻词句，用来互相扰乱罢了；就不过是强词夺理而占尽嘴巴便宜，厚着脸皮而不顾廉耻，不守正道而恣肆放荡，胡言乱语而谋求私利，不懂谦让，不重礼节，而喜欢互相排挤。这都是乱世中奸诈之人的说辞啊。可是当今天下做学问的大多数却正是这样的人。荀子骂的是战国百家的"乱家之人"，但这些话拿到今天来对照一下学界中一些胡言乱语之人，似乎是新鲜出炉的评论。古人说："析辞而为察，言物而为辩，君子贱之。博闻强志，不合王制，君子贱之。"玩弄言辞而自以为明察，空谈概念而自以为善辩，君子鄙视这种人。见识广博而记忆力强，但如果不符合王制，君子鄙视这种人。这种人在今日中外学界都不少见吧！你跟他讲哈耶克，他跟你讲福柯；你跟他讲福柯，他跟你讲德里达，你跟他讲德里达，他跟你讲德勒斯。不断把你推向理论高峰，却离实际越来越远。所以思想要务实，实事求是。

57. 物来则应，过去不留

刚才讲"实"，接下去就要讲"虚"了。当然，这个"虚"不是务虚，而是虚心的"虚"。然而，要提高虚心的思想修养，又必须务实，少思少记没有实际意义的东西。这就是本段的要点。

> 为之无益于成也，求之无益于得也，忧戚之无益于几也，
> 则广焉能弃之矣，不以自妨也，不少顷干之胸中。不慕往，
> 不闵来，无邑怜之心。当时则动，物至而应，事起而辨，治
> 乱可否，昭然明矣！

如果一件事做了而无益于成功，也就是平时讲的白费力气的事，追求了而无益于收获，明知道是办不到的事，你又何必去追求？当然这是指虚无缥缈的事，不是指虽然遥远、但只要努力仍有可能实现的理想。担忧也无益于实现愿望，整天在那里忧心忡忡，但不付诸实际行动，那么愿望永远也实现不了，这种担忧岂不是多此一举。我认识

一位友人很有文学才华。他经常有很多构思，我鼓励他写出来，但他始终写不出来。为什么呢？因为他顾虑太多，一会儿担忧主题不合形势需要，一会儿担忧会不会和别人的作品重复，还要担忧熟人会不会代入作品中的人物而被得罪，结果他一部像样的作品都没有。这就叫做"忧戚之无益于几也"。对于前三种不必做不必想的事情，荀子劝我们："广焉能弃之矣，不以自妨也，不少顷干之胸中。"统统可以丢得远远的，不让这些事妨碍自己，不使它们有片刻时间干扰你的思想。这样你的心才能放空，才能做到"虚心"，腾出空间来去接纳有用的信息和知识。香港"九七金融风暴"时，我做股票输了几百万。有一天，南老师问我有没有输钱。我说当然输啦。他说：别人输了都愁眉苦脸，你怎么像没事发生一样？我回答："既然已经输了，愁眉苦脸也回不来，还是不去想更好。"他老人家颔首赞许。我的这种认识是从读《荀子》读来的啊！所以多读书、读好书是不错的。

"不慕往，不闵来，无恓怜之心。"怎么做到虚心呢？还要不羡慕、不留恋过去，不担忧未来，没有忧愁怜惜的心情。过去的事情已经过去了，整天活在对往日的回忆之中是一点价值都没有的。只有没出息、没本事的人，才会动辄就吹嘘我以前如何如何，我家当年如何荣耀，这有意思吗？不慕往，也不要"闵来"。有些人整天担忧未来世界会如何如何，感叹人心不古、世风日下、国将不国，怎么办啊？这对你本人毫无意义，对社会也根本无益。记得南老师有一次和我聊天说："我小时候就听父亲一辈的人在讲：世风日下，国将不国。可是现在我活到八十多岁了，国还是国，世人还是在重复这些同样的话。"不管你担忧也好，乐观也好，历史照样是在向前发展的。所以要把"悒怜之心"、负面情绪放空，才会有活跃的思想，积极的人生。

最后这句重要了！"当时则动，物至而应，事起而辨，治乱可否，昭然明矣！"时机到了就行动，外物来了就应对，事情发生了就解决。物来则应，过去不留，那就是虚心的最高原则。这样，一个人的思想才会清清明明，因为没有太多的旧货储存在心里，于是观察思考问题就能够比较清晰。是治，还是乱，是对，还是错，也就明明白白的了。"当时则动，物至而应，事起而辨"，这一思想方法最早的来源是管子。《心术上》说："君子之处也若无知，言至虚也。其应物也若偶之，言时适也。若影之象形，响之应声也。故物至则应，过则舍矣。舍矣者，言复返于虚也。"虚心不仅是一种态度，而且是一种心理状态。处理每件事情之前，要当做自己什么都不知道一样，这样才是虚心。这样才算是"至虚"，也就是把心里的东西放空，虚到极点。如同杯子一样，装满水的杯子是再也装不下别的东西了，必须先把水倒掉，才能装进新知识、新思想。"其应物也若偶之，言时适也。"应对事物的时候一定要契合它的时机，同样一件事，发生在不同时间可能就大不一样。同样的生意，今年好做，明年可能就不好做了，三年以后可能要亏本了，所以应物很重要的一点是"若偶之"，要尽量契合事物变化的时机。契合到什么程度呢？"若影之象形，响之应声也"，像影子跟形体，声音跟回声的关系一样。事情发生了，是形，是声，如何应对，则像影子和回响一样，这样一来就契合了。"故物至则应，过则舍矣。舍矣者，言复所于虚也。"事情来了，就去回应它、应对它；问题解决了，就放弃它，不必再念念不忘。什么是"舍"？就是回到"虚"的状态。

用在生活中，就是说事情解决了，准备的几套解决方案都可以扔掉，不要让它继续留在心里，回到"若无知"的状态。用禅宗的话："即此用，离此用，"其实这些是一样的道理。我一直要求把智慧、知识、学问、经验区分开来。智慧，从某种意义上来说可以看成是一种能量，随着经验积累不断增加的能量，碰到问题了就用智慧，这时智慧得到了发挥，就是"即此用"。问题解决了，那就要"离此用"，不要一直停留在用的层面上。我们平时要做的是怎么增加智慧能量，智慧多了，事情来了自然知道如何用最佳的方法去应对，而不仅仅是积累解决方案。其实，庄子也说过类似的话："至人之用心若镜，不将不迎，应而不藏，故能胜物而不伤。"至人的用心犹如镜子，任物的来去而不加迎送，如实反映而无所隐藏，所以能够胜物而不被物所损伤。道家的"至人"就是儒家的圣人，他们的心像一面镜子，镜子能映照外物，但照过算数，连个影子都不会留下，这就是虚心的妙用。

周而成，泄而败，明君无之有也。宣而成，隐而败，暗君无之有也。故人君者，周则谗言至矣，直言反矣，小人迩而君子远矣。《诗》云："墨以为明，狐狸而苍。"此言上幽而下险也。君人者宣，则直言至矣，而谗言反矣，君子迩而小人远矣。《诗》云："明明在下，赫赫在上。"此言上明而下化也。

世俗之人都说：谋事周密而成功，泄露而失败。对明君来说，没有这回事，袒露真情而成功，隐瞒真相而失败。对昏君来说，也没有这回事，保密不保密，就像南老师曾经对我说的："天下大事根本没有秘密可言，所谓秘密，都是暂时的。往往是因为政治军事商业等方面的需要，一开始免得太多人参与而搞乱了，因此不得不暂时只让少数人知道。不是见不得人的事，不必要也不可能永远保密。"如果君主过于讲求隐蔽周密，那么谗言就来了，而真话就缩回去了。小人就走近了，而君子就远离了。因为君子光明磊落，小人才喜欢躲在阴暗角落里。就像《诗经》上说的："黑暗当光明，狐狸是蓝色。"意思是君主心理幽暗，身边的近臣就会险恶，颠倒是非，混淆黑白。君主如果开诚布公，那么真话就来了，而谗言就缩回去了，君子就走近了，而小人就远离了。《诗经》上说："皎洁明亮于下，光辉灿烂在上。"这是说君主光明正大而臣民就会被感化。

这段文字曾经被怀疑是误窜的，乍一看上去好像与解蔽无关，而是讲君主政治。其实不然，是和荀子解"一曲之蔽"的主题密切相关的，目的是在解谗言之"蔽"。荀子论"君人者宣而成"，教君主拒谗言而进君子，正是针对"德道之人，乱国之君非之上，乱家之人非之下"以及"与不道人论道人"的问题。作为一个君主、一个领袖必须光明磊落，才不会受蒙蔽。所以思想修养，不只是方法问题，更是做人的格局和胸怀问题。

第七讲

荀子的社会观

有人把荀子称为"中国第一位社会学家"。郭沫若在《十批判书》中说："在先秦诸子中，能够明显地抱有社会观念的，要数荀子。这是他的学说中的一个特色。"荀子将人类的社会组织和政治组织称为"群"。"群"就是我们现在所称的"社会"，所以严复曾将欧洲的社会学译为"群学"，将人和社会的关系称为群己关系。我在第二讲就指出，性恶论是荀子学说的起点。不仅关于人生修养的学说是这样，他的社会政治学说也是如此。因为人之性恶，"生而有好利焉，顺是，故争夺生而辞让亡焉。"因此，只有明确了"分"，才能维持"群"。不然"争则乱，乱则离"，社会群体就不可能维持。这种"分"是什么呢？就是人类社会的组织结构和组织原则。"分"的作用，乃是将群体纳入一套组织系统之中，规范每一个体的权利与义务，促使个体与群体之间能够产生紧密互动，达到群体合作互助的目的，而"礼"则是"分"最具体之展现。

荀子的社会学说主要见于《王制》和《富国》等篇文章的部分段落。为了更好地帮助理解，我以这两篇文章为主，插入其他文章的段落来解读。

58. 人和自然的分别

　　水火有气而无生，草木有生而无知，禽兽有知而无义。人有气、有生、有知，亦且有义，故最为天下贵也。力不若牛，走不若马，而牛马为用，何也？曰：人能群，彼不能群也。人何以能群？曰：分。分何以能行？曰：义。故义以分则和，和则一，一则多力，多力则强，强则胜物。故宫室可得而居也。故序四时，裁万物，兼利天下。无它故焉，得之分义也。

　　我们先看《王制》。这一段开始就说：水、火有气却没有生命。中国古代很讲究气，但"气"这个概念很混沌的，水和火的烟雾叫气，人的呼吸也叫气，人的精神又叫气。草木有生命却没有感知，禽兽有感知却没有理性。"义"的本意是合宜的"宜"，也就是合理、理性。人有生命、有气、有感知，而且有理性。人知道怎么适宜，怎么不适宜，所以人是天下最贵重的。人虽然是从自然界进化而来的，但用莎士比亚的话讲是"万物之灵长"。用荀子的话讲是"最为天下贵也"。以佛教的观点，人在六道中的地位也是很高的。地狱、饿鬼、畜生和阿修罗都不可能成佛，只有人有可能成佛。为什么人最为天下贵呢？因为尽管人的力气不如牛大，奔跑不如马快，但牛马却被人役使。为什么呢？因为人"能群"，即人能结合在一起组成社会，而牛马都不能结成社会。现在有人质疑这个观点：动物也有群，是不是构成了社会？还是我们用拟人化的手法，把兽群说成是动物社会？这在学术界是有争议的，所以现在用社会学取代"群学"这个词汇。其实，解决这个争议主要在于社会化的标准是什么？以前说使用工具是社会化的第一步，人会使用工具，动物不会用工具，但现在又发现灵长目动物也有能使用简单工具觅食的。无论如何，我相信兽群和人类社会还是有区别的。荀子认为，人作为自然界的一部分而又能支配自然界、役使万物，关键就在于人有着与自然界其他生物不同的特点。"人之所以为人者"，"人之异于禽兽者"，就是人"能群"而动物不能"群"。荀子的这一思想，同亚里士多德把人视为一种"社会动物"的观点非常接近。马克思也说："人是最名副其实的社会动物，不仅是一种合群的动物，而且是只有在社会中才能独立的动物。"荀子在两千多年前就意识到了人是社会的动物，这是很具卓识的。

那么，人类的社会组织是如何构建起来的呢？"人何以能群？"是由于"分"，分是群的基础。这个"分"字是荀子社会观的一个关键词。"分"的多层涵义后面会展开论述。分为什么能实行？因为人有义，有理性。知道"分"是合理的，可以接受的。理性是以分来体现和落实的，动物没有理性，谁强谁有力就由谁作主。一个狮群里只能有一头公狮，于是公狮之间就互相争斗，打到最后，最强壮的公狮子留了下来，打输的就被赶走。弱肉强食，优胜劣汰，这就是丛林规则。如今的世界似乎又回到了"丛林规则"，国与国之间，人与人之间，不再讲理而是讲"力"，暴力。这就是文明的倒退，而理性则是文明进步的标志。

"故义以分则和，和则一，一则多力，多力则强，强则胜物。"人的群体和睦相处就能同心合力，拧成一股绳，同心合力的力量就大，力量大就强盛，强盛就能战胜外物。这个"外物"指自然界的其他生物，也指气候、水火等自然现象。例如治水，自然界的动物中只有人类能变水害为水利，但不是依靠个人，而必须依靠社会力量。当人群强盛到能够战胜外物、征服外物的时候，"故宫室可得而居也。"人类才能从树上下来，从山洞里搬出来，有房屋可以安居。造房子也是文明的一个标志。然后，人类更进一步能够"序四时，裁万物，兼利天下"，能够按照四季的次序节制万物，春播夏耘，秋收冬藏，利用自然为人类服务，使天下都得到利益。这一切进步的取得，没有其他原因，都得益于"分"和"义"。

> 　　故人生不能无群，群而无分则争，争则乱，乱则离，离
> 则弱，弱则不能胜物。故宫室不可得而居也。不可少顷舍礼
> 义之谓也。
> 　　能以事亲谓之孝，能以事兄谓之弟，能以事上谓之顺，

能以使下谓之君。君者，善群也。群道当，则万物皆得其宜，六畜皆得其长，群生皆得其命。故养长时，则六畜育；杀生时，则草木殖；政令时，则百姓一，贤良服。

人类的生活不能没有群体，因为有"分"，人才能"群"，结合成社会群体。倒过来说：结成群体而没有"分"就会发生争夺。一发生争夺就会动乱。一产生动乱就会分崩离析，分崩离析了就会削弱力量，力量弱就不能胜过外物，所以也就不能安居乐业。国家是一个群体，公司是一个群体，家庭也是一个群体。公司的利益分配没有制度性安排，或者安排得很不合理，股东之间就会争权夺利。哪怕是家族企业，父亲跟儿子会争夺领导权，哥哥跟弟弟会争夺领导权，公司运作就会乱套。股东和管理层各打各的算盘，公司因内耗失去竞争力，最后大家都可能落得流离失所的地步。"不可少顷舍礼义之谓也。"前面这些说的都是人不能片刻舍弃礼义的道理。能按礼义来对待父母的，就叫做孝。能按礼义来对待兄长的，就叫做悌。能按礼义来对待君主的，就叫做顺。能按礼义来统治臣民的，就叫做君。"统治"本身不是一个贬义词，"统"是把大家统合起来、组织起来，"治"就是管理，协调各种利益关系。所谓君，就是善于把人组织成群体的意思，群道就是君道，即合群之道。看上古史就会知道社会群体规模越来越大，是因为人口越来越多，生产发展的需要。华夏族的国家是从夏朝开始的，国家是由部落联盟演化而来的。最初是一个个分散的小部落，因为农业发展需要修建大型水利工程。治理黄河、长江，只靠一个小部落无法承担，于是几个部落联合起来一起去完成，就形成了部落联盟。这就需要有一个首领来协调指挥，这就是部落联盟首领。

炎帝、黄帝、蚩尤等传说人物都是部落联盟首领。所谓"禅让制"就是推选制。部落联盟首领老死了，大家推选有能力把大家组织起来的人作为新的领导人，所以"君者，善群也"。在古代，无论是东方，还是西方，普遍流行的都是"君权神授"，都说皇帝、国王是上天派下来统治人类的。只有荀子是一个例外，这是很进步的思想。恩格斯写过一部名著《家庭、私有制和国家的起源》，里面论述国家起源。如果和荀子的学说对照一下是很有意思的，很多说法不谋而合。

"群道当"，领导群体的原则方法恰当，那么"万物皆得其宜，六畜皆得其长，群生皆得其命。"万物都能有合宜的安排，六畜都能正常生长，众生都能得到应有的寿命。"故养长时，则六畜育；杀生时，则草木殖；政令时，则百姓一，贤良服。"饲养适时就能六畜兴旺，砍伐适时，草木就会茂盛。我们小时候在上海，黄鱼是普通人家饭桌上的家常菜，现在变成珍稀菜肴了。什么原因？渔网的孔越来越小，黄鱼还没长大就被捕捞光了，剩下能产子繁殖的黄鱼就越来越少，这就叫"养长不时"。森林被乱砍滥伐，小树没有长大就砍下来去造纸，群山变得光秃秃，这就叫"杀生不时"。古代中国是农业社会，春播秋收都要严格按照时令节气，如果朝廷在农忙时征调百姓抛下农活去修宫殿、造陵墓，就叫做"政令不时"。误了农时会造成饥荒，引起社会动荡，所以政策法令适时，百姓才能同心合力，有德有才的人才能心服，为国家出力。

荀子从正反两个方面论述"义以分"。理性地进行"分"，对社会群体很重要，不但能够使有限的力量形成合力，去战胜外物，而且能使社会群体内部的根本矛盾得到处理。社会群体内部一定有矛盾，根源在于性恶。每个人都有欲望，每个人都想满足自己的欲望。如果没有"义以分"这样一个原则，众人就会争抢。"争则乱，乱则离，离则弱，弱则不能胜物。"可以说，古代中国社会关系的稳定全有赖于这种以"礼义"来"分"。下一段是《富国》篇的。

59. 明分才能使群

　　万物同宇而异体，无宜而有用为人，数也。人伦并处，同求而异道，同欲而异知，生也。皆有可也，知愚同；所可异也，知愚分。势同而知异，行私而无祸，纵欲而不穷，则民心奋而不可说（脱）也。如是，则知者未得治也。知者未得治，则功名未成也。功名未成，则群众未县也。群众未县，则君臣未立也。无君以制臣，无上以制下，天下害生纵欲。欲恶同物，欲多而物寡，寡则必争矣。故百技所成，所以养一人也，而能不能兼技，人不能兼官。离居不相待则穷，群而无分则争。穷者，患也；争者，祸也。救患除祸，则莫若明分使群矣。

　　这一段解释为什么"分"是"群"的基础和保障。"万物同宇而异体，无宜而有用为人，数也"。"宇"也就是世界，"世界"是随佛教传进的外来语，"世"是指时间，"界"是指空间，万物存在于同一世界，但形体各不相同，它们没有固定的用处，对人有用才叫做有用，这就是理。野草本来长在那里无所谓有用没有用，是人知道这棵野草可以做药，就变成有用的了。野生水稻本来也就是草，是人发现它可以填饱肚子，把它培育成庄稼，水稻就变成有用的了。同样道理，各种人群居在一起，同样都有追求，但获得满足的方法却不一样；同样有欲望，但满足欲望的智慧却不同，这就是人性。"皆有可也，知愚同；所可异也，知愚分。"人们都有自己认可的东西，这是聪明人和愚蠢的人相同的；但人们认可的东西有所不同，这是聪明人和蠢人的区别。聪明人可能认为发明自动汽车才是成功，蠢人则觉得每顿饭有肉吃就是成功。"势同而知异，行私而无祸，纵欲而不穷，则民心奋而不可脱也。"如果人们地位相同而智慧不同，谋取私利而不受惩罚，放纵欲望而不会陷入困境，那么人们将奋起争斗、谋求私欲而不可解脱了。荀子在这里讲了三种会引起社会矛盾冲突的情况：第一种是无论智慧和贡献有多大不同，但社会地位却相同。这就是现在西方社会的政治正确，无论是博士，还是文盲；无论是勤劳，还是懒惰；无论是缴一亿税，还是吃救济的，都是一人一票。选出来的政府一定是福利政府，政客会用纳税人的钱撒银子换选票。结果是养懒汉，社会不堪负担，国家走向衰落。第二种是贪污受贿、谋取私利而不受惩罚。那就是社会前几年的状况，贪的越来越贪，老百姓嘴上在骂，自己有机会捞也绝不放过。是非没有了，有点利益就你抢我夺。第三种是放纵欲望，一年到头吃喝玩乐，而以为好日子可以一直这样过下去，大家都醉生梦死。

这三种社会现象，只要有一种，而想社会长期保持稳定就很难了。"如是，则知者未得治也。"因为这样，即使再有智慧的人也没有办法去治理。"知者未得治也，则功名未成也。"有智慧有能力的人干不成什么事，也就无法建功立业。"功名未成，则群众未县也。"能做事的人做不了事，功不成，名不就，那么人们之间也就没有地位待遇的差别。当年无论什么职业都是拿三十六元人民币的月薪。当时有句戏谑的口号叫做"三十六元万岁！"还有一种说法"造原子弹的不如卖茶叶蛋的"。"群众未县，则君臣未立也。"人与人之间的地位没有差别，也就没有君主与臣民的关系，领导和被领导的关系。大家都一样，领导也就没权威了，用现在的话就叫无政府主义。没有君主来统治臣民，没有上级来领导下级，那么天下的祸害就会产生于各人的放纵其欲。人们都喜爱或都厌恶同样的东西，但对喜爱的东西大家都想要，而好东西本身就少，东西少就会发生争夺。如果没有法制，大家就会去争夺好的东西。这不是一个假设，而是历史上真实发生过的事。

讲完人群会因为"欲多而物寡，寡则必争矣"。既然如此，各自像鲁滨逊那样离群索居，谁也不和谁发生关系，不就可以避免争斗了吗？当然不行。那么为什么人又离不开群呢？"故百技所成，所以养一人也，而能不能兼技，人不能兼官。"因为一个人的生活需要是多样的，而一个人又不可能兼通各种技能，不可能同时兼管各种事物，所以只有分工分职，才能满足人们多样化的生活需求。这是人群跟兽群不同的地方。动物可以离开群，人离不开群，因为人已经进化到必须依赖分工才能生活的程度了。我们要注意自然分工和社会分工。动物群体也有分工的，一群蜂里的工蜂和蜂后，一群蚂蚁里的工蚁、兵蚁和蚁王也都有分工，那是自然分工。荀子讲的是社会分工。社会分工是人类社会化的标志，也是社会化的结果。另一方面，分工有助于提高人的生产技能和产品质量，有助于改进生产工具。荀子在《儒效》中说："人积耨耕而为农夫，积斲削而为工匠，积反货而为商贾，积礼义而为君子。"人们积累起锄草耕田的经验就成为农夫，积累起砍削的经验就成为工匠，积累起贩卖货物的经验就成为商人，积累起行礼义的经验就成为君子。所以人们各有各的分工，精于一术，缺一不可了。社会分工是人类历史发展到一定阶段的产物，分工越细密、越发达，反映社会化的程度越高。马克思的历史唯物主义讲有三次社会大分工。农业和畜牧业的分工是人类第一次大分工，有人专门从事农业，有人专门从事畜牧业，分成了农业部落和游牧部落，农产品和畜产品互相交换。手工业和农业分工是第二次社会大分工，手工业从农业里面分出去，有人专门从事手工业生产，交换农产品，不再是利用农闲去制造手工业品了。第三次社会大分工是商业的出现。这是人类进入文明时代的标志。

"离居不相待则穷，群居而无分则争。穷者，患也；争者，祸也。"所以人脱离群体的互助和交换就会陷入困境，但群居而没有分就会发生争斗。穷困是忧患，争斗是灾祸。怎么来解决既不因离群而困窘，又不因争斗而惹祸呢？"莫若明分使群矣"，没有比明确地进行区分来维持群体更好的办法了。"明分使群"这四个字非常重要，是荀子社会观的核心。"分"的古义有"职"的意思，荀子的"分"首先指社会的分工分职。在这个基础上发展出"分"的另外一层意思，即区分等级。按等级来确定个人在群体中的不同地位以及相应的物质分配。荀子把分工分职的关系看成是一种互相合作和谐的平等关系。他在《荣辱》篇里说："农以力尽田，贾以察尽财，百工以巧尽械器，士大夫以上至于公侯莫不以仁厚知能尽官职，夫是之谓至平。"农民把自己的力量全部用在种地上，商人把自己的精明全都用在理财上，各种工匠把自己的技巧全都用在制造器械上，从士大夫到公侯无不将自己的仁慈、宽厚、聪明、才能用在履行公职上，这叫做大治。只有社会成员之间各自发挥其专长，互相依赖，才能维持正常的社会生活。

荀子提出了"明分使群"的原则，但还没说明为什么只有"明分"才能"使群"。下一段他从反面论述：如果没有"明分"会产生什么后果。

  强胁弱也，知惧愚也；民下违上，少陵长，不以德为政。如是，则老弱有失养之忧，而壮者有分争之祸矣。事业所恶也，功利所好也，职业无分。如是，则人有树事之患，而有争功之祸矣。男女之合、夫妇之分、婚姻、娉内、送逆无礼。如是，则人有失合之忧，而有争色之祸矣。故知者为之分也。

那些力强的人胁迫欺负弱小的。聪明人畏惧愚蠢的人。这怎么说呢？其实还是有一定道理的，俗话说："秀才碰到兵有理说不清。"聪明人看到那些愚蠢的人往往会躲着走的，因为有理也说不清。下层民众违抗君主和官府，年轻的欺凌年长的。如果政事不以礼义德行来治理的话，那么年老体弱的人就会有无人赡养的忧虑。日本有一部电影叫《楢山节考》，讲某一个小岛上有一种世世代代流传下来的风俗。母亲老了，儿子就把他背到楢山上让她自然死亡。因为老人只消费，不能生产了，子孙不愿承担赡养责任，就用这种非常残忍的办法来解决。身强力壮的人就会有纠纷相争的祸患。人们对做事干活都很厌恶，对名利都很喜欢，如果没有分工分职的话，那么就会有大家都拒绝做事的忧虑，有互相争夺功劳的麻烦。荀子是将分工提高到安定社会秩序，消除人们之间在物质利益方面争夺的高度来认识的。

此外，"分"的涵义还不止于分工分职。在社会伦理范畴内，还有"男女之合，夫妇之分"。荀子把婚姻看成是最基本的伦理关系，是有道理的，因为人类的繁衍离不开物质资料的再生产和人口的再生产。这就是马克思主义的两种再生产理论。人口的再生产就和婚姻制度有关。所以"分"在婚姻关系上的体现就是一系列婚礼制度，包括聘、纳、送、逆四个环节。聘礼也叫"问名"，媒婆上门互问八字。以前男女双方的八字合不合，对联姻是否成功起决定作用。纳礼也叫"纳币"，男方向女方送彩礼定亲。"送"是女方送亲；"逆"是男家迎亲，都有一整套礼仪。荀子说：如果没有婚姻礼仪制度的话，"则人有失合之忧，而有争色之祸矣。"人们就有失去婚配的忧虑，而有争夺女色的祸患了。在野蛮时代就普遍流行抢亲的风俗，谁的势力大，兄弟亲戚多，谁就可以抢到女人，弱小的就永远娶不到老婆。有了这套文明的婚嫁礼仪就避免了这种野蛮风俗。"故知者为之分也。"

60. 为何明分才能使群？

前面这段是反证明分才能使群。在《正名》篇里，荀子从人性说起，来论述明分才能使群的理由。他认为，人的欲望是与生俱来的，并无善恶之分，因而，对人的欲望必须给予适度的满足。

性者，天之就也；情者，性之质也；欲者，情之应也。以所欲为可得而求之，情之所必不免也；以为可而道之，知所必出也。故虽为守门，欲不可去，性之具也。虽为天子，欲不可尽。欲虽不可尽，可以近尽也。欲虽不可去，求可节也。所欲虽不可尽，求者犹近尽。欲虽不可去，所求不得，虑者欲节求也。道者，进则近尽，退则节求，天下莫之若也。

人性是先天造就的。情感是人性本质的具体表现，情以物为满足对象，满足了就高兴了，不满足就焦虑。这种以物为满足对象的要求叫做欲，欲是情感对外物的反应。以为自己想要的就可以去求得，这是情感所必不可免的。以为自己的欲望都可以满足而想方设法去追求，智虑必由此产生。人类从蒙昧时代走向文明时代的过程中，智力不断提高，就是因为想方设法去满足各种欲望，于是有各种发明创造。"故虽为守门，欲不可去，性之具也。"即使是个看门人，他的欲望也不可能去掉。他不会因为贫穷，社会地位低，就没有任何欲望了，这是人的本性所具有的。"虽为天子，欲不可尽。"即使是天子，几乎是随心所欲，要什么有什么，欲望也不可能完全满足。秦始皇还想长生不老呢。我们大多数人也是这样的，有了自行车，又想要汽车；有了汽车，又想要游艇；有了游艇，还想要私人飞机；有了飞机，还想上太空旅游呢。"欲虽不可尽，可以近尽也。欲虽不可去，求可节也。"欲望虽然不可能完全满足，但可以接近于满足。欲望虽然不可能去掉，但对欲望的追求是可以节制的。"所欲虽不可尽，求者犹近尽。"欲望虽然不可能完全满足，但只要去追求就还是能够接近于满足的。尽管一个人会不断有新的欲望，永不满足，但当他想要汽车，并努力赚钱存钱去买车时，比起只有自行车来，也算是接近于满足了。"欲虽不可去，所求不得，虑者欲节求也。"欲望虽然不可能去掉，所追求的欲望又不能达到，想买汽车买不了，那么这个人可以节制自己的欲望，没有能力就不买汽车了，骑自行车照样可以上班。把自己的欲望降低一点，不也是接近于满足欲望了吗？对于欲望的原则，进一步可以接近满足欲望，退一步则可以节制自己的追求，天下没有比这样做更好的了。荀子认为，欲望也和国家治乱无关。

凡语治而待去欲者，无以道欲而困于有欲者也。凡语治而待寡欲者，无以节欲而困于多欲者也。有欲无欲，异类也，生死也，非治乱也。欲之多寡，异类也，情之数也，非治乱也。欲不待可得，而求者从所可。欲不待可得，所受乎天也；求者从所可，受乎心也。所受乎天之一欲，制于所受乎心之多，固难类所受乎天也。人之所欲生甚矣；人之所恶死甚矣。然而人有从生成死者，非不欲生而欲死也，不可以生而可以死也。故欲过之而动不及，心止之也。心之所可中理，则欲虽多，奚伤于治？欲不及而动过之，心使之也。心之所可失理，则欲虽寡，奚止于乱？故治乱在于心之所可，亡于情之所欲。不求之其所在而求之其所亡，虽曰"我得之"，失之矣。

谈论治理国家的道理，想靠去除人们欲望的话，不但无法引导欲望，反而会被欲望所困。谈论治理国家的道理，想靠减少人们欲望的话，不但无法节制欲望，反而会被更多欲求所困。70年代末以前，提出越穷越是社会主义，把人的欲望压制到只要能生存就行了，以为这样就会消除人们的欲望了。等到改革开放之后，欲望一旦爆发出来，比以前任何一个时代都厉害，赚不够的钱，恨不得把什么都买下来。某种程度上这证明了荀子两千多年前说的真不错。有欲望与没有欲望是不同的，是生与死的区别，但无关治或乱的问题。只要活着就永远会有欲望；除非死了才没有欲望。欲望多与欲望少是不同的，是性情多与少的区别，也无关治或乱的问题。王健林觉得赚一亿还是小目标，我觉得赚十万已经是大目标了，那是我俩的性情不同。他爱无止境地赚钱，我比较容易知足，所以欲望才不一样。

"欲不待可得，而求者从所可。"人的欲望并不是因为得到了想要的东西后才产生，只要自以为能得到就会去求取。你想要一辆汽车，不是买汽车的钱到了手上才有这种欲望，只要以为自己有可能买汽车，就会去想办法赚钱买汽车，这跟你手上有没有钱没关系。"欲不待可得，所受乎天也；求者从所可，受乎心也。"欲望不必等物到手才会产生，而是出于人的天性，自以为欲望能实现就会去求取，这是因为受到思想的支配。你认为钱没那么重要，就不会一门心思去追求钱；你认为做学问没什么意思，就不会去追求学问。一定是你认为有价值才会去追求。当然，你自己也衡量过这个目标有没有可能实现，如果根本无法实现也不会去追求。如果连大字都不识几个，应该也不会去追求成为一个学者。所以说，你追求什么是受思想支配的。"所受乎天之一欲，制于所受乎心之多，固难类所受乎天也。"天生的欲望比较单纯，饿了想吃，冷了想穿，只是一种生存的欲望。但由思想引起的欲望就多了，不仅想吃，而且要吃得好，吃得有营养。不仅想穿，而且要穿得好，穿得漂亮，穿得有品位。单纯的生存欲望会受到思想多方追求的制约，没有一个人会只满足于生存欲望。两者当然是不一样，不能类比的。比方说，"人之所欲生甚矣；人之所恶死甚矣。然而人有从生成死者，非不欲生而欲死也，不可以生而可以死也。"

人的生存欲望是很强烈的，人憎恶死亡的心情也是很强烈的，这是"所受乎天之一欲"。然而，现实中有愿意放弃生而求死的人，如革命烈士，如自杀者等。这并不是他们不愿生而愿意死，而是认为生不如死。生不如死的原因很多，有的是重气节而不愿苟且偷生，有的是生活的压力太大，有的是不堪忍受屈辱，这都是"所受乎心也"。

既然思想可以左右欲望，那么"欲过之而动不及，心止之也"。尽管一个人会有很多欲望，但不会都采取行动去追求全部欲望的实现，因为思想会制止他的行动。银行员工每天经手数以百万计的钱。谁不想要把这些钱搬回家去啊？但是几乎没有人会这样做。因为"心止之也"，思想会阻止你的行动，告诉自己这是犯罪。所以说，"心之所可中理，则欲虽多，奚伤于治？"只要法合理，那么欲望再多，对治理国家又有什么伤害呢？另一种情况，"欲不及而动过之，心使之也。"欲望不多，但行动超过了欲望，也是受思想的指使。一个人本来欲望不多，有一套房子住就可以了，但实际上他买了一套又一套。什么原因？或者是攀比心理，人家买了好几套，自己也不能少过他们；或者是受舆论影响跟风去买房。这也都是"心使之也"。"心之所可失理，则欲虽寡，奚止于乱？"如果思想认可的欲望违背了理，那么即使欲望再少，又怎么止得住乱呢？"故治乱在于心之所可，亡于情之所欲。"所以是治，还是乱，取决于思想上认可的东西是否合理，而不在于人的欲望。"不求之其所在而求之其所亡，虽曰我得之，失之矣。"可见探求国家治乱的根源，如果不从思想上去找，而从人们欲望的有无或多少上去做文章，那就是本末倒置了。即使自以为找到了治乱的关键，其实还是把真正的关键丢掉了。荀子的分析实在精微、精致、精彩。

尽管欲望和治乱无关，但是对人的欲望必须要给予适度的满足。人的欲望是无止境的，而物质条件则是相对稀缺的，这就形成了物和欲之间的供需矛盾，即人类的物质生活需要与社会物质财富生产的矛盾。如何解决这一矛盾？这就引出了"明分"的必要性。荀子在《荣辱》篇里是这样论述的：

> 夫贵为天子，富有天下，是人情之所同欲也。然则从人之欲，则势不能容，物不能赡也。故先王案为之制礼义以分之，使有贵贱之等，长幼之差，知愚、能不能之分，皆使人载其事而各得其宜，然后使悫禄多少厚薄之称。是夫群居和一之道也。

富贵是天下人心所共同追求的，富和贵是两个不同的概念。每个人都想贵为天子，富有天下，这是极贵和极富的标志。然而，如果都要满足人们的欲望，那么势必无法容许。天子只能有一个啊！物资也不能充分满足。怎么办呢？"故先王案为之制礼义以分之"，于是古代圣王为人们制定了礼义制度来分。下面讲的就是"分"的内容，一是在社会地位上分出"贵贱之等"，从天子一直到庶人分为不同等级。二是在社会伦理上分出"长幼之差"，区分年龄不同和辈分不同的差别。三是在社会分工上有"知愚、能不能之分"，根据聪明与愚蠢，有能力与没有能力的不同，"皆使人载其事而各得其宜"，使每个人都承担一定的职事，各得其宜，各得其所。最后是在财富分配上"使悫禄多少厚薄之称"。分工之后，就讲分配了，要使实际贡献和薪俸收入在多少厚薄上做到相称。用今天的话说，就是按劳分配，多劳多得。"是夫群居和一之道也"，这才是使人们群居而又能同心合力的办法。如果把"明分使群"和"以义分之"的道理搞清楚了，相信也就不会有绝对平均主义，不会有仇富心态了。当然，现在的仇富心态比较复杂。一些致富和"知愚、能不能"无关，和"悫禄多少厚薄"不相称，而是依靠权力和其他不法手段，这种现象是不应该有的。

61. 差别中见平等

前面讲了"明分"的必要性，也讲了要"以义分之"，要分得合理，那么怎样才算分得合理？分的原则是什么呢？我们再回到《王制》：

> 分均则不偏，势齐则不壹，众齐则不使。有天有地而上下有差，明王始立而处国有制。夫两贵之不能相事，两贱之不能相使，是天数也。势位齐，而欲恶同，物不能赡则必争；争则必乱，乱则穷矣。先王恶其乱也，故制礼义以分之，使有贫、富、贵、贱之等，足以相兼临者，是养天下之本也。《书》曰："维齐非齐。"此之谓也。

名分职位相等就办不了事，谁也不能领导谁；势位权力相等就无法达成一致，谁也不服气谁。大家地位都平等的话，就会谁也叫不动谁。一百多年前西方出现一股无政府主义思潮，不要政府，不要权威，人人平等。无政府主义者做了很多实验，建立了一些乌托邦社区，最后都维持不了。无论要办成什么事，必须要有一个拍板做决定的领导，不然七嘴八舌争半天，最后必然是什么都做不成。这几乎是常识，但荀子还怕说不理不够，搬出天地来说事："自从有了天地，就有了上下的差别。"所以说，有差别是天经地义的事。这还不够，他又诉诸历史："明王始立而处国有制。"自从开始有了英明的帝王，治理国家就有了等级制度，所以说，有等级是古已有之的。然后得出结论："夫两贵之不能相事，两贱之不能相使，是天数也。"两个地位同样尊贵的人不可能互相侍奉，两个地位同样卑微的人不可能互相使唤，这是天数。用现在话讲，叫做规律，颠扑不破的真理。如果一个公司里都是发号施令的人，即使他们都是聪明能干的人，但一定互不买账，公司管理就乱了套，因为"两贵之不能相事"。在最基层，哪怕是三个做清洁的阿姨，都得选一个小组长。不然，我看不起你，你看不起我，互相会闹起来，因为"两贱之不能相使"。这不讲是天数，至少也是人性。学荀子思想，我看最重要的是一切要从人性出发，要考虑人性，符合人性的去做就顺利，不符合人性的就做不成，即使暂时做成也长久不了。

"势位齐，而欲恶同，物不能赡，则必争；争则必乱，乱则穷矣。"人们的权势地位相等，爱好与厌恶又相同，但物资供给不可能充分满足每一个人的需求，这就一定会发生争夺。一旦发生争夺就一定会混乱。发生混乱之后，社会就会陷入困境，国破家散，民不聊生。"先王恶其乱也，故制礼义以分之，使有贫、富、贵、贱之等，足以相兼临者。"古代的圣王痛恨这种混乱的局面，所以制定了礼义制度，用以在人群中划分出贫富、贵贱的差别。这套体现等级差别的礼义制度足以使人们互相包容，共存共生。一个社会必须是贫、富、贵、贱"相兼临"才是正常的。荀子说，这是"养天下之本也"，是统治天下的根本。

最后，荀子引用《尚书》中的"维齐非齐"来说明他的平等观念。"维齐非齐"的字面意思是"要想整齐划一，就在于不整齐划一"。现实中的人和人是有差别的，就像孟子说的"物之不齐，物之情也"。因为人在智能、体能上都是有差异的，人们对社会的贡献也是有差异的。同样，人们的需求也是有差异的。如果都按照同一个标准来对待的话，那当然就是"不齐"，不公平了。所以究竟是"齐"，还是"不齐"，不能只看表面现象。一味追求"齐"，结果反而是"不齐"。要达到真正的社会平等，就必须要"非齐"，在差别中见平等。这就是分的原则。荀子的这种见地比现代许多理论家要高明多了。

荀子看到了"明分"对"使群"的必要性，肯定了社会等级制度的存在，但他所说的等级划分并不是当时实行的世卿世禄的封建等级。王公的子孙永远是王公，封地可以继承，官职也可以继承，而且世世代代可以传下去。中世纪西欧实行的也是贵族世袭制。荀子则认为这种等级的"分"并不是不可改变的。下面这段还是《王制》篇里的。

请问为政？曰：贤能不待次而举，罢不能不待须而废，元恶不待教而诛，中庸民不待政而化。分未定也，则有昭缪（穆）。虽王公士大夫之子孙也，不能属于礼义，则归之庶人。虽庶人之子孙也，积文学，正身行，能属于礼义，则归之卿相士大夫。故奸言、奸说、奸事、奸能、遁逃反侧之民，职而教之，须而待之；勉之以庆赏，惩之以刑罚；安职则畜，不安职则弃。五疾，上收而养之，材而事之，官施而衣食之，兼覆无遗。才行反时者，死无赦。夫是之谓天德，是王者之政也。

请问怎样搞政治？对于有德有才的人，应该不依次序资历而破格提拔；对于无德无能的人应该立即罢免；对于有罪的元凶首恶，无论是什么来头，都不必给予教育的机会而应该立即处决，以免姑息养奸。"中庸民不待政而化"，这里的"中庸"不是中庸之道的"中庸"，而是指中等的平庸之人，普通老百姓。对于平民百姓，不应该靠政令而要靠教化。古代的政令主要是针对官吏的，老百姓一辈子很少见官，主要靠教化，靠乡规民约、习俗和舆论来规范行为。"分未定也，则有昭穆也。"昭穆是古代宗法制度对辈次排列的规则，在宗庙里，二世、四世、六世，位于始祖牌位的左方，称"昭"；三世、五世、七世，位于右方，称"穆"。在政治名分还没有确定以前，就按宗族的辈分来分别等级。"虽王公士大夫之子孙也，不能属于礼义，则归之庶人。"即使是王公、士大夫的子孙，只要不能遵从礼义，就划入平民阶层，不再给他们名分。相反，"虽庶人之子孙也，积文学，正身行，能属于礼义，则归之卿相士大夫。"虽然祖祖辈辈都是普通老百姓，只要他本人腹有诗书，积累了渊博的知识学问，品行端正，能够遵从礼义，就提拔进卿相士大夫的行列。可见在荀子的眼中，"分"固然重要，但职位的高低，贫富、贵贱的等级差别却是可以改变的。变与不变，要看他是否能遵从礼义和是否贤良。

　　这不是荀子偶然冒出来的一句话，在其他篇章里都表达过同样的意思。如《儒效》篇里说："我欲贱而贵，愚而智，贫而富，可乎？"照世卿世禄制当然是不可以的嘛，贱就是贱，贵就是贵，贫就是贫，富就是富。但荀子说："其唯学乎。彼学者：行之，曰士也；敦慕焉，君子也；知之，圣人也。上为圣人，下为士、君子，孰禁我哉？"唯有学习可以改变命运，学习礼义，实践礼义，贱者可以变贵，贫者可以变富，上可以成为圣人，下可以成为士君子。这种"分"的改变，谁也不能禁止。荀子明确否定"爵赏逾德"、"以世举贤"的世卿世禄制度，在《君子》篇里说："先祖当贤，后子孙必显，行虽如桀、纣，列从必尊，此以世举贤也。虽欲无乱，得乎哉！"因为祖先很有本事，很有威望，所以子孙后代也一定很显贵。即使行为像夏桀、商纣王那么坏，但还是可以在很尊贵的地位上，这是按家世来推举职位。这样做，虽然想国家不乱，可能吗？由此可见，荀子的"明分"既具有肯定社会等级制的内容，也含有社会等级制可变的思想。他将"明分使群"学说建立在一个相对进步的基础上，上承孔子以德致位的理想，下开秦汉时期布衣卿相的风气。汉代历史上很多名相名将出身都是很寒微的，比如霍去病和霍光出身家奴，照样可以当军队总司令。但从曹魏开始又实行九品中正制，所谓"高品无寒门，下品无士族"，政权被几个世家大族所垄断。到了晋代就发生"八王之乱"，司马家族内部争权，你杀我，我杀你，外敌乘虚而入，中国历史经历了一段漫长的乱世。魏晋门阀制度走到了末路，隋代才开始有科举制度。"朝为田舍郎，夜登天子堂"，这在当时的世界上是最为进步的制度。

荀子的这种思想，在现代有一个社会学概念来加以描述，叫做"社会流动"。一个社会只有充分的流动，才能不断进步。如果出现社会固化，也就难以进步了。20世纪80年代到90年代初，国家为什么欣欣向荣？因为大多数人都有了发展的机会。在此之前，社会是固化的，农村户口永远是农村户口，你在新疆就永远在新疆，户口很难迁移。社会流动了，有本事的人就脱颖而出。"孰禁我哉？"那时候，没有人能挡得住奋发向上的人。我们讲平等，有两种不同的平等观：一种是地位、待遇、消费都要求平等，这就是荀子批评的那种无差别平等，实际上是做不到的。另一种是机会平等，无论是名门之后，还是农民工子弟，都有相同的机会，只要自己愿意努力，就有可能在社会阶梯上不断往上流动。如果自己不努力，就只能向下流动。这样社会才会有发展的动力，才不会出现仇富心理。

接下去，荀子说："故奸言、奸说、奸事、奸能、遁逃反侧之民，职而教之，须而待之；勉之以庆赏，惩之以刑罚；安职则畜，不安职则弃。"在不问出身，量才授职的基础上，对于那些散布邪恶的言论、鼓吹邪恶的学说、做邪恶的事情、有邪恶的才能、逃亡流窜、不守本分的人，给予出路，进行教育；给于机会，等待改过；用奖赏去激励，用刑罚去惩处；安心工作的就留用，不安心工作的就流放。"五疾，上收而养之，材而事之，官施而衣食之，兼覆无遗。"对于残疾人，政府要收留并养活他们，分配力所能及的工作，提供馆舍和衣食，全部给以照顾而无一遗漏。"才行反时者，死无赦。"对于那些用才能和行为来反对现行制度的人，坚决处死绝不赦免。"夫是之谓天德，王者之政也。"这就是天一般的德行，是成就王业的政治措施。

62. 明分落实在礼

荀子的明分是以"义以分之"为前提的。"义"就是合理，讲理，理性地进行分，而不是依仗权力或暴力来分。理是实质，礼是形式，所以明分就要通过具体的礼来落实。古代的礼就是落实分的一整套制度设计。荀子在《富国》篇里是这样论述的：

> 礼者，贵贱有等，长幼有差，贫富轻重皆有称者也。故天子袾裷、衣冕，诸侯玄裷、衣冕，大夫裨、冕，士皮弁、服。德必称位，位必称禄，禄必称用。由士以上则必以礼乐节之，众庶百姓则必以法数制之。量地而立国，计利而畜民，度人力而授事，使民必胜事，事必出利，利足以生民，皆使衣食百用出入相掩，必时臧（藏）余，谓之称数。故自天子通于庶人，事无大小多少，由是推之。故曰："朝无幸位，民无幸生。"此之谓也。

按照礼制，贵贱有一定的等级，长幼有一定的次序，贫富多少都有相应的规定。"长幼有差"是以血缘为基础的宗法等级。"贵贱有等"是超越宗法关系之上的政治等级。"贫富轻重皆有等"指的是财富分配上的"度量分界"。按照这样一个原则，在穿戴方面，天子穿大红龙袍戴礼帽，诸侯穿黑色龙袍戴礼帽，大夫穿普通衣服戴礼帽，士只能戴鹿皮帽和穿素色褶裙。尽管衣服帽子的颜色式样，不同朝代有些变化，但这种分等级穿戴的衣冠制度一直延续到清王朝覆灭。所以中国叫做"衣冠之邦"。如果不是天子而偷偷穿上龙袍，就是僭越，是要杀头的大逆不道之罪。穿一件衣服为什么那么重要，是为了维护礼制。

礼制的第二条原则是"德必称位，位必称禄，禄必称用。"品行才能与职位一定要相称，职位与薪俸收入一定要相称，薪俸收入与消费水平一定要相称。品德好、能力强的人就应该放在高位上，不然让贪官庸官占据高位，国家的治理就会出问题。在高位上的人就要有高收入，付出与收入要成正比，高位上的人才会全心全意地投入工作，不必再去赚外快。高收入才可以维持高消费，如果把普通人的消费欲望也提得很高，人们没有能力维持高消费就会产生不满，就会"拿起碗来吃肉，放下碗就骂娘"。

礼制的第三条是"由士以上则必以礼乐节之，众庶百姓则必以法数制之"。礼乐是针对士以上阶层的，用礼乐来约束他们，对平民百姓就必须用法度去统治，这就是所谓"刑不上大夫，礼不下庶人"。荀子认为，所谓士农工商的分工分职之中，仍有"君子"、"小人"的贵贱之等。士为君子，士为贵。农、工、商为小人，农、工、商为贱。为什么呢？他在《富国》篇里解释："'君子以德，小人以力。力者，德之役也。百姓之力，待之而后功；百姓之群，待之而后和；百姓之财，待之而后聚；百姓之势，待之而后安；百姓之寿，待之而后长。父子不得不亲，兄弟不得不顺，男女不得不欢。少者以长，老者以养。故曰：天地生之，圣人成之。'此之谓也。"君子要靠德行，小人要靠劳力。用力的人要受用德的人役使。百姓的劳动有待君子的德政教化才有成效，百姓的群体生活有待君子的德政教化才能和睦，百姓的财物有待君子的德政教化才能积聚，百姓的地位有待君子的德政教化才能安定，百姓的寿命有待君子的德政教化才能长久。父子之间无德就不能相爱，兄弟之间无德就不能和睦，夫妻之间无德就不能相欢。青少年依靠德政教化长大成人，老年人依靠德政教化颐养天年。所以说："天地养育了他们，圣人成就了他们。"在各种社会分工之中，荀子认为最重要的乃是社会管理者与被管理者之间的区别。这种区别并不仅仅简单地体现为一种职业的分工，更重要的是它体现了由"分"工而定"分"的关系。后一"分"字所要表达的乃是人在社会中的地位，即确立一种社会角色的区别。所以他认为，对不同等级的人，应该给予不同的政治待遇。"由士以上则必以礼乐节之，众庶百姓则必以法数制之。"

礼制的原则讲完了，那么怎样做才是"以法数制之"呢？"量地而立国，计利而畜民，度力而授事。"首先根据土地大小分封诸侯国。其次，计算国内收益的多少来安置民众，人口太多不好，太少也不好。人口太多，地不够种；人口太少，土地没人种，赋税就会减少。最后，按照每个老百姓能力的大小去分配工作，这样就可以做到"使民必胜事，事必出利，利足以生民，皆使衣食百用出入相掩，必时藏余"。老百姓一定能够胜任分配给他们的工作，他们做事一定会有收益。收益又足够养活民众，衣食以及日常消费收支平衡，还能及时储藏余粮，以备荒年，这就叫做合乎法度。在荀子看来，士大夫和平民这两大等级在社会产品的分配上应该"贫富轻重皆有称"。对于平民百姓，在分配中除了生产费用之外，他们能得到生活必需品就足够了。对士以上的社会管理者，荀子一再强调要"赏以富厚"，使他们过上"重色而成文章，重味而备珍怪"的生活。这就是说，士不但能得到生活必需品，而且还能享受好的物质消费。即使在管理者内部，产品的分配也还应该有差别。坚持全部社会产品由国家统一分配，由人们所处等级地位的高低，决定其在产品分配中的"厚薄轻重"。最后，荀子提出"故自天子通于庶人，事无大小多少，由是推之"。从天子到百姓，不管事情大小，也不管事情多少，都可以由此类推去做。落实了礼制，那么"朝无幸位，民无幸生"。朝廷上没有侥幸获得的官位，老百姓不靠投机取巧生活。在管理者等级中，荀子尤其提倡尊君，把君主的地位提升到一个至高无上的地位。荀子在《富国》的这一段里说：

> 人之生，不能无群，群而无分则争，争则乱，乱则穷矣。故无分者，人之大害也；有分者，天下之本利也；而人

君者，所以管分之枢要也。故美之者，是美天下之本也；安之者，是安天下之本也；贵之者，是贵天下之本也。古者先王分割而等异之也，故使或美、或恶，或厚、或薄，或逸乐、或劬劳，非特以为淫泰夸丽之声，将以明仁之文，通仁之顺也。故为之雕琢、刻镂、黼黻、文章，使足以辨贵贱而已，不求其观；为之钟鼓、管磬、琴瑟、竽笙，使足以辨吉凶、合欢定和而已，不求其余。为之宫室、台榭，使足以避燥湿、养德、辨轻重而已，不求其外。《诗》曰："雕琢其章，金玉其相，亹亹我王，纲纪四方。"此之谓也。

荀子尊君，但不像先秦其他思想家那样把君主神圣化，鼓吹"君权神授"。他是从社会发展的需要，从"明分使群"的角度去认识君主作用的。荀子认为：人的生存离不开社会群体，但群体没有分就会发生争斗，有争斗就会产生混乱，社会一旦混乱就会陷入困境，所以没有分是人类的大灾难。有分才符合天下人的根本利益，而君主就是掌管分的关键，落实分的时候必须有一个权威。在传统社会，分家由父亲说了算，父亲是家庭的权威。父亲不在了，各地风俗都是由舅舅来主持分家，因为兄弟之间是分不公平的，所以要一个既有关系、又在利益之外的权威来管。那么一个国家当然君主是最权威的，分得合不合理，他就是关键。所以人们赞美君主只是赞美天下的根本，维护君主只是维护天下的根本，尊重君主只是尊重天下的根本。这个根本就是"分"，君主没有荣誉，没有权威，没有至高无上的地位，大家就不会服从他，那么也就没法分。

为什么说君主是主管分的关键？这是被历史证明了的成功经验。"古者先王分割而等异之也，故使或美、或恶，或厚、或薄，或逸乐、或劬劳，非特以为淫泰夸丽之声，将以明仁之文，通仁之顺也。"古代的帝王把民众分成不同的等级，使有的人享有美屋华服，有的人只有陋室破衣；有的人待遇优厚，有的人收入微薄；有的人安逸快乐，有的人终日劳苦，这不是故意制造荒淫、骄横、奢侈、华丽的声势，而是要彰明仁道的礼制，理顺仁治的秩序。从这样一个目的出发，"故为之雕琢、刻镂、黼黻、文章，使足以辨贵贱而已，不求其观。"雕刻制作各种用具，在服饰上绣五彩斑斓的花纹，只是要能够辨别贵贱身份，并不是用来观赏。"为之钟鼓、管磬、琴瑟、竽笙，使足以辨吉凶、合欢定和而已，不求其余。"设置钟、鼓、管、磬、琴、瑟、竽、笙等不同的乐器，演奏不同的音乐，只是用来区分吉事凶事，以及在宗族或乡社聚会时制造一种和谐的气氛，而没有其他用途。"为之宫室台榭，使足以避燥湿、养德、辨轻重而已，不求其外。"建造宫、室、台、榭，不同等级的房子，只是为了避免燥湿，保养德性，让人辨别房屋主人的尊卑地位而已，并没有其他目的。当然这都是说先王制礼的初心，最初的动机。后来的帝王并不是这样想的，所以要"不忘初心"啊！《诗经》上说："雕琢的是外表，金玉才是本质。君王孜孜不倦，治理着四方。"美其君，安其君，贵其君，本质上都是为了"以义分之"。

若夫重色而衣之，重味而食之，重财物而制之，合天下而君之，非特以为淫泰也，固以为王天下，治万变、材万物、养万民，兼制（利）天下者为莫若仁人之善也夫。故其知虑足以治之，其仁厚足以安之，其德音足以化之。得之则治，失之则乱。百姓诚赖其知也，故相率而为之劳苦以务佚之，以养其知也；诚美其厚也，故为之出死断亡以覆救之，以养其厚也；诚美其德也，故为之雕琢刻镂、黼黻文章以藩饰之，以养其德也。故仁人在上，百姓贵之如帝，亲之如父母，为之出死断亡而愉者，无它故焉，其所是焉诚美，其所得焉诚大，其所利焉诚多也。《诗》曰："我任我辇，我车我牛，我行既集，盖云归哉！"此之谓也。

接续前一段继续论述何以在礼制上尊君。给他穿最华丽的衣服，让他吃最美味的食物，让他掌握最丰厚的财产，整合天下而统治，不是故意制造奢侈和骄横，而是为了以王道治天下，应付各种天灾人祸，利用万物，养育民众，使天下人都分享利益。这实在没有比大家拥戴一个仁德的人更好的了。因此，在部落联盟时期，也就是儒家憧憬的三代以前"公天下"的时代，首领都是各部落推举出来的贤人。"其知虑足以治之，其仁厚足以安之，其德音足以化之。"他们的智慧足以治理天下，仁厚足以安抚民众，美德足以感化民众。有这样的人，天下就能大治；找不到这样的人，天下就会大乱。"百姓诚赖其知也，故相率而为之劳苦以务佚之，以养其知也。"民众确实要依靠他的智慧。他的智慧高过一般人，一般老百姓只看到眼前的利益，而他可以看到更远的利益。这样的人就成为领袖，所以民众才成群结队地替他劳动，使他过着安逸的生活，有更多时间来考虑研究促进众人的利益，以此来保养他的智慧。这就是最初脑力劳动和体力劳动、管理者和被管理者的分工。"诚美其厚也，故为之出死断亡以覆救之，以养其厚也。"民众确实赞赏他的仁厚，所以才决死战斗来保卫他，以此来保养他的仁厚。如果他欺压老百姓，民众就没有理由在国家有危难时去打仗，为一个无道君主流血牺牲。"诚美其德也，故为之雕琢刻镂、黼黻文章以藩饰之，以养其德也。"民众确实赞赏他的德行，所以为他制作各种器具和华丽的服饰，让他显得高贵，受人仰慕，以此来保养他的德行。如果是一个仁厚君子在君位上，百姓尊重他就会像尊重上帝一样，把他看得像天那么高。百姓敬爱他就会像敬爱父母一样，心甘情愿为他而死。这并没有别的原因，只因为"其所是焉诚美，其所得焉诚大，其所利焉诚多也。"他的主张确实好，他的成就确实大，他给人民带来的好处确实多。群众的眼睛是雪亮的。他们要"察其言，观其行"，看看统治者是否真的造福百姓，不会因为他的甜言蜜语、信誓旦旦而从心底里拥护他的。《诗经》上说："我们背着东西拉着车，我们驾着车子牵着牛，我们的行装已完备，可以去归顺他了。"说的就是这个意思。从这里我们可以看到，荀子的"尊君"和法家以及后世儒家的无条件"尊君"是不一样的。荀子的尊君是有前提的，必须是仁厚之君。否则，百姓没必要尊君。唐太宗时的宰相魏征有一句名言"水能载舟，水亦覆舟"。其实，这句话的原创版权要归荀子。他在《哀公》篇里说过："君者，舟也；庶人者，水也。水则载舟，水则覆舟。"魏征不过是稍微改动了几个字。关于这一点，荀子在《富国》篇的下一段里说得更具体。

今之世而不然。厚刀布之敛以夺之财，重田野之赋以夺之食，苛关市之征以难其事。不然而已矣，有（又）掎挈伺诈、权谋倾覆，以相颠倒，以靡敝之。百姓晓然皆知其污漫暴乱而将大危亡也。是以臣或弑其君，下或杀其上，粥（鬻）其城，倍其节而不死其事者，无他故焉，人主自取之也。《诗》曰："无言不雠，无德不报。"此之谓也。

前两段讲的是君主起源于民众推举贤人领导群体，那是古人的初衷。从部落联盟过渡到国家，建立了夏王朝。世袭制取代禅让制之后，"今之世而不然"，情况就不一样了。户税越来越重，夺走了老百姓的财富；田赋越来越重，抢去了老百姓的口粮；关税越来越重，阻碍了老百姓的贸易活动。不仅如此，统治者又用胁迫、讹诈、权谋、赖账等手段，颠倒黑白，摧残百姓。看到这种现象，老百姓清楚地知道，他们的这种污秽、肮脏、残暴、淫乱，将给国家带来极大的灾难。当大家看不到希望的时候，对君主的忠诚也就消失了。于是臣子杀君主，下级害上司，出卖城池，违背节操而不愿尽忠殉难。荀子认为："无他故焉，人主自取之。"这没有其他的原因，君主自作自受啊。《诗经》上说："说话就会有应答，施恩就会有报答。"说的就是这个意思。荀子在两千多年前，对国家的起源、国家的功能，国家的权力基础和对民众应有的承诺，都说得清清楚楚。这是非常进步的思想！

西方要等到近两三百年才有类似的学说出现。其中最著名的是英国思想家洛克的政治学说。他说：人类从自然状态里走出来进入契约社会，必然把人的一部分权利交给政府。但人的三个基本权利不能交，即生命、财产、自由。政府存在的目的，不是追求政府的既得利益，而是为了公共福祉。公共福祉就是要保障公民的生命、财产和自由，政府不得以任何名义侵犯。凡是违背政府目的而滥用公共权力者，就是叛乱者。暴政以恐惧为根本原则，以谎言为基本信条，以暴力为强大后盾，以权力滥用为主要表征，侵犯人的肉体与精神，使人成为工具。洛克对违背政府目的的统治者提出警告，如果暴政持续下去，"无论什么政府都会遭到强力的反抗。"如果政府守法，公民就会守法，政府与公民就都会安然无恙，同在一个蓝天下，过着和谐与快乐的生活。你看荀子和洛克，东方人和西方人，古人和今人，他们的思想如出一辙。所以我一直劝你们：不要浪费时间去读心灵鸡汤，读书要读中外经典，和古今中外的思想巨人对话。只有这样，你自己的思想境界才能不断提高。

第八讲

荀子的治国蓝图

明分使群是荀子的社会理论，那么具体怎么分、怎么使？也就是怎么来治理国家？荀子的政治学说中，礼、乐、法、刑这四个字是关键词。这四个方面的结合是他为社会稳定开出的药方。当然这四个方面不是同等的，其中礼为主体，法和乐为两翼，形成了政治制度的基本架构，也就是他的治国蓝图。礼有规范性，强制性的一面。因为人性本恶，如任其自然发展，必然引起社会混乱，所以必须借助某些规范来抑制和改造这种本性，这就产生了礼法制度。原先法是礼的一部分，后来才从礼独立出来。法是有强制性的，靠刑罚来强制。在推行礼法制度的同时，又伴随着对百姓进行教化的过程。制度和文化必须互相配合，只有制度，没有相应的文化，制度也难以推行。这个文化如何形成？靠教化，靠教育。乐通过引导人的感情而实现教化的目的，乐为礼服务，又接受礼的制约，构成礼乐文化。这一讲通过《礼论》和《乐论》这两个主要文本，来看看荀子是如何重构礼乐法刑制度的。

63. 儒家的核心概念

儒家历来有重礼的传统，荀子隆礼乃是这一传统的延续，但儒家的"礼"又和"仁"，"义"是分不开的，"仁"、"义"、"礼"是儒家的三个核心概念。这三者是什么关系呢？荀子在《大略》篇里说：

> 亲亲、故故、庸庸、劳劳，仁之杀也。贵贵、尊尊、贤贤、老老、长长，义之伦也。行之得其节，礼之序也。仁，爱也，故亲。义，理也，故行。礼，节也，故成。仁有里，义有门。仁，非其里而虚（处）之，非礼（仁）也。义，非其门而由之，非义也。推恩而不理，不成仁；遂理而不敢，不成义；审节而不知（和），不成礼；和而不发，不成乐。故曰：仁、义、礼、乐，其致一也。君子处仁以义，然后仁也；行义以礼，然后义也；制礼反本成末，然后礼也。三者皆通，然后道也。

亲近友爱你的亲人，这是第一位的。孔子讲"仁者爱人"。儒家认为，亲情是人性中最基本的。如果对自己的骨肉亲人都不爱，还说要博爱，爱邻居、爱同事、爱朋友，甚至去爱素不相识的人，没人会相信。历史上曾有这样的记载，有一次，齐桓公开玩笑说：吃遍了天下的珍肴美味，就是没吃过人肉，奸臣易牙为了讨好桓公就把亲生儿子蒸了给他吃。管子对齐桓公说：这个人绝对不能用，因为他虚伪得超出了人情，就必有所图。齐桓公不听管子的话，最后果然死在易牙手里。"故故"，善待故旧，不要过河拆桥。"庸庸"，前面这个"庸"是酬劳、奖励的意思；后面这个"庸"是指功劳，要奖赏有功的人。"劳劳"，没有功劳也有苦劳，要慰劳出过力的人。这就是儒家行仁政的差等，仁不是对所有的人同样对待。

彰显应该彰显的，尊崇应该尊崇的，是指对待那些身份官爵显赫的人。敬重应该敬重的，指对待德才兼备的贤人。敬爱年老的和辈分高的。这就是义的标准，义的道理。什么是义？合宜合理，各得其宜，就是义。实践仁义的时候，不是没有标准，随心所欲的，要"得其节"，有一定的分寸，能恰如其分，这就是要遵循礼的次序。在解释了"仁"、"义"、"礼"这三个概念后，荀子指出：仁，就是爱人，所以能亲近。义，就是合理，所以能实行。礼，就是适度，所以能成功。如果"劳劳"和"老老"没节制，把所有社会资源都拿去养老了，社会还怎么发展？只有遵循礼所规定的有限度的"劳劳"和"老老"，仁义才能够真正推行。

"仁有里，义有门。"仁有安居之处，义有进出之门。这个"里"和"门"都是比喻。"里"是指义，门是指礼。仁要落实到义，也就是要合理合宜。义要有实践的门径，这个门径就是礼。"礼"与"义"

俱有形式与内容的对应关系。仁，如不安顿在应处的地方，不符合义，做得过分或不到位，都不叫做仁。义，如不在应该进出的门径进出，不符合礼，就不是义。义是一种社会价值判断，但如果实行起来没有一个检测标准的话，就有很大的随意性。同一种行为是不是符合义，公说公有理，婆说婆有理。有了礼，就把"义"具体化，可以检测了。只要符合礼的就是义，不符合的就是不义，就找到了实践"义"的门径。推恩而不合理，就不成为仁。什么叫推恩，就是孟子讲的"老吾老以及人之老，幼吾幼以及人之幼"。如果一个人对自己的女儿见死不救，先去救别人，那是推恩，但不合理，谈不上仁。循理而不果敢遵行，就不成为义。怎样合理，怎样不合理，只是嘴巴上讲得头头是道，但不去做，就不是真正的义。熟悉一条条礼仪而不能协调，不能融会贯通，就不成为礼。协调而不发扬，不能表现出来，就不成为乐。所以说：仁、义、礼、乐是一致的。仁是本质内容，仁生义，义生而制礼，礼是出于仁义之心。人守礼而知义，行义而知仁，内心的仁义必合于礼。君子以义来处理仁，然后才能称为仁；按礼来实践义，然后才能称为义。"制礼反本成末，然后礼也。"制定礼仪的时候必须"返本"。"本"就是指礼义，必须回到义这个根本作为依据，然后才能"成末"，"末"指礼仪制度具体的细节。为什么《礼记》包括《中庸》《大学》等通论，就是为了说明制定这些婚礼、丧礼、军礼的原则是什么？基础是什么？《中庸》和《大学》讲的就是仁义，是制定各项礼仪的依据。"礼"、"义"、"仁"这三者融会贯通了，然后才算得道。

64. "礼"的三个层次

　　孔子"贵仁","仁"是孔子学说的核心。他主张德与礼为治。把当时春秋社会的混乱归结于礼崩乐坏，因此开出的救世药方是克己复礼。一方面道之以德，用德来引导人们克服私欲；另一方面恢复礼乐制度，重建社会等级秩序。孟子强调的是孔子"道之以德"的一面，主张实行仁政，而仁政本于仁心。他认为，只要启发统治者的道德觉悟，"以不忍人之心，行不忍人之政"，天下就会太平。荀子强调的是孔子"齐之以礼"的一面，主张实行礼治。他认为，礼是治国之本，为政的前提。"国之命在礼"，礼是国家命运之所系。在《议兵》篇中，荀子说："礼者，治辨之极也，强国之本也，威行之道也，功名之总也。王公由之，所以得天下也；不由之，所以陨社稷也。"礼是治理国家的最高准则，是使国家强盛坚固的根本，是威力盛行于天下的途径，是建立功名的总纲。天子诸侯遵循礼，就能夺得天下；反之，就会毁坏国家。"隆礼贵义者其国治，简礼贱义者其国乱。"君主崇尚礼义的，其国家就会得到治理。怠慢、轻视礼义的，其国家就会产生动乱。这是因为"国无礼则不正，礼之所以正国也，譬之犹衡之于轻重也，犹绳墨之于曲直也，犹规矩之于方圆也，既错之而人莫之能诬也"。礼是治国的标准，就好像秤是衡量轻重的标准，绳墨是画直线的标准，规矩是划方圆的标准一样。这一标准一确立，任何人都难以进行欺骗了。所以，离开了礼，政治就无法推行。荀子为什么要隆礼？因为到了战国时代，诸侯国之间的兼并战争，不仅进一步破坏了西周宗法制度，也更加纵容了为政者自身的欲望。然而，由于宗法制度已经崩坏，加上为政者对自己欲望不加约束的示范作用，从而造成了"人欲横流"的局面。在这种情况下，要稳定社会，仅靠人们内心的自觉显然不太可能，因而必须借助刚性的制度。这就是荀子重构礼乐法刑制度的现实原因。

《荀子》三十二篇提到"礼"的地方有三百多处。以前有学者讲礼学是荀子学说的主要内容。我认为这是不错的。什么是"礼"，在先秦文献中大概包括三层意思，但在使用时不是那么明确。我觉得还是应该给大家一一厘清。第一层次的"礼"，又称礼义，是广义的礼。这个层次上的礼，泛指一切不具有固定形式的节度秩序。这些节度秩序正当合宜，就是符合礼义。比如，贺寿时尊卑有序、长幼有别的规定就是出于礼义，如果爷爷给孙子贺寿就是不符合礼义。

第二层次的"礼"，又称礼制。由于礼义的涵义包罗万象，而一切行为活动是否合于礼，容易流于主观判断，缺乏一套可供依循的客观规范。因此，"礼"必须从抽象的正当性原则，落实为具体可行的法典制度，使礼义成为可供依循的客观规范，这就是"礼制"的

"礼"。礼制包含的范围非常广。钱穆讲过："今约而言之：则凡当时列国君大夫所以事上、使下、赋税、军旅、朝觐、聘享、盟会、丧祭、田狩、出征、一切以为政事、制度、仪文、法式者莫非'礼'。"可见礼制包括了国家政治制度，诸如官制、法律等内容在内，这和我们今天一般理解的"礼"有较大的差别。大概到了秦、汉以后，官制、法律才逐渐从"礼"的范畴剥离出来，有了"礼"和"法"的明确分野。

第三层次的"礼"，主要是指各种仪式和仪轨，比如，见君主怎么行礼，祭祖先时怎么摆祭品，举行婚礼时怎么迎新娘，我们称为"礼仪"。礼仪和礼义、礼制是不同的。《左传·昭公五年》记载："晋侯谓女叔齐曰：鲁侯不亦善于礼乎？对曰：鲁侯焉知礼？公曰：何为？自郊劳至于赠贿，礼无违者，何故不知？对曰：是仪也，不可谓礼。礼所以守其国，行其政令，无失其民者也。"《左传·昭公二十五年》也有记载："子大叔见赵简子，简子问揖让周旋之礼焉。对曰：是仪也，非礼也。"礼仪的"礼"与今天人们理解的"礼"比较接近。所以现在一讲到礼，很多人就以为是要恢复古代的那套礼仪。从韩国搬来那套祭孔的仪式搞祭孔大典，还要祭黄帝陵，以为这套仪式能正人心。要小孩子穿上汉服背诵《弟子规》，学着做"长者立，幼勿坐，长者坐，命乃坐，尊长前，声要低，低不闻，却非宜，进必趋，退必迟，问起对，视勿移"等等。甚至还有人办女德班，要求妇女实行三从四德那一套，做到"正色端操，以事夫主，清静自守，无好戏笑"。两千多年前的东西，怎么可能解决今天的问题？但这不是说现代社会就不需要礼了，作为外在形式的礼仪是随时代变化的。夏有夏礼，商有商礼，周有周礼，到了今天就应该有新礼。我们要恢复的是礼义，要建立的是新礼制，即一套符合现代精神的道德规范和制度，而不是照搬两千多年前的礼的形式。我看到那些人穿着汉服唐装在那里拜黄帝拜孔子，就觉得像演滑稽戏一样！把传统文化弄到这么庸俗的地步，比不提传统还糟糕。现在礼学几乎成了绝学，我希望今后有年轻的学者来研究礼学。不仅仅是研究古代礼仪，还要研究传统文化中礼的义理，发掘出其中的精华，然后为制定中国的现代礼仪制度发展出一套指导原则来。这才是真正的古为今用。接下去，我们来看荀子的《礼论》篇。

65. 礼的起源

　　礼起于何也？曰：人生而有欲；欲而不得，则不能无求。求而无度量分界，则不能不争。争则乱，乱则穷。先王恶其乱也，故制礼义以分之，以养人之欲、给人之求。使欲必不穷于物，物必不屈于欲。两者相持而长，是礼之所起也。

　　这一段是讲"礼"的起源。礼是怎么产生的呢？人生下来就有欲望，但欲望未必能得到满足。欲望得不到满足，就不可能不去索求。如果索求无度，没有"度量分界"，就不可能不发生争斗。求本身不是坏事，是实现欲望的过程，但这个过程要有"度量分界"。这四个字也是荀子政治思想的"关键词"之一。意思是财富的分配要限度限量，要按名分等级制定有差别的标准。否则，就会有争斗，有争斗就会混乱，混乱就会使社会群体陷入困境。古代圣王厌恶混乱，就制定礼义来分。在原始部落的时候，人身上的动物性还未完全摆脱，人和动物一样经常为物资而争杀。按美国人类学家 L.H. 摩根的说法，这相当于从蒙昧时代到野蛮时代。有了私有财产，就进入了文明时代。"故制礼义以分之"，分的目的是什么呢？"养人之欲，给人之求"，是为了满足人的欲望和需求。"使欲必不穷于物，物必不屈于欲"，使人的欲望不会因物资的不足而得不到满足，而物资也不会因满足人的欲望而消耗殆尽。荀子认为要解决"欲恶同物，欲多而物寡"的矛盾，就必须在"养人之欲，给人之求"方面，"制礼义以分之"，确立按照贵贱等差，进行物资分配的"度量分界"，有差别地满足人们的欲望。"使欲必不穷于物，物必不屈于欲，两者相持而长。"所以，礼体现的"分"表现在社会等级上的差别，但源于对物质财富的分配。这样礼便规范了人的欲望，按照等级差别分配社会财富，维持了社会的稳定。

"两者相持而长，是礼之所起也。"让物资和欲望、生产和消费相互制约而增长，这就是礼的起源。荀子的提法在今天还是有道理的。我们要思考生产和消费如何才能达到平衡，现在提倡消费主义，认为消费可以刺激生产，但由此产生的问题已经慢慢呈现出来。短期内经济是被刺激起来了，但资源的浪费，环境的破坏，后果是很严重的。人人都想过奢侈的生活，地球上的资源是有限的。一旦遇到经济萧条或自然灾害，没有那么多可供消费的物资，而人的消费欲望又降不下来，就要争夺资源了。"争则乱，乱则穷"，这样下去，人类早晚会陷入困境。

我们过去批判儒家的时候，从来不讲礼的起源，只讲礼是为了维护封建制度，这种批判太简单了。荀子这段话是想说明，礼不是从天上掉下来的，也不是哪个天才的头脑想出来的，而是从生活实践中总结出来的，群体成员要想活下去，就不得不选择"分"。除了荀子之外，其他先秦思想家都没有讲清礼的起源，荀子的说法非常接地气。

> 故礼者，养也。刍豢稻粱，五味调香，所以养口也；椒兰芬苾，所以养鼻也；雕琢刻镂，黼黻文章，所以养目也；钟鼓、管磬、琴瑟、竽笙，所以养耳也；疏房、檖（邃）额（貌）、越席、床笫、几筵，所以养体也。故礼者，养也。

"故礼者，养也。"礼就是养，这是荀子思想的要点。等级制度不是制礼的初衷，建立等级制度的礼是为了"养"，维持社会群体的物质生活。下面具体展开来讲什么是"养"。"刍豢稻粱，五味调香，所以养口也。"肉类粮食，五味调和，以满足味觉。吃草料的牛羊叫做"刍"；吃粮食的猪狗叫做"豢"。"椒兰芬苾，所以养鼻也。"各种香草发出的香味，以满足嗅觉。"雕琢刻镂，黼黻文章，所以养目也。"雕梁画栋，色彩斑斓华丽的衣饰，以赏心悦目。"钟鼓、管磬、琴瑟、竽笙，所以养耳也。"各种乐器的演奏，以使人听觉愉悦。"疏房、邃貌、越席、床笫、几筵，所以养体也。"房舍家具，以养身体，使人身体舒适。"邃貌"，古时指宫室。荀子的说法和孔子的"克己复礼"已有差别。"克己"是要克制或减少人的欲望，而荀子思考的重点不在于如何降低人的欲望，而是着眼于人欲与物质条件如何取得平衡。"使欲必不穷乎物，物必不屈于欲"，欲与物"两者相持而长"；"使人两得之"，达到供需平衡的社会生活。这就是礼的缘起和功能，透过礼有效的积极教化和消极的制约，人性不仅不会趋向恶，反而可以将人性转化为社会发展的动能。"以养人之欲，给人之求"，逐渐改善物质条件，丰富民生经济，使各个社会等级的人都能在原有基础上提高生活质量。所以荀子说："礼者，养也。"这与孔子"克己"不同，也是由于时代环境的不同。孔子的春秋时代，社会刚开始乱，所以他还可以有理想主义，希望通过"克己复礼"来恢复社会秩序。而荀子处于"上下交征利"的战国时代，再讲"克己"，无论是诸侯，还是百姓都听不进去了。所以荀子就提出"养欲"的说法，希望别人能听进去。对于一般"庶民"来说，这里的"养"是指物质的满足，但对于君子，即精英阶层来说，仅仅满足物质是不够的。

君子既得其养，又好其别。曷谓别？曰：贵贱有等，长幼有差，贫富轻重皆有称者也。故天子大路越席，所以养体也；侧载睪（泽）芷，所以养鼻也；前有错衡，所以养目也；和鸾之声，步中《武》、《象》，趋中《韶》、《护》，所以养耳也；龙旗九斿，所以养信也；寝兕持（跱）虎、蛟鞧、丝末、弥龙，所以养威也；故大路之马，必信至教顺，然后乘之，所以养安也。孰知夫出死要节之所以养生也？孰知夫出费用之所以养财也？孰知夫恭敬辞让之所以养安也？孰知夫礼义文理之所以养情也？故人苟生之为见，若者必死；苟利之为见，若者必害；苟怠惰（偷懦）之为安，若者必危；

苟情说之为乐，若者必灭。故人一之于礼义，则两得之矣；一之于情性，则两丧之矣。故儒者将使人两得之者也，墨者将使人两丧之者也，是儒、墨之分也。

君子既需要以礼来养，还喜欢因礼而区别于众人。现在人也一样，发了财、做了官，还想要与众不同，这是古已有之的人性。怎样才算是"别"呢？贵贱有等级，长幼有次序，贫富卑尊各有相应的规定。荀子具体描绘了什么是别，"故君子大路越席，所以养体也。"天子乘坐越席铺垫的马车，以让身体舒适。越席是广东一带出产的蒲席，因为产地距离当时的统治中心黄河流域遥远，所以越席十分贵重。大路越席突显天子"养体"不是一般的方式就能满足的，这就是"别"。"侧载泽芷，所以养鼻也。"旁边要放"泽"和"芷"，以满足嗅觉，这都不是一般的香草。"前有错衡，所以养目也。"天子不只是房子里雕梁画栋，座车也要精雕细琢，连马车前面的扶手也刻有交错的花纹，以满足视觉。"和鸾之声，步中《武》《象》，趋中《韶》《护》，所以养耳也。"车子慢行时，铃声和着《武》《象》的节奏；车子疾驰时，铃声和着《韶》《护》的音律，以满足听觉。"龙旗九斿，所以养信也。"马车上竖着龙旗，有九根飘带，以彰明天子的身份，老百姓远远看到龙旗九斿就知道天子来了。"寝兕、跱虎、蛟韅、丝末、弥龙，所以养威也。"天子座车的车轮绘有卧犀、蹲虎、鲛龙形的马肚带，丝织车帘，车耳刻有龙，以显示天子的威严。"故大路之马必信至教顺，然后乘之，所以养安也。"所以拉座车的马必须调教驯服，即使碰到雷鸣电闪也不会受惊，然后才能乘坐，是为了天子的安全。

荀子在这里指出："礼"不仅满足"人生而有欲"的生理感官需求，也满足心理情意的需要。"礼义文理之所以养情也"，就是这个意思。人不可能只满足于吃饱穿暖，还有心理需求。美国心理学家马斯洛提出需求层次理论，把人的需求分为生理、安全、社交、尊重、自我实现等五个层次。除了生理之外，其他都和心理有关，安全介乎生理、心理之间。而荀子两千多年前就把人的不同需求区分开来了。"既得其养，又好其别"，"其别"就是一种心理需求。他用天子的"大路"来说明"礼"如何满足人的心理需求。东西方不同的是西方人把自我实现作为最高层次的需求。中国人则不同，以"露富"或"显贵"，彰显自己特殊的身份地位为需求的最高层次。

"孰知夫出死要节之所以养生也？""孰知夫"即"谁知道"，是一个反问句，意思是"要知道啊"！要知道啊，殉身守节正是为了保养生命！"孰知夫出费用之所以养财也？"这句不难理解，花钱投资就是为了赚到更多的钱，为财产保值。"孰知夫恭敬辞让之所以养安也？"恭敬谦让正是为了保护自己的安全，不结怨，不惹麻烦。"孰知夫礼义文理之所以养情也？""文理"就是礼仪的具体规定，礼仪规矩正是为了保养情操。"故人苟生之为见，若者必死。"假如一个人只看见生，贪生怕死，这样就一定会死。这句话是对应前面"出死要节之所以养生也"的，越贪生怕死的人，死得越快，历史上的例子很多。死到临头，如果"出死要节"，视死如归，去反抗，可能还有一丝生存的希望，不反抗就一定会死掉。荀子这段话是有很道理的。"苟利之为见，若者必害。"假如只看见利，唯利是图，这样一定会给自己招来祸害。"苟怠惰之为安，若者必危。"假如懒惰胆小，以为是安全的，这样反而会有危险。"苟情说之为乐，若者必灭。"假如以为纵情享乐就是开心的事，这样必然会灭亡。最后，荀子得出一个结论：如果一个人一贯用礼义规范自己，那么礼义与情性两者都能兼得；如果一贯随性而为，放纵情性，那么两者都会丧失。儒家可以使人两者兼得，而墨家则会使人两者皆失，这就是儒家和墨家的区别。

66. 礼有三本

礼有三本：天地者，生之本也；先祖者，类之本也；君师者，治之本也。无天地，恶生？无先祖，恶出？无君师，恶治？三者偏（遍）亡，焉无安人。故礼，上事天，下事地，尊先祖而隆君师。是礼之三本也。

礼所崇拜的有三个根本：天地是所有人生存的根本；先祖是宗族、血缘的根本；君师是治国的根本。没有天地，人怎么生存？没有先祖，人从哪里来？没有君师，天下怎么太平？三者都没有的话，天下就没有人能够安宁。所以礼上祭天，下祭地，崇拜先祖而尊崇君师。这是礼的三个根本范畴。当然，礼的三个根本范畴是有等级差别的。这一段讲的是礼义，礼制和礼仪内在的理。为什么要祭天地、祭祖宗？特别是为什么要有种种尊崇君师的繁文缛节？先秦文献里"君"和"师"是不分的，君师一体。孟子曾引用《尚书·周书·秦誓》的话："天降下民，作之君，作之师，惟曰其助上帝，宠之四方。"上天为人民降生了这样的人，做他们的君主，做他们的老师，这个人的唯一责任就是帮助上天来爱护人民。天子既是人民的统治者，又是人民的精神导师，君有教化百姓之责任。这是中国人的传统。

世界上大多数文明和民族，他们的知识和文化一开始都掌握在祭司阶层手里，后来又被教会掌握，而中国文化则完全不同。中国的文化在源头上，圣人和君王是重叠在一起的，他们既是文化的创立者，也是知识的掌握者，三皇五帝，文王周公，他们都是兼圣人和君王为一身的。所以有周文王撰《周易》的说法，周公创立的文化制度就更多了。君师一体刚开始是进步的，君主的合法性不是靠暴力，是靠对文明的掌握，也就是靠有"道"。有"道"才是一个政权是不是正统的唯一标准。无道，就要被换下去。有道，就是要求君主必须是一个圣人，成为百姓的榜样，有道的君主才能称王。当君主成为圣人之后，就要以道立教，教化百姓。这便是儒家讲的"内圣外王"。如果君主无道，就不可能教化百姓，只能诉诸暴力统治。这就会被斥为暴君、无道之君、独夫民贼、政权就不合法。后来"君师"变成了"君父"，老百姓成了"子民"，儒家的"内圣外王"也就成了一句空话。

我们了解了古代"君师一体"的道理后，再来看看荀子是如何解释君师是礼的三本之一，为什么礼要如此尊崇君师？下面这段话出自《荣辱》篇。

人之生固小人，无师、无法则唯利之见耳。人之生固小人，又以遇乱世、得乱俗，是以小重小也，以乱得乱也。君子非得势以临之，则无由得开内焉。今是人之口腹，安知礼义？安知辞让？安知廉耻隅积？亦呥呥而噍、乡乡而饱已矣。人无师、无法，则其心正其口腹也。今使人生而未尝睹刍豢稻粱也，惟菽藿糟糠之为睹，则以至足为在此也。俄而粲然有秉刍豢稻粱而至者，则瞲然视之曰："此何怪也？"彼臭之而嗛（慊）于鼻，尝之而甘于口，食之而安于体，则莫不弃此而取彼矣。

今以夫先王之道、仁义之统，以相群居，以相持养，以相藩饰，以相安固邪？以夫桀、跖之道，是其为相县也，几直夫刍豢稻粱之县糟糠尔哉？然而人力为此而寡为彼，何也？曰：陋也。陋也者，天下之公患也，人之大殃大害也。故曰：仁者好告示人。告之示之，靡之儇之，铋之重之，则夫塞者俄且通也，陋者俄且俔（捆）也，愚者俄且知也。是若不行，则汤、武在上曷益？桀、纣在上曷损？汤、武存则天下从而治；桀、纣存则天下从而乱。如是者，岂非人之情固可与如此，可与如彼也哉！

人生下来的时候，本来就是小人，这和荀子的"性恶论"是一致的。如果没有老师的教导和法度的约束，眼睛里看到的就只有财利，就会唯利是图。人生下来本来就是小人，又遇上混乱的社会，接触了淫乱的习俗。这样一来，就在渺小卑鄙的本性上再加渺小卑鄙，淫乱的资质又被淫乱的习俗污染。君子如果不能得到权势来统治他们，那就没有办法打开他们的心窍，让他们接纳善道。我们平时说"人轻言微"，没有权位的人即使说的是真理，也没有人会理睬你。这些没有受过教化的小人们只有口腹之欲，也就是只知道吃喝拉撒，哪里懂得什么礼节道义？哪里懂得什么推辞谦让？哪里懂得什么廉耻相恶呢？他们只知道细咽慢嚼，或者狼吞虎咽罢了。如果没有老师的教导和法度的约束，那么他们的心灵也就完全和口腹之欲一样了。

假如一个人生下来以后从来没有看见过肉食和细粮，而只见过蔬菜和粗食，也就会以为这些东西是最好的食物了。但忽然眼睁睁地看见有人拿着肉食和细粮来到跟前，他就会瞪大眼睛惊奇地看着它们说："这是什么怪东西呀？"他闻一闻，不喜欢这种气味；尝一尝，嘴巴里甜甜的；吃下去，身体感觉很舒服，于是无不抛弃蔬菜粗食而求取肉食细粮了。这是一个比喻，引出后面的道理："今以夫先王之道，仁义之统，以相群居，以相持养，以相藩饰，以相安固邪？以夫桀、跖之道，是其为相悬也，几直夫刍豢稻粱之悬糟糠尔哉？"用古代圣王之道和仁义之统，不是可以使人们合群而居，生命得到保养，有衣冠装饰，得到安宁和稳定吗？桀、跖那套暴政与其相比悬殊分明。这两者之间的悬殊，哪里是细粮和粗食的悬殊可比的啊？然而，人们却竭力去搞桀、跖的那套暴政，而很少去推行圣王之道。为什么呢？就是因为浅陋无知。浅陋无知，实在是天下人的通病，是人类的大灾大难啊！所以仁德之人喜欢把道理告诉别人，做榜样给别人看。也就是说，仁德之人乐于对百姓进行教化。他们讲道理，做榜样，使人温顺可亲，使人聪明智慧，使人循礼而行，使人淳厚庄重。那么，"塞者俄且通也，陋者俄且挏也，愚者俄且知也。"闭塞的人马上就茅塞顿开，浅陋的人马上就视野开阔，愚蠢的人马上就聪颖过人了。"是若不行，则汤、武在上曷益？桀、纣在上曷损？"如果不去从事教化百姓的事业，那么汤、武何益于天下？桀、纣又何损于百姓？人们所以尊崇汤、武，而鄙视桀、纣，正是因为前者履行教化百姓的责任，后者不履行教化的责任呀。"汤、武存则天下从而治；桀、纣存则天下从而乱。如是者，岂非人之情固可与如此，可与如彼也哉？"汤、武在，那么天下随之而安定，因为百姓被教化；桀、纣在，那么天下便跟着混乱，因为百姓没有被教化。出现这样的情况，难道不是因为人们的性情原来是可以这样，也可以那样的吗？这一段说的是所以有尊崇君师之礼，是因为君师有教化百姓的功能。没有君师的教化，百姓是愚昧无知的。百姓愚昧无知，国家就无法治理，而君师要发挥教化功能，必须要有权威势位。到此为止讲的是礼义，下面回到《礼论》篇。

　　故王者天太祖，诸侯不敢坏，大夫、士有常宗，所以别贵始。贵始，得（德）之本也。郊止乎天子，而社止于诸侯，道及士、大夫，所以别尊者事尊、卑者事卑，宜大者巨、宜小者小也。故有天下者事七世；有一国者事五世，有五乘之地者事三世，有三乘之地者事二世，持手而食者不得立宗庙。所以别积厚者流泽广、积薄者流泽狭也。

这一段讲的是礼制，对祭祀制度的规定。称王天下的人，也就是天子，把开国之君与天一起祭祀，诸侯不敢毁坏始祖的祀庙。周天子把亲属功臣分封到各地建立诸侯国。最初受封的人就是这个诸侯国的始祖，死后可以建庙，世世代代的子孙都要到宗庙里去祭祀。"不敢坏"就是不能中断祭祀。士和大夫有百世不迁的大宗，就是家庙，后来就叫祠堂。一个同姓村里会有几个祠堂，全村人共同祭祀的就是大宗。分出来的各小宗也有自己的祠堂，分别祭祀自己的先祖。这种祭祀制度的目的是"别贵始"，区别各自所尊崇的始祖。"贵始，德之本也。"尊重先祖是道德的根本。

"郊止乎天子，而社止于诸侯，道及士、大夫。"到郊外祭天是天子的权限，诸侯不能祭天，诸侯私自祭天就是违犯礼制了。"社"是土地神，只有诸侯以上才能举行社祭，因为他们才有土地。当然，这说的是先秦的礼制，后来民间也有了祭祀土地神的风俗。村村乡乡都建立土地庙。以前的"社戏"就是祭祀土地神时的节目。民间祭祀土地神，应该和先秦王田制度瓦解，私有土地制度的出现有关。老百姓有了土地就会去祭祀土地神。但先秦礼制严格，只有诸侯才能祭土地神。"道"是路神，士大夫也可以祭祀。为什么制定这些礼制呢？"所以别尊者事尊、卑者事卑、宜大者巨、宜小者小也。"是为了彰显等级的差别，尊贵的祭祀尊贵的，卑下的祭祀卑下的。天是最尊的，所以只能由天子祭祀。而在这个等级秩序中，士大夫是最低的，所以只能祭祀路神。"礼不下庶人"，庶民是没有资格参与祭祀的。祭祀的场面应当大的就大，应当小的小，不是谁有钱就可以摆排场的。祭祖时应该追溯到哪一代也是有规定的，"故有天下者事七世，有一国者事五世，有五乘之地者事三世，有三乘之地者事二世，持手而食者不得立宗庙。"天子祭祖上溯七代人，诸侯祭祀五代。在诸侯国内还会分封给卿大夫采邑，有"五乘之地"，也就是有五十里地的，祭祖可以上溯三代。当时"五家为邻，五邻为里，十里为成"。古代没有常备军，打仗的时候要征召诸侯国的百姓，每一成要出一乘战车，一乘车配备四名士兵，拥有五十里封地的卿大夫就要出五乘战车及相应数量的士兵。卿大夫有采邑，可以祭祀大宗。小一点的士大夫拥有三十里封地就只能祭祀两代祖先。靠种地或做手工的劳动者是不能立宗庙的。这样一个礼制的目的是"别积厚"，凸显功劳大的。"积厚者流泽广，积薄者流泽狭也。"祖先功劳大的流传给后人的恩德大，功劳小的流传给后人的恩德小。普通老百姓和打下天下没关系，所以就不能立宗庙。打天下，坐天下，不只打天下这一代，其后代也可享受相应的好处。这就是宗法制度。

67. 什么是礼仪？

礼仪是礼的精神的外在表现。荀子对此论述很多，特别是《礼论》《大略》等篇对各种礼，如祭礼、养生、送死、婚嫁、军旅、冠礼以及日常行动之礼等做了具体的叙述，他为什么要如此烦琐地叙述这些日常生活中的礼仪呢？因为礼仪是文明人的标志，同时也具体确定了不同人在社会群体中的身份地位。诚如荀子说，礼是"称情立文，因以饰群，别亲疏贵贱之节"的。《礼论》讲礼仪比较琐碎。我只是抽一两段讲解，让大家知道什么是礼仪就行了。

大飨，尚玄尊、俎生鱼，先（献）大羹，贵食饮之本也。飨，尚玄尊而用酒醴，先（献）黍稷而饭稻粱。祭，齐（跻）大羹而饱庶羞；贵本而亲用也。贵本之谓文，亲用之谓理，两者合而成文，以归大一，夫是之谓大隆。故尊之尚玄酒也，俎之尚生鱼也，豆之先（献）大羹也，一也。利爵之不醮也，成事之俎不尝也，三侑之不食也，一也。大昏之

未发（废）齐（斋）也，太庙之未入尸也，始卒之未小敛
也，一也。大路之素帱也，郊之麻绖也，丧服之（先）散麻
也，一也。三年之丧，哭之不反也；《清庙》之歌，一倡而
三叹也；县一钟，尚拊之膈，朱弦而通越也，一也。

大飨是最重大的祭礼，天子在太庙祭祀祖先，同姓诸侯要一起参
与。但祭品很简单，上装满清水的樽，小盘子里放生鱼，"献大羹"，
表示尊重先祖饮食的本源。祖先生活的时代，人类饮食简单，只有清
水、生鱼、不放盐的肉汤。这是为了让后代不忘本。就像"文革"时
期，我们这一代人都吃过的"忆苦饭"。"飨"是春夏秋冬四季祭祖，
比"大飨"规格低，上装满清水的樽，再献浊酒，先放黍稷再供熟米
饭。浊酒是没有过滤过的酒，元代之前的酒都是酿造的，没有蒸馏
酒，平时贵族喝的是过滤的清酒。"祭"是每个月的祭祀，进上"大
羹"，再供众味。"庶羞"，"庶"是多，"羞"是食物的意思，可能有
狗肉、牛肉、鸡肉等多种食物。这样做既尊重饮食本源，也切近祖先
食用。"贵本之谓文，亲用之为理，两者合而成文，以归大一，夫是
谓之大隆。"这是解释礼仪的象征意义。尊重本源是文饰，也就是仪
式化；切近食用是合理，两者的结合构成了礼仪，回归到远古的文
化，这就叫做最隆重的礼。所以供品包括樽里的清水、盘子里的生
鱼、高脚盘里没调味的羹，含义是一样的，都表示不忘本。"利爵之
不醮也，成事之俎不尝也，三侑之不食也，一也。"祭祀完毕，杯里
的酒不能倒掉，要置于供桌前；俎上的生鱼不品尝；三劝进食后就不

再食，含义也是一样的，都表示便于祖先食用。"大昏之未废斋也，太庙之未入尸也，始卒之未小敛也，一也。"婚礼进行时还没有举行废斋的仪式。古时候，新郎在婚礼前夕要斋戒，迎亲前停止斋戒，称"废斋"、"尸"是祖宗牌位，祭祖时神主牌位尚未进入太庙，人刚死去还没有小敛，也就是还没换上寿衣。这三者含义是一样的，是指婚礼、祭礼、丧礼刚开始，还没有进入威仪的礼仪。"大路之素帱也，郊之麻绖也，丧服之先散麻也，一也。"天子祭天的座车上素色的丝帘，郊祭时用的麻布帽，丧服上腰间绑的麻带，含义是一样的，都是表示质朴。"三年之丧，哭之不反也，《清庙》之歌，一倡而三叹也；悬一钟，尚拊之膈，朱弦而通越也；一也。"三年服丧，哭声没有回音，唱《清庙》颂歌，一人领唱而三人应和；奏乐时，把钟悬挂在那里不敲，却流行拍击瓦器，用红色的熟丝做弦，在瑟底通孔，使瑟音低沉，合乎远古的礼仪，质朴简单。《庄子》记载他的老婆死后，惠子前往吊唁，只见庄子在那里鼓盆而歌。惠子说："你的妻子和你一起生活，生儿育女直至老死，你不哭泣也就算了，竟然敲着瓦盆唱歌，不觉得太过分了吗？"其实，庄子鼓盆而歌是当时流行的丧礼仪式，大概是后人不懂这种礼仪而附会出惠子的这一大通话。远古的礼仪讲究质朴简单，现在清明扫墓，有烧纸糊的"别墅"、"汽车"和钞票的，甚至还有烧纸糊的"佣人"和"二奶"，真是愚昧可笑。祭祀是为了让后代了解先祖生活的艰难，而不要忘本。下面再看一段有关丧礼的文本。

　　礼者，谨于治生死者也。生，人之始也；死，人之终也。终始俱善，人道毕矣。故君子敬始而慎终。终始如一，是君子之道、礼义之文也。夫厚其生而薄其死，是敬其有知而慢其无知也，是奸人之道而倍叛之心也。君子以倍叛之心接臧、谷，犹且羞之，而况以事其所隆亲乎！故死之为道也，一而不可得再复也，臣之所以致重其君，子之所以致重其亲，于是尽矣。故事生不忠厚、不敬文，谓之野；送死不忠厚、不敬文，谓之瘠。君子贱野而羞瘠。故天子棺椁七重，诸侯五重，大夫三重，士再重。然后皆有衣衾多少厚薄之数，皆有翣菨文章之等；以敬饰之，使生死终始若一，一足以为人愿，是先王之道、忠臣孝子之极也。天子之丧动（恸）四海，属诸侯。诸侯之丧动（恸）通国，属大夫。大夫之丧动（恸）一国，属修士。修士之丧动（恸）一乡，属朋友。庶人之丧，合族党，动（恸）州里。刑余罪人之丧，不得合族党，独属妻子，棺椁三寸，衣衾三领，不得饰棺，不得昼行，以昏殣，凡缘而往埋之，反无哭泣之节，无衰麻之服，无亲疏月数之等，各反其平，各复其始，已葬埋，若无丧者而止，夫是之谓至辱。

　　礼，对待生死是很严谨的。生是人生的开端；死是人生的终结。善始善终，那么为人之道也就完备了，所以君子既重视生，也慎重对待死。始终如一是君子之道，是礼义的制度。如果重视一个人的生而轻视他的死，是重视他有知觉的时候而轻慢他没有知觉的时候，这是恶人之道和背叛之心，用这种心思去对待奴仆，尚且感到羞愧，更何况是对待君主和亲人呢！"隆"是指地位最尊贵的人，"亲"是指父母亲属。"故死之为道也，一而不可得再复也，臣之所以致重其君，子所以致重其亲，于是尽也。"死亡只有一次而不会重复，所以做臣子敬重君主，做儿的敬重父母，都体现在此。"故事生不忠厚、不敬文，谓之野；送死不忠厚、不敬文，谓之瘠。"所以在他们活着的时候，如侍奉不忠厚、不恭敬有礼，叫做粗野。他们死去后，丧葬不忠厚、不恭敬有礼，叫做寒酸刻薄。君子鄙视粗野而以寒酸为耻。这是讲了重视丧礼的理据。下面就要讲丧礼的具体规定了。

先是讲不同等级死者的棺椁都有不同规定。古时候，棺是棺，椁是椁，椁是套在棺外面的大棺材。"天子棺椁七重，诸侯五重，大夫三重，士再重。"天子的棺椁有七层，诸侯的五层，大夫的三层，士的二层。其次，寿衣的数量、厚薄都有明确规定，棺材的装饰也有所差别。这些规定的意义是"使生死终始若一，一足以为人愿，是先王之道，忠臣孝子之极也。"生死终始如一，终始如一是所有人的愿望，是先王之道，也是忠臣孝子的最高准则。丧礼的规模，哪些人应该参与丧礼，也是有具体规定的："天子之丧恸四海，属诸侯。"天子之丧，天下悲恸，诸侯都要参加丧礼。"属"是集会的意思。"诸侯之丧恸通国，属大夫。"诸侯死了，友邦都会感到悲哀，大夫要参加丧礼。"大夫之丧恸一国，属修士。"大夫死了，诸侯国内的人都会悲伤，士要参加丧礼。"修士之丧恸一乡，属朋友。"士死了，他居住的同乡人都会悲恸，朋友参加丧礼。"庶人之丧合族党，恸州里。"普通百姓的丧礼，邻居族人来参加，周围邻居都会感到悲哀。"刑余罪人之丧，不得合族党，独属妻子。"受刑人死了，除了妻子儿女，其他人不能来送葬。对于棺材衣服都有规定："棺椁三寸，衣衾三领，不得饰棺"，一口薄皮棺材，最多只能有三套寿衣，不得装饰棺材。"不得昼行，以昏殣，凡缘而往埋之，反无哭泣之节，无衰麻之服，无亲疏月数之等。"出殡的时间不能在白天，只能在黄昏掩埋，亲属送葬的穿戴要和平时一样，下葬后回家没有哭丧的环节，不能穿粗麻布的丧服，也不能按亲疏关系守丧。"各反其平，各复其始，已埋葬，若无丧者而止。夫是之谓至辱。"大家各自回到平常生活，埋葬完毕，就像没办丧事一样。这其实是奇耻大辱。人死了，还要用丧礼来惩罚他们。

68. 制礼的原则

凡礼，始乎梲（脱），成乎文，终乎悦校。故至备，情文俱尽；其次，情文代胜；其下，复情以归大一也。天地以合，日月以明，四时以序，星辰以行，江河以流，万物以昌，好恶以节，喜怒以当，以为下则顺，以为上则明，万变不乱，贰之则丧也。礼岂不至矣哉！立隆以为极，而天下莫之能损益也。本末相顺，终始相应；至文以有别，至察以有说。天下从之者治，不从者乱；从之者安，不从者危；从之者存，不从者亡，小人不能测也。

一切的礼，开始的时候都是简略的，然后逐渐完备，最后达到令人愉悦的效果。我以前讲过：礼分为"先例之礼"和"成文之礼"。"先例之礼"就是习惯，照着老一辈流传下来的习惯做。这当然是比较简略的。"成文之礼"则是天子王官怕某些礼制时间久了会失传，就用文字记载下来。后王遵循的"成文之礼"，往往是先王前朝的"先例之礼"。从"先例之礼"到"成文之礼"的过程，就是"始乎脱，成乎文，终乎悦校"的过程。最完备的礼仪，是情感和威仪皆达致尽善。其次，或情感胜过威仪，或威仪胜过情感。再次，就是回归远古的质朴。这三种划分不是好坏之分，而是讲礼仪的隆重程度，隆重的礼仪未必是最重大的。上一段讲到的祭礼，最重大的"大飨"，贡品反而只有清水和生鱼，正是"复情以归大一也"。其次是"飨"，有浊酒，有米饭，属于"情文代胜"。月祭则供众味，相当丰盛，是"情文俱尽"。

为什么古人这么重视礼？按照荀子的说法：天地因礼而和谐，日月因礼而光明，四季因礼而更替有序，星辰因礼而运行，江河因礼而奔流，万物因礼而繁荣昌盛。人的好恶因礼而有所节制，人的喜怒因礼而适可而止。以礼治理臣民，则臣民顺从；以礼约束君主，则君主英明，世界千变万化也不会混乱，而违背礼就会丧失一切。"礼岂不至矣哉！立隆以为极，而天下莫之能损益也。"礼的作用岂不是最高的吗？树立、尊崇礼为最高准则，那么天下就再没有能够损益的了。"本末相顺，终始相应；至文以有别，至察以有说。"礼的根本和末节互不抵触，根本是指礼义，末节是指礼仪，两者的精神是一致的。终结和开始互相呼应，制度十分完备而有差别，仪式极其细密而又合理。"天下从之者治，不从者乱；从之者安，不从者危；从之者存，不从者亡。小人不能测也。"天下人遵从礼就大治，就安定，就生存；不遵从礼就大乱，就危险，就灭亡。对此，小人是不能理解的。

礼之理诚深矣，"坚白"、"同异"之察入焉而溺；其理诚大矣，擅作典制、辟陋之说入焉而丧；其理诚高矣，暴慢恣睢轻俗（以为高）之属入焉而队（坠）。故绳墨诚陈矣，则不可欺以曲直；衡诚县矣，则不可欺以轻重；规矩诚设矣，则不可欺以方圆；君子审于礼，则不可欺以诈伪。故绳者，直之至；衡者，平之至；规矩者，方圆之至；礼者，人道之极也。然而不法礼，不足礼，谓之无方之民；法礼，足礼，谓之有方之士。礼之中焉能思索，谓之能虑；礼之中焉能勿易，谓之能固。能虑、能固，加好者焉，斯圣人矣。故天者，高之极也；地者，下之极也；无穷者，广之极也；圣人者，道之极也。故学者，固学为圣人也，非特学为无方之民也。

为什么对礼的作用，"小人不能测也"？因为礼的道理实在深奥。那些"坚白"、"同异"的诡辩遇到礼就被淹没了；礼的道理实在伟大，那些胡编的典制和无知的邪说遇到礼就会消亡；礼的道理实在崇高的，那些傲慢、放荡不羁、自以为是的人遇到礼就会失败。真把绳墨放在面前，就不能以曲直欺骗人了；真把秤悬挂起来，就不能短斤缺两欺骗人了；真把圆规曲尺摆出来，就不能混淆方圆欺骗人了。三个比喻归结于一句话："君子审于礼，则不可欺以诈伪。"有了"礼"这样一个标准，君子只要精通礼，别人就不能用欺诈虚伪来骗他了。所以绳墨是取直的标准，秤是取平的标准，圆规曲尺是方圆的标准，礼则是做人的最高准则。"不法礼，不足礼，谓之无方之民；法礼，足礼，谓之有方之士。"不遵循礼，不履行礼，就是没规矩、没教养的人；遵循礼、履行礼，就是有教养、有原则的士。"礼之中焉能思索，谓之能虑；礼之中焉能勿易，谓之能固。"在礼的范围内能思索，才叫真正的能思索，不然，脑袋瓜再灵，也算不上能思索，叫做动坏脑筋。在礼的范围内能不动摇，才叫作真正的能坚持。"能虑，能固，加好者焉，斯圣人矣。"能思索礼、能坚持礼，又从内心真正喜欢礼，就是圣人了。天是最高的，地是最低的，无穷无尽是空间的极点，圣人则是人道的极点。所以学者应当要学做圣人，而不是学做不走正道的人。这一段要说明：礼既是高高在上的，又是切实可行的，是平时做人的是非标准。

礼者，以财物为用，以贵贱为文，以多少为异，以隆杀为要。文理繁，情用省，是礼之隆也。文理省，情用繁，是礼之杀也。文理情用相为内外表里，并行而杂，是礼之中流也。故君子上致其隆，下尽其杀，而中处其中。步骤、驰骋、厉鹜不外是矣，是君子之坛宇、宫廷也。人有是，士君子也；外是，民也；于是其中焉，方皇周挟，曲得其次序，是圣人也。故厚者，礼之积也；大者，礼之广也；高者，礼之隆也；明者，礼之尽也。《诗》曰："礼仪卒度，笑语卒获。"此之谓也。

这一段的开始就讲了制定礼仪的四项原则：首先，"以财物为用"，财力是礼仪的基础，礼仪费用要考虑行礼者的经济能力。其次，"以贵贱为文"，等级制度是礼仪的核心，礼仪要按照行礼者的身份贵贱，区分行礼所使用的装饰器物。再次，"以多少为异"，制定礼仪祭品数量的多少，必须配合行礼者身份的高低。最后，"以隆杀为要"，礼仪的隆重或简省，要以符合行礼者的身份为要领，该隆重时要隆重，该简省时要简省。"文理繁，情用省，是礼之隆也。文理省，情用繁，是礼之杀也。""文理"指礼仪的形式环节，"情用"指行礼者的内心情感，"文理"是用以适当表现"情用"为目的。但礼仪在实际运作时，因行礼者的条件不同，经常出现形式与内容不完全相符的情况：或环节繁多复杂，情感简约，则太过；或形式简约，情感丰富，则不及。两者都没有达到礼仪的合理程度，都不符合礼的精神。"文理情用相为内外表里，并行而杂，是礼之中流也。"形式与情感表里如一，互相配合，并行不悖，才符合礼的中道。"故君子上致其隆，下尽其杀，而中处其中。"所以君子行礼的时候，大礼隆重，小礼俭省，而一般的礼仪取其中。"步骤、驰骋、厉骛不外是矣，是君子之坛宇宫廷也。"君子行走、奔跑，还是奋飞都不在礼的规范之外，礼是君子言行的范围。"厉骛"，奋飞的意思。"厉"与奋字同义；"骛"原指野鸭，这里作动词用。"坛宇宫廷"本来是指建筑，这里借用为范围。"步骤、驰骋、厉骛"也不是讲行走、奔跑等行为，而是指对礼仪的掌握程度，隆杀、深浅都要在礼的范围内，而不能任意而为。一个人能做到这样就是君子，不是这样的就只是凡夫俗子。"于是其中焉，方皇周挟，曲得其次序，是圣人也。"如果在"礼"的这个范围内运行自如，又尽得其次序，就是圣人。所以说，君子敦厚，是礼的积累。君子宏大，是礼的深广，君子高尚，是礼的隆盛，君子高明，是礼的透彻。《诗经》上说："礼义完全合度，一言一笑就完全得当。"说的就是这个道理。

在荀子设计的治国蓝图中，使社会稳定的主体就是礼，礼的精神就是要有节度，有秩序。礼的精神是覆盖社会生活的一切方面的，做什么事情都不能过分，都要有分寸。不同时代的礼制会变，礼仪会变，但礼义、礼的精神是每个时代都需要的。没有作为社会规范的礼，这个社会就会失控。当然今天我们可以赋予它新的时代精神。如何建立符合时代精神的"礼"、社会秩序是需要思考的。现在讲弘扬国学，如果不讲礼学，那是舍本逐末。

69. 隆礼重法

在荀子政治学说中，礼是主体，法（刑）和乐为两翼。《荀子》中有《礼论》和《乐论》，但没有专门的"法论"。荀子在这方面，最重要的是提出了礼法并称，在强调"隆礼"的同时，也肯定法的重要地位。他在很多文章里都讲到法的重要性。如《君道》篇说："隆礼重法，则国有常。"《强国》篇也说："隆礼、尊贤而王，重法、爱民而霸。"以往有学者称，荀子是"援法入礼"，这种说法是错的。在春秋以前，除了礼并没有独立的"法"。为什么呢？因为礼几乎规范了一切社会政治活动，对人们的行为准则都有严格规定了。春秋时期，法才从礼里面分出来的，而不是有一个外在的、独立的法被引入礼。《性恶》篇有两段文字："古者圣王以人之性恶，以为偏险而不正、悖乱而不治，故为之立君上之势以临之，明礼义以化之，起法正以治之，重刑罚以禁之，使天下皆出于治，合于善也。"这段文字说明礼法同源，但还是有先后的："圣人积思虑、习伪故，以生礼义而起法度。""故圣人化性而起伪，伪起而生礼义，礼义生而制法度。"

什么叫做法？"法"有广义与狭义两个方面的含义。从广义上说，一是指政治传统和历史经验，如"三王之法"、"千岁之法"、"百王之法"。从狭义上说，一是指国家制度和政策，如《王制》篇所说的"王者之：等赋，政事，财万物，所以养万民也。田野，什一；关市，几而不征，山林泽梁，以时禁发而不税"等等。二是指律令条文，即刑法禁令。荀子本人对此并没有作出严格的区分，但在大多数语境下都取最后一种之意。"刑"和"法"也是不一样的概念，春秋以后的法包括了刑，但不等于刑。刑是指惩罚，是古已有之的。据说夏朝就有了墨、劓、剕、宫、大辟"五刑"。西周时"五刑"写入了吕侯编著的《吕刑》，但过去"礼不下庶人，刑不上大夫。"刑是用来对付被统治阶级的。

为什么到了荀子的时代，法会从礼里面分出来，甚至达到礼法并称的高度呢？我们要知道：礼发生作用的途径多为社会舆论、道德自律或社会风俗习惯。这种过多依赖个体自觉性的规范，在面对人性之恶时，是苍白无力的。人的天然本性是追求利欲的，而礼的作用则是通过"度量分界"对人欲的无限追求作出限制，两者之间不免有冲突。尤其到了战国时代，礼崩乐坏，人欲横流，仅仅依靠礼已经无法确保社会秩序的正常运转。此时，礼的实行必须要诉之于一种强制性。礼的某些规范由国家确定，并和刑结合去强力实施。所谓"治之经，礼与刑，君子以修百姓宁"，这样就形成独立的"法"了。另一方面，礼的教化功能，即化民成俗，并不是万能的。社会上也有礼义所不能及的一面，也有许多教而不化的奸邪之徒。因此"使天下皆出于治，合于善"，除了"明礼义以教化"之外，还必须"起法正以治之，重刑罚以禁之"。对于礼教与刑杀的关系，《富国》篇说："故不教而诛，则刑繁而邪不胜；教而不诛，则奸民不惩；诛而不赏，则勤励之民不劝；诛赏而不类，则下疑，俗俭而百姓不一"。这就是荀子礼法并称的原因。

荀子不仅强调了法的作用，而且对法学理论也做出了贡献，他最先提出了法义、法数和类的概念。"法义"即法理、法学原理，"法数"即具体的法律、法规、法令条文。荀子认为法义是法数的指导，《君道》篇说："不知法之义而正法之数者，虽博，临事必乱。"不懂法理而去制定法律条文的人，即使熟记了很多条文案例，遇到具体事情也一定会昏乱。法数不管如何详细具体，也不可能包纳一切，这就需要引"类"去处理，这里的"类"就是判例。荀子认为，只有兼通义、数、类三者，才能运用自如。正如《修身》篇所说："人无法，则伥伥然；有法而无志义，则渠渠然；依乎法而又深其类，然后温温然。"人们没有法律就无所适从；有法律而不懂法理则茫然不知所措；掌握了法理，按照法律规定去办事，又精通判例的类推，治理国家就会"温温然"，得心应手。现在世界上主要有三大法系：大陆法系、英美法系和伊斯兰法系。大陆法系主要是德国、法国等欧洲国家的，看条文，注重书证。英美法系是英国和美国的，看判例，注重人证。但在两千多年前，荀子已经知道要综合法理、法律条文和判例了。当时中国人的法律思想已经很成熟了。

很多人以为中国人只会人治，实际古代中国的法治就很发达了。

公元前四百七十年，魏国宰相李悝就编订了中国历史上第一部系统的成文法典《法经》。该书已失传，据《晋书·刑法志》记载，《法经》分《盗》《贼》《网》《捕》《杂》《具》六篇。不过，此时的法还只是指刑。1975 年 12 月在湖北云梦睡虎地出土的《秦简》所载，秦律不仅有《法经》六篇的内容，而且还有《田律》《效律》《置吏律》《仓律》《工律》《金布律》等内容。秦律为以后的汉律所继承，目前留存的《唐律》《大清律》更是卷帙浩繁。因此说，中国不是没有完整的法律制度，只不过很多时候法律被当儿戏，君主意志凌驾于法律之上。

在司法方面，荀子也有一套理论。他提出四个关键词："法"、"职"、"议"、"通"，强调要处理好这四者的关系。"法"指法律法规；"职"指职权。法律和职权都有明确的规定性，但它们不可能囊括无遗，必然有"所不至者"、"所不及者"。这就需要"议"和"通"来补充，"议"指议论法律的适用范围，"通"指沟通各种不同职权部门的功能。荀子在《王制》篇中说：

> 故法而不议，则法之所不至者必废。职而不通，则职之所不及者必队（坠）。故法而议，职而通，无隐谋，无遗善，而百事无过，非君子莫能。故公平者，听之衡也；中和者，听之绳也。其有法者以法行，无法者以类举，听之尽也。偏党而不经，听之辟也。故有良法而乱者，有之矣。有君子而乱者，自古及今，未尝闻也。传曰："治生乎君子，乱生乎小人。"此之谓也。

制定法律以后不再依靠臣下讨论研究，那么法律没有涉及的事情就一定会被废弃。其实，法律总是滞后于社会现象的。事情已经发生了，才会制定法律去规管。有些事情还在萌芽状态，还没有为此立法，这就需要"议"，让专家讨论如何规管。规定了各级官吏的职权范围而不彼此沟通，那么职权范围涉及不到的地方就必然会落空，成为真空地带。所以有法律而又依靠臣下讨论研究，规定了官吏的职权而又彼此沟通，就不会有隐藏的图谋，也不会有没被发现的善行，而任何事情也就不会失误了。这是只有君子才能做到的。这里荀子是指灵活运用法令、职权的问题。

公正公平是处理政事的准则，宽严适中，是听讼审案的准绳。有明确法律条文的照规定去做，没有成文法的参照判例解决，听讼审案的原则全在于此了。荀子认为，固然"法"存在着"议"、"职"、"通"的灵活性，但这种灵活性并不是任意的。"无法者"要根据"有法者"、"类举"去做；偏袒而不讲规矩，是听讼审案的歪门邪道。这就是现在讲的司法不公。"故有良法而乱者，有之矣；有君子而乱者，自古及今，未尝闻也。"有好的法制，但司法实践乱七八糟，这种现象是有的。不过，有君子执法而造成混乱的现象，从古到今，还不曾听说过。古书上说："国家的安定产生于君子，国家的动乱来源于小人。"说的就是这种情况啊。

荀子在司法方面还有一个特点，就是主张刑罚要严厉。他在《正论》篇对"治古无肉刑，而有象刑"的说法进行了驳斥，认为这是世俗之见，并非古代的治世真有象刑。

世俗之为说者曰："治古无肉刑，而有象刑。墨黥（劓）、慅婴；共（宫），艾毕；剕，刘屦；杀，赭衣而不纯。治古如是。"是不然。

以为治邪？则人固莫触罪，非独不用肉刑，亦不用象刑矣。以为人或触罪矣而直轻其刑？然则是杀人者不死，伤人者不刑也。罪至重而刑至轻，庸人不知恶矣，乱莫大焉。凡刑人之本，禁暴恶恶，且征其未也。杀人者不死，而伤人者不刑，是谓惠暴而宽贼也，非恶恶也。故象刑殆非生于治古，并起于乱今也。治古不然。凡爵列、官职、赏庆、刑罚皆报也，以类相从者也。一物失称，乱之端也。夫德不称位，能不称官，赏不当功，罚不当罪，不祥莫大焉。昔者武王伐有商，诛纣，断其首，县之赤旆。夫征暴诛悍，治之盛也。杀人者死，伤人者刑，是百王之所同也，未有知其所由来者也。刑称罪则治，不称罪则乱。故治则刑重，乱则刑轻，犯治之罪固重，犯乱之罪固轻也。《书》曰："刑罚世轻世重。"此之谓也。

社会上长期流传一种说法：古代治世没有肉刑，而只有象征性的刑罚。用墨画脸来代替脸上刺字的黥刑；割鼻子的劓刑，用系草绳来代替；阉割生殖器的宫刑，用割护膝来代替；砍掉脚的剕刑，用割麻鞋来代替；杀头的死刑，用穿上褐色的衣服而不做衣领来代替。荀子说，这种说法不对！可以用象刑来治理吗？如果不触犯法律，不用肉刑，也不用象刑。如果真触犯法律而减轻刑罚，使杀人者不死，伤人者不用处刑，罪行极重而刑罚极轻，一般人就不知道什么是罪恶了，祸乱没有比这更大的了。对人处刑的本来目的是为了禁止暴力，反对恶行，警戒暴行发生。如果不在犯罪的萌芽状态就进行惩罚，等到很多人犯罪的时候就会法不责众。如果杀人的人不被处死，伤人的人不被判刑，这就叫做纵容暴行，宽容盗贼，不是反对恶行的做法。所以说，象刑的说法不是起源于古代治世，而是起于天下大乱的今天。

古代治世可不是这样的。凡是爵位、官职、奖赏、刑罚都是对一定行为的相应回报，善有善报，恶有恶报。只要有一件事情赏罚失当，就是祸乱的开端。德行和地位不相称，能力和官职不相称，奖赏和功劳不相当，刑罚和罪过不相当，不祥之事没有比这更大的了。当初武王伐商，诛杀纣王，砍下他的头颅，挂在红旗上，征伐暴君，惩治元凶，才能有数百年的太平盛世。荀子举武王伐纣的例子，证明古代治世实行象刑的说法不实。"杀人者死，伤人者刑"，是历代帝王相同的做法，也不知道是从什么时候传下来的。刑罚和罪行相当，社会就能治理好；刑罚和罪行不相当，社会就会混乱。所以治世刑罚反而要重。大家都守法，一个人不守法就要严惩，才能把犯罪行为消灭在萌芽状态。乱世则不同，刑罚要轻。刘邦打下天下后，废除秦王朝的严刑峻法，与民约法三章："杀人者死，伤人及盗抵罪"。因为当时天下初定，刑重也没用，反而逼人造反生乱。

尽管荀子主张刑罚要严厉，但这是在"刑称罪则治，不称罪则乱"的前提下提出的，并不是要加重轻罪的刑罚。这和他的学生李斯主张的严刑峻法是有区别的。对于刑赏，荀子还是认为应该适度，不能因私人好恶而影响其规定性。《修身》篇说："怒不过夺，喜不过予，是法胜私也。"《致士》篇说："赏不欲僭，刑不欲滥。赏僭则利于小人，刑滥则害及君子。"据此，他主张"赏功罚过"，必须"无恤亲疏、无偏贵贱"，"内不可以阿子弟，外不可以隐远人。"荀子既反对"以世举贤"，又反对"以族论罪"。反对"以世举贤"是战国时期的时代潮流，其中反对最力的是法家，但法家又以酷法严刑治民。他们不但没有否定"以族论罪"，反而主张族诛连坐。如商鞅的"造参夷之法"，即"夷三族"；秦始皇、李斯的"以古非今者族"等都是明证。

荀子认为像法家商鞅那样只依靠刑赏，并不足以治理社会。他在《议兵》篇里指出：如果人们只是为了得到奖赏而去做某事，那么在遇到危险时就不会愿意再继续做下去，所以说"赏庆、刑罚、势诈不足以尽人之力、致人之死"。单纯的赏罚只是一种雇佣买卖之道，不能起到教化、凝聚民众的作用，不足以使国家风俗淳美。一个企业如果只有赏罚，没有凝聚力，是搞不好的。一碰到麻烦，员工就跳槽了。不能只靠利笼络人，而要靠义凝聚群众。这是中国管理哲学和西方管理哲学不同的地方。荀子认为，社会平治的前提仍在于以礼义来教化人民，做到"政令以定，风俗以一"，形成良好的社会风气。这样，即使有违法乱纪的人，也会遭到民众的反对。"有离俗不顺其上，则百姓莫不敦恶，莫不毒孽，若被不祥，然后刑于是起矣。是大刑之所加也，辱孰大焉？"在这样的基础上加之以刑，民众就会视之为奇耻大辱。同样，"赏"也是如此，在民众都能重视道德、遵守礼义的前提下加之以赏，民众才会视之为莫大的荣誉。这样刑与赏在荀子这里就有了广泛的社会基础，也就能起到促进教化的作用。

尽管荀子肯定法的作用，但他始终认为，礼高于法。首先，如果只讲法治，不讲礼治，百姓只是畏惧刑罚，一有机会仍会作乱。他把"法治"称为"暴察之威"，"礼治"称作"道德之威"。以礼为本，法就可以更好地发挥作用。《致士》篇说："故礼及身而行修，义及国而政明；能以礼挟而贵名白，天下愿，令行禁止，王者之事毕矣"。礼贯彻到自身，品行就美好。义贯彻到国家，政治就清明。能够把礼贯彻到所有方面，那么高贵的名声就会显著，天下的人就会仰慕，政令就能推行，禁约就能制止。这样，称王天下的大业也就完成了。《君道》篇说："赏不用而民劝，罚不作而民服。"如果人们爱好礼义，其行为就会自然合法，甚至不用刑罚，百姓也能自然为善。其次，法要以礼为根据。《劝学》篇说："礼者，法之大分、类之纲纪也。"这是说，礼是法的纲领或准则。法是根据礼义而制定出的，在礼的基础上才可能产生法。《修身》篇说："故非礼，是无法也。"违反了礼，也就是违反了法。

70. 雅乐与淫声

礼的另一翼就是乐。中国政治文化讲刚柔相济，如果说法代表刚的一面，那么乐则是代表柔的一面。礼包含乐，乐是礼的组成部分；乐为礼服务，接受礼的制约。乐通过引导人的感情而实现教化目的。教化的方式很多，比如读书。但古时候大多数人不识字，就需要风俗和音乐来教化。学者徐复观就讲过："情与性，是生命中一股强大力量。不能仅靠制之于外的礼的制约力，而需要由雅颂之声的功用，对情性疏导转化，使其能自然而然的发生与礼互相配合的作用。这就可以减轻礼的强迫性，而得与法家划定一鸿沟。"（《徐复观文集》第19页）荀子的《乐论》篇是非常重要的文献。现在"六经"只剩下五经，《乐经》没有了。有关先秦音乐理论的文献只剩下《礼记》的《乐记》和《史记》的《乐书》。这两篇文献的文字都和《乐论》很相近，目前还无法断定三者之间的承继关系。这篇文章是和墨子的论战，墨子写过《非乐》篇。荀子在文章里表现出的思想特色是以礼释乐，以乐归礼。下面我们来看《乐论》的文本。

夫乐者、乐也，人情之所必不免也，故人不能无乐。乐则必发于声音，形于动静；而人之道，声音、动静、性术之变尽是矣。故人不能不乐，乐则不能无形，形而不为道，则不能无乱。先王恶其乱也，故制《雅》、《颂》之声以道之，使其声足以乐而不流，使其文足以辨而不谒，使其曲直、繁省、廉肉、节奏，足以感动人之善心，使夫邪污之气无由得接焉。是先王立乐之方也，而墨子非之，奈何？

乐就是欢乐的意思，是人的情感必不可少的。《乐论》里提及的"乐"不只是音乐，也包含了舞蹈和诗歌等，相当于我们今天讲的艺术。人不能没有欢乐，欢乐就一定会发出声音，会在行为举止上表现出来。汉代孔颖达说："内心欢乐发于声，则嗟叹咏歌是也；形于动静，则手舞足蹈是也。"你看古今中外各个民族都离不开音乐和舞蹈。即便一个内向的人，对着大山大海也会大声唱歌。人性、人的声音、行为举止以及思想感情的变化，都会在艺术中体现出来。所以人一定要欢乐，人有欢乐就一定要表现出来，不苟言笑是违反人性的。人们的欢乐用行动表现出来，如果没有适当引导，就可能造成祸乱。比如球迷们看球看得高兴，往往会闹事，砸车，砸商店，他们内心的兴奋会用行为表现出来。这时候就需要引导他们守法、讲道德，不然就会出乱子。古代圣王憎恶这种祸乱，所以创作了《雅》《颂》来引导百姓，那歌声足以表达快乐，而又不淫荡；歌词的内容足以明白，而又不粗俗。歌词就是《诗》，曲调就是《乐》。《诗》是很通俗的。中国古代的文学标准，诗歌要通俗而不粗俗。民间流行的歌谣是要经过艺术加工、提炼的。孔子删诗三百首指的就是他对民间歌谣提炼的过程。先王使音乐或宛转或舒扬、或繁复或简略、或阳刚或柔和、或停顿或加速，足以感动人的善心，使邪恶肮脏的风气无法影响民众。这是先王创作艺术的道理啊，而墨子竟然反对这样的艺术，还有什么话好说呢！

　　故乐在宗庙之中，君臣上下同听之，则莫不和敬；闺门之内，父子兄弟同听之，则莫不和亲；乡里族长之中，长少同听之，则莫不和顺。故乐者审一以定和者也，比物以饰节者也，合奏以成文者也；足以率一道，足以治万变。是先王立乐之术也。而墨子非之，奈何？

礼讲等级的分，社会分成了不同等级，家庭之内也有父父子子的严格界限。到了宗庙里祭祀，奏起音乐的时候，君臣上下一起听，就没有不和谐恭敬了。在家门之内，父子兄弟一起听，就没有不和睦相亲了。在乡里之间，老人小孩一起听，就没有不和谐孝顺了。传统社会里，无论东西方，艺术对人与人的和谐相处都起到了很大的作用，比如社戏，全村人一起看，增强了村落的凝聚力。去欧洲旅行可以看到，在奥地利等国家，每个小镇都有音乐会。男女老少坐在一起欣赏音乐，有一种令人羡慕的祥和之气。接着荀子更具体地讲了音乐的功能。审定一个主旋律以定其他和声，协和各种乐器以调治高下徐疾的节奏，一起演奏以组成乐章。这样音乐足以遵循和一之道，足能治理千变万化。音乐最基本的功能是和，弱化差别，调和矛盾，增进感情，加强团结。礼强调贵贱尊卑，如差别过于明显，可能发生对立冲突，因此有必要对君臣，父子，长幼关系进行调和。音乐使人心平气和，培养亲和的态度和爱人的情感，使人相亲相善，实现等级差别基础上的和谐稳定。

> 故听其《雅》、《颂》之声，而志意得广焉；执其干戚，习其俯仰屈伸，而容貌得庄焉；行其缀兆，要其节奏，而行列得正焉，进退得齐焉。故乐者，出所以征诛也，入所以揖让也。征诛揖让，其义一也。出所以征诛，则莫不听从；入所以揖让，则莫不从服。故乐者，天下之大齐也，中和之纪也，人情之所必不免也。是先王立乐之术也。而墨子非之，奈何？

人们听到颂歌时，心胸自然会宽广，就像现在听交响乐和进行曲一样。跳军舞时，手持盾牌和斧头，练习俯仰屈伸动作，容貌就能庄重。训练在规定位置进退动止，把握舞蹈的快慢节奏，行列才能整齐，进退才能一致。所以这些乐舞，对外用以征伐，对内用以礼让。征伐与礼让，乐的作用是一样的。通过乐培养协同的能力和情性。这样，用在对外征伐上，可以使官兵无不听从。用在对内礼让上，可以使臣民无不服从。所以说，乐是统一天下的工具，万物中正平和的纲纪，也是人的情感必不可少的。

　　且乐者，先王之所以饰喜也；军旅鈇钺者，先王之所以饰怒也。先王喜怒皆得其齐焉。是故喜而天下和之，怒而暴乱畏之。先王之道，礼乐正其盛者也，而墨子非之。故曰：墨子之于道也，犹瞽之于白黑也，犹聋之于清浊也，犹欲之楚而北求之也。

况且乐舞是古代圣王用来表现喜悦的，手持兵器刑具的军舞是先王用来烘托愤怒情绪的。先王的喜怒由此相辅相成。所以说，先王用乐舞表达喜悦，则天下人才会响应，举国上下一起欢乐。先王用军舞表达愤怒，那些发动暴乱的人看到这种阵势才会感到畏惧。礼乐最能表达先王之道，而墨子竟然反对礼乐，可见他根本不懂道。墨子对道的理解，就像盲人分不清颜色的黑白一样，就像聋子分不清声音的清浊一样，就像到北方去寻找南方的楚国一样。用民间通俗语言，就是说墨子论道"门都没有"。

　　夫声乐之入人也深，其化人也速，故先王谨为之文。乐中平，则民和而不流；乐肃庄，则民齐而不乱。民和齐，则兵劲城固，敌国不敢婴也。如是，则百姓莫不安其处，乐其乡，以至足其上矣。然后名声于是白，光辉于是大，四海之民，莫不愿得以为师，是王者之始也。乐姚冶以险，则民流僈鄙贱矣；流僈则乱，鄙贱则争。乱争，则兵弱城犯，敌国危之。如是，则百姓不安其处，不乐其乡，不足其上矣。故礼乐废而邪音起者，危削侮辱之本也。故先王贵礼乐而贱邪音。其在《序官》也，曰："修宪命，审诛赏（诗商），禁淫声，以时顺修，使夷俗邪音不敢乱雅，太师之事也。"

乐渗入人心是很深的，感化人是很快的。艺术会深入人心，听到一首老歌就会回想起一个相应的时代。西方的学术很难影响中国人，但好莱坞的电影一进来，情况就变了。所以古代圣王都很谨慎地制作乐章。然而，艺术对社会的影响不一定都是正面的，乐有雅正淫奢之分。雅乐对人生和社会有正面作用，才是应该追求的。音乐中正平和，民众就和睦而不淫荡；音乐严肃庄重，民众就齐心而不混乱。民众和睦齐心，兵力就强劲，城防就牢固，敌国就不敢来犯。荀子把音乐提到国防的高度。抗日战争中就有人提出"国防音乐"的口号，那些抗战歌曲在当时确实起到了激励中国人万众一心、团结抗战的决心。"如是，则百姓莫不安其处，乐其乡，以至足其上矣。"这样，百姓就无不安居乐业而会非常拥戴他们的君上了。然后，君主的名声就会因此而彰显，光辉因此而灿烂，天下民众就无不希望他做自己的君师。这是称王天下的开端啊。

相反，如果乐舞妖冶、轻浮而邪恶，民众沉溺其中，就会放纵轻慢而卑贱了。民众放纵轻慢，社会就会混乱；民众卑贱下流就会互相争夺。国内混乱又争夺，兵力就衰弱，城池被侵犯，就会被敌国威胁。这样，百姓就不能安居乐业，也不会拥戴君上。所以说，废弃雅乐而淫荡的靡靡之音兴起的话，乃是国家遭遇危机、削弱和侮辱的根源。20世纪末，面对全球化造成的贫富悬殊，美国政客布热津斯基提出一个对策：在占人口百分之八十的"边缘人"嘴里塞一个"奶嘴"，让他们安分守己，另外百分之二十的"精英"就可以高枕无忧了。"奶嘴"既包括色情行业、暴力网络游戏等发泄性娱乐，也包括肥皂剧、偶像剧和明星丑闻的报道。占用人们大量时间，让其在不知不觉中丧失思考的能力，化解不满情绪。于是令人沉溺的消遣娱乐及充满感官刺激的产品堆满了世人的生活。人类正面临着腐朽颓废文化的严峻挑战！

荀子说："故先王贵礼乐而贱邪音。"先王因此提倡令人激越的雅乐，鄙视放纵情欲的淫声。他们认为，淫声会使国家陷于声色之中，由对感官享受的争夺而导致颓废，最后招致外敌入侵。他们说："修订法令，审定乐章，禁止淫乐，按时势需要整治，使蛮夷风俗和邪恶淫声不能扰乱雅乐。这是太师的职事。"

墨子曰："乐者，圣王之所非也，而儒者为之，过也。"君子以为不然。乐者，圣王之所乐也，而可以善民心，其感人深，其移风易俗易。故先王导之以礼乐而民和睦。

夫民有好恶之情，而无喜怒之应，则乱。先王恶其乱也，故修其行，正其乐，而天下顺焉。故齐衰之服，哭泣之声，使人之心悲。带甲婴胄，歌于行伍，使人之心伤。姚冶之容，郑、卫之音，使人之心淫。绅、端、章甫，舞《韶》歌《武》，使人之心庄。故君子耳不听淫声，目不视女（奸）色，口不出恶言。此三者，君子慎之。

凡奸声感人而逆气应之，逆气成象而乱生焉。正声感人而顺气应之，顺气成象而治生焉。唱和有应，善恶相象，故君子慎其所去就也。

墨子说："乐是圣王所反对的，而儒者却去追求，因此是错的。"君子不会认同这种看法。事实上，乐是圣人赞赏的，可以使民心向善，它感人至深，改变风俗也容易，所以古代圣王用礼乐来引导民众，而使民众和睦。民众有爱和憎的感情，势必要用相应的方式表达他们的喜和怒，否则就会发生骚乱。像那些球迷、足球流氓那样闹事。古代圣王厌恶这种混乱，所以要想办法整治民众的行为，端正他们的娱乐，这样做才能理顺天下。具体而言，进了灵堂，看着人披麻戴孝，耳边响起了带有哭泣之声的丧歌，人们内心会感到悲痛。看着穿盔戴甲的队伍，在行进中唱着战歌，会让人产生悲壮的感觉。妖艳的化妆，郑、卫的靡靡之音，会使人内心淫荡。系上宽腰带、穿礼服、戴礼帽，随着《韶》《武》的乐曲歌舞，会使人内心庄敬。所以君子耳不听淫荡的音乐，眼不视淫荡不正之色，这里的"色"指女色，也指画像、舞蹈等等。嘴不说恶言恶语。这三件事，君子须慎重对待。为什么呢？"凡奸声感人而逆气应之，逆气成象而乱生焉。正声感人而顺气应之，顺气成象而治生焉。"大凡淫声感染人以后，就会有歪风邪气应和，歪风邪气成了气候，混乱的局面就产生了。雅乐感动人以后，也会有和顺正气应和，和顺正气成了气象，秩序井然的局面就形成了。艺术有社会功能，这种功能因艺术本身的属性而有正邪之分。社会风气的正邪和人心有对应关系。邪恶的社会风气感染了人，人心便会以奸邪之气相应。奸邪之气表现在音乐上，则是淫乱之乐，乐淫乱则天下乱。相反，和顺的社会风气感染了人，人心以和顺之气相应。和顺之气表现在音乐上，则是雅正之乐，乐雅正则天下安。有唱必有和，善恶的风气各有所像。所以君子应该慎重对待艺术的取舍。荀子对艺术的观察是细致的，不完全是说教，是有一定的道理的。

71. 美乐相善

　　君子以钟鼓道志，以琴瑟乐心。动以干戚，饰以羽旄，从以磬管。故其清明象天，其广大象地，其俯仰周旋有似于四时。故乐行而志清，礼修而行成，耳目聪明，血气和平，移风易俗，天下皆宁，美善相乐。故曰：乐者，乐也。君子乐得其道，小人乐得其欲。以道制欲，则乐而不乱；以欲忘道，则惑而不乐。故乐者，所以道乐也。金石丝竹，所以道德（乐）也。乐行而民向方矣。故乐也者，治人之盛者也，而墨子非之。

　　君子用钟鼓引导人们的志向，用琴瑟来娱乐人们的心情。手持盾牌斧头舞动，用羽毛牛尾装饰，用石磬、箫管伴奏。乐声的清朗像天空，悠远像大地，舞姿的俯仰旋转又和四季变化相似。乐舞流行而志向高洁，礼义践行而德行养成。耳聪目明，心平气和，移风易俗，天下太平，审美和德行因乐而相得益彰。"美善相乐"这四个字很重要，是荀子艺术理论的核心，也是中国古代的艺术标准。我们经常讲"尽善尽美"，美和善是联在一起的。艺术价值的判断是很主观的。在传统上，我们中国人对艺术价值的判断，注重其对内心修养的影响，主张以艺术来体现道德，使美善互相喜乐。美以善为前提，礼与乐互相关照，美与善有机统一。钱穆说过："中国艺术不仅在心情娱乐上，更要在德性修养上。艺术价值之判定，不在其向外之所获得，而更要在其内心修养之深厚。要之，艺术属于全人生，而为各个人品第高低之准则所在。"（《现代中国学术论衡》）对艺术的鉴赏能力，可以反映一个人的品位高低。同样一场交响乐演奏会，有人听了流连忘返，有人听得昏昏欲睡，不能不说是两者教养程度的差别。钱穆还说过，要争取中国音乐的复兴，不应当在乐器和技巧上下功夫，主要应该在如何引起人心的共鸣上着力。"有此情，斯生此音。中国人论乐必先礼，而论礼又必先仁。"通过赋予礼以审美旨趣，给予乐以伦理定位，荀子完成了对美善相乐思想的论述。他的美善相乐既是伦理和审美的统一，也是目的和手段的统一。

"故曰：乐者，乐也。君子乐得其道，小人乐得其欲。以道制欲，则乐而不乱；以欲忘道，则惑而不乐。"所以说，乐就是欢乐的意思。君子的欢乐在于获得道义，小人的快乐在于满足感官。用道义来制约欲望，既快乐，又不会淫乱。因欲望而忘记道义，就会困惑而得不到真正的快乐。例如，《韶》汇融了尧舜天下为公的禅让精神，《武》蕴含周武王征伐大业的抱负，两者都充满着积极向上的精神，使人在愉悦中领悟道的精神，以达到以道制欲的目的。"故乐者，所以道乐也。

金石丝竹，所以道乐也。乐行而民向方矣。故乐者，治人之盛者也，而墨子非之！"所以乐舞是用来引导欢乐的，而钟磬琴箫则是用来引导乐舞的。雅乐流行而民众就会向往道义。所以说，治人之道，政治、教化的方法，莫盛于乐。

且乐也者，和之不可变者也；礼也者，理之不可易者
也。乐合同，礼别异。礼乐之统，管乎人心矣。穷本极变，
乐之情也；著诚去伪，礼之经也。墨子非之，几遇刑也。明
王已没，莫之正也。愚者学之，危其身也。君子明乐，乃其
德也。乱世恶善，不此听也，於乎哀哉！不得成也。弟子勉
学，无所营（荧）也。

这段是讲礼乐的分工。乐以主和为宗旨，是不可改变的。礼以治理为功能，也是不可更替的。乐是为了使人们同心，礼是为了使人们区别等级差异，礼乐的结合可以贯穿人心。深究人心，尽其喜怒哀乐的变化，是乐的实质。彰明诚意，去除虚伪，是礼的原则。蔡元培先生曾经说："有礼则不可无乐。礼者，以人定之法，节制其身心，消极者也。乐者，以自然之美，化感其性灵，积极者也。礼之德方而智，乐之德圆而神。无礼之乐，或流于纵恣而无纪；无乐之礼，或涉于枯寂而无趣。礼起到分的作用，乐起到合的作用，礼乐一体，就是在分的基础上到达的合。"（《中国伦理思想史》）这是非常有道理的。通观《荀子》全书，荀子无处不讲礼，无处不称乐，真可谓"礼乐

之统，管乎人心矣"。在这里，礼乐合一既是一种对盛世景象的价值追求，又是为了实现这种价值理想而必须运用的手段。最后，荀子还是忘不了要斥责墨子，说他反对礼乐是近乎犯罪。创立礼乐的先王已经不在了，没有人来纠正他了。愚蠢的人听信墨子，会给自己招来麻烦。君子彰明礼乐，乃是一种仁德。眼前这个乱世厌恶善行，听不进我的这些话了，可悲可叹啊！荀子悲叹的是无法让礼乐见成效。他大声疾呼：弟子们努力学习吧，不要被墨子迷惑。

荀子的《乐论》讲了一大半，一些细节就不再一一讲解了，但是最后一段很有趣。

> 乱世之征：其服组，其容妇，其俗淫，其志利，其行杂，其声乐险，其文章匿而采，其养生无度，其送死瘠墨，贱礼义而贵勇力，贫则为盗，富则为贼。治世反是也。

乱世的迹象：那里的服装奢华，男人打扮得像女人一样妖媚。风俗淫荡，志向乖戾，也就是价值观严重扭曲。行为乱七八糟，音乐淫荡邪恶，文章隐晦，辞藻华美，堆砌的词句下不知道作者想表达什么意思。人们养生不计工本，但送葬却寒酸刻薄。轻视礼义而崇尚暴力，动不动就用拳头解决问题。穷人盗窃，富人欺诈。治世的社会风气不应该是这样的啊！读了这一段，你们可以自己去品味。

荀子以礼释乐，主张音乐要为现实政治和的社会人生服务，从而忽视了对艺术自身价值的探讨，强调了艺术的伦理政治功能，却损害了艺术自身的审美功能。西方讲为艺术而艺术，中国讲为人生而艺术。这种思想倾向影响深远，不仅为否定艺术自身的审美价值埋下了伏笔，也为中国历史上以政治统领和干涉艺术提供了口实。到了宋代，理学家们往往"尊道德而薄文辞"。程灏、程颐兄弟的《语录》记载："或问作文害道？程子曰：害也。凡为文不专意则不工，专意则志局于此，又安得与天地同其大也。《书》曰：玩物丧志，为文亦玩物也。"他们认为，如果写文章不专心，便写不出工整的文章。如果写文章专心，便束缚人的志向。最后得出结论说，写文章影响道德理想人格的实现，因此，作文无异于"玩物丧志"。他们把对艺术独立价值的否定推向了极致。程朱的文章也都非常粗陋，不但和先秦古文没法相比，比起同时代的"三苏"、司马光和王安石来也相去甚远。因此，我们既要重视艺术的社会功能，也要强调其审美功能，两者不能偏废。

第九讲

荀子论治国之道

荀子设计了一套政治制度，也讲了如何去实践这套政治制度。这一讲就要介绍实践礼乐刑法制度的原则、途径和方法，也就是具体的治国之道。我以前说过儒、释、道构成了中国传统文化的主流，三家的交汇点在修身养性，完善人生。这是我们今天仍然值得吸取和借鉴的。至于传统文化中的政治思想，包括荀子的政治思想，可以借鉴的不多。因为那都是建立在农业社会基础上，主要是为了维护专制皇权的。到了今天这个全球化的工业社会，还要照搬这套家长制的忠君思想显然是不行了。但是为什么还要讲荀子的政治学说呢？因为对我们的管理，对处理各种人际关系还是有用的。荀子的治国之道是建立在对人性的认识和分析之上的，不像儒家思孟学派或道家学说，只是描绘一个理想模式。当然他们的理想模式也不错，但没有办法具体操作。我以前就讲过，两千多年来，中国人的人性，或者说国民性，并没有根本变化。所以，荀子建立在对人性比较客观分析基础上的管理原则和方法，对我们今天来说还是有借鉴意义的。

72. 王道、霸道和亡国之道

　　荀子不仅设计了一套礼乐法刑的政治制度，并提出是否和如何落实这套制度会取得不同的结果：王、霸、亡。王道是荀子、也是儒家的最高政治理想。次一等的是霸道，最坏的选择是亡国之道。他在《王霸》篇中说："故用国者，义立而王，信立而霸，权谋立而亡。三者，明主之所谨择也，仁人之所务白也。"治理国家的人，确立以道义治国的就能称王天下，确立以诚信治国的就能称霸诸侯，如果以权谋治国的就会灭亡。这三种情况，是明君要谨慎选择的，是仁人一定要弄明白的。接下去，他就进行具体分析：

　　　　挈国以呼礼义而无以害之，行一不义、杀一无罪而得天下，仁者不为也，拵然扶持心（身）国，且若是（石）其固也！之所与为之者，之人则举义士也；之所以为布陈于国家刑法者，则举义法也；主之所极然帅群臣而首乡之者，则举义志也。如是，则下仰上以义矣，是綦（基）定也。綦（基）定而国定，国定而天下定。仲尼无置锥之地，诚义乎志意，加义乎身行，箸（著）之言语，济之日，不隐乎天下，名垂乎后世。今亦以天下之显诸侯诚义乎志意，加义乎法则度量，箸（著）之（以）政事，案申重之以贵贱杀生，使袭然终始犹一也。如是，则夫名声之部（剖）发于天地之间也，岂不如日月雷霆然矣哉？故曰：以国齐义，一日而白，汤、武是也。汤以亳，武王以鄗，皆百里之地也，天下为一，诸侯为臣，通达之属，莫不从服，无它故焉，以济义矣。是所谓义立而王也。

　　领导国家而提倡礼义，绝不让任何东西来损害礼义，即使做一件不义的事、杀一个无罪的人就能取得天下，讲究仁德的人也决不去做。他们坚定地用礼义来维护自己的国家，决心就像石头一样坚固。跟他们一起治国的人，都是奉行道义的人；公布的国家刑法都是合乎道义的法律；君主急切地率领群臣去追求的，都是合乎道义的目标。这样做的话，臣民景仰君主的就会是道义，而不是权势。礼义就此成为立国的基础。基础定了，国家就安定；国家安定了，天下就能太平。这里的国是指诸侯国，天下则是指整个中国。这种话拿到今天来也适用。如果世界各国都以道义为政治基础，而不是以力服人，国家就不会动荡。每个国家都安定了，天下也就太平了。

　　孔子没有立锥之地，只不过是一个普通老百姓，但他在思想上真诚地相信道义，在立身行事上落实道义，平时讲的言语，教导学生或与人交谈，都明辨道义。时间久了，他的名声就显扬于天下，并且流传到后世。两千多年过去，我们到今天还受他的思想影响。孔子这样一个普通老百姓能做到的，那么天下那些显赫的诸侯有什么不能做的呢？如果他们也能像孔子那样，在思想上真诚地相信道义，然后在法律制度上落实道义，在政务上突出道义，也就是用提拔、废黜、处死、赦免等举措来强调道义，使道义连续不断、始终如一地得到贯彻。"袭然"的意思是相因相承，要终始犹一。这是对有权力的人来讲的，是说政策要有一贯性，一代一代传下去。孔子这样一个无权无势的书生，他这么做了，都能够"不隐乎天下，名垂乎后世"，那么有权力的人做到的话，就更了不得了。他们的名声就会传扬于天地之间，会像日月雷霆那样影响巨大。所以说，使国家统一于道义，全国上下都以道义为价值观和道德观，那么一天之内就能名声显赫，商汤、周武王就是这样的。商汤凭借亳邑，周武王凭借鄗京，都不过是地处偏远、百里见方的领地，但最后能一统天下，诸侯做了他们的臣属，凡是交通能到达的地方没有不服从的。没有别的原因，"以济义矣"，依靠道义而成功啊！这就说明了以道义治国就能称王天下的道理。次一等的是霸道，什么是霸道呢？

　　德虽未至也，义虽未济也，然而天下之理略奏矣，刑赏、已诺，信乎天下矣，臣下晓然皆知其可要也。政令已陈，虽睹利败，不欺其民；约结已定，虽睹利败，不欺其与。如是，则兵劲城固，敌国畏之；国一綦（基）明，与国信之。虽在僻陋之国，威动天下，五伯是也。非本政教也，非致隆高也，非綦（基）文理也，非服人之心也；乡方略，审劳佚，谨畜积，脩战备，齺然上下相信，而天下莫之敢当。故齐桓、晋文、楚庄、吴阖闾、越句践，是皆僻陋之国也，威动天下，强殆中国，无它故焉，略信也。是所谓信立而霸也。

德行虽然还没有尽善尽美，道义虽然还没有完全做到，然而天下的事理大体上掌握了。刑罚、奖赏、禁止、许诺已取信于天下，臣下也都清楚地知道这个君主是可以结交的，可以为他做事的。因为他守信用，不会出尔反尔。如果一个老板经常出尔反尔的话，那么手下人就会防着他了，不会说真话。"政令已陈，虽睹利败，不欺其民。"政令已经发布，即使看到自己的利益将要有所损害，宁可自己吃点亏，也不失信于民众。很多老板公布说，达到一定指标后年终有多少奖金，结果算一算发现得到的效益跟发出去的奖金不成比例，他就赖掉了。老板没有诚信，以后员工就不会再信他的话，最后损失的还是老板。"约结已定，虽睹利败，不欺其与。"盟约已经签定，即使看到自己的利益将要有所损害，也不失信于他的盟友。我们现在最大的问题就是缺乏诚信。我有一个熟人，是个大老板，他要把在香港的上市公司卖掉，已经跟人家签订了意向书，也收了订金。后来有人愿意多出一个亿收购，他马上撕毁原来的意向书，卖给出高价的人。他的总经理跟他说不可以这么做，不然就没有诚信了。他回答说："诚信能值一个亿吗？"个人是这样，国家更要讲诚信。如果君主讲诚信的话，就会军队强劲、城防牢固，让敌国害怕，国家统一。作为政治基础的道义彰明，而得到盟国的信任。即使地处偏僻落后的国家，威势也可震动天下。春秋五霸就是这样。"非本政教也，非致隆高也，非基文理也，非服人之心也。"他们没有把政治教化作为立国之本，没有达到最崇高的治国理想，也就是没有达到荀子所理想的王道。他们没有把礼义作为基本制度，没有使民众心悦诚服。然而，他们注重谋略，审度民众的劳逸，不过度地使用民众的劳力。他们慎重地动用国库，不挥霍无度。他们加强战备，君臣上下互相信任配合，就像上下牙齿咬合那样，因而天下就没有人敢抵挡他们。齐桓公、晋文公、楚庄王、吴王阖闾、越王勾践，这些人都处在偏僻落后的国家，他们的威势却震动天下。他们的强盛危及中原各国。这没有别的缘故，就是因为他们取信啊。这就是以诚信治国才能称霸诸侯的道理。最差的是导致亡国的治理方法。

　　挈国以呼功利，不务张其义、济其信，唯利之求，内则不惮诈其民而求小利焉，外则不惮诈其与而求大利焉，内不修正其所以有，然常欲人之有。如是，则臣下百姓莫不以诈心待其上矣。上诈其下，下诈其上，则是上下析也。如是，则敌国轻之，与国疑之，权谋日行，而国不免危削，綦之而亡，齐闵、薛公是也。故用强齐，非以修礼义也，非以本政教也，非以一天下也，绵绵常以结引驰外为务。故强，南足以破楚，西足以诎秦，北足以败燕，中足以举宋。及以燕、赵起而攻之，若振槁然，而身死国亡，为天下大戮，后世言恶，则必稽焉。是无它故焉，唯其不由礼义而由权谋也。

三者，明主之所谨择也，而仁人之所务白也。善择者制人，不善择者人制之。

带领全国人民去提倡功利，一切向钱看，谁有钱谁就有面子，不致力于伸张道义、讲究诚信，而是唯利是图。对内肆无忌惮地欺诈他的人民以求小利，对外则毫无顾忌地欺骗他的盟国以求大利。在内不好好管理已有的土地财富，却常常想取得别人所拥有的土地财富。这样做的话，臣下和百姓就没有不用欺诈之心去对待君主的。君主欺诈臣民，臣民欺诈君主，互相骗来骗去，这就是上下离心离德，分崩离析。像这样下去，那么敌国就会轻视他，盟国就会怀疑他，即使权术谋略天天在搞，而国家也免不了危险削弱。到了极点，国家就灭亡了。齐闵王、孟尝君就是如此。他们在强大的齐国执政，不是用手中的权力去修明礼义，不把政治教化作为立国之本，不靠礼义来统一天下，而是接连不断地把用权谋、拉拢别国作为自己的要务。也就是搞所谓纵横之术，一会儿合纵，一会儿连横。所以他们强大的时候，南能攻破楚国，西能使秦国屈服，北能打败燕国，中能攻占宋国，但等到燕国、赵国来进攻的时候，就像摧枯拉朽一样。闵王身死国亡，成为天下的奇耻大辱，后代谈起恶人就一定会提到他。这并没有其他的缘故，是因为他们不遵循礼义而专搞权谋啊。这三种情况，是明君要谨慎选择的，也是仁者一定要弄明白的。善于选择治国之道的，就能制服别人；不善于选择的，就会被别人制服。

73. 人治还是法治？

在国家治理或企业管理之中，到底是人起主要作用，还是制度起主要作用？到底应该是人治，还是法治？这个争论从先秦以来一直存在。对于人治和法治的关系，荀子是怎么说的呢？他提出礼法并称的思想，强调"隆礼重法，治国有常"。那么荀子是不是一个制度决定论者呢？其实不是。他认为，有礼法，有制度，最重要的还需要得人。得人，首先是要有一个英明的君主。我们来看《君道》篇的文本。

> 有乱君，无乱国；有治人，无治法。羿之法非亡也，而羿不世中；禹之法犹存，而夏不世王。故法不能独立，类不能自行，得其人则存，失其人则亡。法者，治之端也；君子者，法之原也。故有君子，则法虽省，足以偏矣；无君子，则法虽具，失先后之施，不能应事之变，足以乱矣。不知法之义而正法之数者，虽博传，临事必乱。故明主急得其人，

而暗主急得其势。急得其人，则身佚而国治，功大而名美，上可以王，下可以霸；不急得其人，而急得其势，则身劳而国乱，功废而名辱，社稷必危。故君人者，劳于索之，而休于使之。《书》曰："惟文王敬忌，一人以择。"此之谓也。

历史上只有昏乱的君主，自己把国家搞乱的君主，没有会自行混乱的国家。只有治理国家的人才，没有能够自然而然治理好国家的法律制度。这是荀子提出的一个中心论点。为什么这么说？传说中最擅长射箭的是后羿，他的射箭方法并没有失传，但不会世世代代都会有像后羿这样百发百中的神箭手了。夏朝的创立者是禹，他的治国方法仍然在，但夏后氏并不能世世代代称王天下。可见法制不能独自成立，律例不能自动推行。有合适的人，法就存在。没有那样的人，法就会消亡，有法等于无法。我想对此大家都有深切的体会。同样是国家颁布的法律，在某个地方可能有人去执行，换个地方可能就没人理睬了，因为官员素质不同。所以荀子虽然主张"重法"，但由于法的制定与执行均在于人，因此他认为治理好国家的关键是人而不是法。统治者必须是君子，才能治理好国家。荀子承认"法者，治之端也"，法律制度是治理国家的开端，完全无法无天当然不行，有法制才是一个好政治的开端。然而，法毕竟是作为统治者的"人"制定的，所以他又说："君子者，法之原也"。君才是法治的本原。既然"人"与"法"是源与流的关系，因此他的结论是法的好坏，完全取决于统治者"人"的好坏。人决定法，法取决于人。

"故有君子，则法虽省，足以遍矣。"有了君子，法律虽简略，也足以治理了。在历史上，秦朝法律非常繁琐，最后正是这些严刑峻法激起了陈胜吴广起义，导致秦王朝的灭亡。汉初，高祖与民约法三章："杀人者死、伤人及盗抵罪。"非常简单，汉初社会很快就安定下来。"无君子，则法虽具，失先后之施，不能应事之变，足以乱矣。"国家大事非常复杂而又经常变化，法律本身既不能概括无遗，又不能随机应变，得依靠人的灵活运用和当机立断。没有君子，法律再完备，也会失去轻重缓急的拿捏，不能应付事物的变化，足以造成混乱。要注意"失先后之施"这句话。好的法律或好的制度，也有先做哪个，后做哪个的问题，不然会好心办坏事。如何做到"先后之施"，后面还会详细阐述。"不知法之义而正法之数者，虽博传，临事必乱。"不懂法理的人，去制定具体法律条文，即使他们知道得很多，对古今中外的法规法例滚瓜烂熟，一碰到实际问题就一定束手无策。所以真正的法学家不是靠背诵法律条文就行的，必须掌握法的精神。法是不能自己发生作用的，即使有好的法律，如果人们不能很好执行的话，法律只是空纸一张。因此，法必依于人，即荀子所说的依于"君子"。

"故明主急得其人，而暗主急得其势。"所以英明的君主急于得到治国人才。而昏庸的君主急于抓权，建立自己的权威。重视人才，急于得到人才的话，就会自身安逸，做得轻轻松松，而国家可以治理得很安定。这样的君主功绩伟大，而名声又好，上可以称王天下，下可以称霸诸侯。相反，不急于得到人才，而急于取得权势的话，就会把自己弄得很疲劳。大事小事都要管，而国家又被管得乱七八糟，内外交困。这样的君主功业败坏而声名狼藉，政权必然危险。"故君人者，劳于索之，而休于使之。"统治人民的君主，在寻觅人才时劳累一点，在使用他们的时候就安逸了。这句话蛮有道理的，做一个公司的老板，你花很多精力在找人才上，以后就很轻松了，大大小小的事都有手下人去做了，你只要抓总的方向就可以了。倒过来，找人的时候不认真，找来的人都没有用，用起来不顺手，什么事情都要自己去做，你就弄得很乱很苦。《尚书》上说："文王恭敬戒惧，亲自选择人才。"说的就是这种道理啊。

刚才前面讲到"失先后之施"，法令政策不仅有好有坏，即使好的政策的施行也有轻重缓急之分，要在合适的时间做合适的事情，才会有效果。在《致仕》篇里有一段就是具体讲施政的先后步骤。

临事接民，而以义变应，宽裕而多容，恭敬以先之，政之始也；然后中和察断以辅之，政之隆也；然后进退诛赏之，政之终也。故一年与之始，三年与之终。用其终为始，则政令不行而上下怨疾，乱所以自作也。《书》曰："义刑义杀，勿庸以即，女惟曰'未有顺事'。"言先教也。

一个君主执政的开始首先应该做什么呢？用道义待人接物，变通、宽厚而又广泛容纳，并用恭敬的态度引导臣民。一个人到了一个新的岗位，不能盛气凌人，马上给员工来个下马威。那样做的话，大家会躲得远远的。即使手下不得力，也不要急于换人。这是施政的第一步。"然后中和察断以辅之，政之隆也。""隆"是高峰，走到施政的关键阶段了，就要中正、平和、明察、决断了。"中和察断"这四个字很重要，第一阶段给大家有了好印象，也了解了情况，这时候就需要采取实际行动了。第一处事要中正，既客观，又公正，不偏私。第二措施要平和，不要过于激进。想一个晚上把所有问题都解决掉，是不可能的。第三判断要明察，掌握问题的要害，对情况要摸得清清楚楚，不受蒙蔽。最后是决断，雷厉风行地去做，不要犹犹豫豫，反反复复。最后才是进用、黜退、惩罚、奖赏，提拔真正有用的人，罢免占着茅坑不拉屎的人，奖赏那些有功之人。这是施政的最后一步。第一年实施第一步，第三年实施最后一步。如果倒过来，"失先后之施"，以终为始的话，那么政令就会行不通，官民上下也会怨恨，动乱就将由此而起。《尚书》上说："即使是合宜的刑罚和诛杀，也不要马上用。你应该说，'我还没有理顺政事。'"这是说要先教后诛。在赏罚之前，先要教育。插进这一段是想强调：荀子对人治、法治没有偏颇，有了好的法，还要人去正确推行。在不同的实施阶段要有不同的着重点。关于人治与法治，无论是其他儒学家，还是法家、道家，都没有他阐述得那么具体。荀子特别强调君主的作用。在《王霸》篇中有一段话说得更明白：

> 国者，天下之利用也；人主者，天下之利势也。得道以持之，则大安也，大荣也，积美之源也。不得道以持之，则大危也，大累也，有之不如无之。及其綦也，索为匹夫不可

得也。齐闵、宋献是也。故人主，天下之利势也，然而不能

自安也，安之者必将道也。

国家是天下最有力的工具，君主是天下最有权势的职位。如果君主用道义去运用权势，国家就会得到极大的安定和繁荣，君主也将成为汇聚一切美好的源泉。相反，如果不用道义去运用权势，对自己也会是极大的危害和累赘，有权不如无权。发展到极点，即使君主想求做一个平民也不可能了。荀子举了齐闵王和宋康王的例子，去说明君主处在天下最有权势的职位，然而他并不一定能自安，使他们能安全的一定是道义。你玩权谋，人家也会跟你玩权谋，大家互相玩权谋的话，你一定会担心被人家暗算，那就没有一天日子会好过的，叫做防不胜防。所以做人做得光明磊落才能自安。

74. 君主是"治之源"

　　从上一段开始都在讲君主的重要。从 20 世纪 80 年代末以来就有一种思潮，叫做新权威主义。当时提出的时候有一定的合理性。如果没有一个权威，政出多门，很难推动改革，所以要建立一个新权威。其实，中国现代的很多思想都是有历史渊源的。新权威主义的思想渊源，能够从荀子思想里找到。他非常强调君主的重要。下面我们再回到《君道》篇。

　　　合符节，别契券者，所以为信也；上好权谋，则臣下百吏（诞诈之人）乘是而后欺。探筹、投钩者，所以为公也；上好曲私，则臣下百吏乘是而后偏。衡石称县者，所以为平也；上好覆倾，则臣下百吏乘是而后险。斗斛敦概者，所以为啧也；上好贪利，则臣下百吏乘是而后丰取刻与，以无度取于民。故械数者，治之流也，非治之原也；君子者，治之原也。官人守数，君子养原；原清则流清，原浊则流浊。故上好礼义，尚贤使能，无贪利之心，则下亦将慕辞让，致忠信而谨于臣子矣。如是，则虽在小民，不待合符节、别契券而信，不待探筹、投钩而公，不待衡石称县而平，不待斗斛敦概而啧。故赏不用而民劝，罚不用而民服，有司不劳而事治，政令不烦而俗美。百姓莫敢不顺上之法、象上之志而劝上之事，而安乐之矣。故藉敛忘费，事业忘劳，寇难忘死；城郭不待饰而固，兵刃不待陵而劲，敌国不待服而诎，四海之民不待令而一。夫是之谓至平。《诗》曰："王犹允塞，徐方既来。"此之谓也。

合符节、辨认契券，是为了信用。"符节"和"契券"都是信物，但如果君主喜欢搞权谋，那么大臣百官也会乘机对老百姓搞欺诈，即使有信物也没有用。抽签、抓阄是为了公正，但如果君主有私心、喜欢偏私，那么大臣百官也会钻空子营私。抽签，抓阄也没有用，可以玩手脚。砝码、秤砣是为了公平，但如果君主喜欢颠倒是非，那么大臣百官也会跟着阴险狡诈。各种量器量具是为了准确，但如果君主热衷贪财，那么大臣百官也会乘机多拿少给，无度地盘剥百姓。过去有一种说法"小斗出大斗进"，借粮食给农民时用小斗，收粮食进来时用大斗。都是一斗粮，他可以玩花样。所以各种器物与条例只是治理的末流，并不是源头。君主才是政治的源头。官吏恪守条例，君主则保护源头。源头清澈，下游的流水也清澈；源头混浊，下游的流水也混浊。我们一直讲上行下效，所以君主爱好礼义，尊重有德的人，任用有才的人，没有贪图财利的想法，那么臣下也会很谦让，尽忠诚，谨慎地做臣子。这样的话，即使是平民百姓不需要合符节、契券也会讲信用，不需要抽签抓阄也能公正，不需要衡器来称量也能公平，不需要各种量器量具也能准确。不用奖赏而民众就能勤勉，不用刑罚而民众就能服从，官府不费力就能把事情办好，政令不繁杂而风俗就能向善。百姓没有敢不守法的，没有不依照君主意志，为他效力的，安居乐业。民众纳税时不觉得破费，服役时忘掉了疲劳，抗敌时能视死如归。城墙不等整修就坚固，兵刃不用淬炼就坚硬，敌国不等出征就屈服，天下民众不用命令就能齐心协力。这才叫做真正的太平盛世。《诗经》上说："王崇尚守信，徐国就来告服。"说的就是这种情形啊。那么君王怎样做才是讲诚信呢？《正论》篇讲了一个道理：要光明磊落，不搞阴谋诡计。

世俗之为说者曰："主道利周。"是不然。

主者，民之唱也；上者，下之仪也。彼将听唱而应，视仪而动。唱默则民无应也，仪隐则下无动也。不应不动，则上下无以相有（佑）也。若是，则与无上同也，不祥莫大焉。故上者，下之本也。上宣明，则下治辨矣；上端诚，则下愿悫矣；上公正，则下易直矣。治辨则易一，愿悫则易使，易直则易知。易一则强，易使则功，易知则明，是治之所由生也。上周密，则下疑玄矣；上幽险，则下渐诈矣；上偏曲，则下比周矣。疑玄则难一，渐诈则难使，比周则难知。难一则不强，难使则不功，难知则不明，是乱之所由作也。故主道利明不利幽，利宣不利周。故主道明，则下安；主道幽，则下危。故下安，则贵上；下危，则贱上。故上易知，则下亲上矣；上难知，则下畏上矣。下亲上，则上安；下畏上，则上危。故主道莫恶乎难知，莫危乎使下畏己。传曰："恶之者众则危。"《书》曰："克明明德。"《诗》曰："明明在下。"故先王明之，岂特玄之耳哉！

有一种世俗的说法：君主治国之道以周密最为有利。"主道"就是君道。所谓周密就是把自己的真实意图藏匿隐瞒起来，让下面的人感觉莫测高深，难以捉摸。荀子认为不应该这样做。为什么呢？君主是民众的领唱，帝王是臣民的标杆。百姓们听领唱而应和，看标杆而行动。领唱沉默，民众就无从应和；标杆藏起来了，百姓就没法行动，不知道往东还是往西。臣民不应和、不行动，君臣就无法相扶助。这样的话，有君主就跟没君主一样，政治没有比这更糟糕的了。君主是臣民的根本，是臣民的依赖对象。君主公开透明，臣民才能治妥；君主端正诚实，臣民就会老实忠厚；君主公正无私，臣民就会坦荡正直。臣民治妥了就容易一致，齐心协力；老实忠厚就容易差遣；坦荡正直就容易被了解。臣民容易一致，国家就会强盛；臣民容易差遣，君主就能建立功业；臣民容易被了解，君主就能掌握民情。这是社会得以安定的根源。

相反，君主深藏不露，难以捉摸，臣民就会疑神疑鬼、提心吊胆。君主阴险诡异，臣民就虚伪奸诈。君主偏私不公，臣民就拉帮结伙。臣民疑惑迷乱就难以一致，虚伪欺诈就难以差遣，拉帮结伙就难以掌握真实民情。臣民难以一致，国家就不会强盛；臣民难以差遣，君主就不能建立功业；臣民难以了解，君主就没法掌握实情。这是祸乱产生的根源。君主不知道老百姓的真实想法是很危险的，所以荀子认为："主道利明不利幽，利宣不利周。"君主之道以光明磊落为利，以搞阴谋诡计为不利；以公开透明为利，以遮遮掩掩为不利。为君之道公开透明，臣民就会安心安定。为君之道藏匿隐瞒，臣民就会人人自危。臣民安定就会尊重君主，臣民自危就会鄙视君主。为君之道容易被了解，臣民就敬爱君主；难以被了解，臣民就畏惧君主。臣民亲爱君主，君主就安心；臣民畏惧君主，君主就危险。所以为君之道没有比不被了解更糟糕的，没有比使臣民畏惧自己更危险的了。古书上说："憎恨的人众多则危险。"有些人以为让手下畏惧自己才有安全感。其实，这反而是把自己置于危险境地，他们怕你就会恨你，保镖再多也没有用，下手的人往往是身边的人。《尚书》上说："彰明贤明的德行。"《诗经》上说："彰明美德在天下。"古代圣王是公开透明，光明磊落，而不是炫耀啊！

我们回到《君道》的文本。儒家和法家都强调君主的重要性，但有很大区别。儒家历来强调君主教化作用，君主必须以身作则，才能教化百姓。法家则强调君主的权势，如何以权谋驾驭臣民。荀子究竟是儒家还是法家，看了下面这段文字就很清楚了。

请问为国？曰：闻修身，未尝闻为国也。君者，仪也；民者，景也，仪正而景正。君者，槃也；民者，水也，槃圆而水圆。君者，盂也，盂方而水方。君射则臣决。楚庄王好细腰，故朝有饿人。故曰：闻修身，未尝闻为国也。

有诸侯王问荀子怎样治理国家？他答道：我只听说过君主要如何自我修养，没听说过如何治国。君主就像标杆，民众就像影子，标杆正，影子也就正。君主就像盘子，民众就像盘里的水，盘子是圆的，盘里的水也就圆。君主就像盂，盂是方的，盂中的水也就方。君主爱射箭，臣下就个个都套上扳指，也就是个个学射箭。楚灵王喜欢细腰的人，朝廷上就会有饿得面黄肌瘦的臣子。现在的很多女孩子也是这样，为了漂亮而减肥就饿肚子。不过现在不是楚王好细腰，而是"电视好细腰，街上有饿人"。最后，荀子再次强调："闻修身，未尝闻为国也"。对他来说，君主的作用根本上在于以身作则、以礼化民，所谓"君者，仪也；民者，景也；仪正而景正"。

君者，民之原也；原清则流清，原浊则流浊。故有社稷者而不能爱民，不能利民，而求民之亲爱己，不可得也。民不亲不爱，而求其为己用，为己死，不可得也。民不为己用，不为己死，而求兵之劲、城之固，不可得也。兵不劲、城不固，而求敌之不至，不可得也。敌至而求无危削、不灭亡，不可得也。危削、灭亡之情举积此矣，而求安乐，是狂生者也。狂生者，不胥时而落。

君主就像民众的源头，源头清澈，那么下游的流水也清澈；源头混浊，那么下游的流水也混浊。这句话是重复前面的，引出后面讲君主应该如何对待老百姓。做国君的如果不能爱护人民，不能给人民带来好处，只想自己的利益，只想巩固自己的权力，而要求人民亲近爱戴自己，那是办不到的。这是历史规律。你有权力，老百姓怕你，但怕你不等于爱你，不等于拥护你。人民不亲近、不爱戴，而要求他们为自己所用，遇到外敌时要老百姓去赴汤蹈火，去抛头颅、洒鲜血，那也是办不到的。人民不为自己所用，不为自己牺牲，而要求兵强城坚，那是办不到的。兵不强，城不坚，而要求敌人不来侵犯，那是办不到的。敌人来了而要求国家没有危险，不被削弱，不灭亡，那也是办不到的。"危削、灭亡之情举积此矣。"国家危险衰弱以至灭亡的原因，都集中在君主不能爱民利民上。到这一地步，君主还梦想安逸快乐，这是狂妄无知的家伙。这样的狂人不必等多久就会灭亡。

荀子要求君主爱护老百姓，他在《王制》篇里也说过："君者，舟也；庶人者，水也。水则载舟，水则覆舟。"这和孟子讲的"亲亲而仁民，仁民而爱物"；"民为贵，社稷次之，君为轻"是一样的。有学者解释说，是君主应以保护人民利益为先决条件，天命在于民心，而不在于君主。这就是长期为人津津乐道的儒家民本主义思想。甚至有学者讲孟子是中国民主思想的先驱者，是先秦的民主主义思想家，说中国先秦时期比古希腊更有民主。其实，无论是孟子，还是荀子提出的爱民亲民，要求解决民生问题，出发点不是为老百姓考虑，而是为统治者考虑怎么才能争取民心。争取到了民心，就能把经济搞上去。人也多、土地也多，就有资本兼并诸侯。儒家所谓的"民本"思想绝对不是说人民是第一位的，不是这个意思。他们的民本，其实是把人民作为政治资本。因为老百姓是政治资本，所以应该放在重要地位，劝统治者不要倒行逆施，把老本都输光了。政治资本保住了，统治才能够长久。如果眼睛只是看着社稷，看着传承，看着谁来做皇帝，那是不行的。有了老百姓，什么都有了，这叫做"民为贵，社稷次之，君为轻"。不是说抽象的君不重要，老百姓才重要，而是指谁来当皇帝不重要。这才是儒家的民本思想。

75. 领导者的责任

　　故人主欲强固安乐，则莫若反之民；欲附下一民，则莫若反之政；欲修政美俗，则莫若求其人。彼或蓄积而得之者不世绝。彼其人者，生乎今之世而志乎古之道。以天下之王公莫好之也，然而是子独好之；以天下之民莫欲之也，然而是子独为之。好之者贫，为之者穷，然而是子犹将为之也，不为少顷辍焉。晓然独明于先王之所以得之、所以失之，知国之安危、臧否若别白黑。是其人也，大用之，则天下为一，诸侯为臣；小用之，则威行邻敌；纵不能用，使无去其疆域，则国终身无故。故君人者，爱民而安，好士而荣，两者无一焉而亡。《诗》曰："介人维藩，大师为垣。"此之谓也。

　　这里对君主所说的责任，也可以适用于任何一个领导国家的领袖。君主想要强大稳固，自己又过得安逸快乐，不用每天忧心忡忡，就不如回过去爱护你的老百姓。想要使臣下服从、人民同心，就不如回过去理政，把你的政策调整好。想要使政治清明、风俗向善，则不如寻觅人才。毛泽东说"政治路线确定之后，干部就是决定的因素。"也许就是源于荀子思想。因为政策再好，执行政策的人不是坏就是笨，那么也不可能有好的效果。这样的人才不仅有，而且不难找到。正直的人，能干的人，有才华的人，世世代代都没有绝种过，就看统治者能不能慧眼识英雄。

　　什么样的人是君主应该寻觅的人才呢？他们生在今时而向往着古代的圣王之道。这个"古之道"当然是指荀子在当时时空条件下认为是最崇高的道。拿到今天来说，就是向往一种崇高的理想。虽然天下王公对此已经没有兴趣了，但这种人偏偏向往它。虽然天下民众已经没有人去追求了，但这种人偏偏坚持遵行，不随波逐流。即使达官贵人和黎民百姓都觉得他的理想太迂腐，他仍然不放弃。明知坚持向往道、遵循道会贫穷困苦，这种人也不放弃自己的理想。凭他们的能力才华笃定可以升官发财，这样做却会沦落为弱势群体，但仍然义无反顾地遵循着道，并不因此而停止片刻。这样的人"晓然独明于先王之所以得之、所以失之，知国之安危、臧否若别白黑"。唯独他们真正清楚地了解历史上那些帝王得天下和失天下的经验教训。唯独他们知道国家的安危与施政的对错，就像分辨黑白一样清楚。这样的人才，如果得到重用，天下就能统一，诸侯就会称臣。如果只是一般地任用，那么国家的威势也能扩展到邻邦敌国，使他们畏惧，不敢轻易来犯。即使实在不想用，也不能让他们离境。那么他活着的时候，国家也不会有大的麻烦。你让他们移民去了外国，他们的才华能力为人所用，帮助邻邦敌国强大起来，自己国家的麻烦就来了。李斯大概就是记住了老师这段话，挑唆秦王杀了韩非，担心这位比自己有才的老同学，会给秦国一统天下的大业造成障碍。荀子告诫君主们：爱护人民就会安宁，重视士人就会荣耀，两者都做不到就会灭亡。《诗经》上说："贤士就是那屏障，大众就是那围墙。"说的就是这个道理。

　　道者，何也？曰：君之所道也。君者，何也？曰：能群也。能群也者，何也？曰：善生养人者也，善班治人者也，善显设人者也，善藩饰人者也。善生养人者，人亲之；善班治人者，人安之；善显设人者，人乐之；善藩饰人者，人荣之。四统者具而天下归之，夫是之谓能群。不能生养人者，人不亲也；不能班治人者，人不安也；不能显设人者，人不乐也；不能藩饰人者，人不荣也。四统者亡而天下去之，夫是之谓匹夫。故曰：道存则国存，道亡则国亡。省工贾，众农夫，禁盗贼，除奸邪，是所以生养之也。天子三公，诸侯一相，大夫擅官，士保职，莫不法度而公，是所以班治之也。论德而定次，量能而授官，皆使人载其事而各得其宜，上贤使之为三公，次贤使之为诸侯（相），下贤使之为士大夫，是所以显设之也。修冠弁衣裳，黼黻文章、瑂琢刻镂皆有等差，是所以藩饰之也。

什么叫做道？君主应该走的路，叫做道；也就是君主的治国之道。什么叫做"君"，就是"能群"，能够组织领导人群。怎样才算是"能群"？荀子提了"生养人，班治人，显设人，藩饰人"四个方面，这也是君道的表现。"善生养人"是指善于养活抚育人，让大家过上好日子。如果老百姓的日子过得有一顿没一顿，你自己花天酒地，他们能跟你亲近吗？当然不可能。"善班治人"是指善于分门别类地治理人群，把合适的人放在合适的位置上，让每个人都有机会发挥他的作用。"班"就是"分"，分等级的分，分工的分。如果让一个留美归来的物理学家去养猪，那就不是"班治人"，他就不会安心留下来。"善显设人"是指善于提拔任用人，让他们从芸芸众生中脱颖而出。比如伊尹出身奴隶，被商汤提拔为宰相，汤就是"善显设人"。这样人肯定会开心，愿意效忠君主。所以中国的帝王们在用人的传统习惯上喜欢"拔自布衣"，重用出身寒微、没有背景的人，不喜欢用豪门子弟。"善藩饰人"是指善于优待人，让他们觉得荣耀，与众不同，这不仅是给予荣誉、头衔和各种相应的行头，也包括物质待遇。如果造原子弹的科学家日子过得很寒酸，而长一张漂亮脸蛋、哼几句小调就能赚很多，有本事的人能觉得荣耀吗？这四方面都做到了，天下人就会归顺他，这就叫做"能群"，这样的人才具备做领袖的资格。相反，一个统治者不能喂饱老百姓，人们就不可能亲近他。进了你的企业，拿那么低的工资，别说养家，连自己基本生活都不能保证，谁会对这个公司有感情？"不能班治人"，在这个公司不能发挥作用，明明是一个有技术的人，却叫他去看门，他会不会安心？刚刚从外地到上海来，我先站住脚，看门就看门算了，一有机会马上就走了。即便在你公司做了很久，但做多做少，有能力没能力都一样，没有机会上升，当然不会开心。尽管得到提拔，但工资待遇都跟其他人差不多，他就不会觉得荣耀。这四方面都做不到，天下人就会离他而去，众叛亲离，只剩下孤零零的一个君主，这就叫做匹夫。

所以说，"道存则国存，道亡则国亡。"这个道是什么道？君王之道，也就是这篇文章的标题"君道"。君道存在，国家就存在。君道丧失了，国家就灭亡。减少工商业者，增加农民人数，这是中国传统的抑商主义，很多学者把后来经济不发达的原因完全归于抑商政策。其实，在那个时代，技术只有这样的水平，只能以发展农业为主，先把人喂饱，解决人们生存最基本的需要。禁止小偷强盗，铲除奸邪之徒，搞好治安，使老百姓的人身安全有保障，这就是"善生养人"。天子配置太师、太傅、太保三公，诸侯配置一个宰相，大夫独掌某一官职，士谨守自己的职责。每个人在各自位置上发挥作用，无不秉公守法，这就是"善班治人"。审察品行来确定等级，衡量才能来授予官职，使每个人承担与自己才能相适合的职务。上等的人才担任三公，次一等的做诸侯的宰相，下等的当大夫，这就是"善显设人"。按照等级差别赐予衣帽，绘有不同色彩的花纹，在居所家具上雕龙画凤，这就是"善藩饰人"。

故由天子至于庶人也，莫不骋其能，得其志、安乐其事，是所同也。衣暖而食充，居安而游乐，事时制明而用足，是又所同也。若夫重色而成文章，重味而成珍备（脩），是所衍也。圣王财衍以明辨异，上以饰贤良而明贵贱，下以饰长幼而明亲疏。上在王公之朝，下在百姓之家，天下晓然皆知其非以为异也，将以明分达治而保万世也。故天子诸侯无靡费之用，士大夫无流淫之行，百吏官人无怠慢之事，众庶百姓无奸怪之俗、无盗贼之罪，其能以称义遍矣。故曰："治则衍及百姓，乱则不足及王公。"此之谓也。

从天子到平民，没有谁不想施展自己的才能，实现自己的志向，并能安逸愉快地做自己的事，这是人人都一样的。希望穿得暖和吃得饱，住得舒适和玩得快乐，办事适时，制度明确而用度充足，这又是人人都一样的。这些都是人的基本需求。至于用多种色彩制成锦衣，用多种调味煮成佳肴，这叫做富饶有余啊。"重色"相对素色而言，素色是一种单色，重色就是很多色彩。重色制成"文章"，不是写文章的"文章"，而是漂亮的图案。"重味"相对单味而言，每天吃青菜萝卜是单味，重味就是有各种味道，甜酸苦辣都有，那不是一般老百姓吃得到的。我们今天差不多人人都是"重味"了，鸡鸭鱼肉几乎天天吃。穿得暖和吃得饱是基本需要。吃得好和穿得好，那是多余的需要，或者叫做奢侈，是不能普及的。既然"重色而成文章，重味而成珍脩"不是必要的，那么为什么君主还会这样做呢？圣王们的财政开支花在那些多余的需求上，目的是为了彰明等级差别。在朝廷上用来荣耀贤能善良的人，明确地位高低，在百姓中是用来标明长幼老少，区分亲疏关系。这样一来，上至君主的朝廷，下到百姓的家庭，天下人都明明白白地知道"珍脩"、"文章"之类的奢侈品是为了明确差别，但并非是为差别而制造差别，而是要明确名分，达到治理的目的，从而保持千秋万代永远太平。"明分"是一种政治手段，不是为福利而福利，为消费而消费。所以说，用这个钱都是得当的。天子诸侯没有浪费的用度，士大夫没有放荡的行为，群臣百官没有怠慢的政事，民众百姓没有奸诈怪僻的习俗和偷盗抢劫的罪行，就能够称为道义已经普遍实行了。古人说："国家安定，富裕会遍及百姓；国家混乱，那么穷困也会波及王公。"说的就是这个道理。

　　至道大形：隆礼至法，则国有常；尚贤使能，则民知方；纂论公察，则民不疑；赏勉罚偷，则民不怠；兼听齐明，则天下归之。然后明分职，序事业，材技官能，莫不治理，则公道达而私门塞矣，公义明而私事息矣。如是，则德厚者进而佞说者止，贪利者退而廉节者起。《书》曰："先时者，杀无赦；不逮时者，杀无赦。"人习其事而固，人之百事如耳目鼻口之不可以相借官也。故职分而民不探，次定而序不乱，兼听齐明而百事不留。如是，则臣下百吏至于庶人莫不修己而后敢安止，诚能而后敢受职；百姓易俗，小人变心，奸怪之属莫不反悫，夫是之谓政教之极。故天子不视而见，不听而聪，不虑而知，不动而功，块然独坐而天下从之如一体，如四肢之从心。夫是之谓大形。《诗》曰："温温恭人，维德之基。"此之谓也。

"至道大形"四个字是这一段的小标题。最高的道是最为明显可见的，是公之于天下，让大家都知道，而不是躲躲藏藏、掩盖起来的。那么什么是君主最高的治国之道呢？尊崇礼义，注重法制，国家就有常规；尊重贤德，任用人才，民众就会知道努力方向。只要完善自己，学到真本事，一定能得到任用。搜集舆论，客观清楚地观察民情，在此基础上制定政策，民众就不会怀疑。奖赏勤勉的，惩罚偷懒的，老百姓就不会偷懒。全面听取各种意见，明察一切事物，那么天下人就会归顺。然后，把每个人的职责分得清清楚楚，做事有条有理有次序。"材技官能"，按技术用其专长，按才能任其官职，大小事情无不安排得妥妥帖帖。那么正道就畅通，开后门的捷径就被堵住，不用去行贿跑官，找关系了。为公的原则昌明，谋私的行为就止息。这样，品德忠厚的人得到进用，而巧言谄媚的人、说假话的人就受到遏止，贪图财利的人被黜退，廉洁奉公的人被提拔。说是这么说，但老祖宗说了两千多年，要黜退说假话、拍马屁的人很难做到啊！这也许跟人性有关。

《尚书》上说："不待王命，超前行动的杀而不赦；落后王命的杀而不赦。"臣民不要投机取巧，要老老实实、按部就班地做事。为什么呢？人们往往因为熟练而愿意固守本职而不改行，各种行业就像耳朵、眼睛、鼻子、嘴巴的官能不可互相替代一样，所以分工分职后，民众就不会捞过界。次序确定后，就不会混乱，同时听取各种意见，明察一切事物，臣民做事就不敢拖拉了。这样的话，从大臣百官到平民百姓，大家无不提高自己的素质，而后才敢安于其位，真正有能力才敢接受职位，不敢有非分之想。不再是官做得越大越好。官做得大，自己能力不够，明明只有做一个小组长的能力，非要去做总经理，结果事情办不好，公司就会管得一塌糊涂。如何检验实行君道的成效呢？百姓改变坏的习俗，小人转变思想，奸邪怪僻之流无不转向诚实谨慎，这就叫做政治和教化的极致。只要遵循君道，天子不用看，也能发现问题；不用听，也能知道真相；不用想，也能明白事理；不用动手也能成功，岿然不动地独自坐着，而天下人顺从他，就像长在同一个身体上，四肢服从心脏的支配一样。这是显而易见的道理。《诗经》上说："宽厚谦恭的人是道德的基础。"说的就是这样的君主。

76. 轻轻松松治天下

按照荀子的想法，君主"块然独坐而天下从之如一体"，轻轻松松治天下才是政治的最高境界。那么如何才能做到呢？他在《王霸》篇中说：

> 人主者，以官人为能者也；匹夫者，以自能为能者也。
> 人主得使人为之，匹夫则无所移之。百亩一守，事业穷，无
> 所移之也。今以一人兼听天下，日有余而治不足者，使人为
> 之也。大有天下，小有一国，必自为之然后可，则劳苦耗悴
> 莫甚焉。如是，则虽臧获不肯与天子易势业。以是县天下，
> 一四海，何故必自为之？为之者，役夫之道也，墨子之说
> 也。论德使能而官施之者，圣王之道也，儒之所谨守也。传
> 曰："农分田而耕，贾分货而贩，百工分事而劝，士大夫分
> 职而听，建国诸侯之君分土而守，三公总方而议，则天子共
> （拱）己而已矣。"出若入若，天下莫不平均，莫不治辨，是

百王之所同也，而礼法之大分也。

君主以管好人作为他的才能，看他能不能把人才用得恰到好处，而不是看他会不会吟诗作画。五代十国南唐李后主是中国历史上首屈一指的词人。有人评述他"于富贵时能作富贵语，愁苦时能作愁苦语，无一字不真"。我们熟悉的名句"故国不堪回首"、"一江春水向东流"等都出自李后主。他在艺术上具有很高的成就，但政治上一无是处，成为亡国之君。我们普通老百姓有没有本事，则是看自己做事的能力，工人能不能做好工，农民能不能种好地，当老师的能不能教好书。这是因为君主能指使别人做事，我们普通人只有靠自己亲力亲为，没有办法把事情交给别人去做。古时候，一个人守住一百亩地，耕作劳累穷尽一生，不可能推给别人去做。君主一个人管天下事，每天还有时间空余，公事少到不够他处理，这是让别人去做的缘故啊。大到拥有天下，小到拥有一个诸侯国，如果事必躬亲，什么事都要自己去做才行，势必非常辛劳，耗费精力，使人憔悴得要命。如果这样的话，相信连奴仆也不会愿意与天子交换地位和职业。因此，维系天下，一统四海，何必什么都要亲力亲为呢？亲力亲为是劳力者的原则，是墨子的说法。根据人的品德和才能分配官职，让他们去执行，这才是圣王的治国之道，是儒者谨守的法则。古书上说："农民的分工是耕种田地，商人的分工是贩卖货物，工匠的分工是精工细作，士大夫的分工是处理政事，诸侯的分工是守卫疆土，三公统领邦国而处理朝廷政事。"西周的时候，周公和召公"分陕而治"，现在河南三门峡市的张汴塬一带古称陕塬，周公负责陕以东，召公负责陕以西。天子自己只要拱手端坐，把手插在口袋里，坐在一旁看看就行了。对内如此，对外也是如此，天下事无不协调，无不办妥。这是历代君主相同的，也是礼法的关键。

> 主道：治近不治远，治明不治幽，治一不治二。主能治近，则远者理；主能治明，则幽者化；主能当一，则百事正；夫兼听天下，日有余而治不足者如此也，是治之极也。既能治近，又务治远；既能治明，又务见幽；既能当一，又务正百，是过者也，过犹不及也。辟之，是犹立直木而求其影之枉也。不能治近，又务治远；不能察明，又务见幽；不能当一，又务正百，是悖者也。辟之，是犹立枉木而求其影之直也。故明主好要，而暗主好详。主好要，则百事详；主好详，则百事荒。君者，论一相、陈一法、明一指（旨），以兼覆之、兼炤之，以观其盛者也。相者，论列百官之长，要百事之听，以饰朝廷臣下百吏之分，度其功劳，论其庆赏，岁终奉其成功以效于君，当则可，不当则废。故君人劳于索之，而休于使之。

君主要做到轻轻松松治天下，需要掌握的原则是"治近不治远，治明不治幽，治一不治二"。君主要管近的，不管远的。先把国内的事情办好，其他国家自然尊重你了。君主要管明的，不管暗的，经济民生、治安等等都是明的，这些明的事情管好了，其他问题自然也会变化。君主要管主要的，抓大事，不要管琐碎的小事。纲举目张，主要的管好了，那么琐碎的问题也会解决。君主一个人管天下事，每天还有时间空余，这才是政治的最高境界。既管近的又管远的，既管明的又管暗的，既管主要的又管琐碎的，这就过分了。过分和达不到是一样的，好比竖起直木却要求它的影子是弯的一样。

如果一个君主不能管好近的，却要管远的；不能管好明的，却要管暗的；不能管好主要的，却去管琐碎的。这是违背事理的，好比竖起弯的木头却要求它的影子是直的一样。所以说，英明的君主善于抓大事、抓关键、抓主要矛盾。昏君则喜欢事无巨细、胡子眉毛一把抓。抓大事的君主，所有的事情反而可以做得很细致周详，因为会放手臣下去做。而那些事无巨细都喜欢自己抓的君主，结果大事小事都会被耽误荒废。明朝末代皇帝朱由检是历史上罕见的勤政之君，每日白天在文华殿批阅奏章，接见群臣，晚上则在乾清宫看奏章，遇到军情紧急时便连续几昼夜不休息。一次，他去慈宁宫拜见祖母刘太妃，竟然坐着睡着了。他醒来后苦涩地说，为处理公文，召见群臣，很少能休息，已经两夜未眠。因为他事无巨细都要过问，群臣无所适从，都不敢管事，最后国破家亡，自己也吊死在煤山上。清人萧征模写诗道："心匪不仁计则穷，减夫派饷事重重。可怜三百年天下，断送忧勤惕励中。"按照荀子的看法：君主只要选好一个宰相，颁布一部法典，明确一个治国的方向和目标宗旨，自己就能像上天一样广泛地覆盖大地，像太阳一样广泛地照耀人间。这样的话，就等着看太平盛世的来临吧！为什么"论一相"如此重要？因为宰相的责任，是选择任用官府各部门的首长，统筹各种政事的处理，以整治朝廷上大臣和百官的职分，衡量他们的功劳，论定他们的奖赏，到了年终捧着自己的成绩呈报给君主，称职就留用，不称职就罢免。所以君主寻觅人才的时候辛苦一点，到了使用他们的时候，自己就舒服了。其实，他在《王霸》篇中还讲过：

> 治国者，分已定，则主、相、臣下、百吏各谨其所闻，不务听其所不闻；各谨其所见，不务视其所不见。所闻所见，诚以齐矣，则虽幽闲隐辟，百姓莫敢不敬分安制，以礼化其上，是治国之征也。

治理得好的国家，名分等级地位已经确定后，君主、宰相、大臣、百官就各守本分，各自谨守只去听自己应该听的事情，不想法设法去打听自己不该听的事情；各自谨守只看自己应该看的东西，不想方设法去看自己不该看的东西。需要注意的，是君主也不去听自己不该听的事情，不去看自己不该看的东西，也就是不去干预不属于君主职权范围内的事务。这就相当于现代管理学上的"分权制"管理，下级在其管辖内有较大的自主决定权，能独立自主地决定问题，不必凡事请命于上级，上级对下级权限范围内的事务不加过多干预，下级可以独立进行决策和管理。可见荀子的管理思想是何等先进！他说：从君主到百官的所见所闻，如果真的能和各自的名分相一致，那么国家就能管理得井井有条，即使在那些偏远闭塞的地方，政令也能贯彻下去。百姓中没有人敢不严守本分，不遵守制度的，都被他们的君主所教化。这是国家安定、社会和谐的象征。

77. 用人之道

为人主者莫不欲强而恶弱，欲安而恶危，欲荣而恶辱，是禹、桀之所同也。要此三欲，辟此三恶，果何道而便？曰：在慎取相，道莫径是矣。故知而不仁，不可；仁而不知，不可；既知且仁，是人主之宝也，王霸之佐也。不急得，不知；得而不用，不仁。无其人而幸有其功，愚莫大焉。

回到《君道》，荀子对君主的治国之道越讲越具体了。他说：做君主的无不希望强盛而不愿意衰弱，希望安定而不想有危险，希望荣耀而厌恶耻辱。无论是禹这样的明主，还是桀这样的昏君，在这一点上都是相同的。其实，办企业、做老板的也是如此，总是希望自己的企业越办越好，再蠢的老板也不会希望它倒闭。那么要实现这三种愿望，避免这三种恶果，究竟采取什么办法最有效？在于慎重选取宰相，也就是找个好帮手，没有比这更便捷的办法了。那么什么样的人适合做宰相、做帮手呢？有智慧而没有仁德，人品不好，不行。有仁德而没有智慧，也不行。既有智慧又有仁德，也就是德才兼备的人，便是君主的宝贵财富，是成就王业霸业的帮手。做老板的找到一个好的总经理，那是你的福气，是你事业成功的一半。君主不急于求才，是不明智的；找到了人才而不重用，是缺德。没有这种人才做宰相而想建功立业，没有比这更笨的了。下面几段都是讲用人之道。发现人才，培养人才，尊重人才，从我们的老祖宗开始也讲了几千年，可是大部分做老板的还是喜欢听话的奴才。

今人主有六（大）患：使贤者为之，则与不肖者规之；使知者虑之，则与愚者论之；使修士行之，则与污邪之人疑之。虽欲成功，得乎哉！譬之，是犹立直木而恐其景之枉也，惑莫大焉！语曰："好女之色，恶者之孽也。公正之士，众人之痤也。循乎道之人，污邪之贼也。"今使污邪之人论其怨贼而求其无偏，得乎哉？譬之，是犹立枉木而求其景之直也，乱莫大焉。

一般君主有个大毛病：让贤能、有本事的人去做事，却又让没本事的人去约束他。好不容易找到了一个能干总经理，但又不充分信任，派自己身边的一些亲信去监视他，打小报告，而这种亲信往往都是没本事的人。让聪明人去出主意，又和一帮笨蛋去讨论他的主意对不对。当然，这些笨蛋是君主信得过的。让有修养的有德之士去做事，却和那些心理阴暗的邪恶小人一道怀疑他，整天在背后疑神疑鬼。这样做的话，即使想成功，能办得到吗？这就好比竖起一根笔直的木头，但又怕它的影子是弯的，有比这更糊涂的吗？俗话说：一个漂亮的女人是那些丑女的眼中钉。有一部外国电影，讲一个女人在她居住的小镇上吃尽苦头。唯一的原因就是长得太漂亮，所以男人女人都要排挤她、欺负她。男人欺负她是贪色，女人排挤她是嫉妒。在一个群体里，公正的人是其他人的疮疤。真正有修养的人是那些卑鄙无耻之徒的冤家。让卑鄙无耻的人来评判他们的冤家，而要求他们没有偏见，办得到吗？这好比竖起一根弯曲的木头，但要求它的影子是直的，还有比这更昏乱的吗？荀子两千多年前描述的这种现象，恐怕今天大家都不陌生吧？所以要想了解今天，就要看看历史，读古书、学国学是有用的。下面插一段《致士》的段落，也是讲同样的道理。

人主之患，不在乎不言用贤，而在乎不诚必用贤。夫言用贤者，口也；却贤者，行也。口行相反，而欲贤者之至，不肖者之退也，不亦难乎！夫耀蝉者务在明其火、振其树而已，火不明，虽振其树，无益也。今人主有能明其德，则天下归之若蝉之归明火也。

君主的毛病不在于不说任用人才，而在于是不是真心诚意地任用人才。如果重用人才只是嘴巴上说说，实际上却排斥人才。说一套，做一套，说的和做的相反，想要人才进，蠢材退，做得到吗？打个比方，捕蝉的人都是在夜晚，务必先点火用亮光照住蝉，再摇动蝉栖息的树，火光不亮，即使摇树也没有用。君主如真有德行，并使人交口赞誉，天下人自然都会来归附，就像蝉会聚集到明亮的火光下一样。下面回到《君道》。

> 故古之人为之不然。其取人有道，其用人有法。取人之道，参之以礼；用人之法，禁之以等。行义动静，度之以礼；知虑取舍，稽之以成；日月积久，校之以功。故卑不得以临尊，轻不得以县重，愚不得以谋知，是以万举不过也。故校之以礼，而观其能安敬也；与之举措迁移，而观其能应变也；与之安燕，而观其能无流慆也；接之以声色、权利、忿怒、患险，而观其能无离守也。彼诚有之者与诚无之者若白黑然，可诎（诬）邪哉？故伯乐不可欺以马，而君子不可欺以人。此明王之道也。

古代的君主就不是这样做的。他挑选人有一定的原则，任用人有一定的法度。选人的原则，是用礼义去检验；用人的法度，是用等级去约束他们，不使他们超越明分职权。行为举止用礼来衡量，看是否合乎礼制礼仪。脑子好使不好使，能不能出谋划策，不是根据你的夸夸其谈。一套理论又一套理论，货币学派怎么讲，供应学派怎么讲，讲得头头是道，没有用的，要看结果。照你的办法去做，能不能解决问题。当然"稽之以成"，不是只看立竿见影的短期效应，而是长时期考察看业绩。这在今天来看也是非常科学的。现在我们选干部可能不很关注"日月积久，校之以功"，所以有些干部追求短期效应，做"政绩工程"。上市公司也是这样，赶紧把每年的利润做上去，不注重公司长远的发展规划。级别低的人不准监督地位高的人，督抚的幕僚对下面县长吆五喝六，就是"以卑临尊"。权力小的人不准评判掌大权的人。上面来个小小的办事人员就可以给下面的行政主官的管理打分，就是"以轻县重"。愚蠢的人不准算计明智的人。这样，一切举措才都不会失误。

这些还只是原则，接着荀子说的是具体操作办法。首先，用礼义来检验官员，就是看他做人做事是否心平气和、谨慎小心。其次，经常调动官员的职务，就是看他的应变能力。再次，为官员提供安逸舒适的条件，让他去享受，其实是故意考验一下，看他会不会放荡慵懒。还有一种考验是故意让官员接触声色、权利、愤怒和艰险，看他在声色犬马之下，或者在艰难险阻之下，能不能坚持操守、不改初衷。那么这个官员是不是真的德才兼备，就像黑白一样清楚了。谁还可以骗得了你呢？所以像伯乐这样的相马专家，是不可能用一匹劣马来冒充千里马的。同样道理，好人坏人，也是骗不过君子的。这是古代英明君主的用人之道。具体怎样识别正人君子，还是卑鄙小人，我再插入一段《致士》篇里的文字。

衡听、显幽、重明、退奸、进良之术：朋党比周之誉，君子不听；残贼加累之谮，君子不用；隐忌雍蔽之人，君子不近；货财禽犊之请，君子不许。凡流言、流说、流事、流谋、流誉、流愬，不官而衡至者，君子慎之。闻听而明誉（举）之，定其当而（不）当，然后士（伺）其刑赏而还与之。如是，则奸言、奸说、奸事、奸谋、奸誉、奸愬莫之试也，忠言、忠说、忠事、忠谋、忠誉、忠愬莫不明通，方起以尚尽矣。夫是之谓衡听、显幽、重明、退奸、进良之术。

平衡不同意见，揭露各种阴谋，重视公开透明，斥退奸邪小人，进用忠良之士。具体的方法是这样的：宗派利益集团互相吹捧的话，君主不要去听。残害贤良、横加罪名的谗言，也就是打小报告的，君主不要去采纳。那些心理阴暗、喜欢嫉妒猜忌、埋没打压人才的家伙，君主离他们远点。用钱财礼物的请托，君主不应该答允。凡是没有根据的流言蜚语，包括学说、举措、计谋、赞誉和投诉等，不经过正式渠道来的，包括匿名信，君主要慎重对待。现在有些地方幼儿园的某些老师教小孩子检举同学犯错，老师还表扬。所以这个风气在中国两千年不绝，就是某些不负责任的人这么教出来的。你看，我们的传统文化是明确反对的，所以不应该把现在的一些不好的事都算到传统的账上去。这是人性中的积弊。"君子慎之"，也不是一概不理不睬，流言中也许有合理的部分，反映真实民情民意的。因为正规渠道反映不上去，老百姓就通过段子表达出来，有时候听了还有点用的。"慎之"和前面的"不听"、"不用"、"不近"和"不许"是不同的。所以读书要这么仔细去读。怎么慎重地对待呢？听到这些不是从正规渠道上来的话，应该马上将其公开，不为其隐瞒。然后判定对不对，然后考虑如何回复，是罚还是奖。意见正确就给予奖励，意见错误就进行处罚。这样一来，流言蜚语和小报告等等就不敢来试探了。忠诚的言论、学说、举动、计谋、赞誉、投诉就能通行无阻，遍起而进献于君主了。

78. 公正无私才能得人才

人主欲得善射，射远中微者，县贵爵重赏以招致之。内不可以阿子弟，外不可以隐远人，能中是者取之，是岂不必得之之道也哉？虽圣人不能易也。欲得善驭，及速致远者，（一日而千里，）县贵爵重赏以招致之。内不可以阿子弟，外不可以隐远人，能致是者取之，是岂不必得之之道也哉？虽圣人不能易也。

欲治国驭民，调壹上下，将内以固城，外以拒难。治则制人，人不能制也；乱则危辱灭亡可立而待也。然而求卿相辅佐，则独不若是其公也，案唯便嬖亲比己者之用也，岂不过甚矣哉？故有社稷者莫不欲强，俄则弱矣；莫不欲安，俄则危矣；莫不欲存，俄则亡矣。古有万国，今有十数焉，是无它故，莫不失之是也。

那么怎么才能招揽到人才呢？荀子的回答是君主必须公正无

私，不分亲疏。君主想要找到一个善于射箭的人，既射得远，又能命中极小的靶心，就会拿出高贵的爵位和丰厚的奖赏来招募他们。在比试的时候，既不会偏袒自己的子弟，也不会埋没关系疏远的人，谁能够射中设定的箭靶就录取谁。这难道不就是必定能找到神箭手的办法吗？即使是圣人也不能改变这种方法，也就是说没有比这更好的方法了。君主想要找到善于驾车的人，速度极快，又能跑远路，就会拿出高贵的爵位和丰厚的奖赏来招募他们。在比试的时候，既不会偏袒自己的子弟，也不会埋没关系疏远的人，谁能够第一个到达目的地就录取谁。这难道不是找到神车手的唯一办法吗？即使是圣人也不能改变这种方法。这两句都是铺垫，引出君主真正想要找的人才，这样的人才事关重大，有没有这样的人涉及国家兴衰存亡。他们能够辅佐君主治好国家，管好人民，协调上下一致，对内巩固诚信，对外抵抗侵略。国家治理好了就能制服别人，而别人不能制服自己。国家混乱则危险、屈辱，马上就会陷入灭亡的局面。这样的人才就是指"卿相辅佐"。他们的责任，他们的作用要远比善射者、善驭者重要。然而，君主却不能像找善射者、善驭者那样公正无私，而只是任用宠臣以及亲近依附自己的人。这岂不是错得很离谱吗？所以当政者无不希望自己的国家强盛，但往往过不久就衰弱了。他们无不希望安定，但过不久就危险了。他们无不希望国家长久存在，但过不久就灭亡了。古时候分封了上万个诸侯国，到如今只剩下十多个了。没有别的原因，无不是因为用人不当才丢失政权的啊！可见不用人才，只用亲信，只用拍马屁的人，古已有之。

　　故明主有私人以金石珠玉，无私人以官职事业，是何
也？曰：本不利于所私也。彼不能而主使之，则是主暗也；
臣不能而诬能，则是臣诈也。主暗于上，臣诈于下，灭亡无
日，俱害之道也。

　　夫文王，非无贵戚也，非无子弟也，非无便嬖也，倜
然乃举太公于州人而用之，岂私之也哉？以为亲邪？则周姬
姓也，而彼姜姓也。以为故邪？则未尝相识也。以为好丽
邪？则夫人行年七十有二，齫然而齿堕矣。然而用之者，夫
文王欲立贵道，欲白贵名，以惠天下，而不可以独也。非于
是子莫足以举之，故举是子而用之。于是乎贵道果立，贵名
果白，兼制天下，立七十一国，姬姓独居五十三人。周之子
孙，苟非狂惑者，莫不为天下之显诸侯，如是者能爱人也。
故举天下之大道，立天下之大功，然后隐其所怜所爱，其下
犹足以为天下之显诸侯。故曰："唯明主为能爱其所爱，暗
主则必危其所爱。"此之谓也。

　　那些英明的君主就不会这样做，他私下会给宠臣和亲信金银财
宝，但不会给他们官位职务。什么原因呢？荀子不讲什么大道理，又
从人性去分析。如果把官职私相传授的话，本来就不利于你宠信的那
些人。他们没有才能，而君主却重用。明明只有做一个驾车者的本

事，却把他提拔到一个重要的管理位置上，那是君主的昏庸。臣子无能而冒充有才能，接受了官职，那是臣子欺诈。君主昏庸于上，臣子欺诈于下，无论是国家，还是君臣双方都离灭亡不久了，这是对双方都有害的做法。一个老板辛辛苦苦创办起一个企业。后来用的人，不是用人才，而是用亲信，用那些没有本事、只会拍马屁的人，做老板的被忽悠得云里雾里。手下的人小事不肯做，大事做不来，只会糊弄老板，那么这个企业早晚会倒闭。企业倒闭了，老板和他的亲信们都没有好处，这就是"俱害之道也"。

话锋一转，荀子举了"俱益之道"的正面例子。周文王并不是没有皇亲国戚，不是没有儿子兄弟，也不是没有宠臣亲信，但他却超然地从乡野之中提拔了姜太公，重用他为辅佐自己建功立业的宰相。他这样做哪里是偏爱姜太公啊！难道他们是亲族吗？周族是姓姬的，太公是姓姜的，当然不是因为亲族的原因才重用他。难道他们是故旧吗？其实他们以前从来不相识。难道是文王喜欢他长得漂亮吗？当时此人已经七十二岁，牙齿都掉得一颗不剩了。然而，文王还是要重用他，乃是因为想要树立崇高的道，显扬自己伟大的名声，以造福天下。文王知道这不能只靠自己一人之力就能办到的，必须有一个德才出众的人辅佐自己才行。"非于是子莫足以举之，故举是子而用之。"这句话原先因为字的错漏而不容易理解，意思是如果文王不是为此，就没有足够的理由提拔姜太公，所以正是为了要"欲立贵道，欲白贵民，以惠天下"而提拔这个人并重用。在他的辅佐之下，崇高的道果然树立起来了，伟大的名声果然显赫了，统一了天下，分封了七十一诸侯国，其中同族的姬姓诸侯就独占了五十三个。周族子孙只要不是疯子或傻子，无不成为天下显贵的诸侯。这才是真正的能够爱人啊。当然，这个"爱人"不是博爱，是"亲亲"的意思，爱自己的兄弟、子孙和亲属。文王树天下的大道，立天下的大功，然后再庇护所疼惜喜爱的人，他的后代子孙才足以成为天下显贵的诸侯。所以说："只有英明的君主才能爱其所爱，昏庸的君主必然害其所爱。"说的就是这个道理。为什么中国人经常是富不过三代？因为只想把事业交到自己子孙的手上，不管这些子孙有没有能力来继续经营。比如美国的王安电脑公司曾领先整个电脑行业，个人资产也稳居全球华人首富之位。但在20世纪80年代末，王安患上绝症后，把公司交给儿子打理。王安电脑就开始由兴盛走向衰退，很快就宣告破产。如果王安认真看过荀子的文章，不是把企业交给儿子，而是找一个现代"姜太公"做职业经理人。那么公司可以永续经营，对他的子孙也有好处啊！

> 墙之外，目不见也；里之前，耳不闻也；而人主之守司，远者天下，近者境内，不可不略知也。天下之变，境内之事，有弛易龉差者矣，而人主无由知之，则是拘胁蔽塞之端也。耳目之明，如是其狭也；人主之守司，如是其广也，其中不可以不知也，如是其危也。然则人主将何以知之？
>
> 曰：便嬖左右者，人主之所以窥远收（牧）众之门户牖

向也，不可不早具也。故人主必将有便嬖左右足信者，然后可；其知惠足使规物，其端诚足使定物，然后可。夫是之谓国具。

人主不能不有游观安燕之时，则不得不有疾病物故之变焉。如是，国者事物之至也如泉原，一物不应，乱之端也。故曰：人主不可以独也。卿相辅佐，人主之基（几）杖也，不可不早具也。故人主必将有卿相辅佐足任者，然后可；其德音足以填抚百姓，其知虑足以应待万变；然后可，夫是之谓国具。

四邻诸侯之相与，不可以不相接也，然而不必相亲也，故人主必将有足使喻志决疑于远方者，然后可；其辩说足以解烦，其知虑足以决疑，其齐断足以距难，不还秩，不反君，然而应薄扦患足以持社稷；然后可。夫是之谓国具。

故人主无便嬖左右足信者，谓之暗；无卿相辅佐足任者，谓之独；所使于四邻诸侯者非其人，谓之孤，孤独而晻谓之危。国虽若存，古之人曰亡矣。《诗》曰："济济多士，文王以宁。"此之谓也。

这一段是讲君主为什么一定要选好、用好人才，把他们放到各种职位上去的道理。荀子说：眼睛看不到墙壁之外的地方，耳朵听不见里门之前发出的声音，一个人的所见所闻是有限的。然而君主掌管的范围，远的遍及天下，近的在国境之内。因此，对如此之大范围内发生的事情都不可不知道一个大概。如果天下起了变化，境内的形势也已经在逐渐变动、纷乱不齐了，君主却浑然不知，这是君主被挟制、被蒙蔽的开端。一个人的所见所闻是如此狭窄，君主掌管的范围却是如此广大，其中的情况不可以不知道，否则就很危险啦。既然如此，那么君主靠什么来了解情况呢？君主身边的亲信和侍从，乃是他观察远处、统治臣民的窗口，不可不及早配备好。君主一定要有足可信赖的亲信侍从在他的左右才行。这些人的智慧要足以出谋划策，正直诚实要足以帮助君主决断，然后才能用为近臣。历史上把他们称为"内朝官"，这种人叫做治国的工具。

君主不可能没有游览娱乐享受安逸的时候，也不可能没有疾病死亡的变故。这时候，国事照样还会像源泉一样不断涌来，只要有一件事情处理得不恰当，就有可能是祸乱的发端。所以君主不能单枪匹马，只靠自己一个人独立治理国家。宰相和三公六卿是君主的拐棍，也不可不及早配备好。君主一定要有足以胜任的重臣辅佐自己才行。这些人的道德声望要足以安抚百姓，智慧谋略要足以应付千变万化，然后才能用为朝廷重臣。历史上把他们称为"外朝官"，这种人叫做治国的工具。最初，外朝的宰相和重臣权力很大，经常和君主分庭抗礼，形成相权和君权的冲突。到汉武帝的时候，他决心削弱相权，于是常常从民间拔擢地位低微的儒学之士作为侍从，让他们预闻政事，托为心腹之臣，形成了一个与朝廷正式职官不同的内朝官系统。利用内朝与外朝的对峙，分夺外朝权力。

除了内朝和外朝官之外，君主还需要外交官。因为四邻诸侯互相交往，不可能不互相接触，但不一定都互相友好，所以君主一定要有出使到远方去传达旨意、解决疑难问题的人才行。这些人的口才辩说要足以消除麻烦，智慧谋略要足以解决疑难，裁决果断要足以排除危机。他们既不为谋取高官厚禄，也不会背叛君主。他们能应付逼迫，抵御艰难，足以保护国家利益。这种人也叫做治国的工具。汉武帝时的苏武持节出使匈奴，被对方扣留。匈奴人一再威逼利诱他投降不成，就把他流放到贝加尔湖一带牧羊。苏武历尽艰辛，留居匈奴十九年持节不屈，最后获释回汉，成为中国历史上外交官的典范。君主如果没有足可信赖的亲信，叫做昏暗不明；如果没有足可胜任的重臣辅佐，叫做势单力薄；如果派遣到四邻诸侯的使者不称职，叫做孤立无援。孤立、势单而又两眼一抹黑就很危险了。虽然国家看上去似乎还存在。但按照古人的说法，这样的国家实际上已经灭亡了。《诗经》上说："人才济济多精英，文王因此得安宁"。说的就是这个道理。

材人：愿悫拘录，计数纤啬而无敢遗丧，是官人使吏之材也。修饬端正，尊法敬分，而无倾侧之心；守职循业，不敢损益，可传世也，而不可使侵夺，是士、大夫、官师之材也。知隆礼义之为尊君也，知好士之为美名也，知爱民之为安国也，知有常法之为一俗也，知尚贤使能之为长功也，知务本禁末之为多材也，知无与下争小利之为便于事也，知明制度、权物称用之为不泥也，是卿相辅佐之材也，未及君道也。能论官此三材者而无失其次，是谓人主之道也。若是，则身佚而国治，功大而名美，上可以王，下可以霸，是人主之要守也。人主不能论此三材者，不知道此道，安值将卑势出劳，并耳目之乐，而亲自贯日而治详，一日（纳）而曲辨之，虑与臣下争小察而綦偏能。自古及今，未有如此而不乱者也。是所谓视乎不可见，听乎不可闻，为乎不可成。此之谓也。

　　这是《君道》的最后一段，详细论述怎样"材技官能"，按技术用其专长，按才能任其官职。"材人"的意思是用人原则，应该是这一段的小标题。诚实勤劳，计数精细节俭，丝毫不敢遗漏，这是做小官吏的材料。洁身自好，守法尽职，没有偏邪不正的念头，谨守规章和职权，不敢有任何逾越增损，职位可世代相传而不被剥夺。这种人是做士、大夫和群臣百官的材料。知道崇尚礼义是使君主尊贵，喜爱士人是使名声美好，爱护民众是使国家安定，稳定法制是统一风俗，知道尊贤任能是增长功业，致力农本而抑制工商是增加国家财富，不与臣下争夺小利是有利于办大事，彰明制度、权衡事物，使其实用而不拘泥于成规，这是做公卿宰相的材料。到此为止，还没有涉及为君之道。如果能够选拔任用这三种人才，安排在适当职位上而没有差错，这才可以称为为君之道。如果能这样做，那么君主自身安逸而国家安定，功业伟大而名声美好，上可以称王天下，下可以称霸诸侯，这是君主的守则。相反，君主不能择取这三种人才，不知道遵循这个原则，只是事必躬亲，放弃声色娱乐，没日没夜地亲自处理细枝末节的小事，事无巨细都揽在自己身上而想周到地办好，不识大体，总想和臣下在细节上比精明，使尽自己某种才能。从古到今，没有君主这样做而国家不乱的。所谓"看不必看的，听不必听的，做不必做的"。说的就是这种情况。

第十讲

荀子论天人关系

这一部分是最后一讲。《性恶论》和今天要讲的《天论》是荀子学说的哲学基础。但如果一开始讲《天论》太难，所以放到最后来讲。一般学者都认为《天论》是《荀子》三十二篇中最引人注目，最富有思想性格的文章。为什么呢？要知道在中国古代哲学中，天、天命、天道的问题一直是历代思想家关切的问题。从先秦到明清，谈到哲学都要讲"天道"的问题，其中特别是"天"和"人"的关系问题。在中国传统思想中，"天人合一"是占据主导地位的，荀子思想则是一个异数。《天论》不长，要读懂《天论》必须先把"天人关系"的背景搞清楚。

79."天人合一"是主流

　　司马迁说他的《史记》是一部"究天人之际"的书。董仲舒答汉武帝策问时说，自己讲的是"天人相与之际"的学问。魏晋玄学的代表人物何晏说王弼是"始可与言天人之际"的学者。唐朝的刘禹锡批评柳宗元的《天说》："非所以尽天人之际，"没有弄清楚"天"与"人"的关系。宋朝理学的鼻祖邵雍说："学不际天人，不足以谓之学。"可见古代思想家都把关于"天人之际"的学问看作是最高的学问。这在西方古希腊、古罗马和天主教哲学中是很少涉及的。到了现在人和自然的关系好像成了一个新课题，这很可笑。不看中国古书，认为古书都是糟粕，才造成今天这种情况。

　　为了把天人关系问题弄清，应该对"天"这个概念在历史上的涵义有个全面的了解。读古书最难的就是一个词汇在不同的语境下，意思完全是不一样的，在不同的地方有不同的解释。冯友兰曾经归纳说：在中国文字中"天"这个名词至少有五种意义。第一种，物质的天，所谓"天空"；第二种，宗教意义上的天，所谓"天神"；第三种，命运之天，所谓"天命"；第四种，自然之天，相当于现在讲的自然规律，所谓"天性"；第五种，哲学意义上的天，义理之天，所谓"天理"。另一个学者庞朴先生把"天"的涵义浓缩为四种：第一种是物质的天，指天空、大自然；第二种是精神的天，宗教的天，指主宰一切的最高的神；第三种是本然意义上的物质，如说牛马四足是天生的；第四种是被当成本然意义上的精神，如天理。他说"天"分别为形而下的、形而上的和形而中的。

我想，比较恰当的是把"天"的涵义归纳为：一、主宰之天，有人格神的涵义，如《大盂鼎铭文》说："丕显文王，受天有大命。"光辉的文王，被天授与统治天下的命令。《周书·召诰》："皇天上帝，改厥元子兹大国殷之命。"皇天上帝，更换了他的长子大国殷统治四方的命令。"皇天上帝"或"皇天"、"上帝"都是指的最高神。二、自然之天，有自然界的涵义，既指天空，也指天生的一切。三、义理之天，有哲学和道德的涵义，如"天道"。

在中国传统思想中，"天人合一"观念是占主导地位的，天人合一观最早可以追溯到《周易》。中国古代思想的源头就在《周易》。从古到今研究《周易》的大致可分为两个学派：义理派和象数派。义理派强调从八卦和六十四卦的卦名的涵义来解释卦象、爻象和卦辞、爻辞。这一派着重发掘《周易》的哲学价值，研究透过《周易》所反映出来的古人对宇宙万物的看法。象数派注重从八卦所象征的物象来解释卦象、爻象和卦辞、爻辞。义理派是以学术研究为主，象数派则着重将《周易》用于占卜算命。我在这里讲《周易》当然不是占卜算命，而是考察我们先民的哲学思想。

　　《周易》中虽然没有出现"天人合一"四个字，但通篇都体现了天人合一的思维。根据现在我们能见到的资料，最早、最明确的天人合一观念的表述在楚简。我们今天要研究国学，必须注意考古发现的资料。因为很多古文献失散了，考古的新发现可以补充文献的不足。《郭店楚简·语丛一》记载："易，所以会天道、人道也。"它的意思是说，《周易》这部书是讲会通天和人关系的书。当然战国以前还会有更早的资料，以后可能还会从地下陆续挖出来。《郭店楚简》大概是公元前三百年前的书，这就是说在两千三百多年前，古人已经把《周易》看成是一部讲"天人合一"的书了。为什么这样说？我们知道《系辞》是对《周易》作哲学解释的"传"，在其中深刻地阐明"天道"和"人道"相会通的道理。一方面，我们看《周易》六十四卦，每一卦六爻的符号体系，其中上二爻是天位，下二爻是地位，中二爻是人位。《系辞下》说："《周易》之为书也，广大细备。有天道焉，有人道焉，有地道焉，兼三才而两之，故六。六者非它也，三才之道也。"为什么有六爻？代表了天、地、人"三才"，天地人三才是统一的整体，共同构成了宇宙万物，也一同遵循着宇宙万物共同的变易法则。所以说，从《周易》的卦画构成原理看，体现了天人一体性。《说卦》也说："昔者圣人之作易也，将以顺性命之理。是以立天之道曰阴与阳，立地之道曰柔与刚，立人之道曰仁与义。兼三才而两之，故易六画而成卦。分阴分阳，迭用柔刚，故易六位而成章。"意思是说，古代圣王作《周易》，是为了告诉后人有关性命的原理。中国人对性命之学是有很多研究的。所以有人问我儒、释、道的汇合点在哪里。我的答复就在性命之学。我们读古典的主旨，也就在性命之学，如何完善自己的人生。这方面老祖宗给我们提供了很多思想资料。"兼三才而两之，故易六画而成卦。"天地人是"三才"。阴阳、柔刚、仁义就是"两之"，事物相辅相成的两个方面。性命之学的核心也就在阴阳、柔刚、仁义，这三组六个字。张岱年先生说，三才之道"分开来说，天道、地道、人道有一定的区别；总起来说，'一阴一阳之谓道'是普遍性的"。另一方面，在《周易》中，人道是处于效仿天地的地位的。《系辞上》说："崇效天，卑法地。"意思是说，人的崇高的智慧是效仿上天，谦卑的礼节是效仿大地。追溯到周易，可见我们的先人很早就开始关注天人关系，并在高度抽象的水平上概括天人关系。以前那些留洋回来的学者说，在宋明理学产生以前，中国没有哲学。我就感到很奇怪。假如这都不叫哲学，不知什么叫哲学了。所以尽信书不如不读书。

到了春秋战国时期，各派学说对天人合一观念都有各自的阐述。所谓"天人合一"有二层不同的诠释：一种是说天人本来就是合一的；另一种说法是天人应该归于合一。先看道家怎么说？在道家看来，天是自然。老子说过："人法地，地法天，天法道，道法自然。"人只是自然的一部分。庄子说："有人，天也；有天，亦天也。"天人本是合一的。但由于人制定了各种典章制度、道德规范，使人丧失了原来的自然本性，变得与自然不协调。所以道家修行的目的，便是"绝圣弃智"。意思是舍弃一切非自然的作为与意欲，打破这些加于人身的藩篱，使人性重新复归于自然，达到一种"万物与我为一"的境界，也就是回复到天人合一的自然状态。

再看阴阳家，战国时期的阴阳家最有名的是邹衍。他第一次把天人合一变成了一种系统的学说，并结合先秦早已流行的五行相生的观念，构成了"五德终始说"。五德终始说被用来解释人类历史，说历史上的王朝是按照五行相生的顺序实现转移更替的。这实际上是一种历史循环论。这种学说的要点有三个：一是五德相胜，认为此前的历史王朝按照相胜的原理，依次为黄帝是土德，大禹是木德，商汤是金德，周文王是火德。二是祥瑞符应，人间王朝更替，上天必然会昭示在先，出现一些预兆，如黄帝得土德的预兆是"天先见大蚓大蝼"，大禹得木德的预兆是"天先见草木秋冬不死"，商汤得金德的预兆是"天先见金刃生于水"，周文王得火德的预兆是"赤乌衔丹书集于周社"，全身火红的乌鸦嘴上叼着丹书聚集在周国的土地庙上。三是治各有宜，新王朝建立后，必须变更一切旌旗服色和文物制度。如黄帝土德所以尚黄，"其色尚黄，其事则土"，黄代表了土地的颜色。大禹木德，"其色尚青，其事则木"，青是树木的颜色。商汤金德，"其色尚白，其事则金"；文王火德，"其色尚赤，其事则火"。这种学说在当时非常流行。《孟子》记载，孟子去见梁惠王，遭遇冷遇；邹衍去各国，所到之处都深受欢迎。秦始皇统一六国后，根据邹衍"水德代周而行"的论断，编造了一个说法：秦文公狩猎时抓到一条黑龙，黑代表水的颜色，所以这是秦国水德兴起的预兆。于是秦朝制度尚黑，秦始皇穿上黑色的皇袍，旗帜器物也都漆成黑色，以此证明他们取代周朝的合法性。可以说，秦始皇是第一个实践"五德终始说"的帝王。五德终始说通过解说王权更替，宣扬了天人感应和天命王权思想。

至于儒家，孔子对天人关系并没有明确的说法，只是说过"五十而知天命"而已。真正相信天人合一的是思孟学派。从子思著《中庸》就开始讲天人合一的问题。《中庸》第一句话就说："天命之谓性，率性之谓道，修道之谓教。道也者不可须臾离也，可离非道也。"天所赋予人的叫做本性，遵循本性去做人处世叫做道，自我修养，使一切思想言行都能合于道，就叫做教化。道，是人们不能片刻离开的，如果是可以离开的，那就不是道了。简单地说，天命和人性本来就是一回事。

到孟子又进一步发挥："尽其心者，知其性也；知其性，则知其天矣。"心、性和天是一致的，知道自己的心，就知道万物的性；知道万物的性，就知道天了。这是典型的"天人合一"思想，也是宋代理学家"格物致知"的源头。孟子还说："存其心，养其性，所以事天也。夭寿不贰，修身以俟之，所以立命也。"存心养性就是事天，修身就是立命，所以"天"和"人"是一种内在的超越的关系。这种说法把仁德、心性、天命都打通了。一方面是说仁德、心性是客观存在的，不是探寻它，而是找回它。另一方面又将天道义理化。此后，主张天人合一的儒家分为两途：一是董仲舒的天人感应说；二是程朱理学的天人一理说。

董仲舒的"天人感应说"是以"天人同构"为前提的。他以人体比附天："天以终岁之数，成人之身，故小节三百六十六，副日数也；大节十二分，副月数也；内有五藏，副五行数也；外有四肢，副四时数也。"天以一年之数来塑造人体，所以人体的构造里面有三百六十六个关节，符合一年三百六十六天数；有十二个月，所以人大的关节分十二个，符合一年十二月数；人体里有五脏，符合五行之数；人有四肢则符合一年四季。然后，他又以人的性情比附天："春，爱志也；夏，乐志也；秋，严志也；冬，哀志也。故爱而有严，乐而有哀，四时之则也。喜怒之祸，哀乐之义，不独在人，亦在于天，而春夏之阳，秋冬之阴，不独在天，亦在于人。"春代表人的慈爱，夏代表人的快乐，秋代表人的严肃，冬代表人的哀伤。人有感情，天也有感情，感情上人和天是相通的。此外，他还以人的道德比附天："君臣父子夫妇之义，皆取诸阴阳之道。君为阳，臣为阴；父为阳，子为阴；夫为阳，妻为阴。阴道无所独行，其始也不得专起，其终也不得分功，有所兼之义。是故臣兼功于君，子兼功于父，妻兼功于夫，阴兼功于阳，地兼功于天……王道之三纲，可求于天。"可见"为生不能为人，为人者天也。"人之为人，本于天也。天亦人之曾祖父也，此人之所以乃上类天也。儒家的君臣、父子、夫妻"三纲"的基础在于天，也就是平时所说的天经地义，因此不得违反。既然人是仿天而成的，所以天人之间便有了相互感应的可能。董仲舒的天人感应说可以概括为"屈民而伸君，屈君而伸天"，或者说是"以人随君，以君随天"。说得简单一点，就是人要听君的，君要听天的。"屈民而伸君"的目的，是通过宣扬君权天授，以此肯定君权的合法性与神圣性，使君权受到万民的景仰，自然也就达到"屈民"的目的。"屈君而伸天"，则是出于限制君权的需要，因为王权的过于强化，又必然导致君主的为所欲为。于是董仲舒提出"灾异谴告说"，用天变灾祥来警告帝王们："国家之失乃始萌芽，而天出灾害以谴告之；谴告之，而不知变，乃见怪异以惊骇之；惊骇之，尚不知畏恐，其殃咎乃至。以此见天意之仁，而不欲陷人也。"这是董仲舒用来限制王权的重要学说。清代学者皮锡瑞在《经学通论·易经》中说："后世君尊臣卑，儒臣不敢正言匡君，于是亦假天道进谏，以为仁义之说，人君之所厌闻；而祥异之占，人君之所敬畏。陈言既效，遂成一代风气。"跟帝王讲道理讲不通；讲迷信，他就怕了。董仲舒用天人感应说来约束王权，有其进步意义。但也因此使东汉儒学演变为"谶纬之学"，走上了儒学神学化的道路。

　　宋代程朱的"天人一理观"要比董仲舒的"天人感应说"精致得多。他们沿着孟子思想，更重视"天"为"义理之天"的方面。程颢说人道即天道："安有知人道而不知天道者乎？道一也，岂人道自是一道，天道自是一道乎？……天地人只是一道也，才通其一，则余皆通"。"在天为命，在义为理，在人为性，主于身为心，其实一也。"他把天地万物、人性、人心统统视为由一个天理安排的结果。他认为，只要悟及仁心，天人便可归至"一本"："学者须先识仁，仁者浑然与物同体……只心便是天，尽之便知性，知性便知天，当处便认取，更不可外求"，"天人本无二，不必言合"。后来朱熹进一步说："天之所以为天者，理而已。天非有此道理，不能为天，故苍苍者即此道理之天。"天下只有一个正当的道理，循理而行，便是天。仁者"在天则盎然生物之心，在人则温然爱人利物之心，包四德而贯四端者也。"意思是说，天道生生不息，以仁为心，天有使万物良好地生长发育的功能，所以人也应效法天，要爱护一切。这是因为天人一体，人得到了天的精髓而为人，故人生应当实现天的"盎然生物之心"，而有"温然爱人利物之心"，天心人心实为一心。人生之意义就在于体证天道，人生之价值就在于成就天命，故天人之关系实为一内在关系。"为天地立心"就是"为生民立命"，不能分割为二。以上我介绍了作为中国古代思想主流的"天人合一观"，作为分析荀子天人关系学说的铺垫。这种铺垫是必须的，否则就无法了解《天论》的意义。

80. 明天人之分

对于天人关系的看法，无论是先秦思想家，还是在儒家的历史上，荀子都是独树一帜的。大家都讲天人合一，只是说法不同，角度不同。但荀子则不然，明确提出天人相分。他认为，天是天，人是人，天道和人道属于不同的类。天和天道的本质是自然，人和人道的本质是道德。不搞清两者的区别，就是混淆了事物的类，就会"错人而事天"，放弃人的主观能力，依赖和企求外在的上天赐福。万事皆天定，人就不需要努力了。从第一讲开始讲起，我们已经可以看到荀子非常强调人的后天努力，但如果不在天人关系上把人和天分开，荀子的这套学说就没有立足之地了。所以说，强调天人无涉的"明天人之分"是荀子全部学说的基础。冯友兰先生说："荀子的哲学可说是教养的哲学。他的总论点是，凡是善的，有价值东西都是人努力的产物。价值来自文化，文化是人的创造。正是在这一点上，人在宇宙中和天地有同等的重要性。"我认为荀子思想是一种积极的儒家思想。下面我们来看《天论》的文本。

天行有常，不为尧存，不为桀亡。应之以治则吉，应之
以乱则凶。强本而节用，则天不能贫；养备而动时，则天不
能病；修道而不忒，则天不能祸。故水旱不能使之饥，寒暑
不能使之疾，祅怪不能使之凶。本荒而用侈，则天不能使之
富；养略而动罕，则天不能使之全；倍道而妄行，则天不能
使之吉。故水旱未至而饥，寒暑未薄而疾，祅怪未至而凶。
受时与治世同，而殃祸与治世异，不可以怨天，其道然也。
故明于天人之分，则可谓至人矣。

第一句话，荀子就把的论点提出来了：天怎么运行，不是神秘莫
测、变幻不定的，而是有自己永久不变的规律。它不会因为人间的
好恶而变化，既不会为尧这样的明主而存在，也不会因桀这样的暴君
而灭亡。这里的"天"是指自然。也就是说，自然规律是不以人的意
志为转移的。人不可以违背自然规律，而只能严格地遵守它。天行有
常，人怎么回应天道，后果就不一样。以治道回应就吉祥，以亡国之
道回应就成乱世，就凶险。接着荀子展开具体论述为什么天人无涉，
天和人互不相干。

第一个问题是讲经济。为什么有时候经济繁荣，有时候经济凋
敝？这都和天没有关系。如果政府鼓励发展农业生产，同时又提倡
厉行节约、节省费用，天就不能使人们贫穷。古代中国是一个农业
社会。在当时的技术条件下，人首先要解决温饱问题，所以农业是

主业。国家政策必须以发展农业为主。然而，农业收成再好，如果政府不能节省财政开支，对农民强征暴敛，民间又不节制消费，挥霍浪费。那么无论是国家，还是民众仍然都难免陷入贫穷。可见人穷不穷和天没有关系，而和经济政策有关。这也是中国历来实行"重农抑商"政策的原因。听任商业的无限度发展，必然刺激社会消费无限膨胀，这是当时的生产力水平无法承受的，所以说抑商政策本身没有错。只是西方国家开始工业化以后，中国本身的社会生产力也发展到一定程度，但政府仍然抑制工商业的发展，才使中国逐渐落后于西方。我们不应该笼统地否定重农抑商政策。第二个问题是讲人的健康寿命。为什么有些人健康长寿，有些人多病短命？这都和天没有关系。如果平时重视养生，不暴食，不熬夜，不酗酒，不淫乱；既不过分运动，也不整天坐在那里一动也不动，那么天也不能使人生病。第三个问题是讲做人处世。为什么有些人一辈子顺顺利利，有些人坎坎坷坷，经常遇到麻烦？这都和天没有关系。如果一辈子"修道而不贰"，专心修道不三心二意，严格要求自己的言行符合于道，那么天也不能使人遭殃。"循道而不贰"的意思是遵道而行，不出差错。

人是可以发挥主观能动性的。"故水旱不能使之饥"，如果尽人事的话，丰年有足够粮食储备，水涝旱灾不一定能造成饥荒，使人挨饿。"寒暑不能使之疾"，严寒酷暑不一定能使人生病，如果一个人平时锻炼强身的话，就有抵御寒暑的体能。"祅怪不能使之凶，"自然界的反常变异不一定能使人遭殃。"祅"同"妖"，在上古是指灾祸。天反时为灾，例如夏天下冰雹，就叫做灾。地反物为妖，例如桃花不在春天而在秋天开花，就叫做妖。"怪"指奇异的现象，例如生出来的小牛有两个头等等。那么什么情况下才会造成饥饿、疾病、灾祸呢？

荀子说：农本荒废而用度奢侈，天不能使人富裕。养生不足而运动缺少，天不能使人健康。背道而驰而恣意妄为，天不能使人吉祥。所以"水旱未至而饥，寒暑未薄而疾，祅怪未至而凶。"这样的政府、这样的人，水旱灾害并未发生就会闹饥荒，严寒酷暑并未迫近就生病了，反常变异并未出现就遭殃了。"受时与治世同，而殃祸与治世异，不可以怨天，其道然也。"他们遇到的天时和太平之世相同，而灾祸却与太平之世不同。对此，不可以埋怨上天，而是取决于执政者自己选择的道路。"故明于天人之分，则可谓至人矣。"所以明白天道与人事的分野，就可以称为最有智慧的人了。"明于天人之分"是《天论》的核心观点。

在两千多年前，人人都说"天人合一"，只有荀子提出"天人相分"。他将"天"、"天命"、"天道"自然化、客观化与规律化。天为自然，没有理性、意志、善恶好恶之心。自然界和人类各有自己的规律和职分，天道不能干预人道。天归天，人归人，所以应该说天人相分，而不应该说相合。治乱吉凶，在人而不在天。荀子在两千多年前提出的"天人相分"思想，在人类思想史上都可以说是光芒万丈的。荀子的确是一个伟大的思想家。

81. 天道无为，人道有为

　　不为而成，不求而得，夫是之谓天职。如是者，虽深，其人不加虑焉；虽大，不加能焉；虽精，不加察焉，夫是之谓不与天争职。天有其时，地有其财，人有其治，夫是之谓能参。舍其所以参，而愿其所参，则惑矣。

　　不做就能成功，不求就能得到，就叫做天职，也就是指自然的功能。比如，火会发光发热，无论人类做不做和求不求，火的这种天然的功能本身都是存在的。孟子也说过："莫之为而为者，天也；莫之致而至者，命也。"意思和荀子讲的是一样的。荀子所说"如是者"的"是"指上一段所说的"天人相分"。因为天人相分，所以"至人"虽然思虑深远，也不会去测度天是如何发挥其天职的，不会去揣度天是怎么形成山海陆地的，也不会去探究天为什么会有四季的更替的。因为天人相分，所以最有智慧的"至人"虽然本领广大，超越常人，但他们也不会去干预天职，不会把自己的能力加于自然，去讲什么征服自然。因为天人相分，所以"至人"虽然见识精微，也不会去审视天职，评判大自然的功过是非。这就叫做不与天争夺职能。天有自己的时令，地有自己的资源，人有自己的治理方法。这叫做能够与天地并列。

我们要注意这里的"参"字。荀子在《王制》中也说："天地者，生之始也；礼义者，治之始也；君子者，礼义之始也。为之、贯之、积重之、致好之者，君子之始也。故天地生君子，君子理天地。君子者，天地之参也。""参"字最初就是壹、贰、叁的"叁"。天、地、人并列叫作"参"。《中庸》上说：人"可以与天地参矣"。意思是说，人可以顶天立地，和天地鼎足而三。其前提是"赞天地之化育"，即参与天地的生化养育工作。这里的"赞"就是"参"的引申义，参与的"参"。荀子认为，人是有这种参与能力的，这叫做"能参"。"君子理天地"，人能够让天地自然为人所利用。"舍其所以参，而愿其所参，则惑矣。"这段话是难点，难在"所以参"三个字。"所以参"是"能参"的依据，指人类那一套群、分、义的能力，其他动物没有这种能力，所以只有人能与天地并列。"所参"是指天地。整句话的意思是，如果舍弃了自身得以与天地并列的人道，而去指望与自己并列的天地，那就太糊涂了。按照荀子的说法，天人各有不同的职能。他在《礼论》篇里也说过："天能生物，不能辨物；地能载人，不能治人。"只有明确天和人各自所具有的不同职分，才能使人躬行人道，不与天争职。道家、阴阳家以及其他儒家学者的说法，与荀子相比，显然都是贬低了人的地位。荀子提倡以躬行人道为前提的"官天地，役万物"，主张发挥人的能动性，使自然为人类服务。这是有积极意义的。

> 列星随旋，日月递照，四时代御，阴阳大化，风雨博施。万物各得其和以生，各得其养以成。不见其事而见其功，夫是之谓神。皆知其所以成，莫知其无形，夫是之谓天（功）。唯圣人为不求知天。

星宿随着天旋转，一昼夜旋转一次，水星、木星、火星等在一定时刻会到达一定的位置。日月交替着照耀大地。春夏秋冬四季轮流控制气候，春去夏来，秋去冬来。阴阳变化生长万物。这里的"阴阳"是指冷暖。风雨普遍地泽被万物。这些都是天的运作，都是自然现象。"万物各得其和以生"，万物各自得到四季、冷暖、风雨等自然形成的和气而生。什么叫"和气"？就是两个对立面的统一。如果地球上只有冷，没有暖，就不和谐，万物就不可能生长。冷和暖是对立的，但对万物生长又是缺一不可的，两者配合，自然界才能和谐。"各得其养以成"，万物各自得到自然的滋养而生长。动物和植物的生长都要依靠空气、水和阳光的滋养。然而，"皆知其所以成，莫知其无形，夫是之谓天。"当时的人看不见、不知道大自然如何运作的过程，而只能看见大自然的功效，觉得很神奇，于是把自然现象叫做神。一颗种子落在泥土里，会发芽生长成参天大树；一个鸡蛋经过孵化，会变成一只小鸡。古人对这些自然现象都觉得很神奇。他们都知道万物的生长不是无缘无故的，一定是有道理的。但没有人知道万物生成背后无形的东西。也就是"知其然，不知其所以然"。这种无形的东西就是自然规律。因为不知其所以然，所以人们就将这些自然现象叫做天，或天成、天生。在荀子看来，天是自然天，而不是人格神。宇宙万物的生成不是神造，而是万物自身运动的结果。

"唯圣人为不求知天"，是针对思孟学派说的。《中庸》里说："思知人，不可不知天"。朱熹诠释这句话说："亲亲之杀，尊贤之等，皆天理也，故又当知天。"但荀子认为，既然没法知道天的秘密，所以最有智慧的圣人是不会去追求了解天的。在这方面，应该说荀子更接近孔子思想。《论语·公孙长》有一段记载："子贡曰：'夫子之言性与天道，不可得而闻也。'"学生们从来没有听见孔子谈论过"性"与"天道"的问题。荀子是继承了孔子"子不语"的务实传统。这里要特别注意一下，"不求知"既可以解释为"不可知"，也可以解释为"不必知"。"天所生的万物"也就是形而下层面的天，而"如何生万物"则是形而上层面的天。在荀子看来，"如何生万物"的形上之天是无法认识的。形下之天是可以被认识的，这就是所谓的"知天"。即使如此，也没有必要认识所有的形下之天。因为认识形下之天的最终目的是"用天"，利用自然万物。"可以被认识"不等于"需要或应该被认识"，所以"知天"要适可而止。

　　天职既立，天功既成，形具而神生，好恶、喜怒、哀乐藏（藏）焉，夫是之谓天情。耳、目、鼻、口、形能各有接而不相能也，夫是之谓天官。心居中虚，以治五官，夫是之谓天君。财非其类，以养其类，夫是之谓天养。顺其类者谓之福，逆其类者谓之祸，夫是之谓天政。暗其天君，乱其天官，弃其天养，逆其天政，背其天情，以丧天功，夫是之谓大凶。圣人清其天君，正其天官，备其天养，顺其天政，养其天情，以全其天功。如是，则知其所为，知其所不为矣。则天地官而万物役矣。其行曲治，其养曲适，其生不伤，夫是之谓知天。

故大巧在所不为，大智在所不虑。所志于天者，已（以）其见象之可以期者矣；所志于地者，已（以）其见宜之可以息者矣；所志于四时者，已（以）其见数之可以事者矣；所志于阴阳者，已（以）其见知（和）之可以治者矣。官人守天而自为守道也。

天的职能已经确立，天的功效已经成就。人类本身也是天职和天功的成就。人本身是自然的产物，也是自然界的一部分。先是自然赋予了人的形体，然后又派生了心理。精神是晚于物质的。好恶喜怒哀乐都隐藏在人体里，这叫做天赋的情感。"形具而神生"，荀子在这里提出的"形神论"。这一命题引起了中国哲学史上延续几个世纪的讨论。东汉桓谭的《新论》认为："精神居形体，犹火之燃烛矣。"精神存在于形体里，就像用火点蜡烛一样，蜡烛烧尽了，火也熄灭了。东汉王充的《论衡》认为："天下无独燃之火，世间安得有无体独知之精?"就像火一定要依附于某种物质一样，不存在没有载体的精神。南梁范缜的《神灭论》提出"形质神用"，用刀刃和锋利的关系来比喻。刀刃是质，锋利是用，没有刀刃也就没有锋利这回事。这些观念都源于《荀子》里的这五个字"形具而神生"。除了由荀子这一路下来的思想，古代东西方的哲学和宗教大多认为灵魂（精神）是独立的，可以离开形体而存在。荀子的"形神论"对中国人的思想影响非常大，而且渗透到艺术领域。中国绘画和西方绘画最大的不同就是"以形写神"，尽管神要用形来体现，但表现神韵则是其追求的目标。中国画讲究画得传神，而不是逼真，即使能画得像照片一样也不一定是好作品。画得像只是画匠，还称不上是画家。

　　"耳、目、鼻、口、形各有接而不相能也，夫是之谓天官。"耳朵、眼睛、鼻子、嘴巴、身体的功能各有感应对象，如耳辨声，眼辨色，鼻辨嗅，口辨味，身体辨冷暖痛痒等，因而五官不能互相替代，这叫做天生的感官。"心居中虚，以治五官，夫是之谓天君。"心处于身体中空虚的胸腔部分，管理着五官，叫做天生的主宰。这种说法在现在看来当然是不科学的，但古人都认为意识是从物理的心脏来的。"财非其类、以养其类，夫是之谓天养。""财"指自然资源，如草木禽兽等等，它们和人不是同类，但能供养人类，叫做天然的供养。"顺其类者谓之福，逆其类者谓之祸，夫是之谓天政。"自然物产的奉养有利于人的是福，不利人的则是祸，叫做天然的政令，也就是天的奖惩。比如，高蛋白的食品有营养，难得吃一次对身体有益，就是福。但如果天天吃，就是"逆其类者"了，不但无益于健康，反而会得病，这就是祸了。

前面一段告诉我们什么是天职、天功、天情、天官、天君、天养、天政。接下去讲，"暗其天君，乱其天官，弃其天养，逆其天政，背其天情，以丧天功，夫是之谓大凶。"如果昏乱了心，神智不清，失去了判断能力。扰乱了五官，纵情声色或劳累过度。荒废了天养，不能务本节用，暴殄天物。违反了天政，不能善养其身。背离了天情，喜怒哀乐无节，违逆人之常情，以致丧失了天生的功效。这些都叫做大凶，因为会危及生命。圣人知道这个道理，所以他们会让自己的心保持清明。在五官的使用上达致平衡，在视力、听力、脑力等各方面都不过度使用，注意劳逸结合。量入为出，既不断丰富自己的物质生活，但又不奢侈浪费。顺应天政，善养其身，保养天情，好恶喜怒哀乐都不过分，从而成全了天功。这样的话，人就能明白自己该做什么，不该做什么了。于是"天地官而万物役也"，天地就各行其是而万物就能被利用了。"其行曲治，其养曲适，其生不伤，夫是之谓知天。"他的行动全都稳当，保养全都合适，生命不受伤害。人做到这一步，就算是知天了。

"故大巧在所不为，大智在所不虑。"这句话很重要！"巧"是指才能，真是才能出众的人表现在有所不为。不该做的事不做，只做有成功把握的事，没有本事的人才会跟在人家屁股后面，人家做啥就做啥。其实，适合人家做的事，不一定适合你做。人家能赚到钱，不一定你也能赚到。真是智慧过人的人表现在有所不虑，只去想应该想、值得想的事。不去想那些不切实际、飘浮在天上的事，也不去想那些已经过去、追悔莫及的事。如果一个人的头脑里整天被一些乱七八糟的念头塞满了，就不可能有洞察力和创造力。"所志于天者，以其见象之可以期者矣。""志"在这里是记忆认识的意思。对于上天所要记识的，是显现出可以预知的天象，如日月交替等。"所志于地者，以其见宜之可以息者矣。"对于大地所要记识的，是显现出适宜万物生息的地理，如土壤、水文和地形等等。"所志于四时者，以其见数之可以事者矣。"对于四季所要记识的，是显现出可以行农事的历数，如二十四节气。"所志于阴阳者，以其见和之可以治者矣。"对于阴阳所要记识的，是显现出如何使万物和谐相处的道理。"官人守天而自为守道也。"任人为官是为了守天，自己修身是为了守道。

　　这一段讲的道理，就像他在《解蔽》篇里说过的："以可以知人之性，求可以知物之理，而无所疑止之，则没世穷年不能遍也。其所以贯理焉虽亿万，已不足以浃万物之变，与愚者若一。"荀子认为多余的认识都是无用的。人的认识范围有限，认识够用就行了。我不完全赞成荀子的说法，只是还原他的说法。他的这些说法固然有务实的一面，但有功利主义的成分，这也对中国古代科学的发展产生了负面影响。长期以来，中国不存在西方那种为学术而学术、为科学而科学的精神。我们要吸收他合理的部分，扬弃不合理的部分。

82. 君子把握自己的命运

　　治乱，天邪？曰：日月、星辰、瑞历，是禹、桀之所同
也，禹以治，桀以乱，治乱非天也。时邪？曰：繁启、蕃长
于春夏，畜（蓄）积、收臧（藏）于秋冬，是又禹、桀之所
同也，禹以治，桀以乱，治乱非时也。地邪？曰：得地则
生，失地则死，是又禹、桀之所同也，禹以治，桀以乱，治
乱非地也。《诗》曰："天作高山，大王荒之。彼作矣，文王
康之。"此之谓也。

　　这段开头就是一问：人间的治与乱是上天造成的吗？因为当时人
都把治与乱交替讲成是天命。荀子故有此问，然后进行反驳。他说：
日月星辰岁历，这一切在禹当政时和桀当政时都是相同的，禹使天下
安定，桀使天下混乱。可见治与乱和天无关。那么是时令造成的吗？
很多人把乱世归结于时运不济，把自己的失败归结于生不逢时。荀子
说：庄稼在春夏发芽生长，在秋冬积蓄收藏，这在禹的时代和桀的时

代也是一样的，禹使天下安定，桀使天下混乱。可见治乱和时令也没有关系。最后一问：那么是大地造成的吗？庄稼有土地就生长，失去土地就死亡，这在禹的时代和桀的时代又是相同的，禹使天下安定，桀使天下混乱。可见治与乱和大地也没有关系。最后引《诗经》的话说："天生高高的岐山，大王开始垦治。他在这里建都，文王使它繁荣。"说的就是这个道理。什么道理？岐山始终存在，以前周围是一片荒原，有了太王及其子孙这样的人才发展起来。可见社会治乱主要不取决于自然，而跟人的作为有关。

　　天不为人之恶寒也辍冬，地不为人之恶辽远也辍广，君子不为小人之匈匈也辍行。天有常道矣，地有常数矣，君子有常体矣。君子道其常，而小人计其功。《诗》曰："何恤人之言兮！"此之谓也。

天不会因为人厌恶寒冷就取消冬天，地不会因为人厌恶走远路而缩小，君子不会因为周围小人的七嘴八舌而放弃自己的行动。这是因为上天有经久不变的规律，也就是本篇开头第一句话："天行有常。"大地有经久不变的定理，君子也有经久不变的做人原则。天地君子都有常。君子遵循永久不变的原则做人，而小人计较的是功利，是眼前芝麻绿豆那么点大的利益。《诗经》上说："遵循礼义没过失，何必担忧别人说长道短？"说的就是这个道理。现在大部分人做人没有自己的定见，是照别人的议论或社会的舆论在生活，在决定自己的行为。

明明自己认为对的事，只要听了周围人叽叽喳喳一番话就放弃了。明明自己知道是错的事，因为大家都在做也就跟着去做了。关键是要找到自己安身立命的道理，就不会被人牵着走了。把命运掌握在自己手里，这样做人一辈子就不会后悔了，因为祸福得失都是自己的选择。

> 楚王后车千乘，非知也；君子啜菽饮水，非愚也；是节然也。若夫心（志）意修，德行厚，知虑明，生于今而志乎古，则是其在我者也。故君子敬其在己者，而不慕其在天者；小人错其在己者，而慕其在天者。君子敬其在己者，而不慕其在天者，是以日进也；小人错其在己者，而慕其在天者，是以日退也。故君子之所以日进与小人之所以日退，一也。君子小人之所以相县者，在此耳。

楚王出巡威风凛凛，随从的车有上千辆。这并不是因为他特别聪明。君子吃豆叶、喝白水，并不是因为他比别人愚蠢，乃是因为他们守节。君子的气节、节操使他们有所为、有所不为，坚守自己的理念不为五斗米折腰。历史上有"不食周粟"的故事。说殷商遗民伯夷、叔齐二人在商灭亡后，以吃周朝的粟米为耻，便隐居在首阳山上，以采集野菜为食。有个妇人说："你们以食周粟为耻，那么这些野菜也是长在周朝土地上的啊！"两人听了此话感到羞愤，于是绝食而死。千百年来人们都赞颂他们是气节高尚的义士。尽管伯夷、叔齐的做法未免迂腐，但也算是求仁得仁，我们不可以成败论英雄。现在也有学者把"是节然也"解释成君子挨饿是所遇时势命运造成的。从字面解释也勉强讲得通，但境界上显然是乡愿之见。有些人明明可以有高官厚禄的机会，却宁愿放弃而去过贫困的生活，这哪道是能用时运不济解释的吗？这两种解释的见识高下立判。此处用得着一句古话："燕雀安知鸿鹄之志哉！"可见对古典的诠释不仅在于学，更在于识。

"若夫志意修，德行厚，知虑明，生于今而志乎古，则是其在我者也。"至于志意远大，德行敦厚，智虑精微，生在今天而能志存古代圣贤传下来的道统，这都是自己能把握的东西。也就是说，能不能像楚王那样威风凛凛，像马云那样腰缠亿万资产，这都取决于时运，而做不做君子则取决于你自己。"故君子敬其在己者，而不慕其在天者。"君子慎重对待自己能把握的事情，而不去期望上天时运施与的东西。"是以日进也"，所以君子能够天天向上，不断进步。因为他们看重、崇尚、追求的是志意、德行和智虑。相反，"小人错其在己者，而慕其在天者。"小人放弃自己能把握的理念、德行和学养，而羡慕那些自己无法把握的名利地位，指望上天时运的施与。"是以日退也"，所以小人一天比一天退步。可见君子进步和小人退步的道理是一样的。君子和小人相差悬殊的原因也就在这里，都在于靠天还是靠自己，在于是否能把握自己的命运。

83. 不怕天灾怕人祸

　　星队（坠）、木鸣，国人皆恐，曰：是何也？曰：无何也！是天地之变、阴阳之化、物之罕至者也。怪之，可也；而畏之，非也。夫日月之有蚀，风雨之不时，怪星之党（傥）见，是无世而不常有之。上明而政平，则是虽并世起，无伤也；上暗而政险，则是虽无一至者，无益也。夫星之队（坠）、木之鸣，是天地之变、阴阳之化、物之罕至者也。怪之，可也；而畏之，非也。

　　这段话是本文第一段"妖怪不能使之凶"的展开。流星坠落、树木发声，国人都恐慌地说：这是为什么呢？可见在董仲舒提出"灾异谴告说"之前，民间已经流传着上天对人间的吉凶会有预兆、会发出警告的观念。荀子正是对此而答：这没什么值得大惊小怪的啊！这只是自然的变异，阴阳的变化，事物中难得一见的现象罢了。人们可以觉得奇怪，但没有必要感到恐惧。太阳月亮发生日食月食，风雨不合时节地突袭，夏天刮北风，冬天吹南风，怪异的星星偶然出现。这些现象在每一个时代都有过的。如果君主英明，政治清明，那么即使这些现象同时出现，也没有什么大不了。相反，君主愚昧，政治险恶，那么即使这些现象一样也没有，对人间也毫无裨益。最后把开头一段重复一遍：“夫星之坠、木之鸣，是天地之变、阴阳之化、物之罕至者也。怪之，可也；而畏之，非也。”这或许是强调的意思；或许是抄写刻印时的讹误。

物之已至者，人祆则可畏也。楛耕伤稼，枯耘失岁，政险失民；田薉稼恶，籴贵民饥，道路有死人，夫是之谓人祆；政令不明，举错不时，本事不理，夫是之谓人祆；礼义不修，内外无别，男女淫乱，则父子相疑，上下乖离，寇难并至，夫是之谓人祆。祆是生于乱。三者错，无安国。其说甚迩，其菑甚惨。勉力不时，则牛马相生，六畜作祆。可怪（畏）也，而不可畏（怪）也。传曰：“万物之怪，书不说。”无用之辩、不急之察，弃而不治。若夫君臣之义，父子之亲，夫妇之别，则日切瑳而不舍也。

雩而雨，何也？曰：无何也，犹不雩而雨也。日月食而救之，天旱而雩，卜筮然后决大事，非以为得求也，以文之也。故君子以为文，而百姓以为神。以为文则吉，以为神则凶也。

在已经出现的事物中，天变灾异不可怕，真正可怕的是人祸。粗放地耕种而伤害庄稼，粗放地锄草而妨害年成，政治险恶而失去民心，田地荒芜而庄稼长不好，米价昂贵而百姓挨饿，路上有饿死的人，这些都叫做人祸。政令不明确，朝令夕改，使百姓无所适从，动辄得咎；措施不合时宜，不管农业生产，春播秋收时征发劳役，耽误了农时，于是牛生马、马生牛，六畜出现怪异现象，这些都叫做人祸。不推行礼义，家庭内外没有分别，男女淫乱，父子互相猜疑，君臣上下离心离德，外侵内乱同时发生，这些也都叫做人祸。人祸产生于君主的昏乱，一旦这三种人祸交错发生，国家将没有安宁的日子。"其说甚迩，其灾甚惨。可畏也，而不可怪也。"对于人间出现乱世的解释，相比归结于天灾的说法，这种归结于人祸的说法更为切近。人祸造成的灾难非常惨重。这是可怕的事，但并没有什么奇怪。言下之意，不能把人祸的责任推卸给上天。当政者的治国之道出了问题，一定会给国家和民众造成灾难。

古人说："万物之怪，书不说。"无用之辩，不急之察，弃而不治。各种奇奇怪怪的事物，书上是不作解说的。为什么呢？那些没用处的辩说，不急切的审视，应该弃而不顾，不值得花费精力。至于君臣之间的道义，父子之间的亲情，夫妻之间的分别，则是应该天天去探讨，而不能随便舍弃的啊。有人不相信天人相分的说法，可能会提出疑问："雩而雨，何也？"祭神求雨就下雨了，这又怎么解释呢？荀子回答说："没什么道理啊。这就像不去祭神求雨，有时也会下雨一样。"祭神而下雨，只是瞎猫碰到死老鼠，偶然碰上一次就记载下来了。不祭神下了雨，或者祭了神不下雨，就都不记载了。"日月食而救之，天旱而雩，卜筮然后决大事，非以为得求也，以文之也。"出现日食月食就去救日月，气候干旱就祭神求雨，占卜算卦然后决定大事。其实，君子们玩弄请神送鬼的把戏，并不是认为真能得到所求的效果，只不过是用来修饰政事，是一种抚慰百姓的手段。"故君子以为文，而百姓以为神。"所以有教养的君子明白只是仪式而已，普通百姓却信以为真，真相信世上有神仙呢。"以为文则吉，以为神则凶也。"知道这些做法只是仪式的是好事，该做的事还会去做。太相信这些做法，自己不发挥主观能动性，等着神仙来帮自己，那就要倒霉了。两千多年前，荀子就戳穿了其中的秘密。可是今天还有很多人仍然迷信，实在也是可悲的事情。

> 在天者莫明于日月，在地者莫明于水火，在物者莫明于珠玉，在人者莫明于礼义。故日月不高，则光明不赫；水火不积，则晖（辉）润不博；珠玉不睹乎外，则王公不以为宝；礼义不加于国家，则功名不白。故人之命在天，国之命在礼。君人者，隆礼尊贤而王，重法爱民而霸，好利多诈而危，权谋倾覆幽险而亡矣。

天上没有什么比太阳、月亮更光辉的了，地上没有什么比水和火更耀眼的了，物品之中也没有什么比珍珠、宝玉更灿烂的了，这三个比喻是要引出后面一句话：人世间没有什么比礼义更重要的了。太阳、月亮如果不是高悬空中，那么它们的光辉就不会灿烂；水和火如果不是积聚起来，那么火的光辉和水的光泽就不会耀眼，一颗火星或一滴水珠都不可能耀眼；珍珠、宝玉的光彩不显露于外，那么王公就不会把它们当作宝贝；礼义如果不在国内推行，那么君主的功名就不会显著。所以人的命运在天，国的命运在礼义。统治人民的君主，推崇礼义、尊重贤达就能称王天下；注重法治、爱护人民就能称霸诸侯；唯利是图、经常欺诈就会遭遇危险；玩弄权术、反复无常、阴暗险恶就会彻底灭亡。荀子主张明于天人之分，不与天争职，只要管好人间的事就行了。最后还是落到礼义上来，凸显礼义即人道。礼义统摄"养"与"用"两个方面，既是个人修养的准则，又可用于国家的治理，从而实现与天地参。

84. 天生人成

大天而思之，孰与物畜（蓄）而制之？从天而颂之，孰与制天命而用之？望时而待之，孰与应时而使之？因物而多之，孰与骋能而化之？思物而物之，孰与理物而勿失之也？愿于物之所以生，孰与有物之所以成？故错人而思天，则失万物之情。

这一段是本文的重中之重。荀子说：与其尊天而思慕它，不如积储天生之物，因材使用，合理安排。与其顺从天，颂扬它的功德，在自然面前无所作为，进而讨好自然，不如掌握天赋的性质，培育造就自然物产，然后使用它们。与其盼望时来运转而消极等待，不如因时制宜，让天时为我所用。与其依赖天生之物，赞美上天的恩赐，不如竭尽人们自己的能力，化少为多，生产更多的物资。比如说，与其当守财奴，守着钱包里的钱，不如把钱拿去投资，让钱生钱，赚更多的钱。"思物而物之，孰与理物而勿失之也？"这句话难读懂。"物之"

的"物"是名词做动词用，"之"是代词，指代"思物"的"物"，即物资、物产。因此，"物之"的意思是占有物资，这句话的意思是：与其整天想着物资而想占有它，不如管住已有的物资而不失去它。有人整天看着碗里的，想着锅里的，结果碗里的也让狗偷吃掉了。与其如此，还不如守住自己碗里的。说的就是这个意思。"愿于物之所以生，孰与有物之所以成？""物之所以生"指天；"有物之所以成"指人。这句话的意思是：寄望于"生物"的天，哪里比得上专注于"成物"的人？换句话说：与其寄望于生出万物的天，不如专注于帮助天然物长成有用之物的人。

荀子相信的是天生万物，人成万物，即"天生人成"。比如说，木材是天生的，但经过人的加工，曲为轮，直为柱，成为对人类有用之物。这是荀子天人关系论的核心思想。"故错人而思天，则失万物之情。"所以说，把人放在一边，整天想着天，依赖天，就背离了万物生成的实际情况，违背了万物"天生人成"的本质。我们要特别注意"孰与制天命而用之"，这一句话特别重要。以前很多学者解释"制天命"就是征服自然，从而拔高了荀子思想。其实，这种解释是错误的。"制"在这里并不是制服、征服的意思，而是掌握的意思。也有人主张这里的"制"应该是"敬"字，尊重的意思。其实，掌握自然规律和尊重自然规律的意思是差不多的。"天命"也不等于天，不是指自然，而是指"性"，指自然规律。《中庸》称："天命之谓性。"这是先秦时对"天命"的定义。所以"制天命"是掌握自然规律。然后"用之"，利用自然规律服务于人。比方说，人类掌握了能量转换的自然规律后，发明了蒸汽机造福于人类，开始了工业革命。总而言之，在荀子看来，天既然说不清楚，不要再把人"所以参"的能力耽误了。与其"大天而思之"，"从天而颂之"，"望时而待之"，"因物而多之"，"思物而物之"，"错人而思天"，不如"物蓄而制之"、"应时而使之"、"骋能而化之"、"理物而勿失之"。对于"天地万物"，应该"不务说其所以然，而致善用其材"。这才是君子之道。尽管荀子反对迷信天的权威，反对等待"天"的恩赐，但他并不赞同"人定胜天"，也不主张"勘天"、"征服自然"，而是主张利用自然规律为人类服务。

> 百王之无变，足以为道贯。一废一起，应之以贯。理贯，不乱。不知贯，不知应变。贯之大体未尝亡也，乱生其差，治尽其详。故道之所善，中则可从，畸则不可为，匿则大惑。水行者表深，表不明则陷；治民者表道，表不明则乱。礼者，表也。非礼，昏世也；昏世，大乱也。故道无不明，外内异表，隐显有常，民陷乃去。

历朝历代帝王都没有改变的东西，足以成为道统。道统，也就是一个民族的文化传统。历史发展是曲折的，有时衰微，有时兴盛，但都必须坚持以道统来应付局面。如果能遵循道统的话，国家就不会大乱。如果不知什么是道统，就无法应变。我们今天在西方文化的冲击下，已经不了解自己民族的文化传统了。因为过去长期以来我们讲"两个决裂"，传统不存在了，就无法凝聚民众的心。相反，尽管几千年来犹太民族分散在世界各地，因为他们的道统在，所以他们历尽苦难，却始终没有灭亡，也没有被同化，可以凤凰涅槃。可见如今国家领导人重提弘扬传统文化是有深远意义的。

荀子说：当时"贯之大体未尝亡也，乱生其差，治尽其详"。道统的主要精神尚未消失，乱世只是源于对道统理解运用的偏差。治世则是充分掌握了道统的精髓。因此，对照道统提倡的，大到国家政策，小到个人行为，凡是符合的就可以依从，偏离的就不可以做，如果隐而不显、模模糊糊的就会造成迷惑。在水中游泳要靠标志来表明水的深浅，如果标志不明，就会使人溺水，不会游泳的人一下子跳进深水区是很危险的。这个比喻是要说明"治民者表道，表不明则乱"。治理民众的君主要公开说明什么是符合治道的标准，如果标准不明确，民众无所适从，就会造成社会混乱。礼就是治理民众的标准。没有礼，没有一套社会规范和秩序，就是昏暗的世道，这样的世道就会引起大乱。"故道无不明，外内异表，隐显有常，民陷乃去。"所以说治道是明确的，什么可以做，什么不可以做，清清楚楚，只不过是内外有别。当然，无论是内在的原则，还是公开的形式都要有稳定性，不能变化不定。这样才可以让老百姓摆脱陷阱，不会动辄得咎。

万物为道一偏，一物为万物一偏。愚者为一物一偏，而自以为知道，无知也。慎子有见于后，无见于先。老子有见于诎（屈），无见于信（伸）；墨子有见于齐，无见于畸；宋子有见于少，无见于多。有后而无先，则群众无门；有诎

（屈）而无信（伸），则贵贱不分；有齐而无畸，则政令不施；有少而无多，则群众不化。《书》曰："无有作好，遵王之道；无有作恶，遵王之路。"此之谓也。

万物只是道的一部分，一物又只是万物的一部分。那些愚昧的人只认识了某一种事物的一个方面，就自以为掌握道了，这实在是无知。所以说"学无止境"，越学会越觉得自己不行。相反，那些浅薄的人才会去卖弄学问，觉得自己已经掌握了宇宙的真理。下面是荀子对诸子的批判，认为他们都是"为一物一偏，而自以为知道"。慎子一方面主张纳贤，另一方面又提倡愚民。贤人产生于民众，民众都不开化的话，哪里来的贤人？所以荀子说他是只看见结果，看不到始因。老子提倡以柔弱胜刚强，那是只看到委曲忍让的一面，看不到积极进取的一面。墨子"尚同"，是只看见事物相同的一面，看不见差别的一面。宋子只看见寡欲的一面，看不见多欲的一面。

荀子说：有纳贤在后，无教民在先，则群众就没有成为贤人的门径。只委曲忍让而不积极进取，那么高贵和卑贱就不会有分别。只有齐同而没有差别，那么政令就不能实施。因为"势位齐则政令不施"。只求寡欲而不鼓励民众多层次多元化的消费欲望，那么群众就不容易被教化，因为没办法用物质奖励去劝诱人们向善。《尚书》上说："不要有所偏好，要遵循王道；不要有所偏恶，要遵循王道。"说的就是这个道理。

《天论》的文本就讲到这里，最后我给大家梳理一下荀子"天人关系说"的基本观点。第一，荀子认为：天是客观存在的自然界。他不承认有主宰的天，人格神的天。"列星随旋，日月递照，四时代御，阴阳大化，风雨博施。万物各得其和以生，各得其养以成，不见其事而见其功，夫是之谓神。皆知其所以成，莫知其无形，夫是之谓天。"第二，自然界具有不以人意志为转移的规律性。"天行有常，不为尧存，不为桀亡。"第三，在承认自然界的客观性、规律性的基础上，提出了"天人相分"。天道是天道，人道是人道。天不能使人贫，使人病，使人祸；人也应该"不与天争职"。第四，在"天人相分"的前提下，提出"天生人成"。不应该"愿于物之所以生"，而应该"有物之所以成"。积极发挥人的主观能动性。第五，天有其时，地有其材，人有其治，但治有其道。礼就是道的标准。人们只有崇礼才能与天地参！说来说去，荀子的"天人关系说"还是为他的礼学服务的。

参考书目

著作

《荀子校释》，荀况著，王天海校释，上海古籍出版社 2016 年版

《荀子集解》，荀况著，王先谦撰，中华书局 1988 年版

《〈荀子〉新探》，廖名春著，中国人民大学出版社 2014 年版

《荀子思想理论与实践》，周德良著，台湾学生书局 2012 年版

《荀子思想研究：礼乐重构的视角》，王军著，中国社会科学出版社 2010 年版

《礼学视野中的荀子人学》，吴树勋著，齐鲁书社 2007 年版

《〈荀子〉伦理思想研究》，王颖著，黑龙江人民出版社 2006 年版

《荀卿子通论》，汪中著，台湾成文出版社 1997 年版

《十批判书》，郭沫若著，人民出版社 2012 年版

论文

杨国荣：《荀子的规范与秩序思想》，《上海师范大学学报》2013 年第 6 期

郭晓东：《荀子思想的社会学阐释》，《复旦学报》2000 年第 6 期

顾洪亮：《解蔽的认识论阐释》，晋阳学刊 2001 年第 4 期

李海兆：《解蔽与澄明》，《河北青年干部学院学报》2001 年第 1 期

菅本大二：《荀子对法家思想的接纳》，台湾《政治大学哲学学报》第 11 期

高春花：《美善相乐：论荀子的礼乐关系思想》，《石家庄学院学报》2007 年第 1 期

后　记

　　《荀子》一书涉猎很广，且多精论，为先秦一大思想宝库，但因其生僻难读，近代少有系统讲解者。余不昧浅陋，自去年下半年起，在上海同济大学开班通讲荀子。每月一次，每次两天，共讲十天。学员反应热烈，认为对当今时代之为人处世仍有借鉴作用，并希望让更多人分享。上海人民出版社舒光浩兄亦热情鼓励。张红霞、邓梅希、廉世俊、木风、孔遂、许昀和张建果等同学在繁忙的工作之余，帮我整理录音稿。上海欢庭文化公司同人义务承担了讲习班的组织工作。在此皆深表感谢！

　　本书综合了诸多前辈和同行学者的研究成果。但因属讲稿，而非学术著作，故不一一标明出处，在此一并表示感谢！

魏承思

2018 年 5 月

图书在版编目(CIP)数据

荀子解读：人生修养的儒家宝典/魏承思著. —
上海：上海人民出版社，2019
ISBN 978-7-208-15715-6

Ⅰ. ①荀…　Ⅱ. ①魏…　Ⅲ. ①儒家　②《荀子》-研究
Ⅳ. ①B222.65

中国版本图书馆 CIP 数据核字(2019)第 023561 号

责任编辑　舒光浩　陈佳妮
封面装帧　胡　斌　刘健敏

荀子解读：人生修养的儒家宝典
魏承思　著

出　　版　上海人民出版社
　　　　　（200001　上海福建中路 193 号）
发　　行　上海人民出版社发行中心
印　　刷　启东市人民印刷有限公司
开　　本　720×1000　1/16
印　　张　36
插　　页　2
字　　数　373,000
版　　次　2019 年 5 月第 1 版
印　　次　2019 年 5 月第 1 次印刷
ISBN 978-7-208-15715-6/B·1383
定　　价　98.00 元